本书为2019年甘肃省社科规划项目"甘肃河西地区近现代工业经济发展研究"（批准号：19YB110）的主要成果，也属于河西学院2018年教材建设项目《河西近现代工业史》（项目编号HXXYJC-2018-01）成果。感谢河西学院历史文化与旅游学院对本著作的学科建设经费资助。

光明社科文库
GUANGMING DAILY PRESS:
A SOCIAL SCIENCE SERIES

·历史与文化书系·

近现代河西工业发展史

王美蓉 | 著

光明日报出版社

图书在版编目（CIP）数据

近现代河西工业发展史 / 王美蓉著. --北京：光明日报出版社，2024.3
ISBN 978－7－5194－7855－1

Ⅰ.①近… Ⅱ.①王… Ⅲ.①工业史—河西区 Ⅳ.
①F429.223

中国国家版本馆 CIP 数据核字（2024）第 057922 号

近现代河西工业发展史
JINXIANDAI HEXI GONGYE FAZHANSHI

著　　者：王美蓉	
责任编辑：史　宁	责任校对：许　怡　乔宇佳
封面设计：中联华文	责任印制：曹　净

出版发行：光明日报出版社
地　　址：北京市西城区永安路 106 号，100050
电　　话：010-63169890（咨询），010-63131930（邮购）
传　　真：010-63131930
网　　址：http://book.gmw.cn
E － mail：gmrbcbs@gmw.cn
法律顾问：北京市兰台律师事务所龚柳方律师
印　　刷：三河市华东印刷有限公司
装　　订：三河市华东印刷有限公司
本书如有破损、缺页、装订错误，请与本社联系调换，电话：010-63131930
开　　本：170mm×240mm
字　　数：350 千字　　　　　　　印　　张：19.5
版　　次：2024 年 3 月第 1 版　　　印　　次：2024 年 3 月第 1 次印刷
书　　号：ISBN 978－7－5194－7855－1
定　　价：98.00 元

版权所有　　翻印必究

前　言

一、近代以来河西工业的崛起和发展历程

近代历史表明，一个国家或地区工业经济的发展水平是衡量该国家或地区经济发展水平的重要标志。近代以来民主共和制名实难副，时局纷乱动荡，战乱频繁，凋敝不堪的农村经济，保守落后的生产力，近代中国在遭遇帝国主义列强和新旧军阀专制统治的背景下，发展民族工业的基础十分薄弱。近代历史充分证明，国家的独立、民主和统一是实现工业化的重要前提。正如毛泽东所说："在一个半殖民地的、半封建的、分裂的中国里，要想发展工业，建设国防，福利人民，求得国家的富强，多少年来多少人做过这种梦，但是一概幻灭了。"①

近代以来，河西地区因其独特的地理条件和战略地位，受到历届政府的重视，经营和开发河西成为维护西北边疆安全的必然选择。但是，历届政府开发河西的政策局限性都很大。

近代以来，河西地区仍然是一个落后的农牧业地区。河西地区的近代工业发端于19世纪末左宗棠督甘时期，至1949年中华人民共和国成立以前，先后历经清末政府、北洋政府、南京国民政府的统治，再加上帝国主义的侵略，战乱频繁不断，生产力落后，自给自足的农业经济和传统作坊式工业始终占统治地位，河西近代工业经济的发展迟缓，河西地区近代机器工业尚未形成体系。即使如此，近代以来河西工业的缓慢发展对推动河西地区社会经济的发展，其作用仍然是不言而喻的。

值得肯定的是，从洋务运动到"新政"再到抗日战争，在近代社会的变迁过程中，偏僻落后的河西地区历经了三次开发，具有近代化意义的工业已经起步。如玉门油矿等著名的近代工业企业，提高了河西地区在全国的影响力，促

---

① 毛泽东．论联合政府［M］//毛泽东选集：第3卷．北京：人民出版社，1991：1080.

进了河西地区的社会风气从闭塞走向开化，也为中华人民共和国成立以后，河西地区现代工业的发展奠定了基础。

1949年中华人民共和国成立，随着中国的社会主义工业化建设的逐步推行，河西地区工业经济的变迁经历了以下四个阶段：

第一个阶段：从50年代至80年代初，通过"一五"计划与三线建设，国家实行东西部均衡发展战略，在中央人民政府的主导作用下，小基础、低起点，办现代工业，迅速改变了河西工业的落后面貌，河西地区现代工业迅速崛起。

第二个阶段：80年代初改革开放至20世纪末，国家实行非均衡发展战略。改革开放初期，河西地区的工业经济通过改革与转型发展较快。20世纪90年代以来，河西地区的工业企业抓住机遇，深化企业改革，转换经营机制，形成了以冶金工业、石油工业、建材工业、农产品加工工业为支柱的现代工业体系。"1996年全区工业产值164.1亿元，占甘肃工业总产值的19.7%，河西工业已成为甘肃工业体系的重要组成部分。"[①]

1997年9月，中国共产党第十五次全国代表大会成为世纪之交的一次空前盛会，在社会主义市场经济体制的推动下，经济领域已经形成了以公有制为主体、多种经济成分共同发展的格局。为了贯彻落实党的十五大精神，响应国务院"再造一个山川秀美的西北地区"的战略规划，1997年7月，甘肃省委省政府连续颁布了《再造河西实施纲要》和《再造河西实施意见》两个文件，正式提出了"再造河西"的发展构想。

第三个阶段：1999年西部大开发和21世纪初加入世界贸易组织以来，河西地区工业经济的发展面临新的挑战。

20世纪末，为了解决区域发展不平衡的矛盾，党中央提出西部大开发战略，落后的河西地区可以获得国家的区域补偿，河西地区在国家专项建设基金的支持下，相继建成了金川二期、酒钢三号转炉、永昌电厂、河西糖厂等项目，有色金属、钢铁、电力以及特色农产品加工等工业部门发展迅速，现代核工业也迅速崛起。"八五"计划期间，在河西地区建成了核工业企业四〇四厂、甘肃昆仑工业公司（即796矿）等军工企业；"十五"计划期间，又在武威市建成核工业212地质大队等地方军工项目。

2002年中共十六大提出中国走新型工业化道路，东部地区发展外向型经济取得的发展成就是显著的，作为借鉴，甘肃省政府制定了"工业强省"的发展战略。"西部大开发"和"再造河西"战略促进了河西工业经济的恢复与发展，

[①] 孟开，苏文. 河西矿产资源的开发保护和科学利用 [J]. 发展，1998（2）.

但是，由于河西地区自身区域环境和技术等因素的限制，工业经济发展不明显，甚至亏损。直到2009—2012年，河西工业企业由于新技术研发迟缓，资金紧张，面临亏损的压力。

第四个阶段：2013年，习近平总书记提出"一带一路"倡议以来，河西地区占据了向西开放的新高地。目前，"一带一路"的新背景是河西工业经济可持续发展最大的历史机遇。现代中国社会新的变迁给河西地区工业的可持续发展带来了新的机遇，同时也必须接受严峻的挑战。转型、升级与可持续发展问题成为河西地区面临的最现实、最紧迫的问题。如何抢抓新的历史机遇，对原有的工业产业进行技术改造，通过转型与升级，提高质量与效率，开拓一条外向型经济的新路子，与"一带一路"共建国家和地区进行项目合作，打造河西地区对外开发的新平台。在"一带一路"倡议的背景下，研究河西近现代工业经济的可持续发展，具有很强的现实意义。

二、近现代河西工业发展史的研究现状

河西开发研究成为近年来学术界的热门研究。有人统计，直接论述河西走廊开发史的论文大约有200篇，专著5本。[1]但是，关于河西地区工业史的研究非常薄弱，知网只有十几篇相关论文。笔者查阅了近二十年来研究甘肃工业经济史的文章，成果中涉及河西近现代工业经济的数量很少，最杰出的代表作是吴廷桢与郭厚安主编的《河西开发史研究》（甘肃教育出版社1993）。笔者发现从近现代社会历史变迁的角度，系统梳理并研究河西100多年来工业经济史的成果尚属薄弱，目前还没有相关的研究专著，这就是笔者写作的缘起。

由于种种原因，对河西工业史的研究是滞后的、薄弱的，存在的问题如下：

（一）河西古代史的研究成果多，近现代史成果很少

本人查阅了相关研究成果，发现河西史研究方面的专著有：高荣主编的《河西通史》（天津古籍出版社2011）、齐陈骏著《河西史研究》（甘肃教育出版社1989）、闫廷亮著《河西史探》（甘肃人民出版社2012），以上都是通史性质的成果，都集中在河西古代史的研究方面。其中，最具有代表性的是河西学院高荣教授主编的《河西通史》，全面、系统、深入地研究和探讨了上起新石器时代下至清代前期的古代河西的历史全貌，包括古代河西的政治、军事、经济、民族关系等等内容，按照通史体例对河西古代历史发展全过程的系统梳理填补

---

[1] 马明堂. 河西走廊开发史研究现状及问题 [J]. 吉林省教育学院学报, 2009, 25 (1)：119-121.

了史学界的研究空白，其学术影响很高。

现有成果涉及河西近现代史研究的最值得推荐的代表性成果是吴廷桢与郭厚安主编的《河西开发史研究》，这是一部系统论述了上起西汉王朝置河西四郡，下至20世纪90年代，历朝历代全面开发河西的研究专著。可见，河西古代史的研究成果多，近现代史成果很少。目前河西近现代史研究尚没有一本专著。

（二）河西专题史研究处在起步阶段，工业史缺乏系统梳理与研究

已有的研究河西走廊开发史的文献主要集中在河西历史地理方面，如李并成著《河西走廊历史地理》（甘肃人民出版社1995），河西生态环境的开发方面，如李并成著《河西走廊历史时期沙漠化研究》（科学出版社2003），还有河西的教育方面，如丁铃主编的《河西教育史》（甘肃人民出版社2006）等。河西史专题研究往往重视农业与水利的研究以及生态旅游的研究，缺乏对河西工业经济史的系统梳理与研究，尤其在近现代河西工业经济史方面的研究仍然是一个空白。

三、研究近现代河西工业发展史的意义

（一）填补河西近现代工业史学术研究的空白

学术界往往重视经济理论研究，轻视史实梳理，往往忽略了历史发展进程与工业经济发展之间的必然联系。在近现代中国社会变迁的基础上，从历史学的研究角度出发，对近代以来河西地区工业经济的产生与发展进行系统的梳理与研究，可以填补学术界关于河西近现代工业史研究的空白。

（二）为河西工业经济学的研究提供一些历史实证

运用发展经济学[①]和可持续发展经济学等相关经济学理论，总结近现代社会历史变迁的经验，分析近现代社会变迁与河西工业经济发展之间的必然联系，弥补单纯从经济学角度研究的不足，为河西工业经济的研究提供一定的历史实证。

河西的近代工业经济起步迟，发展缓慢，再加上闭塞落后的社会条件，近代河西工业经济开发始终处于一个落后的水平。新中国成立以后，在社会主义制度建设与完善的过程中，河西现代工业经济才真正崛起和发展。但随着改革

---

① 发展经济学是以发展中国家、地区的经济发展问题为研究对象，研究其由贫穷落后的经济形态转化为现代化经济形态过程中的经济增长和经济发展问题的经济科学的一个分支。（张东辉：《发展经济学与中国经济发展》，山东人民出版社1999，第5页。）

开放的逐步深化，河西工业经济的发展也面临资源枯竭、发展后劲不足的困境，这成为21世纪河西地区工业可持续发展的最大挑战。新发展经济学认为，影响工业可持续发展的因素是多方面的。以此为参照，未来河西地区的工业如要可持续发展，离不开国家政策、区域资源、工业技术水平、区域环境等因素的影响。

本书运用历史学的研究方法，梳理中国近现代社会变迁过程中河西工业经济的兴衰过程，根据新发展经济学的工业化理论、区域经济学理论和工业可持续发展的理论，对一个世纪以来河西工业历史变迁过程中积淀下的问题进行分析与总结，尝试寻找一些历史的借鉴。

（三）立足于"一带一路"倡议的时代背景，提出河西工业经济可持续发展的对策

河西地区具有得天独厚的地理区位与资源条件，开发历史悠久，作为丝绸之路"咽喉"地带，新亚欧大陆桥横贯全境，是联系中亚、西亚、中东等国家和地区的重要通道。2013年，国家主席习近平在访问哈萨克斯坦和印度尼西亚期间，提出了"一带一路"（即丝绸之路经济带和21世纪海上丝绸之路的简称）的伟大倡议。2014年国家制定了《丝绸之路经济带和21世纪海上丝绸之路建设战略规划》。"一带一路"是甘肃发展的重大机遇，也是河西发展的重大机遇。正确认识"一带一路"倡议背景下河西的战略新地位，河西地区是如何抓住机遇，完成产业改造与升级，扩大对外开放，大力发展外向型经济，重振丝绸之路，实现可持续发展的，具有十分重要的战略意义。

四、本书章节安排说明

本书章节安排基本按照历史研究常用的编年史方法，为了方便读者阅读，章节安排有必要特此说明一下。本书研究内容涉及19世纪末至21世纪初100多年社会变迁影响下的河西工业发展史，时间跨度较大，因此依据中国近现代史常用的划分方法，以1949年中华人民共和国成立为分水岭，把河西工业经济100多年的历史分成两编。第一编近代河西工业的崛起，包括第一章、第二章、第三章、第四章，主要梳理自19世纪末至20世纪50年代中华人民共和国成立以前河西工业变迁历程，可以划分为以下三个阶段：左宗棠督甘时期成为近代河西工业的发轫阶段、清末"新政"时期为河西工业的开发阶段、抗战时期到新中国成立为近代河西工业的勃兴阶段。前两个阶段安排在第二章叙述；第三个阶段专门列在第三章叙述，第四章则对着三个阶段河西近代工业进行评价。

第二编主要叙述新中国成立以来及社会主义制度建立以后，现代社会变迁

背景下河西工业的建设与发展，包括第五章、第六章、第七章、第八章、第九章。首先，第五章、第六章、第七章、第八章梳理20世纪50年代以来河西工业的变迁的历程：历经"一五计划"时期、"大跃进"时期、三线建设时期、改革开放时期以及市场经济体制时期五个阶段。

接着，第九章专门就河西现代工业经济进行研究与总结。对河西现代工业经济的特点、20世纪50年代以来河西重型工业结构的形成及其原因、20世纪50年代以来河西现代工业的成就进行分析总结。探讨21世纪以来，实现由传统工业向新型工业的转型问题，探讨河西现代工业如何克服种种限制性因素坚持科学发展的问题；尤其是在2013年习近平总书记提出"一带一路"倡议后的中国特色社会主义新时代，河西现代工业如何可持续发展的问题。

本书为2019年甘肃省社科规划项目"甘肃河西地区近现代工业经济发展研究"（批准号：19YB110）的主要成果，也属于河西学院2018年教材建设项目《河西近现代工业史》（项目编号HXXYJC-2018-01）成果。感谢河西学院历史文化与旅游学院对本著作的学科建设经费资助。

目 录
CONTENTS

第一编　近代河西工业的崛起 ·· 1

第一章　近代河西工业开发的基础 ·· 3
 第一节　地理优势:"欲固秦陇,必保河西" ·························· 3
 第二节　资源优势:矿产资源的富集区 ································ 4
 第三节　行政建制:河西的历史沿革 ································ 8
 第四节　社会基础:落后动荡的河西社会 ···························· 10

第二章　近代社会的变革与河西工业的发轫 ···························· 18
 第一节　洋务运动揭开中国近代工业的序幕 ························ 18
 第二节　左宗棠与河西近代工业的发轫 ···························· 21
 第三节　清末"新政"与河西工业的勃兴 ·························· 34
 第四节　《实业计划》与孙中山开发河西工业的规划 ················ 43
 第五节　国民军督甘与河西工业的开发 ···························· 50

第三章　抗战时期河西工业的勃兴 ·· 66
 第一节　国民政府开发西北的主张 ································ 66
 第二节　战时开发河西工业的思想和言论 ·························· 73
 第三节　抗战时期河西工业的开发与建设 ·························· 82
 第四节　战时河西工业之评价 ···································· 97
 第五节　战后河西工业的衰落 ···································· 102

第四章　近代河西工业经济研究 ·· 109
 第一节　近代河西工业经济的特点 ································ 109
 第二节　近代河西工业发展的限制因素 ···························· 115

第二编　河西现代工业的建设与发展 ……………………………… 125

第五章　"一五"计划与河西现代工业的崛起 …………………… 127
　　第一节　新中国社会主义工业化的开端 ………………………… 127
　　第二节　"一五"计划与河西现代工业的崛起 ………………… 129
　　第三节　"一五"时期河西工业结构的变化 …………………… 136

第六章　"大跃进"与河西工业的超常规建设 …………………… 139
　　第一节　建设社会主义总路线与"二五"计划 ………………… 139
　　第二节　河西工业的"大跃进"及其后果 ……………………… 140
　　第三节　"八字方针"与河西工业结构的调整 ………………… 143

第七章　三线建设与河西现代工业的发展 ………………………… 148
　　第一节　以"备战"为中心的三线建设 ………………………… 148
　　第二节　河西地区三线建设的成就 ……………………………… 150
　　第三节　河西地区三线建设的得与失 …………………………… 163

第八章　改革开放开启河西工业发展的新时代 …………………… 170
　　第一节　改革开放与工业体制的调整 …………………………… 170
　　第二节　市场经济与河西工业的机遇与挑战 …………………… 186

第九章　新中国成立以来河西现代工业研究 ……………………… 199
　　第一节　河西现代工业变迁的特点 ……………………………… 199
　　第二节　河西重型工业的形成及其原因 ………………………… 207
　　第三节　河西现代工业的成就 …………………………………… 213
　　第四节　河西著名的工业企业 …………………………………… 219

第十章　"一带一路"倡议与河西工业的可持续发展 …………… 252
　　第一节　"一带一路"倡议背景下的河西战略新地位 ………… 252
　　第二节　河西工业可持续发展的限制性因素 …………………… 255
　　第三节　"一带一路"与河西工业的可持续发展 ……………… 267
　　第四节　近现代河西工业发展的启示 …………………………… 290

参考文献 …………………………………………………………… 296
后　记 ……………………………………………………………… 300

第一编　近代河西工业的崛起

第一章

近代河西工业开发的基础

根据西方早期工业化国家的经验，一个国家或地区工业的发展与该地区的自然资源、社会环境、经济状况都有密切关系，这些因素会对区域工业产业结构和规模产生重要影响。因此，要了解河西近代工业的崛起，首先必须了解19世纪末20世纪初甘肃河西地区的地理环境、资源状况以及社会经济状况。

第一节 地理优势："欲固秦陇，必保河西"

河西的地理范围有广义和狭义之分。广义上"泛指甘、宁、青三省区，黄河以西之地，或指甘、青黄河以西，即河西走廊与湟水流域。"① 狭义上河西地区特指西北内陆腹地的甘肃西部，东起于乌鞘岭，西到玉门关，因位于黄河以西而得名，主要指河西走廊，包括"今嘉峪关、酒泉、张掖、金昌和武威五市辖区"，还包括"北山山地、阿拉善高原南缘、柴达木盆地北部一隅和祁连山地"②。而河西走廊是从东至西贯通河西地区的狭长中轴线，是丝绸之路上从中原地区通往西域的交通要道。

河西地区地理环境得天独厚，资源条件禀赋深厚，地域东西狭长，具有十分重要的战略地位。河西地区既是古"丝绸之路"的黄金地段，也是中国内地通往新疆和中亚、西亚的主要通道，还是现代"欧亚大陆桥"的咽喉通道，开发与发展河西地区的社会与经济，不仅直接关系西北边防的巩固和国家的安全，还有利于促进中西文化的交流。借用清代顾祖禹的说法最恰当："欲保秦陇，必固河西，欲固河西，必斥西域。"③

---

① 吴廷桢，郭厚安. 河西开发史研究 [M]. 兰州：甘肃教育出版社，1996：1.
② 高荣. 河西通史 [M]. 天津：天津古籍出版社，2011：1.
③ （清）顾祖禹. 读史方舆纪要：卷六十三甘肃镇 [M]. 北京：中华书局，2005：2811.

自秦汉以来，河西地区经过历代政府的屯田开发，移民成边，成为历代王朝重要的产粮基地。历代王朝非常重视河西的开发。西汉时期，汉武帝打败匈奴后，在河西地区设置了武威、酒泉、张掖、敦煌四郡。自汉王朝在河西开始设置郡县以来，河西的战略地位就非常重要，一直是保障国家安全和连接西域地区与中原王朝的重要通道。目前，河西地区耕地不到全省的20%，粮食产量却占全省的32%，是重要的商品粮生产基地。

第二节　资源优势：矿产资源的富集区

一、矿产资源

祁连山具有优良的成矿储矿条件，蕴含着极其丰富的金属矿和非金属矿等矿产资源。河西走廊早在1898年（光绪二十四年）就记载有发现于甘肃境内未开发的矿产资源，且储量丰富："电寄陶模，闻甘肃各种矿产甚富，自来未经开采。着陶模拣派妥员，认真踏勘，毋令货弃于地，转为外人垂涎。仍将办理情形随时具奏。"[①]

19世纪末，陕甘总督左宗棠在河西地区肃州文殊山发现金矿，曾经组织人员人工采金。根据《甘肃省志》记载，1913年，"甘肃省署令玉门县知事调查玉门赤金区油矿，并将原油送往北京化验厂化验。化验结果，每1市两原油含汽油1.5钱，煤油3钱，石蜡原料2.5钱，油质甚佳"[②]。

1930年至1932年，中国和瑞士地质学家组成西北科学考察团在祁连山、金塔、合黎山和玉门花海一带进行地质调查，发现祁连山一带的矿产资源极其丰富，包括金属矿和非金属矿。金属矿顾名思义是指包含金属元素的矿产资源，包括黑色金属矿、有色金属矿、稀有金属矿以及贵金属矿。

"据目前勘探所得。河西有52个矿种，大小矿点500余处。其中黑色金属矿点210处，有色金属矿点105处，非金属矿点188处。"[③]

黑色金属矿是河西地区发展工业经济最重要的资源保障，储量较大的铁、

[①] 张灏，张忠修. 中国近代开发西北文论选：下［M］. 兰州：兰州大学出版社，1987：336.

[②] 甘肃省地方史志编纂委员会. 甘肃省志·大事记：第二卷［M］. 兰州：甘肃人民出版社，1989：214.

[③] 吴廷桢，郭厚安. 河西开发史研究［M］. 兰州：甘肃教育出版社，1996：10.

锰、铬、钒等黑色金属矿是酒泉钢铁公司等发展钢铁工业的基本原料，主要分布在肃南、肃北、安西、金塔、山丹、永昌、天祝，其中河西地区的"铁矿储量6亿吨，占甘肃全省储量的一半以上，产地155处"；"锰矿储量46.3万吨，占全省储量的75%，产地13处，主要分布在肃北、肃南等地"；"铬矿储量157万吨，产地17处，主要分布在肃北、民乐等地"；钒矿仅敦煌市储量就高达125万吨。①

有色金属矿是河西地区的特色金属矿种。"特别值得一提的是，金川矿床是世界上最大的多金属共生的硫化铜镍矿床之一，已探明镍金属储量548万吨，仅次于加拿大国际镍公司萨特伯里镍矿。"② 据统计，河西走廊有色金属占全国总产量的11%左右，居全国第三位。③ 其中镍、铂、钯、锇、铱、钌、铑、金、银、钨、铜、锑、铀等20多个矿种的储量在全国居于首位，铅矿和钴矿的储量在全国位居第二，铜矿和锌矿的储量位居全国第四。

金昌市境内矿藏储量大，品种多，已探明的矿藏种类有30多种，金属矿主要有镍、铜、钴、铀、金、银、铁、铝、铅、锌等，其中最著名的是硫化镍，其储量和品位居世界同类矿床第二位，与铜镍伴生的贵金属铂、钯、铱等铂族矿的储量，居全国首位。④ 已经探明有色金属的储量：镍545万吨、铜343万吨、钴16万吨、铂120吨、钯61吨、金73吨、银1270吨、硫2000万吨。⑤

张掖地区已探明的32种矿藏种类，储量较大的包括金属矿铁、铜、锌。张掖肃南裕固族县的镜铁山铁矿的储量高达4.85亿吨，是酒泉钢铁公司矿石原料的主要来源。

酒泉地区的矿产资源储量非常可观，全区内河西走廊两侧的大山中分布着5个成矿带，"共有矿点572处，构成矿床的有92处。矿种达48种。"⑥ 深藏在山岩地层中的金属矿种类有铁、镍、铬、沙金等。

嘉峪关市西南部、肃南裕固族自治县境内的镜铁山矿发现于1955年，属于大型铁矿床，以铁矿石、铜矿、菱铁矿为主，镜铁山铁矿床位于祁连山山脉中，

---

① 吴廷桢，郭厚安. 河西开发史研究 [M]. 兰州：甘肃教育出版社，1996：10.
② 吴廷桢，郭厚安. 河西开发史研究 [M]. 兰州：甘肃教育出版社，1996：10.
③ 杨大明. 甘肃经济概论 [M]. 兰州：兰州大学出版社，1991：117.
④ 中共甘肃省委研究室. 甘肃省情：第二部 [M]. 兰州：兰州大学出版社，1989：755.
⑤ 中国人民政治协商会议，甘肃省委员会文史资料和学习委员会，政协甘肃省金昌市委员会. 甘肃文史资料选辑：镍都金昌：第五十三辑[C].兰州：甘肃人民出版社，1999：230.
⑥ 中共甘肃省委研究室. 甘肃省情：第二部 [M]. 兰州：兰州大学出版社，1989：859.

"是酒泉钢铁公司的主要矿源"①。该矿床包括桦树沟和黑沟矿区，其中桦树沟矿体由7个矿带组成，黑沟矿区以镜铁矿、菱铁矿混合矿石为主。

武威地区已探明的地下矿藏有22种，矿点125处。②

此外，河西地区还蕴藏着丰富的非金属矿。非金属矿与金属矿不同，不能直接当燃料使用，但开采技术难度低，容易采掘，可以在简单加工后或直接应用于工业制造领域。河西地区的非金属矿主要有水泥石灰岩、硫铁矿、萤石、重晶石、芒硝、硅石、食盐、黏土矿、石棉等。其中，芒硝、硫铁矿、食盐、磷、硫、重晶石、砷等属于化工工业的原料；石膏、石棉、陶瓷黏土、大理岩、水泥石灰岩、滑石矿、石榴石、白云母石等属于建材工业的原料；黏土矿、萤石、白云岩、菱镁矿、硅石等可用作冶金工业的辅助原料。"这些矿藏储量，多的达到14亿多吨，如分布在阿克塞、天祝等地的水泥石灰岩；最少的也有50万吨，如分布在肃北蒙古族自治县等地的重晶石。"③ 可以说，河西地区的非金属类矿产资源种类繁多，品种多样，储量丰富。

河西各地的非金属类矿产资源种类

地区名称	非金属类矿产资源种类
武威	石灰石、芒硝、黏土、磷矿石、萤石 ④
酒泉	萤石、石棉、土盐、磷炭石、代赭石、滑石、石英、明矾、雄黄、硝石等二十多种⑤
张掖	芒硝、石灰石、黏土、石膏、白云岩、硅石等⑥
金昌	石英石、大理石、石灰石、白云石等

河西地区的矿产资源储量占全省矿产资源储量的近一半，丰富的金属矿和非金属矿成为近代以来开发河西工业的矿源基础。

---

① 中共甘肃省委研究室. 甘肃省情：第二部 [M]. 兰州：兰州大学出版社，1989：847.
② 中共甘肃省委研究室. 甘肃省情：第二部 [M]. 兰州：兰州大学出版社，1989：707.
③ 吴廷桢，郭厚安. 河西开发史研究 [M]. 兰州：甘肃教育出版社，1996：11.
④ 中共甘肃省委研究室. 甘肃省情：第二部 [M]. 兰州：兰州大学出版社，1989：707.
⑤ 政协甘肃省酒泉市委员会. 酒泉文史资料：第7辑[C]. 兰州：酒泉市印刷厂印，1994：82.
⑥ 中共甘肃省委研究室. 甘肃省情：第二部 [M]. 兰州：兰州大学出版社，1989：785.

二、能源资源

甘肃河西地区具有丰富的能源资源。煤炭、太阳能和风能的储量丰富，开发前景十分广阔。

煤炭是发展工业经济的基础性资源，尤其是发展钢铁、冶金等重工业不可或缺的不可再生资源。河西地区的"煤有炼焦煤、炼油煤、动力煤和汽化煤四个矿种，储量在12亿吨以上"①。

河西地区的煤炭资源主要分布在武威的天祝、民勤小青山、永昌和张掖的山丹以及敦煌、安西、酒泉、阿克赛等市县。其中，武威的煤炭资源最为集中，储量最大，早在明朝时期，武威地区就有民间小规模开采的煤矿，有无烟煤和烟煤两个煤种。九条岭煤矿主要是无烟煤。大口子、西营、南营、小红沟和臭牛沟等地主要分布着烟煤。武威地区已探明"有煤44460万吨，油页岩24590万吨"②。

河西地区的石油矿源主要分布在玉门和金昌等地，玉门老君庙最为集中。"玉门油田东西长100公里，南北宽20—35公里，面积2700平方公里．包括老君庙等6个油区，地质储量为9321万吨，预计酒西盆地远景储量达2.05亿—2.34亿吨。"③

河西地区的太阳能和风能也很丰富，河西地区日照时间为2600—3300小时，有12%的地区风速在4米/秒以上。④ 瓜州县号称"世界风库"，玉门市也被称为"风口"，"全市风能资源可开发量在4000万千瓦左右。"⑤ 河西走廊发展"风能产业带"条件优越。太阳能资源极其丰富，也是太阳能发电的理想区域。

总之，矿产资源是工业经济发展的基础。但是，河西地区真正意义上的矿产资源的探测和开发工作直到20世纪30—40年代才起步。而且，河西地区的大多数矿床贫矿多、富矿少、伴生矿复杂、开发难度较高，存在结构性缺陷。如"大型矿镜铁山铁矿储量占甘肃的76%以上，其保有储量近4万吨，但该矿富铁

---

① 中共甘肃省委研究室．甘肃省情：第二部［M］．兰州：兰州大学出版社，1989：707.
② 中共甘肃省委研究室．甘肃省情：第二部［M］．兰州：兰州大学出版社，1989：707.
③ 吴廷桢，郭厚安．河西开发史研究［M］．兰州：甘肃教育出版社，1996：11.
④ 魏永理．中国西北近代开发史［M］．兰州：甘肃人民出版社，1993：14.
⑤ ［N］．甘肃日报，2008-5-8.

矿少，储量98.8%为贫矿石。"① 河西地区能源资源中的煤炭资源总量也相对不足，成为河西工业经济发展的限制性因素。近代河西地区丰富的矿产资源与能源资源没有早开发、早受益，资源优势没有及早转换为经济优势，这是近代甘肃及河西地区落后的原因之一。

第三节　行政建制：河西的历史沿革

一、历代中央王朝对河西的开发与经营

河西地区由于横穿古丝绸之路核心段，战略地位得天独厚，历代的中央王朝十分重视对河西的开发与经营。

汉代张骞出使西域以及汉武帝对匈奴战争以后，开始设置河西四郡，移民实边，开辟丝绸之路，这标志着中央政府对河西开发的开端，从此，河西地区商贾、使者云集，成为中外交往的聚散地。

隋朝官员裴矩主持张掖互市，隋炀帝在河西举办万国博览会，唐朝政府继承隋朝传统，仍然非常重视河西，认为"河西者，中国之心腹"。唐朝时期，河西地区社会安定，经济发展，是河西开发史上的黄金时期。从隋至唐中叶，河西走廊的武威、张掖、敦煌已经发展成为国际性贸易城市，经济文化呈现出前所未有的繁荣景象，因此《资治通鉴》有"天下称富庶者，无如陇右"的说法。但是，唐安史之乱之后，北方战乱，全国政治经济文化重心开始南移，随着海上丝绸之路的开通，河西走廊已经没有了往日的繁盛。

唐末至宋元以后，河西地区民族纷争，战乱不断，社会动荡；到明朝时，政府关闭嘉峪关以阻止蒙古的入侵，河西农牧业经济走向衰败。

清政府也认识到河西重要的战略地位，在河西地区相继设凉州府、甘州府、肃州、安西州。凉州府管辖范围主要是今天的武威市，包括武威、古浪、平番（今永登）、镇番（今民勤）、永昌等县；甘州府管辖范围主要是今天的张掖市，还包括抚彝厅、山丹县以及后来的东乐县等，不久改为甘凉道，辖甘州和凉州二府；肃州管辖高台县；安西州下辖敦煌县（今敦煌市）和玉门县（玉门市）。清政府曾多次把内地百姓迁到河西地区垦荒屯田，经营河西。

---

① 沈镭.河西走廊矿业城市资源多元化开发战略初探 [J].中国地质矿产经济, 1995 (6).

二、民国初年动荡的河西政局

民国初年,北洋军阀政府在地方开始实行省、道、县三级管理。在河西地区分设了甘凉道（治所在武威）和安肃道（治所在酒泉）。甘凉道分管今天的武威地区（包括今天的武威市、古浪县、民勤县、永昌县）和张掖地区（包括今天的张掖市、山丹县、临泽县、民乐县）；安肃道分管今天的酒泉地区（包括今天的酒泉市、玉门市、敦煌市、瓜州县、金塔县）。南京国民政府成立以后废除了"道",实行"行政督察区"的管理模式,河西地区设有第六、第七两个区。第六区就是原来的甘凉道,第七区是原来的安肃道。不久在武威和酒泉分别成立了专署。①

民国以来,河西地方军阀割据,混战不休。先后有马麟（甘州）、马廷勷（凉州）、吴桐仁（肃州）、马步芳（西宁）、马步青（肃州、甘州）、韩起功（张掖）等军阀势力占据河西地区,军阀与官绅勾结,向河西人民征收苛捐杂税,甚至滥发货币,导致民不聊生,社会经济遭到极大的破坏。

从1925年起,冯玉祥率领的国民军势力开始占据和统治河西地区。中原大战爆发以后,冯玉祥的国民军东征讨伐蒋介石,不久,西北马家军阀马步芳控制了青海及河西地区。

从1931年起,军阀韩起功进驻张掖,此后长达十年之久；军阀马步康进驻酒泉,军阀马步青进驻武威。如1931年,马仲英的部队曾经驻扎在安西长达半年,向农民征收粮饷,当地人民叫苦不迭。马家军阀占据河西各县,贩卖鸦片,征收"入山税"等苛捐杂税,直到1941年国民政府把河西地区纳入了中央政府的统辖范围。整个民国时期,河西人民先后遭遇新旧军阀的盘剥,过着水深火热的生活,直到1949年,中国共产党领导的人民解放军解放了河西各地,河西人民终于翻身得解放,河西历史翻开了新的一页。

三、近代河西人民的反封建起义

早在清代末年,河西就曾发生民众反封建的起义。据《民国续修导河县志》记载,光绪十八年（1892年）,高台有白莲教龙华会起事。光绪二十年（1894年）,敦煌爆发抗粮起义。

民国以来,历届新旧军阀的反动统治,造成河西地区阶级矛盾日益尖锐,经

---

① 甘肃省民政厅民政志编辑室. 甘肃民政大事记[M]. 兰州：甘肃人民出版社,1992：43-60.

济凋敝，民不聊生，民变四起。民国十六年（1927年）发生酒泉兵变。1928—1933年发生河湟事变，兵变范围影响到西北的甘、宁、青、新。民国十八年（1929年）马仲英军进驻永昌、民勤，疯狂屠杀永昌、民勤的无辜百姓，造成人口的骤然下降，永昌城几乎成为"寡妇城"。"仅经此次事变，甘肃人口再降至260余万，与清中叶1200余万比，何啻天壤。"①

近代甘肃政治腐败，据记载："赵维熙、张广建督甘时无不公然卖官鬻爵，兰州、西宁、宁夏府缺署一年即须5000千至1万两以上不等，穷县最低亦需500两。"②偏安一隅的河西地区，阶级矛盾和民族矛盾相互交织，民变四起，社会动荡，河西地区的社会经济遭到严重破坏。

第四节　社会基础：落后动荡的河西社会

河西地区位于甘肃中西部，地处南北两山之间，南边是终年积雪的祁连山，北部是腾格里沙漠和巴丹吉林沙漠，河西走廊从东到西依次是武威绿洲盆地、张掖绿洲盆地、酒泉绿洲盆地敦煌绿洲盆地。历史上对河西地区畜牧业、农业的开发较早。河西地区自古以来就是一个有着悠久历史传统的农牧业地区，积累了丰富的农牧业生产经验，农牧业历来是河西地区最基本的生产部门，是河西地区经济发展的基础。

近代以来，战乱频繁，河西自然环境日趋恶化，干旱引起土壤沙化，以风沙灾害为主的自然灾害频繁，生态环境日益脆弱，可利用的土地资源不断减少，社会经济落后、社会环境动荡。

一、农业

农业是一切经济现象的基础。传统农业"通常是指在自然经济状态下，使用人力、畜力，以手工器具和铁器等为生产工具，依靠先辈积累下来的经验进行生产，以自给自足为目的的农业，它是农业发展的低级阶段。"③

近代，河西地区由于地处内陆腹地，气候干旱，植被覆盖度低，降雨季节

---

① 甘肃省民政厅民政志编辑室. 甘肃民政大事记[M]. 兰州：甘肃人民出版社，1992：25.
② 甘肃省民政厅民政志编辑室. 甘肃民政大事记[M]. 兰州：甘肃人民出版社，1992：22.
③ 王玉茹. 中国经济史[M]. 北京：高等教育出版社，2008：25.

分配不均，土壤侵蚀面积大，生态环境极为脆弱，农业生产很不稳定。民间曾经有"三年一小旱、十年一大旱"的谚语。因此，为了渡过饥荒，河西各地普遍通过设立社仓的办法救济饥民。"社仓一般是以乡村为单位，由当地群众主动在收成好的年份筹集粮食储存，公摊仓正、仓副管理。社仓的宗旨是'积谷防荒、储粮救灾'。河西各社仓基本上采取春放秋收，每年以复利三分计息。光绪三十一年（1905年），武威县有社仓16处。据《甘肃通志稿》载，光绪三十四年（1908年），武威县'义社'储粮为一百七十一万六千一百四十九京斗，仓储之多仅次于张掖。"①

近代河西地区为自然灾害多发区，灾害种类繁多，发生周期短，几乎无年不灾。往往多灾并发，交互肆虐，频度高，范围广，也对河西地区的农牧业生产构成了极大威胁。河西地区连续发生的特大地震、旱灾及风沙灾害，极大地破坏了社会生产力，严重影响了近代河西地区的经济发展。

20世纪20—30年代，河西地区接连遭遇三次大地震，造成生产凋敝，民不聊生。1920年12月，甘肃海原、固原发生8.5级地震，波及河西古浪、武威、民乐、高台。1927年4月，以武威、古浪为中心的河西各地发生7.7级强烈地震。据史料记载：地震中永昌县倒塌房屋1.8万余间，死亡829人，压死牲畜8600头；山丹县倒塌房屋5800余间，土窑200余处，死亡886人，死牲畜2万余头；张掖县震倒房屋多间，死135人，压毙牲畜甚多；临泽县倒塌房屋1000余间，死10余人，死牲畜350多头。此外，河西地区的敦煌、金塔、酒泉、高台、民勤等地都发生了不同程度的破坏性地震。②1932年12月玉门发生7.5级强烈地震，河西地区的敦煌、安西、玉门、金塔、嘉峪关、酒泉、临泽、高台、张掖、肃南等地都成为受灾区。

20世纪20年代是河西地区社会动荡最为剧烈的时期。

近代以来，河西地区主要经营农牧业经济。长期以来粗放的农牧业生产、无节制开荒、超采地下水、超载放牧，导致植被破坏、草地退化、沙漠延伸、水土流失严重、土地荒漠化程度加剧。河西地区生态环境进一步恶化，地震、风沙、旱灾等自然灾害十分频繁，宛如雪上加霜，造成河西地区劳动力减少，农业生产受到极大削弱，饥荒遍地，哀鸿遍野，经济衰退。加上近代土地兼并之风日趋剧烈，封建剥削日益严重。道光年间，土地集中兼并已相当严重。据

---

① 吴廷桢，郭厚安．河西开发史研究［M］．兰州：甘肃教育出版社，1996：448-449．
② 中国人民政治协商会议，甘肃省文史资料研究委员会．甘肃文史资料选辑：第十辑［C］．兰州：甘肃人民出版社，1984：100-101．

《敦煌县志》（卷二）记载富者种十余分地，贫者一贫如洗，无法度日，不得不为人佣工，日计其值，以养妻子。1920年海原大地震造成20多万人死亡，受灾人口342798人。① 1927年武威、古浪地震造成40000多万人死亡。② 1928年甘肃"全省几乎一半的土地无法及时播种"，"1929年死于疫病者达60余万"③。

综上所述，20世纪初河西地区社会经济发展迟缓，工业经济的起步缺乏经济基础。直到20世纪30年代，有识之士才认识到："欲谋开发西北，必先发展西北农业，以农业之发达促兴工商业，以农村社会之发展，激起都市社会之繁荣。"④ "吾国以农立国，农村经济，原为国民经济之重心，近年西北一隅，所以陷于破产之状态，亦即由于农民仅能提供其肉体之劳动力，而无由获得生活必需之衣食。"⑤

农业是国民经济的基础，也是河西地区工业开发的基础。农产品，既是解决人们生存问题的最基本的物质，又是发展工业的基本原料。河西地区在传统经营方式下的农业落后，面临破产的命运，商品化发展缓慢，不可能给工业提供剩余农产品，在一定意义上妨碍了河西近代工业的产生与发展。

二、手工业

中国古有四大发明，手工业生产历史悠久，闻名中外。只有农业获得较快发展，手工业才能从农业中分离出来。在民国以来相当长的时期中，河西地区普遍存在碾米、磨粉、织布等家庭手工业，规模小，多为夫妻店，生产工具极其落后，发展极其缓慢，仍然停留在自给自足的自然经济阶段。

（一）手工棉纺织业

河西地区盛产羊毛，手工纺织业发展较早。早在秦汉年间，民间就有"拈毛成线，织褐为衣"的手工劳动，这种毛线衣称作"毛褐"。到了清乾隆时期"毛褐"生产技术有所改进，有"绒褐"之名，"造为织金妆花之丽，五彩（同彩）闪色之华""一袍所费百金，一匹价值十余两。"⑥ 手工纺织业开始有所分工，有"毛褐"和"绒褐"之分，并且出现了脱离农业生产专门从事织褐，领

---

① 中国人民政治协商会议，甘肃省文史资料研究委员会. 甘肃文史资料选集：第二十辑[C].兰州：甘肃人民出版社，1984：158.
② 夏明方. 民国时期的自然灾害与乡村社会[M].北京：中华书局，2001：399.
③ 甘肃省地方志编纂委员会. 甘肃省志·民政志[C].兰州：甘肃人民出版社，1994：544.
④ 董汝舟. 发展西北农业的几个重要问题[J]. 建国月刊，1936（2）.
⑤ 建设西北水利与救济农村[N]. 申报，1934-11-17.
⑥ 慕寿祺. 甘宁青史略正编卷二十九[J]//林植. 甘肃近代工业略论. 社会科学，1984（4）：114，122-128.

取工资的手工纺织业者，叫"褐匠"，这些织匠，一种是携带织机，在各地揽织活，计件获得报酬；还有一种是家庭自己织成活计，带到集市出售。这种专门化的纺织生产已经成为河西地区近代棉纺织工业的基础。在一些规模较大的织毡、织毯的手工作坊中出现了类似于经理与工人的雇佣关系。传统的"师徒关系，在收徒拜师之前，徒弟待遇，除供给食宿外，所得为数极微，且不得任意离去"①。这些雇佣劳动的出现，标志着河西地区的毛纺毛织手工业已经出现了资本主义萌芽。

（二）手工矿冶业

河西地区矿产资源丰富。明清时期，金、银、铜、铁、铅等矿藏被普遍采冶，其中铁矿开采的规模最大，出现土法冶炼生铁的情况。清代以来河西的手工矿冶业已经有所发展。

煤矿业：在清代，河西各地居民在"旧有煤洞"自行采挖煤矿，以供日常生活所用。史载："所有旧时产煤处所，如……甘州府属之张掖、山丹二县，凉州府属之武威、永昌、古浪三县，宁夏府属之灵州及中卫、平罗二县，西宁府属之西宁县、大通卫，俱旧有煤洞，历来听民采取，以资日用"。②

采金业：敦煌沙州南北山是清末规模比较大的金厂，1786年曾经试采，手工挖金人数最多的时候达到2000人，每年上缴课金在300两以上。陕甘总督左宗棠督甘期间，曾经从上海购进外国采矿设备，并聘请法国采矿技师米海厘来甘肃，准备开采肃州（今酒泉）文殊山金矿，但由于大雪封山不得不改用手工开采金矿。

盐矿业：河西地区盐的开发很普遍。如山丹的红盐、敦煌的青盐、肃州的石盐、高台的白盐。

近代以来，随着外国资本主义的入侵，国内的手工业生产受到了很大的冲击。"海禁开放，洋布输入极多，物美价廉，影响土产之生产"，"致毛毡之产销，沦为无人过问之趋势"③。

20世纪初，俄国等帝国主义列强侵入河西地区，在大量倾销洋货的同时，大肆掠夺河西地区的土特产品，低价收购羊毛、皮革、驼毛、药材等，从中牟取暴利，河西地区便沦为帝国主义列强的原料产地和洋货倾销市场。再加上偏僻的河西地区地处内陆，交通与运输能力极端落后，货物只能依靠陆路上的骆

---

① 林植. 甘肃近代工业略论 [J]. 社会科学，1984（4）：114，122-128.
② 魏永理，李宗植. 中国西北近代开发史 [M]. 兰州：甘肃人民出版社，1993：130-131.
③ 林植. 甘肃近代工业略论 [J]. 社会科学，1984（4）：114，122-128.

驼、骡马运输至川、陕、青、新，严重影响了河西地区工商业经济的发展，外地商人来往不多。山西、陕西商人主要穿梭于商业比较繁盛的凉州府，把凉州府的羊毛和土药转运到内地，再把内地的"布匹、京洋杂货、绸缎"等经省城兰州转运到凉州府销售。但是"分销本境者十之二三，发运新疆者十之七八"。河西地区的"甘州、肃州、安西州等处"，商贾经过的时候，"货不停留，即间有落地者，为数不多"①。可见，由于帝国主义的"舶来品"的输入，河西地区的工商业经济发展非常缓慢，河西地区原有的手工业生产受到冲击，近代机器工业往往从手工业发展而来，是手工生产成长与进步的产物，传统手工业的成长对近代工业的产生有促进作用。

三、社会环境

鸦片战争以来，随着西方列强侵略的不断加深，清朝统治者面临内忧外患的危机。

民国以来，甘肃经济落后，财政收入严重亏欠，入不敷出，外省协饷也难以为继。河西地区历经北洋军阀、冯玉祥集团、马家军阀、国民党新军阀的残暴统治，军阀混战，民不聊生。

1915年，北洋政府公布《商会法》以后，"开征验契税、屠宰税、印花税、烟酒公卖税、农具税、茶捐、鸦片过境税"②都沉沉地压在西北这片土地上。

张广建、陆洪涛督甘时，强迫农民种植鸦片，征收"烟亩罚款"，没有种植鸦片的农民要向政府缴纳"无烟亩罚款"。河西各地广种鸦片，导致耕地锐减，千里萧条，吸食者卖儿鬻女，家破人亡。武威地区出现了"罂粟花均作白色，远望一片"的场景。"肃州人口全县计九万余，十人之中，足有七人吸鸦片。……大约七人之中，妇女居其三，男子居其四，壮者居其三，弱者居其四。"③

1925年，国民军入甘，增加了田亩税赋、田赋之外的附加税和各种摊派。

30年代，马步芳统治下的河西，征收的鸦片税更加苛重，导致农业凋敝，工商业破产。如武威"毒害所至，贫弱随之，典当即尽，不恤鬻卖妻女，于是

---

① 张灏，张忠修.中国近代开发西北文论选：下[M].兰州：兰州大学出版社，1987：77.
② 张掖地区政协文史资料编辑委员会.张掖文史资料：第四辑[M].张掖：张掖地区河西印刷厂，1994：84.
③ 林竞.蒙新甘宁考察记[M].兰州：甘肃人民出版社，2003：120-121.

贩卖人口之风，遂亦特甚"①。

民国各路军阀横征暴敛，人民生活水深火热，河西开发举步维艰，社会环境极端闭塞落后。

四、交通

工业开发必须以交通建设为前提。清代早期，为了平定陕甘回族事变，巩固西北边防，清政府在西北建立驿站。"各府、州、县都有'官马大道'相连接。甘肃（含青海、宁夏）有驿站 140 多处，递运所 100 多处"。② 1875 年，左宗棠奉命督办新疆军务，对修整通往新疆的道路十分重视，在河西走廊也设有驿站和递运所。修路筑城，标志着河西近代交通建设之始。

为了改善河西走廊的落后交通，以便于河西当地物资的转运交流，左宗棠抽调大批官军以原有明清时期的"甘凉大道"为基础，修建了陕西—甘肃—河西走廊—新疆的甘新驿道。这条驿道从兰州出发，向东到达陕西潼关；向西经青海的西宁、大通、湟源等地再北出嘉峪关到达新疆乌鲁木齐，路面宽 10 丈，可供两辆大车并行，被称为"左公大道"，既解决了平定新疆的军需运输问题，也为后世河西地区的交通建设奠定了重要基础。

20 世纪初，孙中山在《实业计划》中提出改善西北落后的交通"为必要而刻不容缓者也""于世界位置上无较此重要者矣"③，提出修筑西北铁路。"甘肃之兰州是一个重要的交通中枢，将有十三条铁路汇合于此"④，"实居支配世界的重要位置，盖将为欧亚铁路系统之主干，而中、欧两陆人口之中心，因以联结"，"由太平洋前往欧洲者，已经此线为最近"⑤。孙中山把交通看作发展其他实业的先行部门，认为只有发展交通，才能使自然资源与劳动力得到合理配置，取得最大化的开发效益。但是，由于种种历史条件的限制，以孙中山为核心的资产阶级民主派没有掌握国家政权，许多设想未能实现，但其依然成为后世历届政府开发西北的重要思想依据。

甘肃地理条件复杂，东部沟壑纵横，南部重峦叠嶂，中部群岭起伏，河西

---

① 林竞. 蒙新甘宁考察记 [M]. 兰州：甘肃人民出版社，2003：120-121.
② 李清凌. 元明清时期西北的经济开发 [J]. 西北师大学报，2003（6）：111-114.
③ 广东省社会科学院历史研究室. 孙中山全集：第六卷 [M]. 北京：中华书局，1985：262.
④ 广东省社会科学院历史研究室. 孙中山全集：第二卷 [M]. 北京：中华书局，1982：491.
⑤ 广东省社会科学院历史研究室. 孙中山全集：第六卷 [M]. 北京：中华书局，1985：262.

戈壁连绵,造成了交通运输的极大困难。交通不便对河西地区的交通运输影响很大。正如20世纪30年代有人倡导的:"开发西北,首重交通,交通不兴,开发无从谈起。"①"西北国防之空虚,政治文化之不进,经济之枯滞,产业之不振,民生之困弊,无不由此。"②

直到20世纪20年代,河西才出现了第一条公路,兰州—肃州(今酒泉),20世纪20年代末,公路已经通到了新疆。

五、文化教育

一定优势的科技竞争力和教育竞争力,是工业经济发展的基本条件。

清代,甘肃教育非常落后。清代,包括甘肃在内的西北所有考生要千里迢迢到西安贡院应试,参加乡试的人数很少。在左宗棠的奏请下,1875年(光绪元年)陕甘分闱,此后,甘肃乡试在省会兰州举行,甘肃培植举业条件大为改善,甘肃进士数量比以前增加了不少。清代甘肃进士主要分布在三个地区:兰州府(所辖4县2州,有进士71名)、武威的凉州府(所辖河西5县,有进士65名)、秦州直隶州(所辖天水陇南5县,有进士49名)。清代甘肃这三个地区的进士总数占全省的一半。

科第兴衰与所在地的书院教育发达与否有直接的关系。清代河西地区仅有凉州的雍凉书院和酒泉书院。陕甘分闱后,河西地区的进士数量逐渐增多,仅次于兰州府。到1902年(光绪二十八年),陕甘总督崧蕃在兰州设立甘肃大学堂,又名"甘肃文高等学堂",是清政府筹办的甘肃省最早的新式高等学府,招聘外籍教师开设日、法、俄语等课程,不久还设立了新式武备学堂,标志着甘肃近代教育的开始。1909年,出现了包括初、中、高等教育、职业教育、师范教育的雏形。

综上所述,河西地区自古以来都是中原王朝与西北边疆地区及中西亚交往的交通大动脉,也是中原王朝维护国防安全的重要军事基地。自汉代以来,历朝政府都对河西地区进行程度不等的经济开发,河西地区具有的资源禀赋、传统农业生产技术的改进和缓慢增长的劳动力成为河西近代工业崛起的基础。但是,鸦片战争以来,随着帝国主义侵略的日益加深,清政府只求自保,根本无暇顾及发展社会经济,这一时期河西开发处于"相对停止时期"③。

---

① 张继.西北饥荒与交通[M]//秦孝仪.革命文献第88辑.台北:台北"中央"文物供应社,1981:52.
② 马鹤天.开发西北的几个先决问题[J].开发西北创刊号,1934(1).
③ 吴廷桢,郭厚安.河西开发史研究[M].兰州:甘肃教育出版社,1996:21.

20世纪前后,河西地区自然经济在社会经济中仍然占主要地位,除了少量的家庭手工业以外,真正意义上的近代工业几乎空白。农业产量的增长是工业发展的重要前提,军阀和地主官僚占有大量的土地,河西人民缺衣少地,更谈不上有剩余产品去支持工业的发展,河西近代工业的起步是充满艰辛,极其曲折的。

河西地区蕴含的大量矿产资源为开发提供了潜能。但是,在生产关系落后、社会矛盾复杂的近代,工业经济的开发与发展更需要依靠政府的力量,包括开发资金、设备与技术的投入以及专门人才的培养,还需要营建比较便利的交通运输设施等等。然而,近代河西地区缺乏这些必备条件。因此,河西地区近代工业从左宗棠督甘时期崛起,到抗战时期国民政府开发,都是近代国防与军事建设需要推动的结果,绝不是河西地区社会生产力发展的必然结果,河西地区工业的开发模式应该是政府主导的后发外生型,而不是早发内生型。

第二章

近代社会的变革与河西工业的发轫

第一节 洋务运动揭开中国近代工业的序幕

一、工业是近代各国国民经济的主导产业

常言道:"无农不稳,无工不富。"依靠落后的小农经济是摆脱不了贫困的。马克思认为,"只有消灭农村家庭手工业,才能使一个国家的国内市场获得资本主义生产方式所需要的范围和稳固性"①,能够满足人们生产和生活所需的各种物质资料的工业才能应运而生。工业是指对自然资源进行采掘、初加工和对工农业提供的原料进行再加工的社会物质生产部门②,工业生产是指物质资料的再生产。根据产品在社会再生产中的作用,工业划分为重工业(主要生产生产资料的工业部门)和轻工业(主要生产消费资料的工业部门)。

工业能否成为国民经济的主导产业,关系到一个国家的经济能否发展、国力能否增强和人民生活水平能否提高。因此,正如钱纳里所说"从历史上看,工业化一直是发展的中心"③。

资本主义的形成是中国工业化的重要前提。明清商品经济的发展,意味着资本主义已经萌芽,但中国的资本主义并没有因此形成,为什么?19世纪中叶鸦片战争以来,西方资本主义国家用坚船利炮打开了中国的大门以后,不断向中国倾销商品,掠夺原料,西方列强的侵略打断了中国的资本主义进程。

---

① 吴申元. 中国近代经济史 [M]. 上海:上海人民出版社,2003:120.
② 方甲. 现代工业经济管理学 [M]. 北京:中国人民大学出版社,2002:110.
③ 钱纳里等. 工业化和经济增长的比较研究 [M]. 北京:三联书店,1995:1.

西方资本主义在中国投资设厂，带来了先进的生产技术和资本主义企业管理方式，一方面促使中国的自然经济解体，另一方面，外国资本主义的冲击和影响，客观上为中国近代工业的发展起了示范作用。

近代工业是指"以机器和机器体系为劳动手段，从事自然资源的开采，对采掘品和农产品进行加工和再加工的物质生产部门"①，是指以机器为生产手段的物质资料的再生产，其技术基础以机器为主，"雇佣工人在30人以上"，② 采用工厂制的生产方式。中国近代工业首先开始于洋务运动，洋务派以购买西方的新式机器设备为标志，以"自强"和"求富"为目的，相继兴办了一批有重要影响的军事工业和民用工业，揭开了中国近代工业的序幕。

二、洋务运动与中国近代工业的起步

中国近代工业发端于19世纪60—70年代的洋务运动，洋务运动前期以军事工业为主，洋务派兴办的一批军事工业开启了中国近代工业化之路。面对西方工业强国的军事威胁，以曾国藩、李鸿章为代表的洋务派为了实现"师夷长技以制夷"的目的，创办了一批近代化的军事企业。1861年，曾国藩创办的安庆军械所，成为中国最早仿制洋枪洋炮的军工厂。从19世纪60年代至90年代，由清政府直接给各省督抚拨款，或者由各省督抚自筹经费，耗费了5000多万两白银，建立的近代军工工业企业达24个。③

为了解决燃料、原料及交通运输等问题，19世纪70年代以后创办民用工业。

洋务运动期间，左宗棠对甘肃、新疆及连接甘新两省的河西地区也进行了治理和开发，并取得了显著成效。甘肃兰州制造局和兰州织呢局的创办，标志着甘肃近代工业化的开端。左宗棠的开发，也标志着河西近代工业开发之始。

三、西北边疆危机与左宗棠督甘

19世纪60—70年代的洋务运动，首次把西方先进的生产技术引进到中国落后的生产领域，自强求富，在中国兴办一批近代的军用工业和民用工业，揭开了中国近代工业化的序幕。

但在此背景下的西北，边防空虚，民族矛盾尖锐，边疆危机进一步加剧。

---

① 金碚. 新编工业经济学［M］. 北京：经济管理出版社，2005：15.
② 王玉茹. 中国经济史［M］. 北京：高等教育出版社，2008：146.
③ 陈争平，龙登高. 中国近代经济史教程［M］. 北京：清华大学出版社，2002：69.

西北和甘肃是多民族聚居地，清代以来甘肃起义不断，如1648年（顺治五年）的甘州回民起义、1781年（乾隆四十六年）青海循化的反清起义、1783年（乾隆四十八年）的通渭石峰堡起义等。

尤其是在太平天国起义的影响下，1861—1873年（咸丰、同治年间）爆发的陕甘回民事变影响最大。1862年（同治元年），陕甘回民事变爆发后，左宗棠受朝廷委派前往陕甘地区解决此事变。1866年9月，左宗棠由闽浙总督调任陕甘总督，1872年（同治十一年）7月，左宗棠率师进驻兰州，准备收复新疆。1873年10月3日（同治十二年八月十二日），左宗棠亲抵肃州，指挥攻城。到1873年，肃州城破，起义军失败。

当时甘肃久经战乱，危机四伏，如果用兵西征，筹粮筹兵筹运都很困难。东南沿海的枪炮与"协饷"也因西北交通落后而远水不解近渴。光绪初年，英、法、俄等资本主义国家的毛纺织品、布匹、火柴、糖果等商品已经深入到河西地区。根据《中俄北京条约》《伊犁条约》《中俄改订条约》的规定，俄国商人可以在新疆以及嘉峪关等河西各地盖房牧放，设立领事馆，经商贸易。为此，清政府在阳关设立税务机构（后来移至嘉峪关）进行监督也无济于事，资本主义的商品大量倾销于新疆及河西各地。

1878年，罗马教皇派外国教士来甘肃，在凉州设立教堂进行传教。后来，奉教皇命令在甘肃建立了甘南、甘北两处主教区，甘南总堂设在秦州，甘北总堂设在凉州。外国教士名为传教，实则绘制地图，勘探矿产，勾结官府，鱼肉乡民。

清末民初，战乱不断，加上自然灾害，导致河西地区经济衰败，农牧业衰退，仅有少量传统落后的手工业作坊，近代机器工业无从谈起。

左宗棠独具慧眼，已经认识到开发西北的战略意义。他看到沙俄的侵略得寸进尺，如果不收复新疆、不在新疆设置行省，不仅新疆有丢失的可能，而且西北的陕西、甘肃甚至山西也将永无宁日。他认为只有西北富起来、强起来，才能和外国并驾齐驱，否则"人操舟而我结筏，人跨骏而我骑驴，可乎？"[①] 1872年（同治十一年），左宗棠创办的兰州制造局，主要生产枪炮弹药。1880年（光绪六年），左宗棠又创办甘肃织呢局，从德国购买机器设备，这是甘肃第一家民用机器工业。"二局"的兴建标志着甘肃近代工业的发端。

1876年，左宗棠顺利收复新疆，1884年清政府在新疆设立行省，西北边疆防务得到加强。

---

① 左宗棠. 左宗棠全集·年谱：第4卷［M］. 上海：上海书店，1986：17265.

四、陕甘总督杨昌浚奏请开发西北和河西的设想

为了维护清王朝在西北的统治,1889年10月,陕甘总督杨昌浚等上奏清政府:拟设西安至嘉峪关陆路电线,以速边报。① 1889年11月直隶总督李鸿章上奏清政府:"西安至嘉峪关,作为官线,由陕甘筹款。将来接至新疆,则东西万里,一律灵通。"②

1892年(光绪十八年)陕甘总督杨昌浚再次奏请"设肃州至新疆电线,请分筹银两,购办机器。"得旨:"该衙门议揆。"寻议:"由总理各国事务衙门、户部各拨银五万两,解交北洋大臣李鸿章应用。其采购材料,就甘肃新疆平余项下动拨。"③

总之,洋务运动期间,由于西方资本主义国家势力的侵入,河西地区和全国一样,在资本主义经济的冲击下,自然经济逐渐开始解体,也逐步陷入半殖民地半封建社会,为了抵御列强,巩固西北边疆,清政府内部左宗棠等有识之士开始考虑在西北开发近代工业。

第二节　左宗棠与河西近代工业的发轫

著名湘军将领左宗棠与曾国藩、李鸿章、张之洞,并称"晚清四大名臣"。左宗棠一生中,从1866年至1881年在西北度过了他政治生涯的最高峰。他主要的事迹包括三部分:一是平定咸丰、同治年间的陕甘回民事变,维护了清王朝对西北边疆的统治;二是出兵新疆,收复乌鲁木齐,击败了外敌觊觎新疆领土主权的阴谋,坚决地捍卫了国家领土主权的完整;三是左宗棠在督办西北军务期间,从事近代化经济活动,关注民生,恢复生产,开发甘肃及河西。在甘肃创办兰州制造局和兰州织呢局,这和他创办的福州船政局一样,都是他创办近代工业的功绩。

通过左宗棠的一系列措施,西北局势渐趋稳定,河西地区得到了治理和开

---

① 张灏,张忠修. 中国近代开发西北文论选:下 [M]. 兰州:兰州大学出版社,1987:344.

② 张灏,张忠修. 中国近代开发西北文论选:下 [M]. 兰州:兰州大学出版社,1987:344.

③ 张灏,张忠修. 中国近代开发西北文论选:下 [M]. 兰州:兰州大学出版社,1987:344.

发。在左宗棠开发河西的实践中，河西地区的近代工业开始崛起。

一、左宗棠开发河西

（一）试采金矿，标志着河西近代工业之始

河西地区地质条件优越，蕴藏着丰富的矿产资源。清代以来，"甘肃五金矿产，到处皆有，因民穷财困，不甚讲求。惟沙金较他矿尚易为力，故西宁、肃州、敦煌各属回、番贫民用土法淘来，借以糊口。"①

左宗棠督办西北军务期间，曾经在肃州（今酒泉市）安营扎寨，开始了河西地区最早的探矿活动。在酒泉文殊山三个地方发现了金属矿，在玉门赤金峡的一个地方发现了金砂矿，还有一个地方发现了石油矿，采集的"油样"带去上海化验，结果显示"含油50%、含蜡30%、杂质20%"②。

左宗棠在采矿业的开发策略上走的是"官办开其先，而商办承其后"的方针。他一开始支持官办采矿业，"大抵矿务须由官办，无听民私采之理"。但又担心采矿官办的弊端难以克服，"惟官开之弊，防不胜防"，于是又提出支持"商办"，认为商办采矿"耗费少而获利多"③。

他看到"陇地产五金"，打算从国外引进机器，聘请德国技师米海厘，雇佣外国工匠开采，但是，由于西北路途遥远，交通不便，上海买办胡光墉捐赠的采金机器根本无法运输到河西地区，没有机器便无法开采，他不得不改用招募民夫人工采矿，下令"承募本地民夫三十名"，连续挖了40天，功夫不负有心人，终于挖出14两黄金。左宗棠决定"增募民夫，接续开采"④。

左宗棠打算引进采金机器开采，在河西地区试点开发金矿的基础上，"拟增募民夫"，"俟有成效，再议推广"。虽然由于当时的历史原因而未能实现，但是，反映了左宗棠"官督商办"的办矿思想，对以后河西工业的开发产生了深远影响。试采金矿，标志着河西近代工业之始。

（二）修建甘新驿道，发展近代交通业

1875年，左宗棠在西北督办军务，为了方便军运，开始修整道路，修缮州城，巩固路基，可以视作河西近代交通建设之始。

---

① 张灏，张忠修. 中国近代开发西北文论选：下［M］. 兰州：兰州大学出版社，1987：75.
② 吴廷桢，郭厚安. 河西开发史研究［M］. 兰州：甘肃教育出版社，1996：436.
③ 左宗棠. 左宗棠全集·书信：卷三［M］. 长沙：岳麓书社，1996：520.
④ 左宗棠. 左宗棠全集·书信：卷三［M］. 长沙：岳麓书社，1996：520.

1. 修建甘新驿道

左宗棠用兵西北困难重重，他感慨地说筹饷难，筹粮难，筹转运更是难上加难。① 筹转运最大的阻力就是交通问题，收复新疆，从甘肃筹饷筹粮经河西走廊转运到新疆，路途颠簸崎岖，十分遥远。因此，他把改善交通看作克敌制胜的关键，还把改善交通与发展河西地方经济联系起来。他看到"甘肃地瘠民贫，向不知经商服贾之利，土物行销外省者，烟叶、药材而外，别无大宗。民间所用车辆，多系无铁高轮，牛马驾曳，负重面不能行远，驮贷用驴，于农隙受雇运货，以供倭养，而资其余利。"② 他注意到明清时期"甘凉大道"的修通，使凉州府成为河西地区的商务繁盛区，"城内商人山（西）、陕（西）居多。输出品以羊毛、土药为大宗，输入品为大布、京洋杂货、绸缎、海菜，皆由省城转运。"③ 但是，"分销本境"商品也不过20%—30%，其他如"甘州、肃州、安西州等处，皆道路通衢，为商贾经过之处。"④ 甘州、肃州、安西州等处仅仅充当了入疆货物和商人片刻停留的中转站而已。

为了改善河西走廊的落后交通，以便于河西当地物资的转运交流，左宗棠抽调大批官军以原有明清时期的"甘凉大道"为基础，修建了陕西—甘肃—河西走廊—新疆的甘新驿道。这条驿道从兰州出发，向东到达陕西潼关；向西经青海的西宁、大通、湟源等地再北出嘉峪关到达新疆乌鲁木齐，路面宽10丈，可供两辆大车并行，被后世称为"左公大道"，既解决了平定新疆的军需运输问题，也为后世河西地区的交通建设奠定了重要基础。

2. 修缮嘉峪关城、肃州城和安西州城

嘉峪关关隘边塞是西北的战略要地。担任陕甘总督的左宗棠，曾两次进兵酒泉，第一次是1876年（光绪二年）在酒泉东南大营驻军，攻打酒泉城，下令士兵把年久失修的嘉峪关城垣重新修缮，并亲笔题写"天下第一雄关"横额悬挂于关隘。第二次是1879年（光绪五年）驻兵酒泉督办新疆军务，捐银开挖酒泉湖，建亭筑堤，还下令修缮肃州城和安西州城，令士兵"更引疏勒河水，环城挖壕，既深且阔，两岸遍栽杨柳"⑤。

---

① 左宗棠. 左宗棠全集·书牍：卷十九 [M]. 长沙：岳麓书社，1987：42.
② 张灏，张忠修. 中国近代开发西北文论选：上 [M]. 兰州：兰州大学出版社，1987：171.
③ 张灏，张忠修. 中国近代开发西北文论选：下 [M]. 兰州：兰州大学出版社，1987：77.
④ 张灏，张忠修. 中国近代开发西北文论选：下 [M]. 兰州：兰州大学出版社，1987：77.
⑤ 秦翰才. 左文襄公在西北 [M]. 上海：商务印书馆，1947：135.

3. 栽种杨柳，巩固路基

为了完善交通，夯实路基，方便行人，"供给夏时行旅的荫蔽"①。左宗棠驻兵甘肃时，下令湘军在甘新大道上广植杨柳，沿路栽种杨柳一二行，或者四五行不等。北路一直到达新疆精河，南路到达新疆的喀什噶尔。无论兰州以东还是以西，道路两旁杨柳和榆树"连绵数千里，绿如帷屋。"1880 年，当左宗棠奉调从新疆入京时，欣喜地看到"道旁所种杨柳，业已成林，……接续不断"。当地人民为纪念左宗棠，称当地的杨柳为"左公柳"。后世广为称颂的"左公柳"包括从陕西长武至甘肃会宁以及自泾川以西至玉门的连绵数千里的柳树和榆树。

左宗棠整修甘新大道，栽种杨柳，巩固了路基，方便了军需转运，也有利于西北乃至河西各地区之间的物资交流与经济发展。

（三）种桑植棉，发展蚕桑业和棉织业

1. 种桑养蚕，发展蚕桑业

种桑养蚕，把发展蚕桑业作为"养民务本之要"，是左宗棠在河西"开利源"的重要措施。

左宗棠了解到甘肃的现状是："至于丝缕、布匹，甘肃素未讲求，全恃商贩，又不能有南方舟楫可资重载，以故价值昂贵异常。民间耕作收入不多，本地银钱向本缺乏，遂不得不忍受风寒。每至隆冬，念吾民短布单衣，而为上者方轻裘重茵，实为悯恻。"②他看到"今甘、凉一带及笄之女且无襦裤，犹如昔时"③，同情"老弱妇女衣不蔽体"，"民苦无衣甚于无食"④。

为了改变当地百姓缺衣少穿的窘境，他亲自到田间地头考察，"查桑树最易长成，村堡、沟坑、墙头、屋角，一隙之地皆可种植。棉则喜燥恶湿，宜种山坡、沙迹间，平地则只需四面掘沟以泄水潦。二者皆不须肥美之地，与种谷田亩毫无相碍，且初种不甚费资本、工力。迨及合用，则养蚕、纺织诸务，又皆妇女所能，不致有妨农事。此皆自然之利，只待人自取之者也。"⑤

左宗棠劝导农民种桑养蚕，在河西推广蚕桑业。他亲自动笔写下宣传告示，

---

① 秦翰才. 左文襄公在西北 [M]. 上海：商务印书馆，1947：128.
② 张灏，张忠修. 中国近代开发西北文论选：上 [M]. 兰州：兰州大学出版社，1987：190.
③ 左宗棠. 左宗棠全集·书信：卷二 [M]. 长沙：岳麓书社，1996：379.
④ 左宗棠. 左宗棠全集·书信：卷三 [M]. 北京：岳麓书社，1996：464.
⑤ 张灏，张忠修. 中国近代开发西北文论选：上 [M]. 兰州：兰州大学出版社，1987：190.

"札陕甘各州县试种稻谷桑棉",派人四处张贴,大力宣传栽桑养蚕的益处,决心以发展蚕桑业为"养民务本之要"。左宗棠认为"甘肃可兴之利,耕垦之外,织呢、养蚕二者尤急"。① 他把种桑养蚕当作"开利源"的一个措施,热心地进行宣传和推广。他还从《诗经》的记载中进行历史考证,证明在西北的"陕之邠、甘之泾"自古就有蚕桑养殖,以此来减少老百姓的种种疑虑。左宗棠认为:"甘(肃)省地偏西北,温和之气少,长养不如东南。然天备四时,寒暑亦自迭代;地育万物,草木亦既繁生,断无处处不宜之理。"②

西北发展蚕桑业的主要问题是既缺乏新的蚕桑品种,也缺少养蚕能手和技术。鉴于此,左宗棠向朝廷奏请从湖州一带招募蚕桑业务熟练的60名工匠,带着蚕种和桑树秧苗到西北,在河西地区的安西、敦煌以及新疆设立蚕织局,招募当地农人,"教民栽桑、接枝、压条、种葚、浴蚕、饲蚕、煮茧、缫丝、织造诸法"。③ 左宗棠曾亲自在肃州驻地移栽了几百株来自浙江的桑秧。他设想在河西等西北地区如果推广种桑养蚕,那么十年之后,陇中人民可有衣穿,"耕织相资,民可使富"。④

左宗棠在河西地区安西州、敦煌以及新疆的哈密、吐鲁番、阿克苏等地,均设局授徒,大办蚕桑业。还给玉门、安西、敦煌三县拨银两千两、寒衣一万套安置流民,使百姓生活初步安定下来。

左宗棠种桑养蚕的决心很大,西北及河西各地方官员大受鼓舞,"当地人民,自提倡之后,渐知兴感,从事蚕桑矣"。⑤ 至1880年(光绪六年)12月左宗棠奉旨由哈密入关时,看到西北各地通过"广植浙桑","已然获利"。⑥ 他沿途查看河西走廊一带"民物安阜,较五年以前大有起色"。总之,左宗棠大兴蚕桑业,开创了近代河西及西北地区蚕桑业发展的新阶段。

2. 买羊孳牧,发展羊毛业

俄国等外国资本主义者在河西各地大肆倾销商品的同时,还对当地羊毛、皮革等工业原料进行无耻的掠夺。为了抵御外国资本主义的巧取豪夺,左宗棠在河西采取了"尽地利"的措施,他因地制宜地买羊孳牧,发展畜牧业。

河西地区的祁连山森林茂密,草场成荫,自古以来畜牧业发达。汉代匈奴

---

① 左宗棠. 左宗棠全集·书信:卷三 [M]. 长沙:岳麓书社,1996:639.
② 左宗棠. 左宗棠全集·札件 [M]. 长沙:岳麓书社,1996:529.
③ 左宗棠. 左宗棠全集·札件 [M]. 长沙:岳麓书社,1986:521.
④ 左宗棠. 左宗棠全集·书信:卷三 [M]. 长沙:岳麓书社,1996:595.
⑤ 曾问吾. 中国经营西域史 [M]. 上海:商务印书馆,1936:395.
⑥ 左宗棠. 左宗棠全集·奏稿:卷七 [M]. 长沙:岳麓书社,1996:634.

悲歌"失我祁连山，使我六畜无蕃息；失我焉支山，使我嫁妇无颜色"。左宗棠对甘凉道尹铁珊发展养羊业的措施进行嘉奖。① 为了扶植畜牧业，1880年（光绪六年），他批示安西知州龚恺拨存余官款购买种羊。因安西州没有现存银两可拨，左宗棠在自己的养廉银中拨银两千两，其中一千两用于"发安西协购买种羊，散发兵丁领牧"；另外一千两"发该州买羊，分发贫民畜牧"。②《甘宁青史略》一书也记载左宗棠拨款供给贫民买羊孳牧之事。

总之，左宗棠在河西地区坚持因地制宜的原则，主张人尽其力，地尽其才，河西地区的开发"可耕可牧"。适应农耕就发展农业，适应放牧就发展畜牧业。他认为在西北发展畜牧是主业，因为发展畜牧业，养羊可利民裕民，"其毛可织，其皮可裘，其肉可粮"。

3. 禁种罂粟，劝种棉花，发展棉织业

左宗棠禁种罂粟，种棉教织，推广植棉技术，开启棉织业之门。

清代以来甘肃全省普遍种植罂粟。"据估算：河东的田地，每亩可出烟土七八十两，在河西也可每亩出三四十两"。③ 正如彭英甲在《陇右纪实录》中写道："罂粟流毒几近百年，广种广收，视为莫大之利，以致男不知耕，女不习织，毒日濡而日深，财日消而日困。"④ 良田栽种罂粟，导致民众吸食鸦片，民风颓靡，造成千里粮荒，百姓生活更加穷困潦倒。左宗棠正是看到种植罂粟的危害极大，主张广种桑棉，以实现"衣不蔽体者亦免号寒之苦"。⑤

为此，左宗棠提出了一整套禁种罂粟、提倡植棉的禁烟计划。他因势利导，把"《种棉十要》及《棉书》"⑥下达到甘肃省，劝民禁种罂粟，种植草棉。

左宗棠还向清政府"奏为请将劝种棉花，教习纺织，已著成效之州县，分别奖励，以昭激劝，恭折具陈，仰祈圣鉴事"。⑦ 上书奏请"甘肃禁种罂粟请将查禁不力及实在出力各员分别惩劝折"。

在左宗棠的倡导与推动下，原来种烟最多的河西农户纷纷改种棉花，左宗棠路经山丹、抚彝（临泽）、东乐、敦煌等地，看到遍地棉花，喜悦之余，常停

---

① 秦翰才. 左文襄公在西北 [M]. 上海：商务印书馆，1947：196-197.
② 左宗棠. 左宗棠全集·札件 [M]. 长沙：岳麓书社，1996：486.
③ 秦翰才. 左文襄公在西北 [M]. 上海：商务印书馆，1947：182.
④ 张灏，张忠修. 中国近代开发西北文论选：下 [M]. 兰州：兰州大学出版社，1987：78.
⑤ 左宗棠. 左宗棠全集·奏稿：卷七 [M]. 长沙：岳麓书社，1996：634.
⑥ 左宗棠. 左宗棠全集·奏稿：卷六 [M]. 长沙：岳麓书社，1996：28.
⑦ 张灏，张忠修. 中国近代开发西北文论选：上 [M]. 兰州：兰州大学出版社，1987：146.

车与当地群众了解种植棉花的好处,过去棉花每斤,市值大钱七八百文,而棉花"一亩之收,佳者竟二十余斤,每斤千文。"①左宗棠推广种棉织布,鼓励进行多种经营,不仅改变了河西地区单一的农业生产结构,而且当地人民学会了发展副业,初步改善了人民"衣不蔽体"的生活状况。

左宗棠一方面禁种罂粟,提倡种桑养蚕,发展蚕桑业;另一方面主张买羊孳牧,种棉织布,以收畜牧之利。这样做有两种益处:一是可以禁种罂粟,增加粮食。二是通过种棉织布,解决百姓穿衣问题。这几项配套措施的推行"实著成效",揭开了河西地区近代民用工业的序幕。

(四)成立电报局和邮政支局,开启近代通信业

清末洋务派在河西各地成立电报分局和邮政支局,标志着河西近代通信业的发轫。

1. 电报业

19世纪末,英、俄觊觎中国西北,西北边疆出现危机,加上阶级矛盾与民族矛盾交织,民变四起,人民的反清斗争此起彼伏。据《民国续修导河县志》记载,光绪十八年(1892年),高台有白莲教龙华会起事。光绪二十年(1894年),敦煌爆发抗粮起义。民国三年(1914年),张广建督甘时与马安良争夺控制权,祸及兰州、甘州一带。

1889年,洋务派官僚、陕甘总督杨昌濬请求清政府在陕甘之间架设电线,设立电报局,以便及时应对西北反清事宜。1889年11月奏准,甘肃境内的官线从西安开始,往西经兰州到达肃州、嘉峪关,全长2830里,官线甘肃段所需银两由陕甘总督自行筹措。到1890年冬完成。1890年(光绪十六年),洋务派在兰州正式成立了电报总局,这是甘肃第一家用机器发电的近代电报局。不久,在河西地区的凉州、甘州、肃州设立了电报分局。"1892年又将保定至肃州官线延长至迪化(今乌鲁木齐),长3200余里"。②

2. 邮政业

19世纪末,清政府开始采用电报、电话等近代通讯方式,标志着近代邮政业之始。1904年,在兰州设邮政分局的同时,在河西地区的凉州、甘州、肃州、嘉峪关等地设邮政支局。民国初年,甘肃省撤销原有的驿站,将甘肃省的邮政局改名为"甘肃邮务管理局",专门负责省城各衙署公文的投寄送达。"全省开辟了四条邮政线路:其中兰州至酒泉一线邮件全用人力担送,每小时限行10华

---

① 左宗棠:左宗棠全集·书信:卷二[M].长沙:岳麓书社,1996:520.
② 吴廷桢,郭厚安.河西开发史研究[M].兰州:甘肃教育出版社,1996:446.

里，沿途设有邮站，酒泉至新疆一线，邮件系用马差递送，每小时限行15华里。武威县、张掖县、酒泉县等河西各地设邮局，偏僻乡镇设邮寄代办所。新式邮政机构虽在河西出现，但发展极为缓慢，设施极端落后。例如至新中国成立前夕，全武威地区仅有324公里邮路，7辆破旧的邮运自行车，9个邮车站。"[1]

总之，左宗棠创办的兰州制造局和兰州织呢局，成为甘肃最早的近代化工业企业，开了甘肃近代机器工业之先河。左宗棠在河西地区试采金矿，修建甘新驿道，鼓励种桑养蚕，发展蚕桑业，买羊孳牧，发展羊毛业，禁种罂粟，劝种棉花，教习纺织，发展棉织业等因地制宜的措施，以及清末其他洋务派代表在河西各地成立电报分局和邮政支局，标志着河西近代工业的发轫。

二、对左宗棠开发河西工业的评价

（一）左宗棠开发河西工业的特点

左宗棠作为一名封建官吏，其开发河西工业既有积极的一面，又有消极的一面。消极的一面在于浓厚的军事性、封建性。

一是军事性。河西走廊是左宗棠远征新疆的必经之地，左宗棠修建甘新驿道一开始是出于军事目的而不是出于振兴经济的目的，其本来用意是着眼于军需，为了运输兰州机器制造局生产的武器弹药到新疆，也为了在河西地区筹集粮食并运往新疆，平定阿古伯在新疆的军事叛乱，收复新疆。完全是从维护边疆安全的军事目的出发。为了就近筹集军粮和军费，在河西试采金矿，实行军屯民屯，开发当地农业、工业。其发展工业的种种主张，并非为了发展资本主义工业经济本身，而是服务于军事需要。

二是封建性。左宗棠作为清政府的封疆大吏，对河西地区的工业经济进行开发，是为了维护清政府在河西地区和新疆的统治，具有浓厚的封建性。

在半殖民地半封建社会，左宗棠开发河西的思想的积极意义也不容忽视，相比同期其他封建官吏，要进步得多。

首先，值得肯定的是左宗棠"因地制宜"的开发思想色彩。

左宗棠勇于开拓，乐于创新，在闭塞落后的河西地区禁种罂粟，种棉引桑，大力发展棉织业和蚕桑业，打破了河西地区经济作物单一的种植结构，引进新的生产门类，拓宽了河西人民的生产视野，在一定程度上改善了河西人民的生活，促进了河西地区的经济发展。禁种鸦片挽救了人们的身心健康，使人民归

---

[1] 吴廷桢，郭厚安. 河西开发史研究[M]. 兰州：甘肃教育出版社，1996：446.

农务本，维持了农业生产，解决人民的衣食温饱问题，有利于河西地区社会稳定与发展，这种"因地制宜""可耕可牧"的主张，既发展了农业、畜牧业，又有利于各种农业资源的合理利用，揭开了河西地区近代民用工业的序幕。

其次，左宗棠"利民裕国"的开发思想带有朴素的民生主义思想色彩。

左宗棠督甘期间，在河西地区以及新疆采取了一系列"与民之争利，不若教民兴利之获得"的开发措施，对这些开发措施应该给予肯定性的评价。正如左宗棠本人所说"臣于新疆拟办各事，皆以利民裕国为主"①，"以三年为期，臣得于三年内尽心经理，斟酌损益，定为永图。三年以后，甘肃、新疆军务既蒇，所拟开源节流之策，亦必有成效可睹"②。左宗棠创办最早的近代企业兰州"二局"，开了甘肃近代机器工业之先河，迈出了甘肃近代化的第一步。在河西地区试采金矿，修建甘新驿道，鼓励种桑养蚕，发展蚕桑业，买羊孳牧，发展羊毛业，禁种罂粟，劝种棉花，教习纺织，发展棉织业等因地制宜的措施，标志着河西近代工业的发轫，毫无疑问，这都是"利民裕国"的大事。

最后，左宗棠强调"开源节流"地开发工业，包含着先进的经济思想。

左宗棠看到河西地区的"甘、凉与肃"，过去被称为"腴郡"，但由于长期历经战乱，现在的"甘、凉与肃""人少地荒，物产消耗"，关外的安西、玉门、敦煌，也好不到哪去。"今采买至十九万石，抵承平时全省一年额赋，犹疑其尚可加采。夺民食以饷军，民进而军食将从何出乎？"③ 他坚决反对"夺民食以饷军"，主张帮助人民恢复生产，而不是夺民产，掠民地，他认为，只有人民的生产得到恢复和发展，筹集军饷才有保障。这些主张正是左宗棠强调的"开源节流之策"。

左宗棠还注意到从东西狭长的河西走廊运输军粮和武器到新疆，耗费大，运输时间长，严重影响新疆的军务。"今肃、甘、凉运安西，由安西运哈密，……劳费固不必言，试思关内之粮，除人畜食用无论，骡之与驼能运至哈密靳几何？能运至古城、巴里坤者更几何也？"④ 因此，他积极主持修建甘新驿道，既便利了新疆军运，也便利了河西地区与中原经济交流以及和西域的贸易

---

① 张灏，张忠修.中国近代开发西北文论选：上［M］.兰州：兰州大学出版社，1987：165.

② 张灏，张忠修.中国近代开发西北文论选：上［M］.兰州：兰州大学出版社，1987：166.

③ 张灏，张忠修.中国近代开发西北文论选：上［M］.兰州：兰州大学出版社，1987：157.

④ 张灏，张忠修.中国近代开发西北文论选：上［M］.兰州：兰州大学出版社，1987：157.

（二）左宗棠开发河西的成功经验

1. 屯田垦荒，安辑流民，为河西工业的开发奠定了社会基础。

左宗棠从督甘之日起，一路进兵，一路屯田，主张"军屯""民屯"并重，相辅相成。左宗棠认识到"诚以衣食为人生所急需，须有以开利赖之源，而后民可得而治也。"① 因此，左宗棠一生戎马生涯，督理军务，认为"要筹军食，必先筹民食，乃为不竭之源。否则，兵欲兴屯，民已他徙，命兵力兴屯，一年不能敷衍一年，如何得济？"②

通过兴办民屯，政府招徕大量流民，发给他们种子、农具等生产工具，鼓励他们开荒种田，使他们得以安居乐业。同时，军屯可以节约军费，增加开垦荒地的面积，提高粮食的产量，保障军粮，还可以不扰民食，"抚辑百姓"。

左宗棠从泾州一直到了敦煌，下令给河西"最穷荒的安西、敦煌和玉门三州县，先发给赈银二万两，寒衣一万套，使他们不要再流亡。同时拨款兴办兵民屯田。"③ 生产所得除"留种籽及自家食用外，余食皆可给价收买"。④

左宗棠的屯田垦荒政策，帮助河西恢复了生产，安定了社会秩序，保障了军粮的就地供应。1873年（同治十二年）河西地区采买军粮"163000石。1874年是119万石，1875年（光绪元年）是122000石"。⑤ "甘、凉家称产粮之区，军行随地筹粮，尚自易易。"只有"肃州则远隔一方，成军门驻彼数年，搜刮殆尽，上年曾有激变之事"。⑥

左宗棠在督理西北军务时推行的屯田政策，有利于恢复生产，稳定社会秩序，为河西地区的工业开发和建设奠定了社会基础。

2. 开渠凿井，兴办水利，恢复农业生产，为河西地区工业的发轫积累了经济基础。

近代，河西地区由于地处内陆腹地，降水量少，蒸发量高，气候干旱，植被覆盖度低，降雨季节分配不均，土壤侵蚀面积大，生态环境极为脆弱，农业生产很不稳定。民间有"三年一小旱，十年一大旱"之说。河西地区农牧业生

---

① 张灏，张忠修．中国近代开发西北文论选：上［M］．兰州：兰州大学出版社，1987：189．
② 左宗棠．左宗棠全集·书信：卷二［M］．长沙：岳麓书社，1996：438．
③ 秦翰才．左文襄公在西北［M］．上海：商务印书馆，1947：189．
④ 左宗棠．左宗棠全集·书信：卷二［M］．长沙：岳麓书社，1996：438．
⑤ 秦翰才．左文襄公在西北［M］．上海：商务印书馆，1947：87．
⑥ 左宗棠．左宗棠全集·书信：卷二［M］．长沙：岳麓书社，1996：277．

产主要依靠的水源是祁连山的冰川积雪融水以及地下水。

河西地区由于长久战乱，土地荒芜，民不聊生，这对左宗棠收复新疆筹粮筹款极其不利。为了让河西人民安居乐业，必须发展当地经济，把河西地区营造成为左宗棠用兵的大后方。因此，左宗棠非常重视农田水利事业，修治渠道，发展农牧业，他清楚地认识到在河西地区兴修水利的重要意义，"西北素缺雨泽，荫溉禾稼棉麻，专赖渠水，渠水之来源，惟恃积雪所化泉流而已。地亩价值高下，在水分之多少……治西北宜先水利，兴水利者宜先沟恤，不易之理。惟修浚沟恤宜分次第，先干而后支，先总而后散，然后条理秩如，事不劳而利易见。"①

为此，左宗棠"在甘州（今张掖）开渠7道，修复马子渠56里，可灌田6800亩。在肃州临水河修大坝7道，还疏通了被淤塞的菜道。抚彝厅（今临泽县）报开挖渠道费支银1775两"。②

同时，为了节约资金，左宗棠提倡各地农民凿井积水防旱，1877年（光绪三年）左宗棠实行"富者出资，贫者出力"和"以工代赈"的办法，动员百姓凿井，规定每凿井一眼，给银一两或钱一千数百文，根据井的深浅大小，酌情奖励银两。

左宗棠以上开渠凿井植树的措施，促进了河西地区农牧业生产的恢复和发展，增加了农民的收入，维护了生态环境。

3. 兴教劝学，办书院，育人才，为河西地区工业的发端创造了人才基础。

针对河西地区人才缺乏、教育落后的状况，左宗棠督甘期间，"师行所至，饬设汉、回义塾，分司训课。"③ 命令官吏出资，兴办义学。义学是为贫寒人家的孩童开办的识字学校，教学内容是教学生识字和习写，或教学生背诵《三字经》《千字文》《百家姓》等。左宗棠在肃州创建四所义学，"间往视察，以和学童问答为乐"④。敦煌知县"于光绪六年举兴义学，筹捐社粮，取息充经费"。⑤

左宗棠督甘期间，在河西地区兴办的书院有甘州南华书院（1874年新建）、抚彝蓼泉书院（1874年修建）、镇番文社书院（1875年修建）、敦煌鸣沙书院

---

① 左宗棠. 左宗棠全集：十三 [M]. 上海：上海书店，1986：21.
② 白学锋，赵颖. 试论左宗棠对河西走廊的治理与开发 [J]. 陇东学院学报，2006（4）：82-86.
③ 左宗棠. 左宗棠全集·奏稿：卷五 [M]. 长沙：岳麓书社，1996：561.
④ 秦翰才. 左文襄公在西北 [M]. 上海：商务印书馆，1947：207.
⑤ 秦翰才. 左文襄公在西北 [M]. 上海：商务印书馆，1947：208.

(1880年修复)。书院成为河西地区培养科举考生的最高学府,河西各地生徒、士子到书院学习典籍,讨论学问,书院培养了一批儒生文人,为河西地区工业的发端奠定了人才基础。

4. 甘陕分闱,拓宽士路,开化了河西的社会风气。

甘肃原隶属陕西行省统辖,科举考试是陕甘合闱。自从1666年康熙年间甘陕分治,甘肃单独建省(包括宁夏、青海)以后,甘肃治所在临洮府,1738年迁到兰州。当时甘肃学子参加乡试仍然要千里迢迢、跋山涉水地到陕西三原县,路途遥远,交通不便,耗资昂贵,放弃乡试者多,能参加乡试者只占十分之二三。河西士子参加乡试更是要穿越千里河西走廊,才能到达陕西,困难更大。左宗棠督甘以后,了解到这种情况,认为"甘肃士人经明行修,能自淑其乡里者,尚不乏人,至辍科登第,以文章经济,取重当世者,概不多见"[1]。

为了方便甘肃士子参加乡试,也为了方便就地选拔人才,左宗棠两次奏请清政府陕甘分闱。同治十年(1871年),左宗棠向清政府奏请甘陕分闱,他第一次在《奏请甘肃分闱疏》中上奏说:"臣自肃州凯旋,历甘凉各郡,途间诸生初道,初疑其秋试被放者,比询以试事,则佥称无力复赴陕……,言已唏嘘不绝,慰谕遣之"[2]。向清政府说明甘肃由于条件所限,应试者少,埋没了不少人才。

左宗棠第二次奏报清廷:"甘肃府、州、县,距陕西近者平(平凉)、庆(庆阳)、泾(泾川)、秦(天水)、阶(武都),两道约八九百里,兰州一道近者一千三四百里;远者一千六七百里。凉州(武威)、甘州(张掖)、西宁(青海)北至宁夏或二千余里。到肃州(酒泉)、安西一道,则三千或四千余里,镇(西)迪(化)一道,更五六千里不等,……路程悠远,又兼惊沙乱石,足碍驰驱,较中原行路之难,奚啻倍徒蓰,士人赴陕应试,非月余两月之久不达,所需……诸费少者数十金,多者百数十金,其赴乡试盖与东南各省举人赴会师(北京)劳费相等。故诸生附府厅州县学籍后,竟有毕生不能赴乡试者,穷经皓首,一试无缘,良可慨矣!"[3]

左宗棠两次奏请清政府,从路途、费用等方面苦口婆心地劝说朝廷体恤甘

---

[1] 中国人民政治协商会议,甘肃省委员会文史资料研究委员会. 甘肃文史资料选辑:第23辑[C].兰州:甘肃人民出版社,1985:82.

[2] 中国人民政治协商会议,甘肃省委员会文史资料研究委员会. 甘肃文史资料选辑:第23辑[C].兰州:甘肃人民出版社,1985:82-83.

[3] 中国人民政治协商会议,甘肃省委员会文史资料研究委员会. 甘肃文史资料选辑:第23辑[C].兰州:甘肃人民出版社,1985:83.

肃考生参加乡试的困难，极力主张甘陕分闱，为甘肃选拔被埋没的人才。1874年（同治十三年）清政府终于批准在兰州萃英门设立甘肃贡院，举办乡试，随着甘陕合闱的取消，甘肃及河西地区每科参加乡试的人数大增，举人人数也相应地增加了。

"1875年（光绪元年），甘肃举行第一次分闱乡试，应试者约三千人，比以往在陕西应试者多出三倍。河西各地士子去兰州虽缩短了路途，但当地人民生活贫困，仍然缺乏川资。第三次分闱乡试时适逢左宗棠驻营肃州，他用自己的薪俸资助肃州应试的43名士子和安西赴考的19名士子，每人银8两。"①

甘陕分闱乡试，对经济文化落后、人才奇缺的河西地区意义深远。正如秦翰才批评当地官吏"对于边方政事，没有放在心上"，"文襄公的举措，格外值得人们重视了！"②

(三) 左宗棠开发河西工业的意义

值得肯定的是，左宗棠着眼于河西走廊重要的战略地位，在担任陕甘总督的十多年间，为了发展河西地区的社会经济，稳定河西地区的社会秩序，巩固清王朝在西北的统治，提出了一系列开发河西工业的主张并积极推行与实践，对后世甘肃乃至河西的工业经济的开发产生了重要影响。

首先，左宗棠利用西北多产羊毛的优势，因地制宜地开发河西民用工业，开了河西近代民用工业之先河。

基于河西地区农牧业发达，棉、麻、毛产量丰富，且有一定的家庭手工纺织业传统的现状，左宗棠鼓励种桑养蚕，发展蚕桑业，买羊孳牧，发展羊毛业，禁种罂粟，劝种棉花，教习纺织，发展棉织业，他把这些因地制宜的措施看作是"养民务本之要"，他看到"西北之利，畜牧为大，而牧利又以养羊为长，其毛可织，其皮可裘，肉可为粮，小民日用所必需也，何必耕桑然后致富，长民者因其所利而利之，则讲求牧务，多发羊种宜矣。"③光绪三年（1877年）左宗棠创办甘肃制呢总局，目的在于利用河西地区多产羊毛的优势，抵御列强洋货在西北的倾销。他还预见"以中华所产羊毛，就中华织成呢片，普销内地，甘人自享其利，而衣褐远被各省，不仅如上海黄道婆以卉服传之中土为足称也"④。

---

① 秦翰才. 左文襄公在西北 [M]. 上海：商务印书馆，1947：213.
② 秦翰才. 左文襄公在西北 [M]. 上海：商务印书馆，1947：215.
③ 左宗棠. 左宗棠全集·批札：第七卷 [M]. 上海：上海书店，1986：14431.
④ 左宗棠. 左宗棠全集·批札：第七卷 [M]. 上海：上海书店，1986：14401.

正如慕少堂评论说：左宗棠"恐利权之外溢也。……思有以抵制之"。① 在左宗棠的影响下，当地官吏购买本地所产羊毛织品成为一种爱国行为。

其次，河西这块偏僻的地区从此有了近代工业，一定程度上加固了西北防御力量，开通了社会风气，促进了河西地区经济的发展。

左宗棠懂得利用近代西方新的生产技术，提出"与民之争利，不若教民兴利之获得"的主张，最大限度地利用当地资源，因地制宜地创办民用工业，以利于民，惠利与民，这比前人又更胜一筹，给河西地区的经济发展注入新的活力，成为后世开发的楷模。遗憾的是，1880年冬，左宗棠奉调入京，离开河西以后，河西地区工业开发出现了"人在政举、人去政息"的现象，这是时代局限带来的难以避免的结局。

最后，左宗棠作为杰出的洋务派代表，是对中国近代化发展产生较大影响的人物之一，被后世称为继林则徐之后的又一位爱国主义者。在担任陕甘总督期间，他力挽西北危局，立志收复新疆，维护了祖国的统一。他凭借自己的超越时代的智慧与眼光，克服重重困难，争取清政府的支持，对西北及河西地区进行开发，成为甘肃及河西地区发展近代工业的鼻祖。

第三节 清末"新政"与河西工业的勃兴

19世纪末，清政府的腐败统治和列强的不断侵略，激起了义和团运动。20世纪初，八国联军入侵北京，清政府被迫签订了《辛丑条约》，对外巨额赔款使清政府的统治如日落西山，摇摇欲坠。为了维护统治，挽救危局，1905年清政府开始实行"新政"，颁布了一系列具有近代化意义的法令，包括：政治上整顿吏治、裁撤冗衙；军事上编练新军，设立巡警；经济上设立商部、奖励工商业，允许民间投资办厂，振兴实业；教育上废科举、兴新学等。

虽然清政府的"新政"以统治自救为目的，但在客观上为民族工商业的发展提供了社会条件。1898年，清政府设立了矿务铁路总局和农工商总局，1903年清政府设立统辖全国工商业的最高行政机关——商部，制定了《奖励华商公司章程》。1904年，清政府允许商人成立商会。1906年，颁布《破产律》和《奖励商勋章程》。《奖励商勋章程》规定凡是有功于制造业者按照成绩大小奖

---

① 慕寿祺. 甘宁青史略正编：卷二十四［J］//林植. 甘肃近代工业略论. 社会科学，1984（4）：114, 122-128.

励不同爵位。同年，改商部为农工商部，商部下设农务、工务、商务、庶务四司。1907年设立邮传部，作为管理铁路与电报的机构，下设有铁路总局、邮政总局、电政总局等。关于振兴实业的领导机构在中央一级设立商部（即农工商部），地方一级设立商务局，1908年地方又设劝业道。1910年还颁布了《奖励棉业章程》。1914年商部颁布《矿务暂行章程》。

由于清政府颁布的一系列保护与奖励民族工商业的法令法规，鼓励民间投资，"设厂自救"，出现了诸如商会、工会、公司等新兴机构，民间私人资本创办实业的热情和积极性被空前激发。在此背景下，河西的实业"新政"也拉开了帷幕。

一、清政府开发河西诸奏

1. 交通建设诸奏

1906年，清政府军机大臣，令"商部奏陕甘绅士筹筑路陕甘两省铁路一折，着升允、曹鸿勋督同该省各绅详晰妥筹，奏明办理。"[1]

1909年8月（宣统元年）邮传部会奏，"光绪三十四年二月十九日，军机处片交陕甘总督升允代奏，宁夏府知府赵惟熙请建西北铁路一折。"折中所讲的西北铁路，考虑分筑两条干路。东路干线由张家口至库伦；东路干线由张家口至绥远、蒙古、凉州、伊犁。清政府认识到西北铁路，关系到地利国防，必须建设，但同时也考虑到该铁路途经荒漠，路途遥远，需要驻兵防护，还不如从洛阳西安出发，经兰州到达伊犁更合理，命令酌情办理。

1910年12月（宣统二年）陕甘总督长庚上奏称："甘肃铁路，计由归化至兰州省城，为程两千余里，约需银二千数百万两，请暂借洋款修筑。"[2]

可见，清政府认识到西北铁路的重要性，也考虑到修建由张家口至绥远、蒙古、凉州、伊犁或从洛阳至西安、兰州、伊犁的铁路都需经过甘肃河西走廊到达新疆，只因为经费问题未能修建。民国初年，武威废除旧驿站，建有长度275公里的通往永昌、民勤、古浪等地的大车道。河西地区的交通仍然很落后。

2. 农工矿业诸奏

1907年1月（光绪三十二年）下谕军机大臣等："有人奏甘肃地瘠民贫，

---

[1] 张灏，张忠修. 中国近代开发西北文论选：下 [M]. 兰州：兰州大学出版社，1987：343.

[2] 张灏，张忠修. 中国近代开发西北文论选：下 [M]. 兰州：兰州大学出版社，1987：366.

亟宜振兴实业一折。着升允体察情形，于农工商矿各事，认真整顿，以兴实业。"①

1908年8月（光绪三十四年）陕甘总督升允奏请："筹改甘（肃）省厘金，试办统捐，拨办农工商矿各要政，恳请饬部立案"，又奏："甘（肃）省设立官医局，并将戒烟、种痘并为一处，局内设医学馆，以造后进，拟暂由统捐溢收项下开支。"又奏："甘（肃）省设立农工商矿总局，并次第创办工厂、农事试验场、矿务学堂、农林学堂，以及官报局、商品陈列所、官铁厂、织布、丝绸、玻璃各厂。其商业总会，农业总会，亦皆赓续成立。"②

升允上奏《甘肃筹款试办官铁厂片》，"查五金为民生利用，而铁之为用尤多。甘肃矿产虽富，向失讲求，民间用铁仰给邻境，购运甚艰。"③

光绪是一位很想有所作为的皇帝，曾下诏给陕甘总督升允，在甘肃筹款试办官铁厂，设立农工商矿总局，创办矿务学堂、官铁厂、织布、丝绸、玻璃各厂，升允也看到甘肃"矿产虽富"，但是"民间用铁仰给邻境，购运甚艰"等等问题。

3. 织毛业诸奏

陕甘总督升允曾经给朝廷上奏《甘肃筹办织呢局情形片》，提到："再，查振兴实业，必须因地制宜。甘肃错处蒙、番，民间多事畜牧，故所产土货以羊牛皮毛为大宗。近由西人设行，购运出洋，制成熟货，灌输我国，实为利源外溢一端，亟须设法自行制造，借图挽救。"④

4. 禁种罂粟诸奏

1910年2月（宣统元年）皇帝下诏给军机大臣等："宁夏将军台布等奏，'甘肃一省，种烟最多，至今尚无禁种消息。官员戒断，均已互相出结。兵丁百姓，又不过问，家家烟火，彻夜开灯。'等语。着长庚严饬所属于禁种禁吸二事，实力稽查，认真办理，以涤痼习而卫民生。"⑤ 1910年9月（宣统二年），

---

① 张灏，张忠修. 中国近代开发西北文论选：下［M］. 兰州：兰州大学出版社，1987：359.
② 张灏，张忠修. 中国近代开发西北文论选：下［M］. 兰州：兰州大学出版社，1987：361.
③ 张灏，张忠修. 中国近代开发西北文论选：下［M］. 兰州：兰州大学出版社，1987：89.
④ 张灏，张忠修. 中国近代开发西北文论选：下［M］. 兰州：兰州大学出版社，1987：87.
⑤ 张灏，张忠修. 中国近代开发西北文论选：下［M］. 兰州：兰州大学出版社，1987：369.

陕甘总督长庚电奏："甘肃禁烟情形，必须先从禁贩入手。请将甘肃土税局卡，截至本年三月底止裁撤，并将罂粟亩税停征各节。"①

5. 彭英甲的开发主张

1906年（光绪三十二年）6月7日陕甘总督升允任命兰州道彭英甲为农工商矿总局总办，总局下设农工股和商矿股，并拨两万两官银为常年经费，标志着"新政"在甘肃的正式推行。

彭英甲任兰州道道尹，兼甘肃农工商矿总局总办。在任期间，举办"洋务"，振兴实业。他在《陇右纪实录》中写道甘肃"罂粟流毒几近百年，广种广收，视为莫大之利，以致男不知耕，女不习织，毒日濡而日深，财日消而日困。"②

通过分析今日甘肃商务之现状，彭英甲拟定了"以图变通之方针"，指出"甘肃商务将来发达之证据"的具体办法：

第一，"矿务宜振兴"。"铁为民生日用之物，甘肃矿产甚多，向未开办，以致弃货于地，凡民间需用铁器，均仰给于外来。"③"甘肃矿产之富，甲于全国。由西宁迤北而甘、凉，面肃州，而敦煌，忽断忽连，蜿蜒几千里，广产沙金。"④

甘肃出产物品，"五金、煤炭各矿尤属富饶。惟全省民情浑朴，谫陋自安。商业、工艺狃于成法，而不知仿制新奇。矿产为莫大之利源，当今之要政，即公家百般劝导提倡，尚借口风水之说，弃货于地，而横生阻力。曷胜浩叹！"⑤

第二，"开垦宜招徕也"。"甘肃地面辽阔，……甘、凉则平原千里，……仍应于甘、凉、宁夏一带，多招贫民，设法种植。五谷熟而民人育，生齿繁而商务兴，盖定理也。"⑥

第三，"蚕桑宜讲求也"。"甘肃民风偷惰，懒务丝业，每借口于土性之不

---

① 张灏，张忠修．中国近代开发西北文论选：下［M］．兰州：兰州大学出版社，1987：369．
② 张灏，张忠修．中国近代开发西北文论选：下［M］．兰州：兰州大学出版社，1987：78．
③ 张灏，张忠修．中国近代开发西北文论选：下［M］．兰州：兰州大学出版社，1987：79．
④ 张灏，张忠修．中国近代开发西北文论选：下［M］．兰州：兰州大学出版社，1987：80．
⑤ 张灏，张忠修．中国近代开发西北文论选：下［M］．兰州：兰州大学出版社，1987：79．
⑥ 张灏，张忠修．中国近代开发西北文论选：下［M］．兰州：兰州大学出版社，1987：81．

宜。……自应由职局试验场广栽桑积，并《蚕桑辑要》成书，颁发各属，切实劝谕，务使知蚕桑之利，以期逐渐扩充，大兴丝业。即就地取材，织造绸缎，则甘肃之商务可以日见发达矣。"①

第四，"棉花宜广种也"。"甘肃农家，视罂粟为利薮，不知种棉。故每年输入大布约值四百余万两。"②

第五，"由省城（兰州）而东达关中，西达新疆，南达川蜀，亟宜筹建铁路，以资交通他日者。路工告成，枝干联络，四通八达。凡川、陕、京、洋之货物，运输蒙、藏、新疆，及新疆之货物运输川、陕、京师者，皆以甘肃为过渡之口岸。货物云集，户口日增，则甘肃商务之盛，可拭目而俟也。"③

以上彭英甲在《陇右纪实录》中提出的开发甘肃及河西的八种措施，包括开铁路、设银行、立公司、铸银圆、开学堂、办商报、设商会、通邮电，对后世的开发很有启发意义。彭英甲专门写《甘肃宜蚕辨》，分析"甘肃向不讲求蚕桑，通为'地气高寒，不宜养蚕'一语所误。且罂粟大利，岁享其成，蚕桑要图，匪独以为地气所不宜，抑且视为当务之不急。此甘肃不理蚕桑之所由来也。"④

彭英甲专门写了《甘肃劝工厂章程弁言》：提出中外皆同之公理是土产越多，人民越富。甘肃人民要借"原料最广博"之"自然之势"，发展工商业，人民亦愈富。"益甘（肃）省矿产之富饶无论矣，"比如"肃州之纹石，平番之羊毛，牦尾类，皆优美材料，控以风气锢蔽，未克讲求制造耳"。⑤

彭英甲也论及甘肃筹办织呢局情形"查甘肃错处蒙、番，所产土货以羊毛、驼绒为大宗，外人购运出洋，织成熟货，灌输我国，利权外溢，匪伊朝夕。今设局织造，以为挽回之计。惟是由外洋购买机器，雇用洋匠，织成呢毯，所费成本已属非轻。若不援案请免厘金税捐，则成本愈重，销路必滞。况甘肃机制

---

① 张灏，张忠修. 中国近代开发西北文论选：下［M］. 兰州：兰州大学出版社，1987：81.
② 张灏，张忠修. 中国近代开发西北文论选：下［M］. 兰州：兰州大学出版社，1987：81.
③ 张灏，张忠修. 中国近代开发西北文论选：下［M］. 兰州：兰州大学出版社，1987：82.
④ 张灏，张忠修. 中国近代开发西北文论选：下［M］. 兰州：兰州大学出版社，1987：85.
⑤ 张灏，张忠修. 中国近代开发西北文论选：下［M］. 兰州：兰州大学出版社，1987：86.

之货,实以织呢为先声,尤应加以保护,惜以振兴实业"。①

但是由于时局动荡,清政府的政令难以上下统一,地方劝业所等工商业机构由封建官僚地主把持,加上孙中山领导的资产阶级革命风潮四起,地方官吏腐败,经费短缺等诸因素的影响,"新政"振兴实业的种种设想在河西地区并没有付诸实施,但从以上奏议史料看,既有陕甘总督升允上奏,也有清政府下谕,还有兰州道彭英甲的上奏,说明"新政"期间,清政府为了稳定边疆,对河西地区也有一些开发实业方面的考虑。各级官员劝工兴商的活动,促使河西地区的工业勃兴。

二、"新政"时期河西工业的勃兴

(一)创办工艺教养局,招收游民,传授工艺技能

"新政"期间,甘肃出现了以近代机器生产的工矿业。1906年,甘肃农工商矿总局总办彭英甲在甘肃创办了官铁厂、羊蜡胰子厂和石印书局等一批新式机器工业。1906年7月开办了劝工局厂,主要利用甘肃本地的土产资源进行绸缎、织布、栽绒、玻璃、皮革、木器、铁器等生产,该厂的生产宗旨是"劝工厂之设长在兴利惠工,讲求土贷制造,以示提倡,开风气保利权,塞漏卮为要义"。②劝工厂下设绸缎厂、制革厂、卤漆厂、木工厂、铜器铁器厂、纸笔纸盒厂等。

河西地区的张掖、武威等地开始仿效。创办工艺局,专门招收游民,传授给他们各项工艺技能,促进了河西地区民用工业的发展。据清朝《续文献通考》记载:"甘凉则设有工艺教养局、织布厂,宁夏则设有工艺学堂,阶州设习艺厂,安化、玉门、镇原、合水、成县、正宁等县设有工艺局,泾州并设女工习艺所,敦煌则于四关各设纸坊。至习艺所,各州县相继设立"。③由于"所造物品,模仿者为多,……又无外国新式机器以制造之,成本过重,其势不能久",④于是1910年以后停办。

(二)恢复织呢局,发展羊毛业

河西地区畜牧业发达,在蓄养骆驼以方便驼运的同时,还盛产羊毛皮革,

---

① 张灏,张忠修.中国近代开发西北文论选:下[M].兰州:兰州大学出版社,1987:88.

② 甘肃农工商矿总局.劝工厂拟定章程规则[M]//魏丽英.中国西北社会经济史研究[M].西安:三秦出版社,1996:44.

③ (清)刘锦藻.清朝续文献通考:卷三[M].杭州:浙江古籍出版社,2000:78.

④ 慕寿祺.甘宁青史略正编:卷二十六[M].兰州:兰州俊华出版社,1936:50.

适合发展养羊业、养牛业。"武威、民勤、张掖、山丹、肃北、酒泉、敦煌等地盛产的羊毛、驼毛，除本地居民织褐作毯而外，尽售于洋行。"①

20世纪初，沙俄等帝国主义列强侵入河西地区，在大量倾销洋货的同时，大肆掠夺河西地区的土特产品，低价收购羊毛、皮革、驼毛、药材等，从中牟取暴利，河西地区便沦为帝国主义列强的原料产地和洋货倾销市场。至"1935年前后，洋货充斥全省，特别是日货充斥河西市场。在酒泉一带，日本的布匹、葛麻、油烛、毛织品、化妆品、瓷器、玩具、食品大量流通，每年销售额均在两万元以上"。②

为了抵制外商与洋货，早在1905年，陕甘总督升允就向清政府上奏要求充分利用河西地区盛产羊驼毛的有利条件，恢复织呢局，他提出："甘肃错处蒙、番，民间多事畜牧，故所产土货以羊牛皮毛为大宗。近由西人设行，购运出洋，制成熟货，灌输我国，实为利源外溢一端。"③

1906年，甘肃织呢局由彭英甲主持恢复生产，成立了甘肃织呢公司和甘肃织呢厂。甘肃织呢局恢复生产以后，生产的毛毯和呢料运往全国销售，但由于经费不足，销售不畅，1911年再度停产。此后，又迁厂址，再次恢复生产，但仍然难以为继，由于产品质量受洋纱洋布的挤兑，导致货物滞销，效益很差，1915年再次停产。1925年冯玉祥的国民军入甘，1926年又恢复生产，改名为甘肃织呢厂，主要负责军需生产，不久再次停办。日本发动侵华战争以后，1934年，由于军事需要，省政府拨款30万元复工，以生产军毡为主。④ 抗战爆发以后，由国民党资源委员会和甘肃省政府接管。

（三）设立电报邮务局，开辟邮政线路

19世纪末，武威地区已经出现了近代电报业。据《武威市志》记载："1890年（光绪十六年），设立凉州电报子局，购买莫尔斯电报机2副，经办电报业务。1907年（光绪三十三年）收发报计4.09万字。"⑤

1905年，在武威设立武威邮务局，主要负责办理收寄信函的业务。1914年，武威邮务局划归当年新成立的甘肃邮务管理局管理。1923年，武威成立了

---

① 吴廷桢，郭厚安. 河西开发史研究 [M]. 兰州：甘肃教育出版社，1996：491.
② 吴廷桢，郭厚安. 河西开发史研究 [M]. 兰州：甘肃教育出版社，1996：491.
③ 张灏，张忠修. 中国近代开发西北文论选：下 [M]. 兰州：兰州大学出版社，1987：86.
④ 何炼成. 历史与希望：西北经济开发的过去、现在与未来 [M]. 西安：陕西人民出版社，1997：282-283.
⑤ 武威市市志编纂委员会. 武威市志 [M]. 兰州：兰州大学出版社，1998：437.

第一个邮务乡村代办所——西乡邮政代办所,从此,第一条武威至西乡的邮政线路正式开辟。1927年以后,在武威邮务局下设立古浪、大靖、土门等乡村代办所。光绪十六年(1890年)十月,兰州至酒泉电报线至武威,设凉州电报子局,由兰州电报总局管理。1927年,凉州电报子局易名武威电报局。1934年,武威邮政局、电报局合设一处,分别对外营业。

(四)设立盐场,开发盐碱业

"新政"期间,河西地区的盐碱业也得到初步开发。"河西武威、高台、民勤、古浪等近20个县都出产池盐,并经政府批准设立盐场,年产食盐约3000吨。"①

总之,清政府实行"新政"的主要目的是巩固其专制统治,加上政局动荡,河西地区交通闭塞,帝国主义列强的掠夺与洋货的倾销,地方实业的创办才刚刚起步,经费不足,规模很小,产量有限,而且多数属于官办性质,具有浓厚的封建性、买办性特点,发展非常缓慢。

值得肯定的是,"新政"期间,像彭英甲这样的地方官吏已经具有比较先进的开发理念,已经认识到甘肃及河西地区的工商业远远落后于东南各行省,主要原因在于闭塞的交通、纷争不休的民族矛盾,以及当地传统的农本观念,不重视也不善于经营工商业、生产设备陈旧等。他认为只有发展商品经济,才能改变当地的落后面貌。

值得肯定的是,"新政"期间的工商业开发已经具有抵御列强的目的。20世纪初期,帝国主义列强的侵略已经深入到河西等内地,面对列强的虎视眈眈,彭英甲认识到"提倡农务,则有试验场;提倡工艺,则有劝工厂、织呢局、绸布厂、洋蜡胰子厂;提倡商务,则有商品陈列所;提倡矿务,则有金铜厂、官铁厂。"只有这样,才能做到"地无弃货,人多通材,惠工能商,款不虚糜,转贫为富之机,未必不于是乎。"② 他认为只有兴办实业,发展商务,才能抵御列强的侵略。只有实业发展了,才能转危为安,转弱为强。

而且,"新政"期间民间私人资本主义工矿业开始试办,使河西地区的近代工业数量较前更多,领域较前更广,工业化速度有所加快。近代中国与列强签订了上千个不平等条约,工矿企业往往由外商控制的情况屡见不鲜。相比之下,甘肃地方当局在举办官铜厂之时,聘请洋员,签订合同,对洋人的权利加以限

---

① 魏永理. 中国西北近代开发史[M]. 兰州:甘肃人民出版社,1993:140.
② 新疆文史资料选辑[D]//尚季芳. 西北近代工矿业开发述论. 兰州:西北师范大学,2002:18.

制，实属难得。

甘肃农工商矿总局定购比利时的铜矿机器合同第三条规定："所有铜厂一切事务，须听甘肃农工商矿总局调度，林参赞只可督率矿师工头等积极工作，不许干涉别事。"① 甘肃农工商矿总局《与比国参赞订立合同》规定如下："除管理矿务、纺织、制造各项应办事宜外，一毫不许干预，违者议罚"。"工厂红利，无论多寡，概归甘肃公家，与该参赞，该矿师无干"。② 甘肃农工商矿总局定购比国淘金机器合同第五条规定"雇佣洋不准误工，如有误工之处，照日查算，扣除薪水，并另雇妥匠"。③

（五）推行新学制，开启河西近代教育

1905年清政府废科举，成立学部，推行新学制。随着《奏定学堂章程》的颁布和科举制的结束，近代学校教育制度得以建立。河西地区和全国一样，1905年前后将原旧有书院、义学一律改为初、高等小学堂。河西地区近代教育开始奠基。肃州的酒泉书院改为"肃州中学堂"，成为甘肃最早开办的中学堂之一。从此，河西的学校教育发展进入新阶段。1912年《壬子癸丑学制》颁布以后，将学校分为初等、中等、高等教育三个阶段，师范教育、实业教育两个系统，这个学制对全国教育事业起了很大的推动作用。1915年甘凉道尹马邻翼创办的甘凉道立师范学校，不久改名为甘肃省立第二师范学校（今武威师范前身），1918年在肃州设立省立第九师范学校（今酒泉师范前身）。

综上，由于清政府实行"新政"，近代工矿业得以兴起和发展，使传统社会"重农抑商"的价值观受到极大的冲击。近代中国工矿业的发展经历了三个阶段。第一阶段是在政府的直接控制下，走一条从军用工业开始，然后转向民用工业的发展道路；第二阶段是企图走民营工业自由发展的道路；第三阶段是走国家官僚资本垄断工业发展的道路。④ 清末"新政"时期，河西私人资本主义工矿业初步开发，河西各项实业无论其种类、数量，都远远超过左宗棠时代。

---

① 王致中，魏丽英. 中国西北社会经济史研究：下册 [M]. 西安：三秦出版社，1996：52.
② 王致中，魏丽英. 中国西北社会经济史研究：下册 [M]. 西安：三秦出版社，1996：52.
③ 王致中，魏丽英. 中国西北社会经济史研究：下册 [M]. 西安：三秦出版社，1996：52.
④ 马鹤天. 怎样去开发西北 [J]. 民鸣杂志. 1931（3-4）.

第四节 《实业计划》与孙中山开发河西工业的规划

1912年南京临时政府成立，孙中山即刻宣布"民国成立，宜以实业为先务。"实业部发文要求各省"图实业振兴"，"以立富国裕民之计。"1912年，陈其美担任工商部总长时，颁布了近代第一部资产阶级性质的工厂法——《暂行工厂通则》和《工会法》。

在南京临时政府的大力提倡下，全国掀起了创办实业的热潮。中国近代著名的资产阶级革命家、中华民国的缔造者——孙中山先生为中国的革命事业努力奋斗四十年，也留下了极其宝贵的治国理论。1917至1919年间，孙中山先生陆续写成《民权初步》《实业计划》和《孙文学说》，被汇编为《建国方略》，此书包含着孙中山关于中华民国政治、经济、军事、思想等一系列的治国理念。此书第二部分《实业计划》集中地阐述了中国实行工业化的紧迫性和具体主张，包括发展交通、工矿业、农牧业等实业发展的设计，成为孙中山振兴中国实业，实现国家富强与工业化的名著。

孙中山把实业建设看作"兴国之要图"，"救亡之急务"，提出了实现中国近代化的六大宏伟规划，包括在中国建成以三大海港、五大铁路系统为中心的水陆交通运输体系，开采全国煤、铁、石油等矿藏资源，发展钢铁、石油、冶炼、机械制造等近代工业，以满足人民衣食住行的需要，反映了孙中山的"交铁主义"工业化思想，其中包括孙中山开发西北及河西的种种设想，对后来以及今天河西地区实现及发展工业化仍然具有指导意义。

一、孙中山提出实业建设的核心是发展工业

（一）"发展中国工业，不论如何，必须进行。"

孙中山借鉴欧美国家工业革命的经验，提出工业化是实现中华民族富国强民的重要途径。他认识到中国同欧美国家之间的差距在于，欧美国家实现了工业化，所以"物质发达"，"生活程度遂忽由安适地位而骤进至繁华地位。"[1] 工业革命使欧美各国能够使用机器生产，"其财力足以鞭笞天下，宰制四海矣"，而中国现在还在以手工生产为主，比欧美落后了很多，"盖我农工事业，犹赖人

---

[1] 孙中山. 建国方略[M]. 沈阳：辽宁人民出版社，1994：27.

力，而尚未普用机器以羁勒自然力，如蒸汽、电气、煤气、水力等以助人工也"。① 所以孙中山认为，中国的出路只在工业革命和机器生产。"贫弱富强之所由分，亦商战胜败之所由决"②；"发展中国工业，不论如何，必须进行。"③

（二）"中国存亡之关键，则在此实业发展之一事也。"

孙中山认为实业发展直接关系中国的存亡。孙中山对中国工业化寄予双重目的，既要使国家"乘时一跃而登中国于富强之域"，还要使人民"跻斯民于安乐之天也"④。可以看出，孙中山先生工业化建设的目的仍然包含着他的民生史观。他提出一个国家如果崇尚农业则保守愚昧，如果崇尚工业则日新月异。他认为只有发展实业，才能"消灭现在之国际商业战争和资本竞争"⑤，最终解决中国问题。

二、孙中山开发西北及河西的规划

孙中山认识到开发西北是关系中国未来发展的重要战略。在1921年10月10日拟订的《实业计划》（即《建国方略之二：物质建设》）中，积极倡导通过发展中国实业，实现富国强民，其中包括开发西北及开发河西的规划。

孙中山从均衡东西部经济发展的战略出发，指出开发西北的必要性。"吾国民族生聚于东南而凋零于西北，致生聚之地，人口有过剩之虞，凋零之区，物产无丰阜之望，过与不及，两失其宜，甚非所以致富图强之道。"⑥ 因此，孙中山在《实业计划》中提出移民西北、开发西北矿产资源、发展西北铁路与公路、兴办实业的设想。

孙中山注意到"中国西北部占全国面积的三分之二"，地广人稀，草原广阔，矿产丰富，可以因地制宜地开发与建设，把西北建设成为全国重要的石油铁矿基地、粮食肉类生产基地和皮毛加工工业基地，对中国经济的全面发展是极其有利的。为此，孙中山在《实业计划》中提出了开发河西及西北的具体措施：

---

① 孙中山. 建国方略 [M]. 沈阳：辽宁人民出版社，1994：27.
② 孙中山. 建国方略 [M]. 沈阳：辽宁人民出版社，1994：79.
③ 孙中山. 建国方略 [M]. 沈阳：辽宁人民出版社，1994：28.
④ 孙中山. 建国方略 [M]. 沈阳：辽宁人民出版社，1994：2.
⑤ 广东省社会科学院历史研究室等. 孙中山全集：第六卷 [M]. 北京：中华书局，1985：247.
⑥ 孙中山. 孙中山全集：第二卷 [M]. 北京：中华书局，1982：294.

(一) 建设横穿河西的西北铁路为"今日中国刻不容缓"之事

1. 西北铁路以兰州为中心

在《实业计划》中，孙中山把改善落后的交通当作开发西北的首要，孙中山提出"民欲兴其国，必先修其路"① "交通为实业之母，财富之脉，国防之本"②。"振兴实业，当先以交通为重要；计划交通，当先以铁道为重要；建筑铁道，应先以干路为重要；得建干路，当以沟通僻远之干路为先。"③ 孙中山提出"故中国西北部之铁路系统，由政治上经济上言之，皆于中国今日为必要而刻不容缓者也。"④ 他设想"甘肃之兰州是一个重要的交通中枢，将有十三条铁路汇合于此。"⑤ 在孙中山看来，西北铁路以兰州为中心，"实居支配世界的重要位置，盖将为欧亚铁路系统之主干，而中欧两国人口之中心，因以联结，""由太平洋前往欧洲者，已经此线为最近，"从伊犁出发，可与印度、欧洲线路联络"成一连锁"。因此，修筑西北铁路，"于世界位置上无较此重要者矣。"⑥

2. 建设横穿河西的铁路线

孙中山设想把中国国土的最东边——东方大港上海或杭州湾和最北边的北方大港乌鲁木齐用铁路连接起来，他在《实业计划》中设想的横穿河西的铁路线主要有以下几条：

(1) 东部海港至新疆塔城的交通线。东起自上海或杭州湾，西至新疆的塔城，类似于今天的陇海线。从东方大港上海出发，经湖州、长兴、溧阳，以至南京。继续向西入河南界，入陕西界，"由西安循渭河而西行，过周至、郿县（今眉县）、宝鸡于三岔（今天水）入甘肃界，进向秦州、巩昌、狄道，及于甘肃省城之兰州。自兰州从昔日通路，以至凉州、甘州、肃州、玉门至安西州。由此西北行，横绝沙漠以至哈密。自哈密转向西达吐鲁番。在吐鲁番与西北铁路系统之线会合，即用其线路轨，以至迪化及绥来。自绥来与该线分离，直向边界上之塔城。"⑦

(2) 甘肃安西至新疆于阗的交通线。"此线起自安西州，西行至敦煌循罗布

---

① 孙中山. 孙中山全集：第二卷 [M]. 北京：中华书局，1982：567.
② 孙中山. 孙中山全集：第二卷 [M]. 北京：中华书局，1982：383.
③ 孙中山. 孙中山全集：第二卷 [M]. 北京：中华书局，1982：384.
④ 孙中山. 建国方略 [M]. 沈阳：辽宁人民出版社，1994：120.
⑤ 孙中山. 孙中山：第二卷 [M]. 北京：中华书局，1985：491.
⑥ 广东省社会科学院历史研究室等. 孙中山全集：第六卷 [M]. 北京：中华书局，1985：262.
⑦ 张灏，张忠修. 中国近代开发西北文论选：下 [M]. 兰州：兰州大学出版社，1987：147.

泊，沼地之南端绿竭以至婼羌。……经车城以至于阗，与西北系统之终点相接。借此系统之助，使东方大港上海与中国极西端之喀什噶尔直接相遇之线。自安西州以至于阗，长约八百英里。"①

（3）甘肃肃州至科布多的交通线。"此线起自肃州，向西北方走，在尖牛贯通万里长城，向煤矿地方前行，即离肃州二百五十里地方也。由彼处即往哈毕尔罕布鲁克与伊哈托里。离伊哈托里不远，此线即经过北京哈密线，然后前行至伯勒台，过此处后，经过一小块沙漠即至底门赤鲁，当进此多山与下属之乡落，再行前至戛什温，即横过北方大港乌鲁木齐干线。过戛什温向倭伦呼都克、塔巴腾与塔普图。即由塔普图与古城科布多通道相合。于是循此路经伯多滚台、苏台，前行至科布多，即此线之末站。约共长七百英里。"②

（4）甘肃肃州至新疆库伦的交通线。"此线起自肃州，前行经金塔，至毛目（今高台县），于是随道河（又名额济纳河）而行，此河可以之灌注沙漠中之沃地。然后乃沿河流域而至一湖，复由彼处行经戈壁沙漠，即与北京哈密线及北方大港乌里雅苏台线之相交处相会，成为一共同联站，过此以后，此线向沙漠与草场前行，经过另一铁路交点，此铁路交点即由遂远科布多线与靖边乌梁海线（今属于苏联）所成。于是此线在此处亦成为共同联站，由彼处22行进入大草地，经过哈藤与图里克，……横过多伦诺尔乌鲁木齐线。……前行至库伦。此线约七百英里，三分之一路经过沙漠，其余三分之二，经过低湿草地。"③

3. 关于建设西北铁路的意义

首先，孙中山认为建设西北铁路网不仅"有利于中国，且有以利世界商业于无穷也。"④ "铁路为交通的命脉，开发一切事业的基础，近世文化之所以落后，社会经济之所以枯竭，都是交通不便的原因"⑤造成的。建设西北铁路还有利于防御沙俄的侵略，"俄国移民开垦西北，其志不小。我国与彼属毗连之

---

① 张灏，张忠修. 中国近代开发西北文论选：下 [M]. 兰州：兰州大学出版社，1987：150.

② 张灏，张忠修. 中国近代开发西北文论选：下 [M]. 兰州：兰州大学出版社，1987：151.

③ 张灏，张忠修. 中国近代开发西北文论选：下 [M]. 兰州：兰州大学出版社，1987：153.

④ 广东省社会科学院历史研究室等. 孙中山全集：第六卷 [M]. 北京：中华书局，1985：262.

⑤ 董兆祥，满达人，魏世恩，等. 西北开发史料选辑：1930-1947 [M]. 北京：经济科学出版社，1998：4.

地，亦亟宜造铁路，守以重兵，仿古人屯田之法。"①

其次，孙中山认为只有发展交通、治理河道、开发航运，才能加强西北各省之间的经济贸易往来。"诚能如是，则甘肃与山、陕两省，当能循水道与所计划直隶湾中之商港联络，而前此偏僻三省之矿材物产，均得廉价之运输矣。"②

最后，向西北大量移民，移民实边，化兵为工，既可以为铁路修建提供充足的劳动力，"能以科学上方法行吾人之殖民政策，则其收效，将无伦比"③，还可以国家收买荒地长期贷给农民。他主张把荒地，在国家收买之后，长期贷给移民耕种。使"稠密省区无业之游民，可资以开发此等富足之地。"④他乐观地预测："假定十年之内，移民之数为一千万，由人满之省徙于西北，垦发自然之富源，其普遍于商业世界之利，当极浩大。"⑤

"交（通）铁（路）主义"思想是孙中山开发西北的核心思想。孙中山让位给袁世凯以后，在上海成立中国铁路总公司，担任中国铁路督办，以百倍的热情投身于实业救国事业，忙于筹措资金、设计线路。但是，由于时局动荡，缺乏北洋政府的资金支持，孙中山修筑全国铁路的宏伟计划最终未能真正实施。但是对后世开发西北具有重大的指导和启迪作用。

（二）因地制宜，开发河西羊毛工业和采矿业

1. 羊毛工业"为在中国甚有利之事"

孙中山有感于西北丰富的羊毛资源，预测羊毛工业为"国际发展计划中最有报酬者"。⑥面对"羊毛工业从未见发达，每年由中国输出羊毛甚多，制为毛货，又复输入中国"⑦的现状，他提出发展西北和河西的"羊毛工业，为在中国甚有利之事。"⑧

---

① 广东省社会科学院历史研究室等. 孙中山全集：第一卷 [M]. 北京：中华书局，1981：6.
② 孙中山. 建国方略 [M]. 沈阳：辽宁人民出版社，1994：124.
③ 广东省社会科学院历史研究室等. 孙中山全集：第六卷 [M]. 北京：中华书局，1985：268.
④ 广东省社会科学院历史研究室等. 孙中山全集：第六卷 [M]. 北京：中华书局，1985：267.
⑤ 广东省社会科学院历史研究室等. 孙中山全集：第六卷 [M]. 北京：中华书局，1985：269.
⑥ 孙中山. 建国方略 [M] //孙中山全集：第六卷. 北京：中华书局，1985：379.
⑦ 广东省社会科学院历史研究室等. 孙中山全集：第六卷 [M]. 北京：中华书局，1985：383.
⑧ 广东省社会科学院历史研究室等. 孙中山全集：第六卷 [M]. 北京：中华书局，1985：384.

2. 及时开采矿产是"利国利民的大事"

西北地区蕴藏丰富的矿产资源,孙中山已经认识到,要改变西北工业的落后状态,必须大力开发矿业。在孙中山看来,首先,及时开采油矿资源是利国利民的大事。"……西北的新疆、甘肃、陕西等省都已发现有油源,中国有此种矿产,不能开采以为自用,以至由外国进口的煤油、汽油年年增加,未免可惜。"① 其次,更要开采西北的煤矿,"煤为文明民族之必需品,为近代工业之主要物。……开采煤矿之办法,除摊派利息外。其次当为矿工增加工资。又其次当使煤价低落,便利人民,而后各种工业易于发展也。"②

按照孙中山的开发计划,河西地区将被建设成为西北地区重要的皮毛加工工业基地,油矿、铁矿及煤炭开采基地。

3. "由政府筹款补助,以资早日成立"

开发西北的工矿业,孙中山设想的开发方式是应以国家经营为主,尤其是关系国计民生的部门如铁路、矿业、航运等,应由政府制定开发计划,投资开发,以防止资本家垄断国家经济的命脉;也可考虑利用外资,或者对于投资少、适合私人开发的部门,可以交给私人经营,政府可以指导或帮助。

4. 广施教育,培养人才

孙中山提出西北地区的当务之急是发展教育,培养西北开发建设所需人才,以改变落后状况。他尖锐指出"非学问无以建设也。"③ 主张在西北设立学堂,发展教育,培养各类建设人才,振兴西北经济。

三、孙中山提倡开发西北的目的

首先,出于抵抗列强、巩固边疆的需要。

孙中山认为,西北地区位于"中欧两国人口之中心"④,西北地区的范围北至外蒙古,西达新疆,向东南经甘肃河西走廊到达兰州的广大地区,是我国内地通往中亚、南亚、欧洲各国的主要通道。这里土地辽阔、资源丰富、多民族杂居,是国家的屏障,战略地位十分突出。正因为如此,19世纪70年代帝国主

---

① 董兆祥,满达人,魏世恩,等. 西北开发史料选辑:1930-1947 [M]. 北京:经济科学出版社,1998:2-3.

② 董兆祥,满达人,魏世恩,等. 西北开发史料选辑:1930-1947 [M]. 北京:经济科学出版社,1998:2-3.

③ 广东省社会科学院历史研究室. 孙中山全集:第二卷 [M]. 北京:中华书局,1982:360.

④ 孙中山. 建国方略. 孙中山全集:第六卷 [M]. 北京:中华书局,1985:261.

义侵略边疆，西北边疆出现了严重的危机。尤其是沙俄侵略西北边疆，强迫清政府签订了《中俄伊塔通商章程》《中俄北京条约》等一系列不平等条约，霸占了我国西北大约50万平方公里的领土。面对西北边疆的严重危机，1891年，孙中山在《农功》中提出："俄国移民开垦西北，其志不小。我国与彼属毗连之地，亦亟宜造铁路，守以重兵，仿古人屯田之法。凡于沙漠之区，开河种树，山谷间地，遍牧牛羊，取其氄以织呢绒、毡毯。"① 1912年，孙中山分析西北局势，尖锐指出："俄人野心勃勃，乘机待发……非群策群力，奚以图存。"②

其次，出于从根本上改变西北落后面貌，改善西北民生的实际需要。

鸦片战争以来，中国深受列强的侵略，内忧外患，民不聊生。孙中山在中华民国建立以后，更加关注民生问题，在他看来，民生问题就是经济问题，就是解决人民的衣食住行等生存问题，这是符合社会历史发展要求的根本问题，因此，他主张发展交通，改善民生，只有人民富裕了，国家才能抵御外侮，立于不败之地。孙中山强调"交通是实业之母"，"倘有铁道，则交通便利，可将内地之军队输入边疆，以保吾困。如蒙古、西藏皆由兵力薄弱，以致外侮侵凌，是皆交通不便之故"③。1912年8月，孙中山建议西北先建设三大铁路交通线，其中中路横跨东西，东起江苏扬子江口，途经苏、皖、豫、陕、甘及河西走廊，至新疆伊犁，相当于后来的陇海线。

最后，出于协调东西部经济均衡发展的考虑。

孙中山从富国强兵，实现东西部均衡发展的战略需要出发，提出通过移民实边，改变人口东稠西疏、经济东强西弱的不平衡状态，协调我国西北内地和沿海地区经济均衡发展。孙中山考虑西北的荒芜土地由国家收买，长期贷给移民垦种，政府应从资金、种子、农具、住房等方面支持移民在西北安居乐业。

孙中山开发西北的思想是近代开发西北思想的集大成者，他把开发西北当作关系中国未来工业化发展的重要战略，可谓前无古人，是近代以来开发西北的最科学的设想。遗憾的是，由于民国初期，国家政权掌握在以袁世凯为代表的北洋军阀手中，他们打着民国的旗号，解散国会，废除临时约法，倒行逆施搞帝制复辟，镇压革命党人，以孙中山为核心的资产阶级革命派为了捍卫辛亥革命的果实前仆后继地开展护国运动与护法运动，孙中山先生为了民国之未竟事业日夜操劳，积劳成疾，大业未成身先死，孙中山发展实业、开发西北的宏

---

① 孙中山．农功［M］//孙中山选集：第一卷．北京：中华书局，1981：6．
② 孙中山．孙中山全集：第二卷［M］．北京：中华书局，1981：48．
③ 孙中山．孙中山全集：第二卷［M］．北京：中华书局，1981：436．

伟规划随之被搁置在纸面上，并没有付诸实施。但这些宏伟规划却成为后代历届政府开发西北重要的理论依据。

第五节　国民军督甘与河西工业的开发

一、国民军进驻甘肃

（一）民族资本主义发展的"黄金时代"

1912年中华民国建立以后不久，袁世凯窃取共和国的总统大权，从此中国处于北洋军阀的统治之下长达16年之久。在此期间，以直皖战争、两次直奉战争为主的军阀混战，使生产力遭受不同程度的破坏。

1914年至1918年第一次世界大战期间，中国民族资本主义的发展迎来了"黄金时代"。这一时期，中国民族工业得以发展是有其历史原因的。

首先，中华民国的建立使民族工业的发展有了较好的制度保障。辛亥革命推翻了两千多年的封建专制统治，民国初年，政府颁布了《暂行工艺品奖励章程》《公司条例》《公司保息条例》《矿业条例》以及《农商部奖章规则》等有利于发展民族资本主义工商业的法令法规。这些发展实业的法令，在一定程度上激发了中国民族资产阶级的积极性，促进了民族工商业的发展，民族资产阶级纷纷掀起了投资兴办近代工业的热潮。

其次，第一次世界大战爆发，西方列强忙于战争，暂时减少对中国的商品输出和资本输出，加上战争本身导致的物资消耗巨大，帝国主义列强反而需要从中国大量进口农产品、棉纺织品和锑矿、钨矿等战略物资，中国的物资出口量增加，这大大刺激了中国民族资本主义经济的发展。

因此，第一次世界大战期间，中国民族工业得到了进一步的发展，出现了中国民族资本发展史上所谓的"黄金时代"。

（二）甘肃地方政府的专制统治

正当民族资本主义经济在全国获得较快发展的时期，甘肃仍然保守落后，名义上是共和，实际上仍然是专制统治。在张广建统治甘肃的7年期间，官场腐败，民变四起。1920年7月直皖战争爆发以后，旅居上海的甘肃同乡会呼吁"甘人治甘"，甘肃爆发了"驱张"运动，张广建的统治垮台。在陆洪涛统治甘肃时期，政治仍然腐败，1925年，陆洪涛因病辞职，李长清乘机夺权。在这种情况下，临时执政的段祺瑞任命冯玉祥担任西北边防督办，国民军开始进驻甘肃。

(三) 冯玉祥的国民军进驻甘肃

冯玉祥1921年7月后任陕西督军，1921—1922年期间督陕，1924年10月，冯玉祥发动北京政变，直系军阀的统治宣告终结，冯玉祥所部改称为国民军，和奉系张作霖一起电邀孙中山北上。然而，孙中山北上途中病逝，段祺瑞组阁临时执政府执政。冯玉祥受到段祺瑞和奉系的排斥，为了加强自己的军事力量，冯玉祥决定接受段祺瑞的任命远走西北，担任西北边防督办。

1925年8月，段祺瑞政府任命冯玉祥兼任甘肃军务督办，将冯玉祥远贬甘肃，监管甘肃军务。冯玉祥部取消了"国民军"的称号，改名为"西北军"。冯玉祥令国民军第一军第一师师长刘郁芬代理甘肃督办，率领国民军向甘肃进军，于1925年10月下旬到达兰州。国民军从1925年10月入甘，到1930年11月中原大战战败，统治甘肃长达5年之久。

二、冯玉祥开发甘肃及河西地区

1925年1月，冯玉祥在张家口就任中华民国西北边防督办，控制了察、绥、甘、宁地区，开始考虑治理西北。他在日记里面写道："现在吾等西北边防督办署所辖区域，计有察、绥、甘肃、新疆、青海及国民军所驻之京兆，地非不广、民非不众，究应如何治理，觅须精密计画（划），吾意如下：一、用良绅廉官。二、尊贤良、兴教育。三、补充军械，培植实力。四、消除汉回之隔阂。"①

冯玉祥深受孙中山开发西北思想的影响，非常重视西北的战略地位，他认为"我军想改造国家，拯救人民，非先在西北痛下功夫不可。"②指责政府"萎靡苟安，不顾民虞"，"陕甘为西北革命发源重地，必须达到建设新甘肃、新陕西之目的，表现革命精神，以为天下倡，是则本总司令所切盼者也。"③

鉴于"陕甘当大乱之后，百事废弛，万端待理，一切建设事宜亟待筹划"④，冯玉祥召集陕甘两省代表在临潼建设部召开建设会议，当时甘肃实业厅厅长赵元贞等也列席会议。冯玉祥在会上提出了种种开发陕甘的具体方案。

"1928年1月1日，冯玉祥通电公布豫、陕、甘除害兴利主张：一、肃清匪患；二、恢复交通；三、改良农业；四、改善贫民生活；五、普及教育；六、

---

① 中国第二历史档案馆. 冯玉祥日记：二 [M]. 南京：江苏古籍出版社，1992：102.
② 中国第二历史档案馆. 冯玉祥日记：二 [M]. 南京：江苏古籍出版社，1992：97.
③ 冯玉祥. 冯玉祥选集：中卷 [M]. 北京：人民出版社，1998：511.
④ 曾载于1927年4月《国民军政报》第66期至67期，见王自威的冯玉祥对西部开发的史料。

振兴工商；七、筹集经费。准备延揽专家，组织三省建设讨论会，集思广益。"①他提出了一些具体而全面的开发措施。

国民军在甘肃统治历时5年，冯玉祥把开发甘肃看作他征兵、筹款的后方基地。国民军开发甘肃及河西工业的措施主要集中在以下几个方面：

（一）河西各地设立西北银行办事处，顺应了工业建设的需要

民国以来，甘肃结束了清代依靠外省协饷维持统治的旧制，财政更加入不敷出，割据甘肃的回汉军阀张广建、孔繁锦、张兆钾、陆洪涛等拥兵自重，滥发货币，横征暴敛，盘踞在河西地区的凉州镇守使马廷勷、甘州镇守使马麟、肃州镇守使吴桐仁，对人民巧取豪夺，导致金融混乱，物价飞涨，民不聊生，金融财政陷于崩溃的边缘。

甘肃及河西地区工业经济的发展需要金融业的支持。1906年，兰州官银钱局的创办标志着甘肃省银行的发轫。辛亥革命以后，1913年，兰州官银钱局改名为甘肃官银号，至1921年退出历史舞台。1924年秋冬之际，国家银行中的中国银行最早进入甘肃，在兰州设立支行。1924年，由财政厅拨给资本14.2万两，成立甘肃银行。

冯玉祥担任西北边防督办以后，为了筹措军政经费，决心整顿金融财政，统一西北各省的财政收支。1925年在张家口创办了西北银行，发行银行钞票、流通券、军需券，西北银行成为20世纪20年代西北地区最有影响的银行，在陕、甘、宁及北京、天津等地都设有分行，1925年在甘肃设立了甘肃分行和兰州分行，1926年又在河西地区的酒泉、张掖、武威等地设立西北银行办事处，在山丹也设了分支机构，主要业务是用银圆兑换钞票和存款放款。从此，近代银行业务扩展到了河西地区。

河西地区原有的旧式金融机构主要是票号和钱庄，在张掖、武威、酒泉等地，山西商人开设的票号主要经营汇兑。国民军进驻甘肃以后，河西地区原有的票号改为钱庄，如"酒泉的天顺当、全德堂、万庆成等商号，发出类似期条的油布钱钞约14000串，在当地市场上流通"。②

1925年刘郁芬受命冯玉祥率国民军进驻甘肃以后，西北银行开始发行一元、五元、十元三种钞票，发行总额达350万元③，收回陆洪涛发行的七一银圆纸币

---

① 贾熟村.冯玉祥集团与甘肃地区 [J].青海师范大学学报，2016，38（4）：101-105.
② 张寿彭.甘肃近代金融业的产生和发展 [J].开发研究.1990（4）：61-65.
③ 中国人民政治协商会议，甘肃文史资料委员会.甘肃文史资料：第8卷[C].兰州：甘肃人民出版社，1980：135.

（规定每银圆纸币值白银七钱一分），关闭了中国银行的甘肃分行，收回甘肃银行发行的钞票，结束了现银、现洋、铜圆、制钱、钞票五种货币混乱流通的局面。1926年，刘郁芬将天水造币厂（原陇南机器局）的设备迁到兰州，设立甘肃造币厂，铸造的铜币和孙中山头像银圆流通全省，1935年停工。

冯玉祥多次"论及西北地广物博，实为中国一大富源，但必须有资本，始能经营之"①，主张"创办农民银行，贷借资本，以便利移民"②。但是，冯玉祥经营西北，创办西北银行及其分行，主要目的不是经营西北，主要目的是支付庞大的军费开支。1928年冯玉祥下令原甘肃银行归属于西北银行管辖，1929年，冯玉祥将甘肃银行改组为甘肃农工银行，并将甘肃平市官钱局合并，发行铜圆票以收回甘肃银行发行的银圆票。

西北银行和甘肃农工银行都是冯玉祥就任西北边防督办时，为筹措军饷、搜刮民财而设立的银行，国民军利用这些金融机构"发行银行钞票、流通券、军需券至数百万元"③，初步统一了金融，稳定了物价，增加了财政收入，通过经营工农业贷款，客观上适应了近代甘肃及河西地区经济发展的需要，标志着近代银行业在河西地区的形成。

但是，这些金融机构由国民军操纵，主要服务于国民军的军事需要，其发挥的服务经济的作用是极其有限的。而且，国民军创办的银行主要用于支付军政费用，通过发行大量不兑现的纸币，大量透支，成为缓解财政压力，聚敛财富的"钱柜"。1930年中原大战以后，冯玉祥国民军退出甘肃，国民党势力统治了甘肃。1931年西北银行和甘肃农工银行改组为富陇银行。1933年省政府通令全省停止使用银两而改用银币，同年中央银行在兰州设立分行，中央银行、交通银行在甘肃及河西的张掖、武威、酒泉各地设立了办事处，主要投资甘肃的工业建设；中国农民银行兰州支行成立，在武威设立办事处，酒泉设立合作社，在张掖、酒泉、敦煌设立分理处，主要发放农贷。直到抗战时期，以兰州为中心的现代金融体系初步形成。

（二）引进机器，勘采开发河西的矿产

20世纪20年代冯玉祥进驻甘肃期间，河西地区传统的手工业生产与近代化工厂同时发展。冯玉祥认为，开发西北，"要因地制宜，随时变迁。"④ 应该着眼于西北的资源优势，重点开发当地农、林、矿产等资源，借此发展当地特色

---

① 中国第二历史档案馆. 冯玉祥日记：二［M］. 南京：江苏古籍出版社，1992：110.
② 中国第二历史档案馆. 冯玉祥日记：二［M］. 南京：江苏古籍出版社，1992：23.
③ 张寿彭. 甘肃近代金融业的产生和发展［J］. 开发研究. 1990（4）：61-65.
④ 冯玉祥. 冯玉祥选集：中册［M］. 北京：人民出版社，1998：339.

工业。

首先引进机器，勘矿办厂。冯玉祥提出"办机器，开煤矿，以求实际，提倡实业。"① 为了振兴甘肃工业，冯玉祥认为当务之急是购买机器，"开垦西北，用人力远不如用机器，故购制（置）机器，实为最要紧之事"②。

冯玉祥下令由甘肃省政府查勘办理勘采河西地区的玉门石油，提出"以官商合办的形式开发民勤煤矿和玉门油矿"③，"由甘肃省政府各拨二万元，以土法参用新法开采，责成实业厅办理"④。此外，还主张开采甘肃平番（隶属凉州府，即今甘肃省永登县）的锰矿、西宁铝矿、铅矿、沙金矿、皋兰铁矿、铜矿、煤矿等，由甘肃省政府"积极筹划，分期办理"。

其次，整理和恢复甘肃原有的旧工厂，建立新工厂。冯玉祥提倡开办的新工厂有"玻璃厂、颜料厂、钉针厂、骨角纽扣厂、珐琅（琅）厂、罐头厂、煤气厂、教育用品厂。"⑤

冯玉祥制定了关于工厂的议决案：由建设部筹办平民工厂并加以推广，筹办纺织厂、制革厂、水泥厂、玻璃厂、煤气厂等等，改良瓷业、纸业、印刷业、造糖业、五金业、农品业等民用工业。要求"改良下列各工业：瓷业、纸业、印刷业、造糖业、五金业、农品业。"⑥

1926年春，刘郁芬下令恢复原来左宗棠创办的甘肃织呢局，改为甘肃织呢厂。主要生产军用呢子供国民军使用，少量产品也向市场销售。建立的新工厂当中最有影响的是济贫工厂，专门招收贫民从事纺线、编织、织褐、织毯等。在兰州、天水等处，成立了制革厂、织呢厂。

总之，国民军在甘肃创办的工厂主要着眼于军用和民用日用品的生产，虽然由于缺乏资金，规模小，设备与技术落后，产量极其有限，但其利民裕民的作用仍然值得肯定。

（三）重视交通建设，修建通往河西的公路

20世纪20年代以前，西北交通极端落后，主要以传统的驿道运输为基础交通，主要以骡马或骆驼为运输工具，近代化的运输仅有一条铁路——包绥线

---

① 中国第二历史档案馆. 冯玉祥日记：二 [M]. 南京：江苏古籍出版社，1992：20.
② 中国第二历史档案馆. 冯玉祥日记：二 [M]. 南京：江苏古籍出版社，1992：84.
③ 李泰棻. 国民军史稿 [M]. 南京：1930：454，455，449.
④ 曾载于1927年4月《国民军政报》第66期至67期，见王自威的冯玉祥对西部开发的史料。
⑤ 曾载于1927年4月《国民军政报》第66期至67期，见王自威的冯玉祥对西部开发的史料。
⑥ 王自威. 冯玉祥对西部开发的史料 [J]. 历史档案，1990（1）：77.

（包头至北京），陇海线仅修至河南西部的陕州，尚未通到陕甘新。

针对这种情况，冯玉祥非常重视交通建设。1927年3月他召集陕甘建设会议，主持制定了《陕甘建设会议议决案》。具体提出了包括铁路、公路与航路的完整的交通建设规划，主要内容有：赶修陇海铁路、包宁铁路以及筹划兰州至湟源的铁路线等。

冯玉祥召见英国铁路工程师贝克前来帮办交通事宜。冯玉祥认为："修铁路是有万利而无一害之事。现在我们拟修包头至新疆、平地泉至库伦、张家口至多伦三线。若新包路筑成，即可将新疆之货物运出。平库路筑成，再接西伯利亚铁路，则欧洲之货物，均由此运入。"①

冯玉祥除了催促中央政府尽快赶修陇海铁路外，还规划在西北修建三条铁路：包头至新疆、平地泉至库伦、张家口至多伦。他认为这是关系西北地区经济发展的大事。"西北之文化、实业、经济发达与否，皆与此路有密切之关系。"他提出吸引外资修建铁路，"建筑铁路，极端欢迎各国投资，不过须择公平者用之耳"②。

河西公路的建设最早开始于20世纪20年代。冯玉祥非常重视耗资少的公路建设，1925年他"谈宁、兰、甘、新汽车路事"③，提出"道路之于地方，所关至重，商务之繁茂，文明之进步，与军事上输送，均赖有宽平之道路"④。他提出建立豫陕甘三省的道路建筑委员会，组织工程队测绘修路。1927年2月22日，《冯玉祥日记二》写道："建设部刘部长治洲派段惠诚来，嘱以六事，令转告刘：一、修道路。二、修桥梁。三、种树。四、修治紧要渡口及船只。五、导河。六、改修汽车路。"⑤

冯玉祥考虑到修建铁路耗资大，技术要求比较高，所以计划先修建以兰州为中心的汽车公路网。一方面主张改良原有的大车路（省道）和旧汽车道，加宽路身，修通县道及乡道，连接从省到县到乡村的干支公路。另一方面派人查勘新路线，计划新修从兰州通往河西地区的公路兰肃路（兰州—肃州）、兰湟路（兰州—湟源）等等；还要求开辟兰包路（兰州—包头）、兰湟路（兰州—湟源）等航路。1927年在原有丝路驿道的基础上修建了河西地区的第一条公路——兰州—肃州的公路。1929年，河西走廊公路上的汽车已经可以通往新

---

① 中国第二历史档案馆.冯玉祥日记：二[M].南京：江苏古籍出版社，1992：34.
② 中国第二历史档案馆.冯玉祥日记：二[M].南京：江苏古籍出版社，1992：70.
③ 中国第二历史档案馆.冯玉祥日记：二[M].南京：江苏古籍出版社，1992：131.
④ 冯玉祥.冯玉祥选集：中卷.[M].北京：人民出版社，1998：405.
⑤ 中国第二历史档案馆.冯玉祥日记：二[M].南京：江苏古籍出版社，1992：295.

疆了。

冯玉祥的部下刘郁芬也有感于甘肃的交通落后，拟分段修筑13条公路，其中通往河西地区的公路有临民路（临夏—民勤，全长691.20公里）、靖民路（靖远—民勤，全长411.72公里）、安敦路（安西—敦煌，全长161.30公里）。

冯玉祥主张采取以工代赈的办法，要求地方政府对旧车道通过加宽、修平、路旁植树等办法进行改造，同时勘查修建连接西安、西宁、兰州、宁夏等城市之间的新路线。

此外，还在国民军所到之处推广电话和无线电通信，在甘肃兰州、河西地区的肃州分别建设大小无线电台，添设长途电话，整顿邮务。

（四）劝民修路造林，植桑育蚕，挖渠修桥

在国民军统治甘肃期间，冯玉祥提出"农业为民生基础"①，要求省政府"劝民植桑育蚕，改良缫丝"。他认为"谈经营西北，最要者为水利"②，"宜筑路修桥，以利交通，导河挖渠，以灌田亩"③。针对河西地区气候干旱、自然灾害频繁的问题，冯玉祥下令从玉门至酒泉利用祁连山的雪水"开渠引河，灌溉沙漠"，④要求广植树木，"修路造林，以利民众"，"开垦修路，造林挖渠"⑤，美化环境。要求"每县至少须种榆桑槐等树一百亩，能近活水尤好，作为苗圃，能种三五百亩者更佳"。⑥

为了实现他救国救民，振兴工商的理想，冯玉祥响应20世纪20年代的废督裁兵运动，并推行兵工政策，下令国民军"一面充实战斗实力，一面实行兵工政策，无事则做工艺以兴实业，有事则执干戈而卫国家"⑦。冯玉祥还把治理军队与改造国家以及开发经济结合起来考虑，这就是他提出的"练兵治民之道"⑧。"余言现在非开垦不能救国，然开垦非有好军队为之，亦难收良好效果"⑨，认为在开垦的人力上，除了农民开垦外，还要求军屯，"屯田既立，室家可举，兵役无思归之心，则事自易理矣"⑩，此一举两得之事，"不仅为兵事

---

① 冯玉祥. 冯玉祥选集：中卷［M］. 北京：人民出版社，1998：558.
② 中国第二历史档案馆. 冯玉祥日记：二［M］. 南京：江苏古籍出版社，1992：82.
③ 中国第二历史档案馆. 冯玉祥日记：二［M］. 南京：江苏古籍出版社，1992：303.
④ 中国第二历史档案馆. 冯玉祥日记：二［M］. 南京：江苏古籍出版社，1992：12.
⑤ 中国第二历史档案馆. 冯玉祥日记：二［M］. 南京：江苏古籍出版社，1992：85.
⑥ 冯玉祥. 冯玉祥选集：中卷［M］. 北京：人民出版社，1998：347.
⑦ 中国第二历史档案馆. 冯玉祥日记：二［M］. 南京：江苏古籍出版社，1992：61.
⑧ 中国第二历史档案馆. 冯玉祥日记：二［M］. 南京：江苏古籍出版社，1992：28.
⑨ 中国第二历史档案馆. 冯玉祥日记：二［M］. 南京：江苏古籍出版社，1992：25.
⑩ 冯玉祥. 冯玉祥选集：中卷［M］. 北京：人民出版社，1998：188.

谋善后，抑且为国家固边防"①。他设想通过组织军队开垦荒地，土地数量增加以后，士兵也可以娶妻生子，安居乐业。"依我计划，将来我军兵士，每人可得十八亩地，彼时各将父母接来，再娶一女学生，自耕自食，何乐如之。"②

冯玉祥要求地方政府减轻人民的负担。1927年2月20日"嘱过司长之翰电刘总司令，甘（肃）省不许征发粮袜，须用钱买，……子口税凭单，一律取消，贫民必用物品，宜轻其税。"③但是，"甘肃实业厅长赵元贞等数人来，告以革命目的，虽在救民，但当军政时期，若即将一切杂税完全取消则军饷从何而来，总期先做一两件利民之事，使百姓知我军乃实心实意为民，非如军阀等之徒作口头禅可比即可。如修三原富平渠，以资灌溉，修罗漠洞坡，以利交通，其实例也。"④于是冯玉祥"又嘱财政委员长（薛）笃弼四事：甲、修路、种树、挖渠、修桥等。"⑤

（五）创办养老院、救孤院与平民工厂

冯玉祥认为"到甘以后，应先办养老院、救孤院"⑥，希望实现老有所依、老有所养。提出养民救民的具体办法是劳动与教育相结合，半工半读，"须设平民工厂，使人民各有所业，设露天学校，使民众得受普通知识。"⑦ 这在当时是很先进的思想。

冯玉祥在甘肃还发起了一场社会改良运动。下令革除吸食鸦片、聚众赌博、男子蓄长发、女子缠足等封建陋习，发起卫生运动，主张营造一个讲卫生、言行文明、整洁有序的社会氛围。1927年1月6日，冯玉祥"对平凉绅士讲话，以不平等为题，又言男子当早剪发，妇女当早放足。"⑧

（六）创办平民学校，倡导教育与实践的结合

冯玉祥非常重视教育，命令各县设立教育局，提出"教育为国家之根本，教育不兴，而国不立"⑨。他认为教育内容应该与当地的实践需要结合起来，"关于西北之教育，须力求实际，教育平民，尤须使之明缭西北之物产、地质、

---

① 冯玉祥. 冯玉祥选集：中卷［M］. 北京：人民出版社，1998：470.
② 中国第二历史档案馆. 冯玉祥日记：二［M］. 南京：江苏古籍出版社，1992：23.
③ 中国第二历史档案馆. 冯玉祥日记：二［M］. 南京：江苏古籍出版社，1992：294.
④ 中国第二历史档案馆. 冯玉祥日记：二［M］. 南京：江苏古籍出版社，1992：298.
⑤ 中国第二历史档案馆. 冯玉祥日记：二［M］. 南京：江苏古籍出版社，1992：294.
⑥ 中国第二历史档案馆. 冯玉祥日记：二［M］. 南京：江苏古籍出版社，1992：125.
⑦ 中国第二历史档案馆. 冯玉祥日记：二［M］. 南京：江苏古籍出版社，1992：82.
⑧ 中国第二历史档案馆. 冯玉祥日记：二［M］. 南京：江苏古籍出版社，1992：280.
⑨ 冯玉祥. 冯玉祥选集：中卷［M］. 北京：人民出版社，1998：405.

风俗、气候等"①。

冯玉祥特别推崇平民教育，提出全省各厅、各道、各县以及各民间会所、会馆、商会、祠堂、庙宇均可以招收平民，创办平民学校，教人识字。在这种思想的指导下，国民军在甘肃各地设立的平民学校就多达一千多所。

冯玉祥还主张改革旧学制，实行新学制。他要求省长薛笃弼"检查旧戏、旧书馆、算命馆等组织"②。

高等教育方面，最有影响的是1928年代理甘肃省主席刘郁芬根据冯玉祥的要求创办的兰州中山大学，这是甘肃的第一所高等学府。

中等教育分为高中部和初级中学。高中部设在省立第一中学。初级中学设在张掖、甘谷、临夏、临洮等县。此外还有各县新建的初级、高级小学。各地教育厅负责办理中小学教育，督办公署（1925年3月在张家口设立）负责平民教育和大学教育，专门设立平民教育处，筹款在各地办理平民学校。

教育经费方面，改变了原来由甘肃省政府直接划拨的办法，为保证教育经费的投入，冯玉祥指定"契税、屠宰税、卷烟税三项为教育专款"③，还包括"征收农民田赋地丁时加收两成，谓之教育附捐"④。针对西北教育落后，实业不振的现状，冯玉祥提出"关于西北之事，垂应开矿、开垦、修路、牧畜，但此种事项，尚须外人投资"⑤。

但是1925年国民军进驻甘肃以后，部队的军需和一切供养都从甘肃刘郁芬处获得，所以甘肃督办刘郁芬往往将教育经费挪作军费使用。冯玉祥发展教育的努力在一定程度上开化了甘肃和河西落后闭塞的社会风气，对开发甘肃及河西工业经济具有助推作用。

三、冯玉祥开发河西工业的评价

（一）开发河西，"补充军械，培植实力"，为国民军营建一个稳固根据地

冯玉祥发动北京政变后，被段祺瑞执政府贬到西北，担任西北边防督办，冯玉祥终于认识到"现在我军当先培植实力，然后再谈改造国家"⑥。那么如何培植自己军队的实力呢？冯玉祥把新疆、青海、甘肃、宁夏、热河以及察哈尔、

---

① 中国第二历史档案馆. 冯玉祥日记：二 [M]. 南京：江苏古籍出版社，1992：84.
② 中国第二历史档案馆. 冯玉祥日记：二 [M]. 南京：江苏古籍出版社，1992：294.
③ 王劲. 甘宁青民国人物 [M]. 兰州：兰州大学出版社，1995：46.
④ 康天国. 西北最近十年来史料 [M]. 西安：西北学会，1931：29.
⑤ 中国第二历史档案馆. 冯玉祥日记：二 [M]. 南京：江苏古籍出版社，1992：90.
⑥ 中国第二历史档案馆. 冯玉祥日记：二 [M]. 南京：江苏古籍出版社，1992：107.

绥远等各省当作自己的根据地加以经营,"补充军械,培植实力",来弥补国民军兵多饷少、难以经营的困难局面。他感叹西北军的生存现状,"我军官兵,为国打仗,为民剿匪,不顾生死,不辞辛苦,乃政府毫不过问,分文不给,甚至衣不蔽体,食不充肠,真是可怜。"① 所以冯玉祥提出开发与建设西北的种种设想和努力,其主要目的是为他的军队营建一个稳固的后方根据地。他把甘肃及河西也看作国民军最重要的根据地,要在这里开发工矿业,发展实业,稳定军心。冯玉祥部确实达到了增强军事实力的目的。国民军的军事力量发展迅速,部队从几万人扩编为6个师3个旅大约15万人。

冯玉祥毕竟是一个军阀,他的势力转移到西北地区完全是军阀实力角逐的结果。为了壮大自己的军事实力,他非常重视军队的建设。国民军进驻甘肃期间,把甘肃省财政收入的大部分用于扩军备战,1925年、1926年、1927年国民军的军费支出分别为53%、70%、69%②。

通过开发西北,搜刮民财,冯玉祥的国民军军费有了保障,实力也显著增强,驻甘军队数量猛增,"1919年甘肃有军队24000人,而到1925年增加到77000人,增加至三倍多"③。

水梓曾尖锐指出:"冯玉祥驾临西北,对陕甘两省,竭泽而渔,……冯在五原誓师,不过数千人,及入甘肃,则有数万人,后更扩充至二三十万人,试问此种力量,出于何处? 敢断言出于甘肃者十之七八。"④

当然,冯玉祥扩充军队主要出自军事需要,也包含着救国御侮的目的。冯玉祥自称养兵的目的是"平内乱,御外侮","处现在之时代,若想救国,非有良好之军队,再加以适宜之教练不可"⑤。冯玉祥认为"若欲改造真正民国,则惟军队是顿,然非有一种改造国家之精神不可。"⑥ 在冯玉祥看来,养兵是为了救国,要养兵先练兵,而"练新兵首应注重内中教育"。教育"一般贫苦无告之人,纳税来以养你我。吾等即应替百姓效死,即碎尸万段,或下油锅,亦所不辞。……我们当兵吃苦,是为国为民,……"⑦ 1925年冯玉祥的国民军入甘之时,

---

① 中国第二历史档案馆. 冯玉祥日记:二 [M]. 南京:江苏古籍出版社,1992:44-45.
② 王劲. 甘宁青民国人物 [M]. 兰州:兰州大学出版社,1995:48.
③ 尚季芳. 冯玉祥开发西北的思想与实践述论 [J]. 宁夏师范学院学报,2008 (4):112-117.
④ 尚季芳. 冯玉祥开发西北的思想与实践述论 [J]. 宁夏师范学院学报,2008 (4):112-117.
⑤ 中国第二历史档案馆. 冯玉祥日记:二 [M]. 南京:江苏古籍出版社,1992:42.
⑥ 中国第二历史档案馆. 冯玉祥日记:二 [M]. 南京:江苏古籍出版社,1992:9.
⑦ 中国第二历史档案馆. 冯玉祥日记:二 [M]. 南京:江苏古籍出版社,1992:41.

发布《告甘肃民众书》，"希望甘肃民众与国民军共同为国民革命而努力"。①

1926年9月，冯玉祥在五原誓师，自任国民联军总司令，率领国民军参加北伐战争，他把参加北伐看作谋求政治与军事统一、救国建国的重要步骤。他任命刘郁芬为国民联军驻甘总司令，要求刘郁芬抓紧治理甘肃，把甘肃及河西地区当作他补给军援的大后方基地，"现在前方作战需款孔函，陕西十室九空，筹措维艰，仍然不得不仰仗于甘肃"。冯玉祥对甘肃实业厅长赵元贞等说，北伐的目的是"救民"，需要保证军饷的来源，不能取消"一切杂税"。因此，国民军以养兵和参加北伐战争为借口，在甘肃及河西地区加大了对人民的搜刮，强迫人民缴纳开垦捐、皮毛税、烟酒税、药材税、粮食税、牲畜税、棉花税、山货税、面粉税、茶税等等，苛捐杂税，名目繁多，数不胜数。"1929年，刘郁芬任省政府主席以增加捐税为主要手段来筹集军饷，各地县政府变本加厉，巧立名目，借机加码，全省捐税项目多达120余种"②，"乃自冯军入甘，劫后余烬，岂堪重，然彼丧心者，又何顾及民命，于是接踵敲剥，五花八门，不一而足，……索取尤力，罄竹难书"③。

国民革命失败以后，冯玉祥与蒋介石合流，在甘肃执行"清党"反共，镇压革命群众。正如兰州大学历史学教授王劲所讲，"由于国民军的主要领导人并没有接受新民主主义革命的思想，在大革命遇到挫折时，他们急剧右转，蒋介石和冯玉祥的合作使国民军演变成为一支军阀武装。"④

(二) 建设新甘肃、勘采河西矿产是冯玉祥救国思想的具体体现

冯玉祥认为"陕甘为西北革命发源重地，必须达到建设新甘肃、新陕西之目的，表现革命精神，以为天下倡，是则本总司令所切盼着也。"⑤ 从冯玉祥担任西北边防督办以来仅仅一年时间，鉴于直奉军阀结成联盟反冯玉祥的不利局面，1926年1月，冯玉祥通电下野，5月，冯玉祥出访苏联，其目的是"俟求得新知识后，再谋做救国救民之事业也"⑥。冯玉祥想学习苏联的工业化发展经验，通过"机器化"与"电气化"建设"新中国"。1926年7月冯玉祥回国以后思想上有了新的变化，开始认识到建设新中国，必须学习苏联，"新中国之建设，须积极趋向

---

① 宣侠父. 西北远征记 [M]. 兰州：甘肃人民出版社，2002：40.
② 甘肃省地方史志编纂委员会，甘肃省商业志编纂领导小组. 甘肃省志 商业志：第49卷 [M]. 兰州：甘肃人民出版社，1993：35.
③ 康天国. 西北最近十年来史料 [M]. 西安：西北学会，1931：98.
④ 王劲. 甘宁青民国人物 [M]. 兰州：兰州大学出版社. 1995，6.
⑤ 冯玉祥. 冯玉祥选集：中卷 [M]. 北京：人民出版社，1998：511.
⑥ 中国第二历史档案馆. 冯玉祥日记：二 [M]. 南京：江苏古籍出版社，1992：162.

科学化、机器化、电气化"①，"思及回国以后，当以军事、政治、财政三者为急务，而社会改造，尤为根本要图"②。

孙中山曾经送给冯玉祥上千本的《建国大纲》和《建国方略》，冯玉祥不仅自己认真研读，而且发给国民军学习。在开发西北问题上，冯玉祥深受孙中山思想的影响，认为"发展实业，为国家图强之基"③。冯玉祥提出在西北"开矿、开垦、修路、牧畜"，"尚须外人投资"来解决经费问题。④

冯玉祥是一个有抱负的理想主义者，冯玉祥说："吾所抱之主义，乃实现孔子之仁，墨子之爱，孟子之民为贵。"⑤ "吾无所谓朋友，救国者即朋友。吾无所谓仇敌，害国者即仇敌也。"⑥ 据《冯玉祥日记》记载："俄人铁提克来，询我治理西北之道。吾曰：'在使老者得养，幼者得教，壮者得业而已。是故从事垦、牧以广知生产，设立学校以启民智。'"⑦ 1928年，冯玉祥提出"恢复交通""振兴工商""筹集经费""改良农业"等全面的开发措施。⑧为了解决人力不足的问题，冯玉祥推行兵工政策，命令国民军一面"充实战斗实力""执干戈而卫国家"，一面"无事则做工艺以兴实业"⑨。

冯玉祥把西北看作是实现他救国理想的大舞台，他制定了《治陕大纲十条》和《督豫施政大纲十条》，他想在这里施展宏图抱负。他渴望和平，厌倦内战，他说："我最不赞成者，是中国人与中国人打仗。"⑩ 希望西北成就他"避免参加内战的心愿"。

建设新甘肃是冯玉祥开发西北的重中之重。在冯玉祥看来，"甘肃非边塞，乃吾国中心之地。"⑪ 冯玉祥把开发甘肃的厚望寄予刘郁芬。1927年1月26日，冯玉祥率军进驻西安。2月15日，冯玉祥任命刘郁芬为国民联军驻甘总司令，不久又委任宋哲元担任驻甘副司令，要求他们"协同办理"一切"甘（肃）省政务"。当时冯玉祥已经认识到"陕省十室九空"，国民军前线急需的军费"筹措维艰"

---

① 中国第二历史档案馆. 冯玉祥日记：二 [M]. 南京：江苏古籍出版社, 1992: 208.
② 中国第二历史档案馆. 冯玉祥日记：二 [M]. 南京：江苏古籍出版社, 1992: 211.
③ 冯玉祥. 冯玉祥选集：中册 [M]. 北京：人民出版社, 1998: 561.
④ 中国第二历史档案馆. 冯玉祥日记：二 [M]. 南京：江苏古籍出版社, 1992: 90.
⑤ 中国第二历史档案馆. 冯玉祥日记：二 [M]. 南京：江苏古籍出版社, 1992: 59.
⑥ 中国第二历史档案馆. 冯玉祥日记：二 [M]. 南京：江苏古籍出版社, 1992: 44.
⑦ 中国第二历史档案馆. 冯玉祥日记：二 [M]. 南京：江苏古籍出版社, 1992: 89.
⑧ 贾熟村. 冯玉祥集团与甘肃地区 [J]. 青海师范大学学报, 2016, 38 (4): 101-105.
⑨ 中国第二历史档案馆. 冯玉祥日记：二 [M]. 南京：江苏古籍出版社, 1992: 61.
⑩ 中国第二历史档案馆. 冯玉祥日记：二 [M]. 南京：江苏古籍出版社, 1992: 43.
⑪ 中国第二历史档案馆. 冯玉祥日记：二 [M]. 南京：江苏古籍出版社, 1992: 253.

"仍不得不仰之于甘肃"。① 这应该是冯玉祥更加重视开发甘肃及河西的主要原因。

国民军进驻甘肃以后，对河西地区的治理也很重视。冯玉祥曾下令建设厅前往调查镇番（隶属于凉州府）的煤矿、玉门县的石油矿，并建议官商联合开采。刘郁芬也接见了由马鸿逵引荐的凉州镇守使马廷勷和甘州镇宁使马麟。刘郁芬下令将河西地区的镇番县改为民勤县，抚彝县改为临泽县，毛口县改为鼎新县。1929年甘、青、宁三省分治之时，武威的九条岭煤矿已经有十多名工人从事开发。河西地区的交通建设、矿业开采、水利开发等工业建设措施正是冯玉祥救国思想的具体体现。

冯玉祥甚至还考虑如果中央政府无能无为，他可以考虑把偏安一隅的西北改造成他的独立政府所在地，"将来即在西北独立政府，改造西北，未始不可"。② 甘肃及河西地区偏居内陆，远离北伐战争前线，冯玉祥把这里既看作国民军养兵练兵、培育军事实力的最佳基地，也看作是他建立独立政府、施展他"救国救民"的试验场。

（三）受孙中山三民主义思想的影响，冯玉祥的开发思想当中包含朴素的平民思想和救国思想

孙中山应邀北上期间，曾经送给冯玉祥6000本《三民主义》，冯玉祥自己熟读并且广泛宣传。他说："三民主义，即救国主义，诸位倘确实明白之后，可代我向目兵普遍宣传之。"③ 1926年12月26日，冯玉祥在平凉绅商界宣讲"中国受帝国主义之压迫，要实行三民主义、青天白日旗及中山遗嘱。"④

冯玉祥曾经很想通过开发西北，建设新陕西和新甘肃，借以"拯救国家，改造人民"，有一番作为。他非常赞成孙中山三民主义解决人民"衣食住行"这一根本问题，他提出了"除人民之苦痛，谋地方之福利"⑤ 的各种办法，包括肃清土匪、凿井挖渠以解除水旱之灾，修平道路以方便人民。他说："且中国现既为民主国，则事事自当以民为主，使人民真正走到民主地位。吾之主义，即是使百姓有吃、有穿、有住，并有好道路走。及四十五岁以下之男女皆得有机会读书也。"⑥

受孙中山民生主义思想的影响，冯玉祥的开发思想包含着朴素的平民思想。1925年3月孙中山病逝于北京以后，冯玉祥更加自觉地践行三民主义，把三民主

---

① 中国第二历史档案馆. 冯玉祥日记：二 [M]. 南京：江苏古籍出版社，1992：297.
② 中国第二历史档案馆. 冯玉祥日记：二 [M]. 南京：江苏古籍出版社，1992：97.
③ 中国第二历史档案馆. 冯玉祥日记：二 [M]. 南京：江苏古籍出版社，1992：235.
④ 中国第二历史档案馆. 冯玉祥日记：二 [M]. 南京：江苏古籍出版社，1992：274.
⑤ 冯玉祥. 冯玉祥选集：中册 [M]. 北京：人民出版社，1998：189.
⑥ 中国第二历史档案馆. 冯玉祥日记：二 [M]. 南京：江苏古籍出版社，1992：55.

义作为提高部队素质的必修课。五卅运动以后,冯玉祥终于认识到帝国主义的反华本质,他的政治思想更加趋向进步的三民主义,并为践行民生主义而努力奋斗。

国民军据有西北,曾经计划修通甘肃至新疆的铁路,且非常重视河西地区的开发建设,把河西地区看作是从甘肃深入新疆的要冲之地。河西地区物产丰富,尤其是凉州所辖的永登、古浪、永昌、民勤、武威等产粮区关乎国民军的粮草供给。1928年刘郁芬派国民军攻打凉州镇守使马廷勷,由县长张东赢接管凉州。

冯玉祥提出化兵为工,国民军既要参与作战,也要利用战争间隙或"开采矿山"或"修路垦田",以实现化兵为工、救国固边的目的,还要求刘郁芬在甘肃成立农民协会、自卫团等组织。值得肯定的是,国民军在闭塞落后的甘肃和河西地区,既宣传了新三民主义,也推动了国民革命在甘肃及河西地区的传播,还对中共在甘肃及河西地区的党组织的发展起了促进作用。

(四)冯玉祥的开发理想仅停留在理想层面上,根本不可能实现

首先,由于甘肃财政拮据,冯玉祥规划的各种开发措施根本不可能逐一落实,冯玉祥关于开发甘肃及河西的种种规划仅仅停留在理想层面上,所谓"雷声大,雨点小"。

1924—1927年甘肃历年财政实支和军费实支①

年代	财政实支	军费实支	军费支出比重
1924	240万多元	124万多元	51%
1925	334万多元	177万多元	52%
1926	498万多元	347万多元	69%
1927	755万多元	521万多元	69%

从上表可以看出,虽然自1925年国民军入甘以来,甘肃财政逐年上涨,但其中军费开支也是逐年上升,1926—1927年国民军参加北伐战争的军费支出高达69%。由此可见,国民军入甘后,由于国民军与甘军作战频繁,军队数量在短短几年从不到一万人猛增到几万人,军需供应负担极重,冯玉祥提出的整理甘肃财政、发展甘肃工业、建设新甘肃的种种措施,其主要目的是把甘肃建设成为国民军稳固的后方基地,从军事目的出发的开发与建设必然加重甘肃人民的负担。

---

① 王劲. 甘宁青民国人物[M]. 兰州:兰州大学出版社,1995:48.

冯玉祥自己没有亲临甘肃及河西，他一是寄希望于刘郁芬在甘肃实现他的开发理想，二是寄希望于甘肃省建设厅、实业厅去筹集资金，抓项目落实，这在军阀派系林立、政局动荡的甘肃根本不可能实现。如在冯玉祥1927年3月主持制定的《陕甘建设会议议决案》中多次提到"由建设部筹办"的字样，比如"推广平民工厂""甘肃平番之窑街各先设一小规模之水泥厂""皋兰铁矿、煤矿：由甘肃省政府各拨二万元，以土法参用新法开采，责成实业厅办理""龙门水电：由建设部派专门人才先行调查，拟具计划设法筹办"等等。

其次，军阀的反动本质也决定了冯玉祥开发理想的失败。冯玉祥的部下刘郁芬督甘期间，消灭了马廷勷、李长清、张兆甲、孔繁锦等甘肃地方割据势力，迅速壮大了国民军的军事力量。为了给国民军筹措军饷，刘郁芬大肆搜刮民财，公开收购烟土、销售鸦片，又假公济私、中饱私囊，从中牟取暴利。

薛笃弼新任甘肃省省长时，冯玉祥提出"甘肃种鸦片者颇多，应先使其知鸦片之害，然后再行禁止。"① 名义上甘肃及河西各地设有大量的所谓"禁烟所"，要求严禁吸食鸦片，种植鸦片者处以重罚，罚以重税。但是，同时各地又设立"烟亩罚款处"，实际上强迫农民种植鸦片，政府才能收取数量不菲的罚款。农民如果抵制种植鸦片，也要征收罚款，美其名曰"懒捐"，理由是"老百姓该杀，懒不种烟，可以罚几块钱，赎他们的懒罪"②。"烟亩罚款处"收取每亩鸦片"烟亩罚款"十三元，或由甘肃省政府拨专款，国民军公开设商号，用政府所拨二十万专款收购烟土，公开销售鸦片，攫取利润。因此，国民军不可能真正督察禁烟，因为征收"烟土税"和"烟亩罚款"是国民军搜刮、掠夺军政费用的主要渠道。

冯玉祥国民军的军费以及开发甘肃的一切费用全部由督甘的刘郁芬和地方政府筹措，甘肃全省人民承受的苛捐杂税名目繁多。"刘郁芬统治甘肃四年，总计各项税捐差派全部约在5000万以上"。③ 高旭在《甘肃旱荒感赋》中描述1929年甘肃全省的惨状："天既灾于前，官复厄于后。贪官与污吏，无地而蔑有。歌舞太平年，粉饰相沿久。匿灾梗不报，谬冀功不朽。一人果肥矣，其奈万家瘦！官心狠豺狼，民命贱如狗。"④ 民怨沸腾，阶级矛盾和民族矛盾非常尖锐，1928年爆发"凉州事变"，1929年爆发"河州事变"，生产凋敝，民不聊生，刘郁芬根本无暇顾及工业经济的开发，传统农业和手工业生产仍然是西北和河西地区社会经济的

---

① 中国第二历史档案馆. 冯玉祥日记：二［M］. 南京：江苏古籍出版社，1992：125.
② 康天国. 西北最近十年来史料［M］.西安：西北学会，1931：34.
③ 赵一匡. 国民军在兰州：1926—1931年［J］. 兰州学刊，1988（4）：93-100.
④ 高旭. 甘肃旱荒感赋［M］//王秉钧等. 历代咏陇诗选. 兰州：甘肃人民出版社，1984：272.

主体，冯玉祥开发西北的种种设想最终未能真正实施。

最后，冯玉祥自1925年担任西北边防督办以来，至1930年中原大战以后，他离开了西北，河西出现了人在政举、人亡政息的必然结局。理想与现实形成了巨大的反差，冯玉祥开发河西的种种设想，由于政局动荡，军阀混战，加上经费匮乏，灾害频发，多数没有付诸实施，尚停留在纸面上。

毋庸置疑，偏远的甘肃及河西地区主要充当了国民军筹集军费与补充兵源的大后方基地。一方面，国民军在甘肃高谈开发建设，冯玉祥主张的引进机器、创办银行、筑路开矿、发展教育等具有近代化意义的开发设想给甘肃和河西人民带来曙光，成为后世开发河西的重要依据，对于开发河西至今仍有一定的借鉴意义。另一方面，国民军在甘肃及河西地区大肆筹款与征兵，再加上20年代末的自然灾害，使甘肃及河西地区经济衰败，人民生活困苦不堪，冯玉祥提出的所谓"建设新甘肃"的理想化为泡影。正如史书记载："西北军大军云集，供应繁重，民间积蓄，搜刮净尽，既无天灾，人祸已足病民，我人于此，敢断言酿成西北灾祸两大主因，觉为多兵与久旱是也。"①

为了扩大根据地，1925年冯玉祥任命刘郁芬担任甘肃督军率军入甘，替他治理甘肃，1927年任命刘郁芬担任国民联军驻甘总司令，宋哲元为驻甘副司令。不久武汉政府任命冯玉祥为河南省主席，刘郁芬为甘肃省主席，于右任为陕西省主席。1929年刘郁芬、孙连仲等通电，拥护冯玉祥为护党救国军西北军总司令，不久冯玉祥任命孙连仲代理甘肃省主席。

国民军盘踞西北，统治甘肃，引起了马家军阀的嫉恨，他们之间的矛盾开始激化，甘肃政局更加复杂。1931年8月16日，国民军新任新编第八师师长雷中田扣押了省政府主席马鸿宾，发动"雷马事变"，标志着国民军统治甘肃的结束。1932年，蒋介石派邵力子为甘肃省主席，马鸿宾为甘凉肃边防司令。从此甘肃及河西地区开启了国民党统治的时代。

---

① 康天国. 西北最近十年来史料[M]. 西安：西北学会，1931：83.

第三章

抗战时期河西工业的勃兴

第一节 国民政府开发西北的主张

河西近代工业发端于左宗棠担任陕甘总督时期，中华民国建立以来，在北洋政府统治下，甘肃政局动荡，军阀混战，无暇顾及工业建设。

皇姑屯事件以后，奉系军阀张学良宣布东北改旗易帜，主动结束了北洋军阀在东北的统治，标志着国民政府在形式上完成了全国的统一，政府开始关注国家的经济建设。

从1928年开始，国民政府确定了开发与建设西北的计划，并相继派出西北考察团、西北学术考察团、西北实业考察团等前来西北各省区进行实地考察。1928年1月，国民政府成立建设委员会主管西北的建设与开发。

1929年12月5日，戴季陶在接见赴西北工作人员时就讲："环顾全国情况，尤以西北建设为最重要，实在关系我们国民革命的前途。"①

1930年，国民政府建设委员会制定了《西北建设计划》，详细列出了开发西北煤、铁、石油、纺织、面粉、机器、电力、食品加工等的建设计划。② 这就初步提出了开发西北的计划与设想。

1931年，国民党中央执行委员曾养甫在为《中央周报》新年增刊撰写的一篇文章中呼吁政府及早筹划建设西北，"以为就国内区域言最需要建设的地方，莫过于西北"。③

---

① 戴季陶. 开发西北工作之起点 [R]. 南京：西北新亚细亚学会，1932：35.
② 秦孝仪. 革命文献：第89辑 [M]. 台北：台北"中央"文物供应社，1981：83-159.
③ 曾养甫. 建设西北为本党今后重要问题 [M] //秦孝仪. 革命文献：第88辑. 台北：台北"中央"文物供应社，1981：24.

"九一八"事变后,国民政府颁布了《开发西北案》《限期完成西疆铁路案》《甘肃经济建设方案》《西北国防经济之建设案》《西北交通案》《西北水利案》等十多个议案。在舆论界的推动下,1932年4月29日,国民政府颁布了《西北考察团章程》,并派国民党中央委员戴季陶、张继、何应钦、宋子文等人前往西北考察。

1937年日本帝国主义发动全面侵华战争以后,东部沿海近四分之一的国土陷于日寇的铁蹄之下,随着国民政府迁都重庆,抗战前线逐渐转移到西南地区。1941年,西南地区获取同盟国援华物资的唯一国际交通线——滇缅公路也被日寇切断了,援华物资只能沿着新疆、甘肃河西走廊,到达兰州和陕西中转以后再运输到抗战前线。在这种情况下,国民政府开始倍加关注西北,因为西北"它的资源开发,它的国际运输,它的拓殖增产和它的文化再发扬,都是足以补助抗战根据地西南的不足"① 的。

因此,从20世纪40年代开始,国民政府组织了两次大规模的西北考察活动。第一次在1942年9月至1943年2月期间,为了开发西北富源,实现"抗建伟业",国民政府经济部组织的西北工业考察团实地考察了陕西、甘肃、青海、新疆,在甘肃考察了固原、平凉、徽县、天水等地。第二次在1943年6月,国民政府组织西北建设考察团赴西北考察,实地考察了陕西、甘肃、新疆、青海、宁夏,在甘肃重点考察了河西走廊的酒泉、玉门、安西、敦煌以及兰州、陇南和天水等地。这次考察形成了开发西北各省的建设性报告——《西北建设考察团报告》,包括开发与建设陕、甘、宁、青、新各省之工业、农业、交通、畜牧、水利等门类齐全的建设方案。

面对日益加深的民族危机,国民政府监察院长于右任、中央组织部长朱家骅以及蒋介石等一些中央官员也先后赴西北视察。特别是1934年和1942年蒋介石对西北的两次考察,推动了全国性的"开发西北""建设西北"的热潮。继国民政府和国民党要员考察西北以后,还有一些新闻记者、作家、企业家也纷纷到西北进行考察,寻求开发西北、挽救民族危机的可行性。

与此同时,社会各界掀起了开发西北的舆论热潮。新闻界有关开发西北问题的报道层出不穷。最有影响的报刊如天津的《大公报》、上海的《申报》、北平的《晨报》、南京的《中央日报》、西安的《西京日报》等也纷纷进行报道。1935年《大公报》记者范长江通过考察西北写成的游记《中国的西北角》正式出版,成为全国人民了解西北的一个窗口。文化界郭维屏、马鹤天等有识之士纷纷发表言

---

① 徐旭. 西北建设论 [M]. 北京:中华书局,1944:21.

论，提出"要集中全力来开发西北"。① 研究西北的刊物和团体如雨后春笋，不断问世。其中最有影响的团体是西北问题研究会和开发西北协会；最有影响的刊物有《开发西北》《西北评论》《新甘肃》《新西北》等。一系列开发西北的言论纷纷发表，笔者将主要观点总结如下：

一、国民政府开发西北的重要主张

（一）开发西北，把西北建成"御侮复兴之根据地"

国民政府把西北作为抗战建国的大后方，蒋介石、宋子文、戴季陶等政府要员相继到陕甘考察，提出开发西北刻不容缓。1932年4月21日，戴季陶在西安各界欢迎会上做了《中央关于开发西北之计划》的讲话，提出了建设西北国防的两个步骤：第一步"当先借西安为起点"，第二步"乃经营兰州，而以甘肃为起点，完成整个中国国防建设"。② 1932年12月19日，国民政府制定了《开发西北案》。1934年，蒋介石为《开发西北》亲笔题词写刊名，在创刊词中呼吁，"开发西北，必先明了西北实地情形"。③ 1933年10月，国民政府成立全国经济委员会，并在西安设立西北办事处。1934年，时伯齐在《开发西北与设计问题》一文中专门界定了西北地区的范围："西北区域：包括陕、甘、青、察、绥、宁、新、康及西藏、蒙古，为便于地方开发事业进行起见，略依地理、土壤、气候、产业情形等，分为甲、乙、丙三种区域"④，应该分区开发。

国民政府强调要以西北为复兴基地，这就赋予开发西北战略意义。蒋介石要求"财政困绌如此，而不惜尽全力以图之，诚欲使后方交通与国防要地，得有相当之规模，以为御侮复兴之根据地"。⑤

1934年，宋子文在兰州考察时，在《西北建设问题》的讲话中将东南各省与西北各省进行比较，认为东南各省完全是依靠"地理优势"与"交通便利"，"能够有吸引欧西经济及科学的力量"，所以发展比西北各省进步。因此，他提出只有"利用欧西及东南的经济和科学的力量"，才能迅速发展西北经济，"巩固国家的基础"，他认为"西北建设不仅是个地方问题，而是整个国家问题。""现在沿江沿海

---

① 朱铭心. 九一八与西北 [J]. 西北问题, 1934, 2（1）.
② 戴季陶在西安各界欢迎会上的讲话：中央关于开发西北之计划 [J] // 李云峰, 曹敏. 抗日时期的国民政府与西北开发. 抗日战争研究, 2003（3）：51-78.
③ 〈开发西北〉创刊词 [M]. 南京：开发西北创刊号, 1934（2）.
④ 开发西北 [J]. 1934, 1（5）.
⑤ 中央档案室. 西安事变档案史料选编 [G]. 北京：中央档案出版社, 1997：133.

各省在侵略者炮火之下，我们应当在中华民族发源地的西北赶快注重建设。"①"建设西北是我们中华民族的生命线，西北人民所负之责任，不仅是充实本身利益。"② 可见，西北建设已经被看作是关乎国家国防战略的重大问题。

(二) 开发与建设西北是国家根本的政策和方针

国民政府的一批大员、要员纷纷陈述开发西北的必要性和迫切性。何炼成先生在其著作《历史与希望：西北经济开发的过去、现在与未来》中分析认为，1928年，刚刚完成统一全国大业的国民政府开发西北的目的主要有："恢复民族精神、移民实边、确保国家的未来繁荣和民族生存、发展欧亚交通、平衡地区发展、保持社会稳定等"。③

蒋介石为了维护中央对西北的统一管理、恢复民族精神，在西安发表演说，呼吁要继承历史上历朝历代开发西北的光荣传统："我们大家都是黄帝以来圣祖神宗的后裔，祖先既有那样伟大的聪明智力，那样伟大的精神气魄，那样伟大的事业，难道我们就没有吗？"④

何应钦强调"（西北）为中华民族之摇篮，又是国之屏蔽。从国防考虑，从经济考虑，从文化考虑，都需开发。"⑤

邵元冲力陈西部开发的要害"没有西北就没有中国了"。⑥

国民党西京委员会主任张继在《西北之更生》一文中指出："我们知道建设西北，不是临时的冲动，更不是盲目的投机，这是国家根本的政策，根本的方针"。⑦ 还呼吁"倘吾人有一所顾虑，对于西北不早开发，或不能竭智尽忠以勇往直前之精神而开发之，则恐有代吾人而开发之者，起于不旋踵间矣！设不幸而竟有代吾人发之者兴，则后之西北，将与今日之东北，同其命运，吾人虽欲开发之恐亦不可得矣！"⑧

---

① 董兆祥，满达人，魏世恩，等.西北开发史料选辑：1930-1947 [M].北京：经济科学出版社，1998：11.
② 宋子文.西北建设问题 [N].南京：中央周报，1934-5（第310期）.
③ 何炼成.历史与希望：西北经济开发的过去、现在与未来 [M].西安：陕西人民出版社，1997：287.
④ 开发西北 [J].1934，2 (5).
⑤ 秦孝仪.革命文献：第88辑 [M].台北：台北"中央"文物供应社，1981：35.
⑥ 秦孝仪.革命文献：第88辑 [M].台北：台北"中央"文物供应社，1981：170.
⑦ 秦孝仪.革命文献：第88辑 [M].台北：台北"中央"文物供应社，1981：203.
⑧ 秦孝仪.革命文献：第88辑 [M].台北：台北"中央"文物供应社，1981：91.

(三）因地制宜地开发西北，所需经费"应由中央负责筹划"

西北开发的首要问题是经费问题。西安演讲中，蒋介石虽然提出开发所需必不可少的财力，"此应由中央负责筹划"，"盖各种建设，固贵因地制宜，因时制宜"。① 但是，抗日战争本身需要耗费巨大军费，加上国民党各级官员贪污腐败，开发西北的经费根本无法保障。正如文化界代表马鹤天在《开发西北的几个先决问题》中写道："西北开发事业，需款甚巨，如经费问题不解决，依然等于空谈。唯此问题之解决，不在西北，而在政府与各方有资有力者。"他认为，政府当时把开发西北看作是"救国问题，非富国问题"，因此主张"应先移他方之富力，为开放西北之母财"。②

（四）"开发西北第一应使交通便利"

日寇侵华，东南沿海陷落，抗战需要西北等内地的大力支援，而"西北兵备空虚，屏障堕矣！藩篱撤矣！"③ 开发与建设西北，成为救亡图存的大计。那么，西北开发，从何处着手呢？国民政府制定了《西北国防经济之建设案》《开发西北案》《促进西北教育案》等一系列关于开发西北的决议案，都把交通建设放在首位。

郭维屏认为"开发西北之步骤，第一应使交通便利，第二应使农业改良，而开渠蓄水，种树防旱，尤为改进农业之先决条件。盖交通不便，则一切人才及工具之运输均感困难，将使开发之工作无从着手，故非先修道路不可。"④

（五）开发西北，"应先图救济，次筹建设"

20世纪20至30年代，甘肃及河西地区灾害频发，社会动荡，经济衰退。1928年大旱灾使农业生产受到极大削弱，生产凋敝，民不聊生。1920年（民国九年）12月，甘肃海原、固原8.5级地震，波及河西古浪、武威、民乐、高台。1927年（民国十六年）4月，武威、古浪发生7.7级强烈地震。接连遭遇大地震，成千上万的灾民无家可归，劳动力迅速减少。

因此，20年代末，国民政府的大员、要员何应钦、张继、于右任纷纷发表言论，提出了开发的具体步骤是"应先图救济，次筹建设"。⑤ 北京市政府1920年设立赈务处，甘肃省政务厅管辖的筹赈所改为民办的筹赈所，由刘尔炘等民间绅

---

① 开发西北：月刊［J］.1934，2（5）.
② 开发西北：月刊［J］.1934，1（1）.
③ 慕寿祺.甘宁青史略：卷首之一：自序［M］.兰州：兰州俊华印书馆，1936：16.
④ 新西北［J］.1932，1（3-4）.
⑤ 何应钦，于右任.发行公债救济陕灾案［M］//秦孝仪.革命文献：第89辑.台北：台北"中央"文物供应社，1981：30.

士办理。1929年甘肃省政府接办筹赈所改名赈务会，由王烜担任主席成为官办。

邵力子强调开发西北的步骤："第一迅速完成陇海路，第二迅速成立工赈委员会（救灾）"。① 救灾的办法："第一步先救济已经流离失所的难民，使他们不致继续死亡；第二步是为兴业，而兴业也有两件事，第一是水利，第二是交通。"②

（六）西北的经济建设，应以发展工业为中心

1942年8月，蒋介石视察陕、甘、宁、青各省，肯定了西北有"广大肥美的土地，复有开采不尽的宝藏"，"必须乘此抗战时机"，把西北建设成为"千年万世永固不拔的基础"。

徐旭在《西北建设论》一书中强调开发西北的重要性，提出西北的资源开发、国际运输、拓殖增产和文化再发扬，都足以弥补西南的不足。

方显廷在《战时中国经济研究》一书中认为西北的"经济建设，应以发展工业为中心，进而求一切经济组织之工业化"，并称此为"近二百年来世界各国经济发展之共同趋势也"。

以上开发西北的主张有些并不能代表当时舆论与学术界的主流，但这些主张中，不乏真知灼见。

二、西北开发的地理中心是甘肃

从"九一八"事变到"七·七"卢沟桥事变局部抗战阶段，西北地区的战略地位日益凸显。然而，作为抗战的后方基地，西北几乎没有近代工业，何以支援抗战？这是最严峻的西北形势。正如美国著名记者埃德加·斯诺在《西行漫记》中写道："在整个西北，陕西、甘肃、青海、宁夏、绥远，这些面积总和几乎与俄国除外的整个欧洲相当的省份里，机器工业总投资额肯定大大低于——打个比方来说——福特汽车公司某一大装配线上的一个工厂。"③

抗日战争全面爆发以后，西北的开发与建设得到了积极的推进与实施。蒋介石从战略角度分析指出："西南是抗战根据地，西北是建国根据地。"④ 但由于国民政府的统治中心迁到重庆，其实国民政府对西南建设的重视远远超过了开发西北。

1938年1月，国民政府中的学者型官员翁文灏提出，我国内地建设的两大基

---

① 邵力子. 开发西北与甘肃 [J]. 开发西北（创刊号），1934（1）.
② 戴季陶. 西北救灾与兴业的起点 [M] //秦孝仪. 革命文献：第88辑. 台北：台北"中央"文物供应社，1981：94.
③ 埃得加·斯诺. 西行漫记 [M]. 北京：三联出版社，1979：221.
④ 蒋介石. 开发西北的方针 [J]. 中央周刊，1943（27）.

础；西南与西北，应放在同等重要的地位上。

那么，西北开发的地理中心在哪里？当时言论不同。开发西北，有主张以甘肃为中心的，也有主张以青海为中心的，还有人认为应以新疆为中心。大多数人主张以陕西为起点，向西向北经甘肃—青海—宁夏—新疆，依次推进。

"九一八"事变以后，陕西省政府主席邵力子引用孙中山的话，提出中国的国都应该设在兰州，兰州是中国地理的中心。"我们必须依照总理遗教，赶筑西北的几条铁路"，"迅速完成陇海线，展至兰州。"[1]

当时主张开发西北应以甘肃为中心的，主要参考何思明在《拓荒》创刊号发表的《开发西北应以甘肃为中心论》一文，主张西北开发应以甘肃为中心，"由甘肃而西及新疆北及宁夏蒙古，南及青海西藏，东及陕西，这种圆形的推广，不仅开发时比较省力而效大，就是结果也方能发展平衡，无倚重倚轻之弊。更若顾及到百年后的定都大计，也有把甘肃培植为中心区的必要"[2]。何思明还分析了首先开发甘肃的有利条件，从地理位置来看，甘肃是开发西北的中心地域；就自然资源的赋存情况看，甘肃矿产，"几乎可以说有美皆备，煤油、煤炭、铁、黄金、盐碱等，无不出产"；就国防上、军事上而论，甘肃位居西北的第二道防线，若置重兵于此，则进可攻，退可守；就民族关系而论，西北民族复杂，常起冲突，而甘肃位置适中，便于交流沟通；同时，甘肃的农村经济"并不若陕西的那样破产，也不如新青宁各地的落后"[3]。

把甘肃作为抗战建国的大后方进行建设也成为政府要员和有识之士的共识。有关开发甘肃工业的思想主要反映在《甘肃经济建设方案》一书中，主要包括以下内容：

"（一）农牧与工矿并重——以农牧生产之增加与农村经济之繁荣为培养工矿事业之基础，以工矿事业之发展为改良农业经济并提高人民生活之手段。

"（二）基本工业与民生工业相辅进行——以民生工业（衣食住及普通交通教育文化用品）之发展保障基本工业（矿产机械动力）之奠立，以基本工业之扩张为增进生产充实国防富裕民生之根本。

"（三）机器工业与手工业互为运用——以机器工业之建立倡导手工业之逐渐改良，以手工业之普遍扩展补助机器工业生产之不足。

"（四）省县交通与国营干路密切连接——以国营公路铁路之建设为基于沟通

---

[1] 董兆祥，满达人，魏世恩，等．西北开发史料选辑：1930-1947［M］．北京：经济科学出版社，1998：21．
[2] 何思明．开发西北应以甘肃为中心论［J］．拓荒创刊号，1933：16-18．
[3] 何思明．开发西北应以甘肃为中心论［J］．拓荒创刊号，1933：16-18．

省道县道之连接，以省道县道之修筑增加国营干路之经济价值。

"（五）公营民营及合作方式密切配合——以基本事业或大规模之生产事业归公管为主，以民生必需之生分归民营为主，并积极推广合作组织，傅小手工业及农村副业之经营逐渐合理化。"①

其中，关于"工矿建设——本省应就民生工业与基本工业之两方面，尽量利用地方资源，积极筹建工厂矿厂，并充实现有公营各厂之设备，配合民营工矿事业及小手工业以奠定本省工矿建设之基础。"② 关于"交通建设——本省除协助中央完成陇海铁路天蓝、兰安两段外，并分别整修全省标准公路，主要大车道及水道，以与国有铁路公路密切连接，使货畅其流。"③ 关于"动力建设——本省有黄河洮河等丰富之水力资源可资利用，应力谋发展水力发电，除现有兰州天水两电厂首应扩充使能充分供给使用外，朱喇嘛峡水力电厂，应从速建设，以供给西北动力，同时平凉武威等主要县份，宜暂先各设立电力厂一处。用为小型动力据点调剂运用。"④

经济部西北工业考察团经过考察，针对性地向国民政府提出甘肃省发展工业的具体办法是"增设一略具规模之炼铁厂、炼焦厂及兴筑铁路，已可解决其目前困难，而速其已有工业之发达"⑤。

第二节 战时开发河西工业的思想和言论

1931年日本发动侵华战争，民族危机日益严重。国民政府提出把西北作为抗战建国的根据地，河西走廊的战略地位也被重新认识。在此期间，国民政府组织地质部门、政府相关部门以及社团成员到河西地区开展地质与资源的勘探与调查，整理形成资料或报告，如《西北资源调查》《甘肃玉门油田地质》《甘肃省玉门酒泉临泽张掖四县之矿产》《河西走廊》《甘肃煤铁矿概况》等。

---

① 新甘肃.1948，2（4）[M]//董兆祥，满达人，魏世恩，等．西北开发史料选辑：1930-1947．北京：经济科学出版社，1998：48.
② 新甘肃.1948，2（4）[M]//董兆祥，满达人，魏世恩，等．西北开发史料选辑：1930-1947．北京：经济科学出版社，1998：49.
③ 新甘肃.1948，2（4）[M]//董兆祥，满达人，魏世恩，等．西北开发史料选辑：1930-1947．北京：经济科学出版社，1998：49.
④ 新甘肃.1948，2（4）[M]//董兆祥，满达人，魏世恩，等．西北开发史料选辑：1930-1947．北京：经济科学出版社，1998：49.
⑤ 经济部西北工业考察团．经济部西北工业考察团报告[J]．民国档案，1992（4）：33.

在开发西北的思想主张中，关于开发甘肃及河西工业的思想零零散散，没有自成体系，但仍然能够从众多言论中找到关于开发甘肃及河西的言论。如徐旭著《西北建设论》、明驼著《河西见闻记》、范长江著《中国的西北角》、张丕介撰写的《河西开垦刍议》和《甘肃河西荒地区域调查报告》、刘德生撰写的《甘肃走廊的经济建设和移民问题》、陈正祥撰写的《河西走廊》、朱文长撰写的《对于经营河西的一种看法》等等，以上这些论著和调查报告，成为抗战时期开发河西工业的重要依据。有识之士纷纷提出自己开发河西的主张，笔者总结如下：

一、河西走廊是西北地区的地理中心和西北治乱的枢纽

河西走廊具有得天独厚的地理优势，自古以来就是连接亚欧大陆的咽喉地带，是中国连接中亚和欧洲、走向世界的重要通道。在近代中国辽阔的版图上，河西走廊既是控制西北的咽喉，也是进入新疆的战略通道。正如徐旭在《西北建设论》中指出，无论"大西北"（包括陕、甘、宁、青、新、绥、蒙、藏六行省）还是"小西北"（包括甘、宁、青、新四行省），"它的建设的中心，必在甘肃，而甘肃的建设起点，必在河西"，"河西北控宁夏，南附青海，西扼新疆，东屏关陇，为西北的咽喉，并且东带黄河之固，兼有古浪峡之险，西有嘉峪关之固，且有猩猩峡（今天的星星峡）之据"。①

"九一八"事变后，西北局势动荡，国防安全难以保障，国民政府开始关注河西走廊的战略地位，开发河西是基于以下几个考虑：其一，从巩固国防的需要看，日本和苏联等列强势力侵入西北，苏联控制了外蒙古，日本间谍的势力已经到达河西以北的内蒙古，"妄想诱惑我甘、宁、青各地的回教同胞在西北成立所谓'回回国'"②，强邻压境，对我国北部边疆构成严重威胁，需要缓解西北边疆的重重危机；其二，从统一的需要看，马家军阀割据西北甘宁青由来已久，新疆军阀盛世才和甘肃军阀马仲英又交恶开战，必须控制西北军阀，把西北军阀势力统一于中央；其三，从国民政府对共产党军事斗争的需要看，1936年红军长征到达陕北，陕甘宁边区成为中共中央所在地，控制河西走廊可以达到消灭共产党和西路军的目的；其四，从抗战的需要看，国民政府要千方百计地破坏共产党打通西北国际交通线，阻挠西路军沿河西走廊西征到达新疆取得苏联援助武器。于是，国民政府一方面利用马家军阀绞杀西路军，企图驱逐西北的共产党；另一方面，积极培植国民党在河西的军事力量控制河西走廊，迅速取得苏联的援华物资。以上复杂

---

① 徐旭.西北建设论［M］.兰州：甘肃人民出版社，2003：264.
② 青海省志编纂委员会.青海历史纪要［M］.西宁：青海人民出版社，1987：327.

的国内外局势使国民政府不得不重新审视河西走廊重要的政治军事地位，国民政府开始发起考察河西、开发河西的活动。

1941年，由蒋经国率领国民党中央"西北宣传慰问团"从重庆出发，到成都转乘飞机到西安，然后沿着西兰公路—甘新公路到河西走廊，先后考察了武威、张掖、酒泉、嘉峪关、敦煌。回到重庆后以《伟大的西北》一书来记录他的此次考察见闻，其中有大量篇幅介绍了河西走廊的金张掖、银武威、嘉峪关及敦煌等。

1943年6月，在国民政府组织的第二次大规模的西北考察活动中，西北建设考察团重点考察了甘肃河西走廊的酒泉、玉门、安西、敦煌及新疆等地，考察之后形成的《西北建设考察团报告》，也涉及关于河西地区的铁路、农业、水利、畜牧、工业等详细的建设方案。

蒋介石在1934年和1942年先后两次到西北视察之后，提出了先移民河西，再移民新疆的计划。他提出"西南是抗战的根据地，西北是建国的根据地"①。1942年9月，他下令国民政府行政院副院长孔祥熙主持移民西北事宜，在"西北移民方案"中提出由中央指定专项移民经费，"凡中央及内地各省之机关冗员及其眷属等，似可移往西北工作，又各省灾区之灾民亦可移往西北垦殖。其第一步可先移至河西，其次再移往新疆"②。蒋介石还提出把河南省灾民转移到河西安置一事，并且致函孔祥熙办理，说"此事于赈济豫灾、开发西北均关重要"③。

蒋介石之所以提出先移民河西地区再移民新疆，不仅仅是考虑到河西走廊是国民党势力进入新疆的必经之地，更是考虑到"开发西北，移东南之民，实为根本铲除共匪之方法。"④ 先移民河西、开发河西，可以顺势把国民党的统治力量延伸到河西走廊，控制西北马家军阀，消灭西北的红军，为第二步移民新疆、巩固西北边防创造条件。蒋介石提出的再移民新疆，主要目的是要解决"令得南京当局感到最不安的，是新疆早晚将为苏联所吞并"⑤，移民新疆可以"巩固国防"，"救济腹地的灾民和失业者"，因此，新疆必然成为"我国人口问题之生命线也"，"移民新疆，实为当今急务"⑥。蒋介石在日记里写道："马子云（步青）奉令撤防

---

① 徐旭. 西北建设论 [M]. 北京：中华书局，1944：1.
② 马振犊. 抗战时期西北开发档案史料选编 [G]. 北京：中国社会科学出版社，2009：166-167.
③ 马振犊. 抗战时期西北开发档案史料选编 [G]. 北京：中国社会科学出版社，2009：167.
④ 马鹤天. 开发西北之步骤与方法 [M] //秦孝仪. 革命文献：第88辑. 台北：台北"中央"文物供应社，1981：143.
⑤ 江南. 蒋经国传 [M]. 北京：中国友谊出版公司，1984：107.
⑥ 王荣华. 国民政府时期西北经济开发中的一种模式之论析 [J]. 青海民族研究，2008（4）：88-92.

河西，移驻柴达木屯垦，此则关于统一西北、收复新疆之效用，实非浅鲜，殊为抗战中最大之成就也。"① 蒋介石回顾1942年的西北之行谈到"此次巡视甘肃之河西至宁青，比二十四年（应为民国二十三年，即1934年）巡视甘陕晋绥意义与成效更大，二十四年乃为决定抗战国策之最大因素，而今则为抗战决胜巩固西北唯一要图，故此行为达成最后胜利不可少者也。"②

对河西走廊战略地位的认识不仅仅局限于国民党中央官员，范长江等一些著名的记者也通过实地旅行进行宣传报道。早在20世纪30年代中叶，范长江作为《大公报》旅行记者游历了西北，穿越了河西走廊，重温了汉武帝派张骞通西域、置河西四郡的恢宏历史，见证了中原王朝与西域和欧洲各国通商贸易的历史遗迹，他不仅提出"河西不保，西北难有安宁的日子"③，而且，他对河西各地重要的历史地位做了一个分析与评价："凉州为河西首要地方，无论在地形上、经济上，皆在河西占领导地位，这里因为黄河和其他地理条件，使它有进可以扰动甘陕，退可以静见大局的优越形势"④。"金张掖""是甘肃省首屈一指的财富地方，特别是张掖，要算第一。"⑤ 张掖土质肥美、灌溉便利、出产丰富，历史上即是内地通往西域的"商业过道"，"张掖一郡，特别重要。所以取名'张掖'的意思，是'张'中国之'掖'，西通西域，以断匈奴与藏族的联合"⑥。"酒泉本来是大商业口岸的地方，为新疆、包头、兰州以及新疆南路商业上的转输站。"⑦ "从安西西北走，为哈密大道（安西—哈密），西南通敦煌。为关外之咽喉地。"⑧ 明驼在《河西见闻记》中对敦煌也很看好，"敦煌在地理上扼着南疆到平津和青海到新省的捷径的咽喉，西北交通事业如有很能发展的机会，那么敦煌必有更繁荣的一天。"⑨

从地理优势看，当时许多学者也把河西走廊看作是西北地区的地理中心。著名史学家、教育家、学衡派的代表人物缪凤林呼吁"开通'河西走廊'为急务"；

---

① 参见蒋介石. 蒋介石日记：手稿本. 美国斯坦福大学胡佛研究所档案馆藏（电子书），第23页.
② 参见蒋介石. 蒋介石日记：手稿本. 美国斯坦福大学胡佛研究所档案馆藏（电子书），第25页.
③ 范长江. 中国的西北角［M］. 天津：天津大公报馆，1937：190.
④ 范长江. 中国的西北角［M］. 天津：天津大公报馆，1937：257.
⑤ 范长江. 中国的西北角［M］. 天津：天津大公报馆，1937：193.
⑥ 范长江. 中国的西北角［M］. 天津：天津大公报馆，1937：193.
⑦ 范长江. 中国的西北角［M］. 天津：天津大公报馆，1937：225.
⑧ 范长江. 中国的西北角［M］. 天津：天津大公报馆，1937：240.
⑨ 明驼. 河西见闻记［M］. 上海：上海中华书局，1934：20.

戈定邦教授认为"河西为中国西北之要镇，中国之国威振则河西安。……一旦国内多事，则河西扰乱，而西北边疆无法统治。故河西实为西北治乱之枢纽，国防要地。"① 他提出"以河西地理置位而论，对于外交，国防，国际交通，与开发西北等问题，均极为重要，以河西之天然资源而论，前途亦极有希望。"② 方镜清直接提出"建设河西是建设西北的根本"。认为如果将河西地区"单独建省"，"即于西北各省的经济、政治和文化等建设的影响，亦必甚大。"

从战略优势看，20世纪30-40年代，无论官方还是学界，一致认为河西地区的开发与发展不是一个地方问题，而是直接关系到西北边疆的国防巩固与政局统一，这就完全颠覆了坊间早已形成的对河西地区的传统认知，河西走廊再也不是民间传闻的"一出嘉峪关，两眼泪不干，往前看，戈壁沙，往后看，鬼门关"的样子。

概而言之，河西走廊作为西北地区的地理中心，河西地区的战略地位必须得到重新认识，其地理优势和战略优势是不可替代的。

二、把河西地区建设成为西北工业的中心区

河西地区蕴藏着丰富的矿产资源，为工业开发创造了基础。早在20世纪20年代，冯玉祥在国民军驻甘肃时曾建议省政府，下令建设厅前往调查镇番（仅民勤县）的煤矿、玉门县的石油矿，并建议官商联合开采。1929年，武威的九条岭煤矿已经有十多名工人从事开发。

河西地区的"祁连山、贺兰山，如高台、敦煌、榆中等处，均曾有金矿被发现"。③ 1935年《大公报》旅行记者范长江游历了甘肃及河西地区，发现祁连山一带蕴藏的金矿和开采金矿的"金夫"，"始知大梁为金矿区"④ "紧接祁连山南麓，祁连山产金处甚多。"⑤

范长江还在河西地区发现了外露的煤层。"焉支山在峡口之西者，随处有煤矿，煤层曝露（暴露）在山崖上，土法开采之煤窑甚多，并有瓷窑厂，烧制各种

---

① 李如东. 纳"旧疆"入现代：20世纪三四十年代开发河西走廊诸论述中的边疆话语[J]. 社会科学文摘，2021（7）：100-102.
② 李如东. 纳"旧疆"入现代：20世纪三四十年代开发河西走廊诸论述中的边疆话语[J]. 社会科学文摘，2021（7）：100-102.
③ 董兆祥，满达人，魏世恩，等. 西北开发史料选辑：1930-1947[M]. 北京：经济科学出版社，1998：102.
④ 范长江. 中国的西北角[M]. 天津：天津大公报馆，1937：185.
⑤ 范长江. 中国的西北角[M]. 天津：天津大公报馆，1937：183-184.

用品"。① "博望城北有一夹硫磺（硫黄）质之煤层出现，扁都沟中西侧山崖上所露的煤层尤大。"② 在酒泉往西发现有盐池。范长江作为新闻记者，他写的《中国西北角》一版再版，深受读者的喜爱，有助于时人直观、深入地了解河西地区的地理环境、气候条件、政治经济以及民情风俗。河西走廊既有"穷荒绝地"的戈壁滩和荒漠，也有祁连山"不冻泉水"灌溉的片片肥沃田园和绿洲平川，如武威、酒泉、张掖，还有明长城、关隘要地嘉峪关与玉门关。河西地区矿产资料丰富，祁连山多产黄金，酒泉往西发现有盐池，河西走廊从武威到酒泉一带绿洲相连，黄羊遍野。

1935年地质学家孙健初首次到祁连山考察地质，1937年到玉门、酒泉等地考察石油，著有《甘肃玉门油田地质报告》。"蕴藏富厚"的矿产资源是开发河西地区工矿业的重要条件。

1943年西北考察团经过考察，提出了甘肃及河西地域广大、煤铁储量丰富，"至于甘肃，以如此广大之面积估计，其煤之总蕴藏量仅2.5亿吨"③，"祁连山一带之金矿，亦当开采"④。

因此，1944年徐旭主张利用河西煤铁丰富、水源充足、地点适中等有利条件，把河西地区建设成为西北工业的中心区。

三、开发河西"先交通、再水利、次移民、后工业"

徐旭依据孙中山建国纲领，在其论著《西北建设论》中提出了总体的开发规划：奖励私人经营中小工业，有关国计民生的行业则由国家经营；西北开发应先尽可能发展手工业和轻工业；运用合作组织，发展农村中的工业，现有在资金、技术和组织上予以积极配合。《甘肃经济建设方案》也强调发展工业的重要性："本省应就民生工业与基本工业两方面，尽量利用地方资源，积极筹建工厂矿厂，并充实现有公营各厂之设备，配合民营工矿事业及小手工业以奠定本省工矿建设之基础。"⑤

时人已经认识到河西地区得天独厚的自然条件是农牧业经济发展的基础，也是工业经济发展的基础。"全境有疏勒、额济纳、白塔、沙河及郭河等诸流域，更

---

① 范长江．中国的西北角[M]．天津：天津大公报馆，1937：255．
② 范长江．中国的西北角[M]．天津：天津大公报馆，1937：188．
③ 罗家伦．西北考察团考察经过报告[M]．台北：台北"国史"馆，1968：53．
④ 罗家伦．西北考察团考察经过报告[M]．台北：台北"国史"馆，1968：53．
⑤ 甘肃经济建设方案．[J]//王荣华．国民政府时期西北经济开发中的一种模式之论析．青海民族研究，2008（4）：88-92．

有祁连山的雪水，可供灌溉，所以农作物之稻、麦、棉花、杂粮等，均有大量的出产。……山间的森林，也都很丰富，此外牲畜亦极繁多。"①

"近大梁处，有野羊发现，其背黄故名黄羊。……俗有'黄羊站'一站。"②过了大梁到达祁连山脉中，"至一破旧古城（博望城），……无一间完整之房屋，农耕与商业都无可言，这里猎户是第一等人物。"③ 20世纪30年代中叶的河西走廊从武威—酒泉一带"黄羊遍野""这里猎户是第一等人物"，充分证明了河西地区畜牧业比较发达。

1942年9月，西北工业考察团考察了包括陕、甘、宁、青、新西北五省区的农业、水利、交通等情况，在甘肃考察了河西走廊的武威、永昌、山丹、张掖、高台、酒泉、玉门、安西等地。1943年6月，国民党中央再次组织西北建设考察团奔赴西北开展考察活动，在此期间全面考察了河西地区的酒泉、玉门、安西、敦煌各地的地质和资源概况，写成《西北建设考察团报告》，提出了开发河西铁路、工业、农业、畜牧业、水利等一系列有针对性的建设方案。

总体看来，关于河西地区的开发言论，基本的开发思路是先交通、再水利、次移民、后工业。

（一）经营河西的重点："交通第一，铁路第二"

交通是经济发展的基础，没有畅通的交通，河西地区无论如何不能发展工业、发展贸易，就连农牧业的发展也会受限制。1944年，朱文长在《东方杂志》发表文章，呼吁经营河西的重点应该是"交通第一，铁路第二"。他分析认为发展河西交通是开发其他经济事业的重要前提。认为如果铁路不通，水利工程无法修建，丰富的矿产资源无法开采运输，移民急需的粮食和货物也无法运来，"几乎没有一样不倚赖交通"。④

当时，国民党中央党部联络员张丕介提出在千里河西走廊发展铁路的重要性，提出新疆通往内地没有铁路，只有穿越河西走廊的甘新公路，指出"千余公里之途程，仅恃公路交通，实不便莫甚"⑤，主张把陇海铁路由宝鸡向西延长，通过兰州，延长到嘉峪关，作为河西走廊通往新疆的交通干线。学者邹豹君认为在河西修建铁路或敷设输油管，既可以节省许多油，也有利于玉门油矿的石油向外运输。

河西走廊在西北处于中心位置，是新疆进入内地的重要孔道，开发河西经济

---

① 徐旭. 西北建设论 [M]. 兰州：甘肃人民出版社，2003：264.
② 范长江. 中国的西北角 [M]. 天津：天津大公报馆，1937：186.
③ 范长江. 中国的西北角 [M]. 天津：天津大公报馆，1937：187.
④ 朱文长. 对于经营河西的一种看法 [J]. 东方杂志，1944，40（15）.
⑤ 张丕介. 河西开垦刍议 [J]. 西北垦殖. 甘肃省水利林牧公司辑，甘肃省图书馆藏.

既可以辐射和带动西北其他地区的经济发展，还有利于西北边疆地区的国防安定。

（二）水利灌溉："祁连山之森林实应妥为保护，严加管理"

河西地区经济发展的关键问题是保护祁连山森林与雪水，整修河渠，引水灌溉。当时在南京国立中央大学理学院地理系任教的地理学者陈正祥通过西北调研，撰写了《甘肃地理》《甘肃之气候》《河西走廊》等著作。在《河西走廊》一书中他指出："祁连山之森林，对河西灌溉事业关系极大，因山间积雪若无森林保护，则春末天热，骤然融化，渠道有被冲决之患。及至夏秋之间，雪尽水枯，农业灌溉将无法进行。为确保水源计，祁连山之森林实应妥为保护，严加管理"①。

（三）移民殖地："先移至河西，再移往新疆"

1941年夏天，农林部垦务总局组织西北调查团前往河西走廊调查当地的资源、经济、环境、社会等问题，制定了在河西地区垦荒殖地的计划："第一，河西之垦殖应以屯垦方式为主，而以创设自耕农之移垦为辅；第二，河西垦殖应以农林牧三者并重，而以工矿业为辅；第三，河西垦务应以全区为行政单位，而在各县分设管理局所。"②

蒋介石在考察西北和河西以后正式提出了"西北移民方案"，提出把河南省的灾民转移到河西安置一事，令"各省灾区之灾民亦可移往西北垦殖。其第一步可先移至河西，其次再移往新疆。"③

卞宗孟在《西北日报》上撰写文章指出："河西地广人稀，移民拓殖以增加人力，实为要图，移殖办法，一在由省外移来，如目前豫省旱灾奇重，灾民逃陕者极众，倘能设法招致，予以便利，则相率来归，移植河西，实属一举两得之举。"④

（四）特色经营："发展皮毛乳肉加工工业""也应发展工矿业"

基于河西地区水草丰美、畜牧业发达、盛产羊毛的优势，朱文长在《东方杂志》专门发表文章提出"对于经营河西的一种看法"，主张在河西地区改良牧场，防治兽疫，发展皮毛乳肉加工工业，包括羊毛制造业、肉品制造业或乳品制造业，他指出河西当地的销售能力极其有限，需要向外地甚至境外拓展销售市场。"皮毛乳肉在当地所值有限，而境外需要极切（急切）。如果能加工制造以求远运，则即使在今日交通不甚发达之时，亦可增加畜牧之利益"⑤。

---

① 陈正祥.河西走廊[M].重庆：国立中央大学地理研究院理科研究所，1943：22-23.
② 张丕介.甘肃河西荒地区域调查报告[R].农林部垦务总局印行，1942（5）.
③ 马振犊.抗战时期西北开发档案史料选编[G].北京：中国社会科学出版社，2009：167.
④ 卞宗孟.动员人力开发河西[N].西北日报.1942-10-6.
⑤ 朱文长.对于经营河西的一种看法[J].东方杂志，1944，40（15）.

河西地区矿产资源丰富,"镇番地煤矿和玉门县石油矿均蕴藏富厚"①,徐旭提出发展河西工业的重要性。张丕介主张大力发展手工工矿业以满足人民的生活生产所需。

(五) 生产计划:"改进农业、畜牧和林业的生产方法"

面对河西地区落后的生产状况,国际友人路易·艾黎看到河西地区由于乱砍滥伐、土地荒漠化严重、耕作方法落后,导致农业生产效率低下,主张通过工合运动,"改进农业、畜牧和林业的生产方法"。他还提出栽树种草,防治沙化,平衡生态,改善气候。② 艾黎推行的这些抗日自救措施,促进了山丹和河西地区农业和工业经济的发展,有效地支援了抗战。

总之,当时政府官方和张丕介、刘德生、陈正祥、朱文长等人的著述和文章,详细论证了开发河西的种种设想:在河西地区一方面要发展交通,移民耕垦,充实垦殖人口;另一方面,改良水利,防风固沙,保护祁连山原始森林,在发展农业的同时,也应发展工矿业。

可以说,1937年抗战全面爆发以前,有识之士尽管提出了一些开发河西工业的真知灼见,但基本上仍然停留在字面上。直到抗战全面爆发以后,华北、华中和华南大片沿海国土陷入日寇铁蹄之下,为了应对战时危机,国民政府颁布了《非常时期农矿工商管理条例》,进行全国经济资源的总动员,才真正把工业重心转向西南和西北地区。国民政府组建资源委员会,建立战时生产局,动员沿海工厂企业和技术人员内迁到西南、西北等内地,为了建设大后方工业基地,集中控制战略物资,对战时必需品和日用品实行"政府专卖与配给制"。③ 国民政府试图依靠政权力量,用超经济的干预手段来加强对河西等大后方工业经济的控制。以此为契机,甘肃及河西地区以机器进行生产的近代工业得到开发与建设。这是河西近代工业史上的又一重要阶段。

---

① 魏永理. 中国西北近代开发史 [M]. 兰州:甘肃人民出版社,1993:33.
② 艾黎. 艾黎自传 [M]. 兰州:甘肃人民出版社,1987:306.
③ 许纪霖,陈达凯. 中国现代化史 1800-1949:第一卷 [M]. 上海:学林出版社,2006:460.

第三节　抗战时期河西工业的开发与建设

一、抗战时期河西工业的开发与建设

抗战以前，河西民间手工业生产多数是家庭手工作坊性质，还不具备企业性质。手工业生产者以农民为主，农忙时务农，农闲时从事手工业生产，他们能够手工生产出门类众多的生产用具和生活用品，包括生产生活使用的铁器、纺织品、皮革品、木石器具、鞋帽、缝纫、自行车修理、食品加工等行业。

抗日战争全面爆发以后，国民政府先后颁布了《工业奖励法》《特种工业保息及补助条例》《工矿业赞助暂行条例》《非常时期工矿业奖助审查标准》《非常时期工矿业奖励暂行条例》等一系列奖励工业建设的法规法令，取消了抗战全面爆发以前对民营工矿企业的种种限制，推动了战时民营工矿业的发展。

1938年初，国民政府拟订了《西南西北工业建设计划》，重点扶持西南、西北大后方的工业建设，通过贷款、减免税收等办法帮助大后方创办工厂，发展战时工业经济。规定大后方工业布局要形成门类比较齐全的工业体系，以满足战时所急需的国防工业和民用工业。河西地区作为抗战的大后方基地，迎来了工业发展的历史机遇。从1938年8月开始，国民政府组成资源委员会，具体部署沿海工矿企业的内迁问题，涉及内迁的场地选择、资金来源、技术工人和原材料的来源等种种问题，都由政府协助处理。在地质勘探的基础上，国民政府主持制定了《西北开发计划》《西北建设实施计划及进行程序》，筹划把沿海的工矿业和机器设备以及技术人员内迁到西北，为西北大后方工业建设制定了具体的方案。1941年，农林部垦务总局组织西北调查团第一、二组奔赴河西走廊进行调查，颁布了《非常时期华侨投资国内经济事业奖助办法》《吸收华侨资金开发西南沿边以巩国防案》等，鼓励华侨投资，以弥补政府投入资金的不足。1943年西北建设考察团赴西北重点考察了河西走廊中酒泉、玉门、安西、敦煌等地，撰写成《西北建设考察团报告》，提出了建设性的开发方案。在国民政府各项开发方案的推动下，河西地区作为抗战大后方，重工业、轻工业以及乡村工业经济得到了前所未有的开发与建设。

（一）交通运输业

1. 续修西兰公路甘肃段

河西地区地处内陆，交通阻塞，开发河西工业首先要搞好交通建设，没有通达顺畅的交通线，开发河西工业就是一句空话。

驿站运输是河西走廊最传统、最落后的公路建设形式。古代河西地区就有驿站，近代以来，左宗棠督甘时期修建的甘新大道主要依靠人、牛、马、驴、骆驼等运输军粮、食盐和其他商品，成为河西地区公路的雏形。抗战全面爆发以后，1939年甘肃省成立了车驼管理局，具体办理驿运业务，1941年甘肃省成立驿站运输管理处，加强驿运干支线的建设，驿运逐渐成为战时运输的辅助工具。河西地区的驿运主要沿着河西走廊向西到新疆，向东到达兰州或西安，干线主要沿着甘新线所辖酒泉至石油河、安西至敦煌两条支线运输玉门的石油。河西地区可产两万多头骆驼，驿运人员用骆驼、架子车或者手推车等落后的运输工具运送军用货物，"全面抗战的八年间，甘肃驿运完成的货运重达36.2万多吨，货物周转量14843.6万吨/公里"①，为支援抗战做出了重要贡献。随着交通建设的加快，传统的驿运逐渐被公路、铁路这些近代化的运输方式所取代。

河西地区的公路建设缘于20世纪30年代的抗战需要。1928年，在开发西北的舆论压力下，国民政府交通部决定以兰州为中心规划全国公路。国民政府认识到修建铁路成本太高，所以"先整治公路，以济急用"。② 1929年财政部给甘肃拨赈灾款119万元整修西兰公路甘肃段。甘肃境内修建的第一条公路是西兰公路（西安—兰州），也叫陕甘公路，是1931年日本发动侵华战争以后，为了打通国际交通线，国民政府正式下令修建的公路。1934年国民政府决定重修西兰公路。1935年10月，西兰公路甘肃段验收竣工。但是，由于西兰公路缺乏有效的管理和维修，运输能力很低，仅为15%。1938年，在著名作家茅盾的笔下，西兰公路仍然被称为"稀烂公路"。

1938年10月，武汉、广州失守，抗战进入相持阶段。从此，东北、华北、华东陷于日寇的铁蹄之下，西北、西南成为抗战大后方。苏联的援华物资能否顺利运输到抗战前线，直接关系抗战的前途和命运。为了打破日军的封锁，顺利取得苏联援华物资，国民政府计划续修西兰公路，连通甘新公路，横穿河西走廊，直达新疆。1940年国民政府完成了对西兰公路的维修改造以后，西兰公路成为西北路况最好的公路和来往客车、货车、军车最多的国际军运交通线。抗战期间，西兰公路和甘新公路成为西北地区运送苏联援华军用物资最繁忙的国际性运输路线。

2. 修通陇海铁路宝天段

---

① 甘肃省地方志编纂委员会. 甘肃省志：公路交通志［M］. 兰州：甘肃人民出版社，1993：521.

② 第二历史档案馆. 中华民国史档案资料汇编第5辑：第1编［G］. 南京：江苏古籍出版社，1994：221.

此外，1928年11月，国民政府成立铁道部，国民政府计划将陇海线向西延修，修通陇海铁路宝天段（宝鸡—天水），以便与甘新公路连接起来转运苏联的援华物资。国民政府计划修建西疆铁路（西安—新疆），以便打通中苏之间的国际交通线。1934年1月，国民党四届四中全会通过了《限期完成西疆铁路案》。1935年11月，国民党四届六中全会通过了《拟请提前完成陇海线西兰铁路以利交通而固国防案》。[①] 但是由于战乱，加之军费缺乏，1939年陇海铁路宝天段（宝鸡—天水）才开始动工修建，直到1945年底宝天路终于验收通车，这是甘肃境内第一条铁路。

战时河西地区的交通建设都是为了抗战服务的。无论国民政府续修和整修西兰公路甘肃段，还是修建陇海铁路宝天段，计划修建西疆铁路，打通河西地区通往新疆的公路与铁路运输线，取得国际援助，都是出于军事目的。"甘肃之公路，惟过去建设，多因抗战关系，仓促从事，致所拟计划与所编概算，恒与实际不符，捉襟见肘，迟迟难成，民力财务，俱蒙损失。"[②]

1935年范长江游历到河西地区的时候，搭乘一辆承担新疆通往内地运输业务的私营汽车，他发现兰哈线（兰州—哈密）的运输线只修到酒泉："终因政治的牵制，兰哈线未能直达，只限于兰州酒泉之间来往"[③]。20世纪30年代中叶，兰哈线（范长江笔下的兰哈线应该是甘新公路甘肃段）未能直达新疆，只限于兰州酒泉之间来往。其中缘由固然有政治、军事因素，恐怕也和商业贸易息息相关。一是修到酒泉是为了鸦片贸易的方便。由于"酒泉本来是大商业口岸的地方，为新疆、包头、兰州以及新疆南路商业上的转输站"[④]，而河西地区广种鸦片，主要销往东部的山西或平津地区，"酒泉和张掖一样，农民大的出产，全靠鸦片，酒（泉）张（掖）两处的烟土，不及武威的好，武威的烟土销山西，……，酒泉鸦片走平津"。军人向农民收缴的"官土"（即"官家要的烟土"）被军人运到绥远销售。[⑤] 二是由于安西和金张掖、银武威以及酒泉相比，民生贫困、政局黑暗。"因许多人穷到水平线以下，赤光光一无所有"，"民生之痛苦与政治之黑暗，为黑暗的河西之第一黑暗的地方，绅士与地方官互相勾结，鱼肉乡民"[⑥]，外地行商在

---

① 秦孝仪. 革命文献：第89辑[M]. 台北：台湾"中央"文物供应社，1981：83-159.
② 洪文瀚. 甘肃交通建设之新状\ [A\] //西北问题论丛：第2辑. 兰州：西北干部训练团编，1942：123.
③ 范长江. 中国的西北角[M]. 天津：天津大公报馆，1937：229.
④ 范长江. 中国的西北角[M]. 天津：天津大公报馆，1937：225.
⑤ 范长江. 中国的西北角[M]. 天津：天津大公报馆，1937：225.
⑥ 范长江. 中国的西北角[M]. 天津：天津大公报馆，1937：238-239.

这里无利可图。三是因为新疆货物多数往苏联销售，向东进入安西和敦煌、嘉峪关，河西地方政府对新疆进入内地的货物统一征收"关税"，严重影响了新疆与内地的贸易往来。可见，战时河西地区的公路建设也具有强烈的功利性，在军运第一的前提下，是为地方政府搜刮民脂民膏和绅商贸易运输服务的。

3. 修建贯通河西的甘新公路

早在1866年左宗棠出任陕甘总督的时候，就曾经对甘肃—新疆的甘新大道进行整修，这条大车道被称为"左公大道"。20世纪20年代，河西地方政府组织百姓整修"左公大道"，甘新公路已具雏形。1927年，甘新公路甘肃段从兰州修通至酒泉，成为在河西地区修建的第一条公路。

1933年，甘肃建设厅计划修建甘新线河西段支线公路，具体包括古浪至景泰（全长184公里）、武威至民勤（全长120公里）、东乐至民乐（全长52公里）、黑泉至鼎新（全长138公里）、鼎新至金塔（全长102公里）、金塔至酒泉（全长64公里）①。遗憾的是，由于经费无保障最终未能修建。

1936年10月，甘肃省建设厅成立了甘新公路工务所（即甘新公路督办公署），将原有的"左公大道"改修成了公路，并进行了简单的养护，为修通甘新公路奠定了基础。

1937年抗战全面爆发以后，国民政府为了运输苏联援华物资，成立甘新公路工程总队具体负责重修甘新公路，国民政府先后分三批投入300万的工程费用，至1939年11月验收完工。甘新公路从兰州出发西行，经皋兰—永登—古浪—武威—永昌—山丹—张掖—临泽—高台—酒泉—嘉峪关—玉门—安西—甘肃新疆交界处星星峡，全长近一千多公里，成为横贯河西走廊的一条重要的国际公路交通线。

1941年，甘肃省建设厅重新提出修建甘新公路武威至民勤、东乐至民乐、安西至敦煌等12条河西支线。

甘新公路督办由控制河西的军阀马步青担任，主要负责军运，护路队队长由各级军官担任，同时护路队还负责征兵抓兵，具有准军事性质。"护路队在大队之下设1、2、3中队，中队之下设11个分队，分队之下设56个道班。分队设分队长1人、司书1人、伙夫1人。张掖地区驻的是2中队，下辖3个小队、14个道班。……道工的职责是维护路基完整和路面平坦。每个道工养护公路1公里，每10公里1个小道班房，每20公里1个大道班房。"②

---

① 甘肃公路交通史编写委员会. 甘肃公路交通史 [M]. 北京：人民交通出版社，1989：417.
② 《张掖史话》编辑委员会. 张掖史话 [M]. 兰州：兰州大学出版社，1992：330-331.

当然，作为军阀的马步青督办甘新公路期间，侵吞工程款，侵占耕地、民房，砍伐树木，并以修路、养路为名，对河西人民进行敲诈勒索，给河西人民带来灾难。甘新公路耗资大，缺乏养护工程，路面质量差，行车量小，每逢夏季水涝严重。"1943年甘新公路由交通部西北工务局接管，在酒泉设立甘新公路养护处（后改为工程队），下设武威、张掖、酒泉、安西4个总段。1945年工程队撤销，成立武威、酒泉、安西3个工务所，下设9个工务所支所负责养护与管理。"①

这条贯通中苏、横穿河西地区的甘新公路（也叫中苏公路）的修建，成为抗战时期中国公路建设的最显著成就，成为抗战时期西北地区取得外援最重要的国际交通线。从苏联中亚细亚土西铁路的阿拉图车站出发，经新疆的霍尔果斯、天山以北，横贯河西走廊至兰州，把苏联的援华物资源源不断地运输到抗战前线，保障了抗战军需物资的供给，为争取抗日战争的最后胜利做出了不可磨灭的贡献。

4. 国道公路的修建

国道海宁公路（即312线，从上海—伊宁）沿途各地均设立管理过往车辆的驿运站。公路武威段相继修建了民勤—仙米寺、武威—大口子、武威火车站公路。1939年，武威成立汽车站。1940年武威设立车驮运输站。1938年，张掖成立汽车站，专门办理货运业务，东可至兰州，西可达新疆地区。

"1941年，甘肃省建设厅提出了一个五年（1942—1946年）公路修建计划，包括河西境内的民武（民勤至武威）、永乐（永昌至民乐）、安敦（安西至敦煌）、酒鼎（酒泉至鼎新）等十二条路线。"②

抗战时期河西地区修建的部分公路表③

路线	起止地点	里程（公里）
桥滚线	甘新公路桥湾-滚坡泉	118
马明线	甘新公路马莲井-明水	97
酒架线	甘新公路酒泉北大桥-新绥公路	332
南疆公路	安西-婼羌	739
张青公路	张掖-西宁	278

---

① 吴廷桢，郭厚安. 河西开发史研究[M]. 兰州：甘肃教育出版社，1996：460.
② 刘强. 二十世纪三四十年代河西开发主张与实践研究[D]. 兰州：兰州大学，2010：26.
③ 甘肃公路交通史编写委员会. 甘肃公路交通史[M]. 北京：人民交通出版社，1989：435.

续表

路线	起止地点	里程（公里）
	老君庙-嘉峪关	48
	老君庙-赤金堡	30
	元山子-白庄子	50

总之，抗战时期河西的公路建设取得了很大成就，河西各地区之间初步形成了公路网。以兰州为中心的西北公路交通网络的形成为运输抗战物资创造了比较便利的条件，既支援了抗战需要，也便利了河西各地的物资流通，从而促进了河西各地社会经济的发展。

5. 民航事业

河西地区的民航事业是1933年起步的。1933年5月，新辟兰州—迪化（今乌鲁木齐）航线，经过河西地区的酒泉，在酒泉建有航空站和飞机场。1939年开辟了重庆—西安—兰州—肃州（今酒泉）—哈密和兰州—凉州（今武威）航线。1941年，酒泉城南扩建飞机场。在嘉峪关附近建设了一处军用飞机场。8月，国民政府接管了"欧亚航空股份有限公司"的德方资本，甘肃民用航空全部停航。1947年开辟上海—兰州—迪化航线。①

（二）石油开采业和石油冶炼业

近代中国的石油工业基础十分薄弱，只有上海、大连等几家设备简陋的炼油厂，原料来源依赖进口。

1936年前后，地质学家孙健初先生曾经到河西考察玉门老君庙、石油沟一带的石油矿藏并撰写开发报告。

1937年全面抗战爆发后，沿海地区被日军占领封锁，海上进口石油的通道被日军切断，无法继续从沿海地区进口石油，于是玉门石油的开采问题提到议事日程上。由于抗战对石油的迫切需要，国民政府决定开采玉门油矿。

1938年国民政府资源委员会决定开发甘肃玉门和新疆独山子油矿，7月成立了甘肃油矿筹备处，并正式派孙健初先生再次到河西走廊实地勘探，但是开发油田的钻机无法从国外购买，资金也难以筹措。

而陕甘宁边区政府管辖下的陕西延长油矿，主要负责为八路军运输石油，当

---

① 周述实. 中国西部概览：甘肃卷[M]. 北京：民族出版社，2000：100.

时中共中央应国民政府资源委员会翁文灏的请求，由周恩来批准，从延长油矿调运两部冲击型钻机和32名工人支援玉门油矿的生产，这才保证了玉门油矿钻井采油的顺利进行，使玉门油矿成为战时石油工业的唯一基地。

从1939年在老君庙打下了第一口油井，到建成全国第一家石油机械企业——玉门石油机械厂，玉门石油的加工量在逐年提高，具体情况如下表所示。

全面抗战时期玉门石油加工情况表[①] 单位：吨

年份	1939年	1940年	1941年	1942年	1943年	1944年	1945年
原油	429	1347	11812	46326	61353	68511	65768
天然气（万方）	1	3	93	429	540	1264	1566
汽油	12	211	602	5473	8604	11565	10625
煤油	13	100	349	1840	1702	6592	5033
含蜡中柴油	23	193	441	174	89	485	844
炉用燃料油				39820	49244	51450	48805

抗战时期，玉门油矿产油量不断增加，"1943年，年产汽油达到180万加仑，1944—1945年，年产汽油达到200万加仑"[②]，为供应军用车辆、争取抗战胜利做出了重大贡献。

1941—1945年，玉门油矿迅速发展成为"中国近代石油工业的摇篮"。表现在："其一是技术上的全面进步。钻井技术方面采用了1000米新钻机……钻井速度从月进100—150米提高到300—400米，钻井深度从200—400米提高到400—500米，最深达到1000米。……其二是规模与影响的扩大。……1942年时，职工人数达6800多人，职工及家属合计超过万人。……矿区附近的面粉厂、供销社、商店及各种服务设施也纷纷建立。……地质、钻井、采油、炼油、机修、运输、通讯、建筑、安装等生产部门应有尽有，配套齐全。"[③] "从1941年玉门油矿正式开采到1945年5年期间，该矿共生产原油2.6万多吨，生产加工各类石油产品5

---

① 何炼成．历史与希望：西北经济开发的过去、现在与未来［M］．西安：陕西人民出版社，1997：305.
② 吴廷桢，郭厚安．河西开发史研究［M］．兰州：甘肃教育出版社，1996：465.
③ 吴廷桢，郭厚安．河西开发史研究［M］．兰州：甘肃教育出版社，1996：465-466.

万多吨。"① "1939年至1949年的10年中,共产原油51万吨,约占新中国成立前1904年至1948年44年的天然原油产量总和的72.3%。"② 50年来,玉门油田从土法开采到机械化大工业生产,发展成为近代中国第一个石油工业基地,也是开发较早、规模最大、设备齐全、职工最多的石油基地。

玉门油矿生产的这些石油产品的意义不可小觑,它既直接支援了抗战所需军用油,也瓦解了所谓中国"贫油国"的谬论,还满足了大后方甘、陕、川等省人民的民间用油,为国家培养了一大批石油工程技术人员。成为新中国成立以后发展石油工业的重要基础。

(三) 煤炭工业

抗战以前,河西地区仅有的小煤窑(如1929年开采的武威的九条岭煤矿)手工开采,产量很低。1937年全面抗战爆发以后,军阀马步青专门投资3万元,招募了100多名工人,对武威的九条岭煤矿进行开采,煤炭的年产量不断增加,1942年达到6000吨。

张掖的采煤主要集中在马莲井、大小苦水、甘浚山、梨园山、灰条沟等处,挖煤工人大约四五百人,据1943年统计,张掖煤炭年产量7850万吨。③

为了管理各地的煤矿乱开乱采现象,1943年甘肃成立煤矿局和战时生产局,从此,煤炭的开采与生产纳入政府管辖范围。

(四) 电力电信工业

河西电力工业起步晚。战前河西工农业用电很少。1914年建立兰州电灯厂,1922年建立天水电灯厂,直到1934年,国民党骑兵第五军军长兼甘新公路督办马步青招募了10多名工人创办了武威电灯局,通过火力发电向马家军阀输送电力照明,1945年由于燃料不足而停产。

1941年新建的玉门电厂次年开始发电,在战时主要用于工业生产。这些电厂大都增购新设备,扩大装机容量,发电量也相应地有所增加,这些电厂既满足了工业用电,也初步满足了民用生活用电的需要。

抗战时期电信事业发展较快。据1941年统计,甘肃电报线路总长4900多公里,全省有电报局55处。④ 1945年,武威电报局易名为武威电信局。1946年,武威电信局改为指挥局,分管古浪、永昌、民勤电信局。

---

① 李元卿. 玉门油矿的开发与国共合作 [J]. 石油大学学报, 2000 (2): 37-39.
② 政协甘肃省玉门市委员会文史资料工作委员会. 玉门文史资料第一辑 [G].1992: 175.
③ 甘肃省张掖市经济委员会. 张掖工业志 [M]. 北京: 中国城市出版社, 1993: 18.
④ 吴廷桢, 郭厚安. 河西开发史研究 [M]. 兰州: 甘肃教育出版社, 1996: 446.

(五) 采金业

抗战时期,甘肃全省有20多个县开采黄金,年产量高达10000两。其中张掖年产量1000两,敦煌南大山采金工人多的时候在2000人以上,年产2000两。①

范长江在《中国的西北角》一书中记录了河西地区的祁连山麓盛产黄金:"紧接祁连山南麓,祁连山产金处甚多,今晚预备过宿之大梁,亦为有名产金地"。②沿途所见开采黄金的徒步苦力称为"金夫","金夫"即手工淘金的工人,常年住在石穴中,他们是"高利贷下的奴隶"。他们自备干粮,手工淘金,可见抗战时期河西地区的采金业仍然是传统的土法开采。

(六) 建材工业

战前河西地区没有水泥生产。抗战全面爆发以来,全国水泥的生产量大幅度减少,而开发抗战大后方基地使水泥需求量大幅度增加,于是,甘肃水泥公司应运而生,在西北各省区水泥工业中,甘肃的水泥生产发展最为迅速。1942年,在兰州创办甘肃水泥厂。

早在战前,河西地区就有手工翻砂业。1941年,武威新建了天义翻砂厂。

(七) 化学工业

化学工业成为抗战时期新兴的工业部门。抗战全面爆发以后,为了解决抗战急需的化工原料,1939年,第八战区司令长官朱绍良和中央工业部部长谷一泉亲自到兰州监督西北的资源开发,各地相继建成了一批碱酸工厂。"到1945年为止,全省共有化工厂61家,占全省机器工厂总数的30.5%,仅次于纺织工业。"③ 这些工厂主要制酸、制碱、制药及生产玻璃、油漆、油墨、酒精、肥皂等产品,标志着甘肃全省的化工工业已经初具规模。

1946年,张掖有11家较大的化工工业生产作坊,产品有香皂、香粉、碱胰子、土蜡等,年产碱胰子5000斤、土蜡20000斤左右,特别是陈德乾的碱胰子,生产历史悠久,去污力强,用后能防皮肤冻裂,远销陕西、青海、新疆等地。④

但是,河西地区少量的化工企业,常常受到地方政府的干涉,肆意盘剥、收缴重税。如"有几个河北人在酒泉办了一个化学工厂,利用嘉峪关外玉门县的石煤原料,好容易才造出些洋烛肥皂之类,并提炼煤油汽油,……而特税局的人非

---

① 魏永理. 中国西北近代开发史 [M]. 兰州:甘肃人民出版社,1993:144.
② 范长江. 中国的西北角 [M]. 天津:天津大公报馆,1937:183-184.
③ 中共甘肃省委工业处交通工作部新志办公室. 甘肃省新志:工业志 [M]. 兰州:工业志编印办公室,1959:19.
④ 中共甘肃省委工业处交通工作部新志办公室. 甘肃省新志:工业志 [M]. 兰州:工业志编印办公室,1959:19.

要照外国的洋烛肥皂上税不可。"①

（八）机械工业

河西地区的修配业起步较早。早在1904年，钟表修理业出现在武威街头。1932年在武威街头出现了自行车修理铺，1941年又出现了汽车修理铺。1949年，武威的钟表修理铺和自行车修理铺发展到15户，汽车修理铺发展到6户。

河西的机器制造业在抗战时期有了一定发展。1940年创办了武威华铁工厂、1941年创办了武威兴业铁工厂、青年铁工厂，同一时期，张掖也出现了汽车修理厂。

（九）军事工业

1932年，军阀马步青在武威成立机械局，专门生产子弹、炸弹等军械武器。

（十）轻工业

战前，河西地区的轻工业基本上都采用落后的手工生产。抗战全面爆发以后，由于内迁政策和战时开发，河西等内地人口增加了，军需民用的物资也大量增加了，消费品出现供不应求的趋势，这就促进了河西地区轻工业的发展。

1. 纺织业

抗战时期，海上贸易中断，内地"洋布"价格猛涨，河西地区棉纺织业趁机兴盛起来。武威棉织业手工生产遍布城乡，年产棉布约5万匹，畅销于河西酒泉、张掖以及青海等地。张掖的棉纺织业多为手工生产，其中有协和、复兴两家小型弹花厂使用轧花机、弹花机，是张掖早期的机器生产厂家。新盛堂的老板马绍庭于1937年兴办的协和弹花厂最初只有一台马拉木制弹花机，从业人员有7人，年产能力1500担；1944年购买了两台办自动轧花机和一台弹花机以后，从业人员增加为13人，年产能力增加为4000担。复兴弹花厂是1945年创办的，是拥有轧花机2台、弹花机1台、从业人员7人，年加工能力3000担的自产自销企业。②

河西地区的纺织业以手工加工毛纺、棉纺、针纺和棉麻为主。武威畜牧业发达，毛纺织业居多。"据《河西志》记载，民国三十年（1941年），河西地区产毛褐布2.2万多匹。"③ 毛褐也叫褐子，是牛羊毛粗制加工而成，可以制作衣服、帐篷、被褥等。

此外，张掖还有1937年创办的两个南街织布厂，年产能力3000匹。1940年张掖相继组织土布生产合作社4个，职工78人，年产土布、宽面布5000匹左右，

---

① 范长江. 中国的西北角 [M]. 天津：天津大公报馆，1937：227.
② 甘肃省张掖市经济委员会. 张掖工业志 [M]. 北京：中国城市出版社，1993：22.
③ 武威市志编纂委员会. 武威市志 [M]. 兰州：兰州大学出版社，1998：402.

袜子年产量达 70 余万双，还生产帆布、毛巾、手套等。① 后来，李耀庭创办宏昌毡靴厂生产毛毡和长筒毡靴。1941 年张掖城区有染坊 31 家。1946 年，张掖有裁缝铺 72 户，布鞋生产铺 22 户。至 1946 年，张掖城区有 38 家相关生产单位，从业人员 119 人，拥有资金 24645 万元（旧币）。②

20 世纪 40 年代在河西地区张掖、山丹、武威、临泽、酒泉、安西等地兴起的针织业，主要为手工作坊式生产，技术落后，产量低。

2. 制糖业

河西地区气候干旱，沙化土壤面积广，非常适宜种植甜菜，因此河西手工制糖业历史悠久。抗日战争时期，武威地区用土法制糖，已经能够生产饴糖、红糖、白糖。其中，武威地区著名的糖厂是金沙陈记糖厂。

3. 面粉业

战前，河西地区的面粉全部是手工生产，民间多采用驴拉石磨、石碾磨制面粉。至今仍有如张掖甘州沙井水磨湾村、民乐水磨村、高台县水磨沟等地名。抗战时期，内迁人口猛增，对面粉的需求量大幅度增加，西北共有面粉厂 30 多家，其中，甘肃共有 4 家面粉厂，其中西北机器面粉厂、兰州面粉厂和天水面粉分厂三家都开始使用电力发动机磨面。③ 但是，战时河西面粉业大多数仍然是手工生产，山丹培黎工艺学校设有水磨房。1947 年在武威金羊三盘磨建立的西兴面粉厂，有工人 20 多人，日产面粉 1500 多公斤，首次使用水力推动机器，标志着机器磨粉业的开始。而张掖在新中国成立以后才开始有机器生产的面粉工业。

4. 印刷业与造纸业

民国初年武威在北大街就出现了木刻印刷，后来，马步青在西大街设立以铅印为主的河西印刷社。1934 年武威三青团集资创办了兼营铅印、石印的青年印刷社。

张掖的印刷业已由木制活字印刷发展为铅活字印刷。张掖县政府开办的印刷厂，主要生产练习簿、票据、信封、广告等。

张掖造纸业主要采用的原料是大麻、芨芨草、马莲、蒲草等，工艺粗糙，产量有限。农村纸坊农忙时停止生产，主要在农闲时生产。城区纸坊全年生产，据 1941 年统计，张掖（城区）造纸作坊有 25 家，年产细麻纸 9 万刀，草纸 13 万

---

① 甘肃省张掖市经济委员会. 张掖工业志 [M]. 北京：中国城市出版社，1993：23.
② 甘肃省张掖市经济委员会. 张掖工业志 [M]. 北京：中国城市出版社，1993：22.
③ 何炼成. 历史与希望：西北经济开发的过去、现在与未来 [M]. 西安：陕西人民出版社，1997：300.

刀。① 1946年，山丹培黎工艺学校在山丹县城南门外的何克墓地旁边建立了一家造纸厂，起初用大麻作为造纸原料，由于产量低，不能满足学校的纸张需求；1947年8月，改用当地产的芨芨草和马莲为原料造纸，使产量大增，每天可以生产400大张纸张，学校用纸完全自给。

5. 制革业

随着西北改良畜牧总场的设立，国民政府对西北畜牧业开始进行集中管理。1938年秋，甘肃省政府设立农业改进所，负责全省农林畜牧的推广、改良及繁殖等工作。国民政府实业部报道"甘肃广产皮毛，编毛制革，最为适宜"。② 甘肃的制革厂主要集中在兰州。河西地区由于畜牧业发达，毛皮业原料就地取材方便。1939年山丹军牧场引进优良军马，不久又在永昌设立羊毛改进处，改良羊种，防治疫病；1941年在张掖成立了华丰皮革厂，开发制革业。

6. 陶瓷业

1937年河西的山丹等地出现了手工陶瓷生产。同年9月20日，艾黎、李约瑟第一次来到位于河西走廊的山丹县。秋天，山丹培黎工艺学校在山丹县南门外河边建造了一个小型陶瓷厂。

总之，抗战时期河西地区的轻工业种类繁多，主要门类有纺织、制革、制胶、造纸、缝纫、日用化工、陶瓷、印刷、制药等等，食品加工业包括面粉业、酿酒业、制糖业等等。"甘州之肥皂、编席，凉州之造纸、剪胶，均早闻名全国。"③但是，大多以家庭手工操作或手工作坊生产为主，质量低劣，产量也少，远不能满足抗战所需和人民生产生活所需。

三、河西农村小工业的发展

（一）"工合"运动的兴起

1937年日本发动全面侵华战争，中国沿海工业城市遭到日军的轰炸和掠夺，中国大片领土沦陷，人民流离失所纷纷涌入内地，造成了战时军用和民用物资的极端匮乏。在新西兰国际友人路易·艾黎和美国进步记者埃德加·斯诺的倡议下，为了支援抗战、生产自救，在非敌占区创办"中国工业合作协会"（简称"工合"），着重发展内地及大后方小型工业。

---

① 甘肃省张掖市经济委员会. 张掖工业志[M]. 北京：中国城市出版社，1993：21.
② 董兆祥，满达人，魏世恩，等. 西北开发史料选辑：1930-1947[M]. 北京：经济科学出版社，1998：115.
③ 董兆祥，满达人，魏世恩，等. 西北开发史料选辑：1930-1947[M]. 北京：经济科学出版社，1998：115.

最早的"工合"是 1938 年 8 月 8 日在武汉成立的。1939 年 1 月,宋庆龄在香港成立了"工合"国际委员会,通过向海外募捐的方式,支持中国内地"工合"运动的建立和发展。据统计,遍布西北、西南、东南各地 16 个省设立的"工合"办事处和事务所共有 72 个,小型工业生产合作社有 3000 多个,拥有社员 3 万多人,安置就业人员 20 多万,为前线提供军毯 100 万条,为解放区承制棉衣 10 万件,① 向前线输送了 50 多类 500 多种支前物品。②

由于战略大后方的特殊要求,工合运动最先在西北开展起来。1938 年 8 月 23 日在宝鸡成立了工合西北区办事处。1938 年 12 月,中国"工合"在重庆正式成立,由孔祥熙担任理事长,路易·艾黎担任技术顾问,宋庆龄担任名誉理事长。"工合"具有抗日统一战线的性质。在共产党和宋庆龄的大力支持下,加上国际进步力量的支持,"工合"为抵制日货,组织生产各类军用物资和人民生产生活所需用品,开展生产救亡,对支援抗战、发展内地经济发挥了极其重要的作用。

"工合"具有双重性质,"不仅仅是一个生产运动,而且是一个教育运动。"③ 随着战时的需要,安徽、江西、湖北、四川、广西、河南等地相继办起了"中国工业合作协会培黎工艺学校"。关于"中国工业合作协会培黎工艺学校"取名"培黎"有两个原因。第一种说法认为,路易·艾黎为了继承他的恩师约瑟夫·贝黎创办南京金陵农学院、为中国的教育事业献身,给校名取"培黎"二字,因为中国北方方言常把"贝"读作"培"。美国人约瑟夫·贝黎于 1891 年来华,他是南京金陵农学院的创办人,他通过创办半工半读的职业学校,培养学生理论联系实际,进行创造性劳动。第二种说法认为,路易·艾黎特意把约瑟夫·贝黎的"贝"字改为"培"字,表达的是中国的黎明即将到来。培黎学校的办学宗旨是"为黎明而培训",即"为中国的黎明培育新人"。④

1939 年 12 月,宋庆龄在演讲中国工业合作社的意义时,高度评价了"工合"为抗战做出的贡献:"再没有别种运动能比中国工业合作协会更为应时和重要了"。⑤

---

① 培黎石油学校校史编写组. 培黎石油学校发展史 [M]. 兰州:兰州八一印刷厂,1992:12.
② 吴廷桢,郭厚安. 河西开发史研究 [M]. 兰州:甘肃教育出版社,1996:475.
③ 培黎石油学校校史编写组. 培黎石油学校发展史 [M]. 兰州:兰州八一印刷厂,1992:12.
④ 张掖地区政协文史资料编辑委员会. 张掖文史资料第一辑[G].张掖:张掖地区河西印刷厂,1999:181.
⑤ 培黎石油学校校史编写组. 培黎石油学校发展史 [M]. 兰州:兰州八一印刷厂,1992:12.

（二）山丹培黎学校的建立与战时河西的农村小工业

由于抗战形势的恶化，各地"中国工业合作协会培黎工艺学校"相继关闭。1942年路易·艾黎和英国进步记者乔治·艾温·何克在陕西凤县双石铺重新创办中国工合培黎工艺学校。1943年，日军向西推进，陕西的形势日益严峻，路易·艾黎决定将双石铺培黎工艺学校西迁，1944年迁到甘肃河西地区的山丹县城隍庙内。因此，山丹培黎学校的前身就是陕西双石铺培黎工艺学校。

中国工合培黎工艺学校西迁至山丹，通过甘肃省建设厅厅长张心一的帮助和努力周旋，才得到甘肃省主席谷正伦的批准。山丹培黎学校，全名为"中国工业合作协会山丹培黎工艺学校"。办学宗旨集中反映在学校校歌当中："我们生活，我们学习，我们生活学习在培黎。纺织制革，钢铁机器，工业技术都具备，求知生产不相离。毋自暴，毋自弃，亲爱精诚，齐心合力。发扬合作精神，为新中国奠定工业建设的石基。"① 可见其办学宗旨是为"工合"培养管理干部和技术人才，为河西地区农村发展工业培养一批技术人员。

1944年中共中央西北局颁布了《关于争取工业品全部自给的决定》，提出在工业生产战线上要积极发展地方小工业，实现工业品的全部自给，要求一切党员技术干部应该学习掌握工业技术，努力建设"质量好、产量高、成本低"的工业，以实现战时经济上完全自给自足的目的。

山丹培黎学校实行教育与劳动相结合、理论与实践相结合的办学思想，成为一所半工半读或半农半读的学校，很好地适应了河西地区发展地方小工业以实现生产自救的形势需要。学校以"手脑并用，创造分析"为校训，教育学生一边学习一边劳动。

学校有来自新西兰、美国、加拿大、英国等不同国家的20多位外籍教师，主要讲授的课程有："机械制图、簿记、算学、工业常识、理化基础、经济地理、历史、国文、英语等"。②

校办工厂从事的主要是轻工业及民用工业的生产，虽然规模较小，但基本能够满足对学校学生的生活供给，还能支援抗战，或者向群众开展生产自救。

校办工厂设有门类齐全的小工业生产组。"按组编制，计有动力组、制毯组、运输组、纺织组、针织组、缝纫组、制扣组、玻璃组、陶瓷组、造纸组、印刷组、化工组、皮革组、测绘组、制粉组、铸铁组、冶炼组、机械组、制糖组、碾米组。……其中动力组用锅炉发电，解决生产和照明问题；运输组从两辆皮车发展

---

① 吴廷桢，郭厚安. 河西开发史研究 [M]. 兰州：甘肃教育出版社，1996：477.
② 吴廷桢，郭厚安. 河西开发史研究 [M]. 兰州：甘肃教育出版社，1996：477.

到拥有20多辆汽车的车队，承担校内外运输任务；测绘组对山丹全境与张掖各县的矿藏、水利、土质进行了全面细致的勘查，并采集了不少标本。"① 校办工厂培养了一批有文化、懂技术、懂管理的工农业生产建设人才，为支援抗战和西北大后方工业经济发展做出了贡献。

山丹培黎学校公函宣传"本校为工艺之教育机关，为发展农村工业，改善人民生活起见"，② 开办了许多校办工厂，如棉毛纺织厂、窑业厂、造纸厂、玻璃厂、山丹前窑煤厂等，这些工厂开始使用机器生产，标志着山丹由农业社会进入了初步的"机器时代"，促进了当地近代工业的快速发展。

由于战时生产的特殊要求，山丹培黎学校对当地农民进行职业教育，引导他们发展农村小工业。对原有旧式手工业生产进行技术改良，最终形成了门类比较齐全的新型的手工业生产组织，提高了生产水平，支援了战时军需民用的供应。路易·艾黎创办的这所应用型学校，不仅为支援抗日战争做出了重要贡献，也为河西地区培养了一批掌握多种技术的专门人才，为河西地区工业经济的发展奠定了人才基础和技术基础。

（三）战后山丹培黎工艺学校的新生

抗战胜利以后，1946年年初，山丹培黎工艺学校开始筹建造纸厂，厂址选在山丹县城南门外的何克墓地旁边。起初按照当地的土法造纸工艺，用大麻作为原料造纸。但由于工艺产量低、价格高，不能满足学校教学对纸张的大量需求。次年开始以当地廉价的芨芨草、少量的胡麻、马莲为原料产出合格的书写用纸，日产400多张纸，学校用纸完全可以自给有余。

1947年，兰州培黎学校也西迁到山丹，两者合并。"截止1949年，该校有学生500多名，其中有300多名分别来自全国17个省份，甘肃籍孩子占多数，这些人后来都成了国家建设的技术人才。"③

1949年9月21日山丹解放，路易·艾黎将学校全部财产无偿移交给政府。1953年底，该校迁到兰州更名为兰州培黎石油学校，为新中国培养了第一代石油技术工人。1953年路易·艾黎离开了甘肃，但他一直担任着兰州石油技工学校的名誉校长。

新中国成立以前，山丹培黎学校就对河西地区的山丹、民勤、民乐等地的地质资源进行勘查，写成了《河西五县地质调查图》《山丹前窑煤矿矿权图》《临泽

---

① 吴廷桢，郭厚安. 河西开发史研究 [M]. 兰州：甘肃教育出版社，1996：477.
② 张掖地区政协文史资料编辑委员会. 张掖文史资料：第一辑[G].张掖：张掖地区河西印刷厂，1999：402.
③ 吴廷桢，郭厚安. 河西开发史研究 [M]. 兰州：甘肃教育出版社，1996：478.

板桥石膏矿权图》等调查报告，为新中国成立以后山丹工业经济的后续发展提供了重要依据。

为了传承培黎学校的创造精神和为人民服务的精神，适应改革开放的新形势，1987年4月21日，在路易·艾黎的呼吁下，甘肃省政府、省教育厅、省农业厅、林业厅和甘肃省"两西"建设指挥部在原有山丹培黎学校基础上重新建立了培黎农林牧学校，学校继承了艾黎的办学思想，倡导"手脑并用，创造分析"，坚持把课堂教育与劳动生产相结合，成为新时期为河西地区培养农林牧专业人才的综合性学校。1985年，甘肃省政府授予创始人路易·艾黎"荣誉公民"称号；邓小平同志在1987年路易·艾黎逝世以后，写下了"伟大的国际主义战士永垂不朽！"，路易·艾黎的光辉事迹一直被河西人民广为传颂。

第四节　战时河西工业之评价

全面抗战爆发以后，国民政府才真正开始关注西北和河西，重新认识河西的战略地位，地处西北交通枢纽的河西走廊就成为国民政府的重点开发地区之一。抗日战争的爆发为河西近代工业的开发带来机遇，河西地区的近代工业得以开发与建设，并出现勃兴的局面。笔者认为，对抗战时期国民政府开发河西的作用，应予以充分的肯定和实事求是的评价。

一、国民政府开发河西工业的作用

（一）支援了抗战，为持久抗战奠定了物质基础

首先，抗战以来，河西地区玉门石油工业的开发，标志着中国石油依赖进口的时代宣告结束，为支援抗战做出了突出贡献。1939年3月13日，地质学家孙健初等人在老君庙旁边成功地钻凿了第一口油井。1941年3月撤销甘肃油矿筹备处，成立甘肃油矿局，开发玉门油矿的工作正式开始。玉门油矿的开发标志着近代中国石油工业的正式启动。"从1938年开始开发到1949年解放的11年间，玉门油矿共生产原油近50万吨，占全国同期石油总产量的90%以上，占1949年前45年全国原油总产量的70%以上"。① 从此，中国终于摘掉"贫油国"的帽子。

其次，对河西农业和林业的有计划开发，促进了河西地区农产品加工工业的

---

① 玉门市委员会文史资料工作委员会. 玉门文史资料：第一辑[G].玉门：玉门市彩印厂，1992：121.

发展，既支援了战时的军粮供应，也补充了民用粮的不足。

日军发动侵华战争以来，东部沿海地区相继沦陷，大量人口内迁，粮食作为重要的战略物资变得极其紧张。为保证战时粮食供应，国民政府看到了河西地区的甘肃作为最大产粮区的优势，开始在河西有计划地进行移民垦殖和水利开发。河西地区可开垦荒地数量大，但缺乏农业劳动力，因此，国民政府相继颁布《非常时期难民移垦规则》《土地政策战时实施纲要》等移民垦荒的基本法令。"为了安置流亡到大后方的难民和荣誉军人，国民政府在后方设置了6个农垦管理区。甘肃有二，一个在河西，初设酒泉，后迁永昌，土地24319亩。其中耕地3148亩，安置荣誉军人51人。"①

抗战期间，国民政府经济部颁布《关于战时农业建设方针的工作报告》《战时合作农贷调整方法》《扩大农村贷款办法》，要求推广农业技术，办理农业贷款，在甘肃连续发放3期农贷资金。1938年秋，在甘肃省成立了农业改进所，在河西推广播种春麦的种子。国民政府在河西地区移民垦殖，推广农业技术，进行农业开发，使粮食产量增加，有效支援了抗战所需的军粮，也有利于民生民食。

最后，甘新公路的修建，以及山丹"工合"组织开办一系列民用工业和农村小工业，打破了日军的经济封锁，保障了后方战略物资的运输，支援了抗战，为持久抗战奠定了物质基础。

1938年3月—1939年6月，苏联政府同中国政府签订了3次共计2.5亿美元的货款协定，用以购买飞机、大炮、汽车及其他军火物资，②"其中大炮1190门、机枪9720挺、步枪50000支、炮弹187万发、炸弹311000颗、子弹18400万发"③，这些苏联支援的军用物资的进口，大部分是通过甘新公路运入中国战场的，有力地支援了抗战。

甘新公路的修建，也促进了战时中苏之间的贸易活动。"仅1938年—1943年间，经甘肃对苏出口的皮货5407000张、毛类23744吨、茶叶31486吨。"④

甘新公路里程的增加，初步改变了河西落后的交通面貌，也相应地促进了公路沿线地区的物资交流与经济发展。

（二）改变了河西地区落后的生产力结构

抗战前，朝野人士漠视河西，言以河西沙漠戈壁，落后闭塞。清代谭吉璁写

---

① 谷苞. 西北通史：第五卷[M]. 兰州：兰州大学出版社，2005：562.
② 赵守仁，陈艳军. 抗战时期国民政府的公路建设及其历史作用[J]. 辽宁师范大学学报，1999（5）：73-77.
③ 李清凌. 甘肃经济史[M]. 兰州：兰州大学出版社，1996：205.
④ 李清凌. 甘肃经济史[M]. 兰州：兰州大学出版社，1996：205.

道:"祁连山下草,寂寞无人烟,魂魄千年后,忧思渡酒泉。"① 抗战时期政府的开发活动使河西地区兴起了近代工业以及门类比较齐全的民用轻工业,河西地区传统的以农牧业为主的生产力结构也发生了改变,尤其是在"工合"运动的推动下,河西地区的地方小工业发展较快,河西地区单一的农业种植结构也有所改善,除粮食作物外,棉花、桑、麻等经济作物的种植面积也不断扩大,为补给工业品、服务抗战、满足民用都做了积极的贡献。

横穿河西走廊的甘新公路使河西地区的交通运输业有所改善,河西地区与周边省区的经济联系进一步加强。甘新公路不仅使河西地区传统的农业经济结构发生了变化,而且为工农业提供了近代化的生产工具与运输方式,带动了河西地区社会经济的发展。

(三) 改变了河西地区的工业结构

抗战前河西的近代工业几乎是空白,工业内部没有重工业,轻工业是极为落后的手工生产,交通线以落后的大车道为主。抗战时期,国民政府颁布《非常时期经济方案》,提出了开发工业的具体方针。应抗战之需,近代机器工业生产开始出现,为河西地区社会经济的发展注入了新活力。河西地区的石油工业、电力电信工业、化学工业、煤炭工业、机械工业等重工业从无到有,所占比重逐步上升,轻工业的生产门类更多。河西地区工业生产能力有所发展,工业结构发生变化,出现了玉门等石油工业基地和近代新兴的工业城市。

尤其是玉门油矿的开发建设很适时地解决了战时的石油军需,为支援抗战做出了突出贡献。"玉门油矿,1949年产原油69635万吨,占全国产量的57%,从1939年至1949年累计生产原油45.5万吨。"② "1949年,玉门的老君庙油矿已成为一个具有地质勘探、钻井、采油、炼油、机修、水电、运输等生产部门和一些当时比较先进的工艺技术和设备的综合型石油企业。"③ 玉门油矿大大提高了河西地区工业在全国的影响力。

近代工业经济的发展以及近代化交通的建设,给落后闭塞的河西走廊带来了发展契机,促使河西地区的工业经济出现勃兴。

(四) 奠定了河西地区的生态屏障地位

民国以来,由于军阀割据混战,天灾人祸不断,生态环境日益恶化。河西地

---

① 范长江. 中国的西北角 [M]. 天津:天津大公报馆,1937:229.
② 丁焕章. 甘肃近现代史 [M]. 兰州:兰州大学出版社,1989:542.
③ 玉门市委员会文史资料工作委员会. 玉门文史资料:第一辑[G].玉门:玉门市彩印厂,1992:142.

区祁连山森林被乱砍滥伐，破坏严重。"文献记载，祁连山区原有森林2000万亩，到新中国成立前只剩下200万亩，大量林木被砍伐，或当柴火或盖房屋。……敦煌县70%的居民依靠在荒滩上打柴解决全部或大部燃料。……在张掖地区北部荒漠，群众铲草皮、挖草根当柴烧，20多个乡每年铲草五六千万斤。在临泽、高台、张掖等黑河两岸种植水稻还要挖取荒漠上的黄蒿作绿肥，仅张掖靖安乡一年就要挖黄蒿5000多车，破坏植被20000多亩。"[1]

1941年，国民政府成立了甘肃水利林牧公司。1942年，祁连山国有林管理处在张掖正式设立，主要负责保护祁连山森林和植树造林任务。1942年8月，蒋介石巡视河西以后，开始有计划地开发河西水利。国民政府从政策上给予支持，要求拨专款尽快开发河西水利，把开发河西水利当作"养民之源"和"卫国实边"的重要举措。1943年，国民政府正式启动河西水利专款。在中央一级，国民政府颁布近代中国历史上第一部《水利法》；在河西地方一级，颁布了《民勤水利规则》和《敦煌水利规则》，计划12年内完成开发河西水利的工程。关于国民政府开发河西水利的情况，记录在1947年专门出版的《河西水利》中。可以说，抗战时期河西地区的生态屏障地位已经奠定。

二、战时国民政府开发河西工业的特点

（一）军事性

20世纪30年代，日本列强发动全面侵华战争，建设抗战大后方已经提到议事日程上了。国民政府把西北看作抗战的大后方基地，部署东部沿海地区工厂的机器设备和技术力量及教育机构的大量内迁，国家经济建设的重点转向西北和西南。西兰公路及甘新公路都是为了打通抗战物资的运输线而修建的，具有很浓厚的军事性。玉门油矿所产石油也主要用于抗战军用。"1943年1月至7月初，军政部、航空委员会、液体燃料委员会，就从玉门提走石油产品2225吨，占全部油品75%以上。1946年以后，随着油矿产量的增加，军用油数量日益增多。1946年6月至12月，调拨军用油5782吨；1947年1月至12月，又调拨军用油9204吨，分别占当年全部油品数量的68%和70%。1948年至1949年8月，军用油增至90%以上。"[2] 当时暂时没有铁路等配套设施，玉门的石油产品仅依靠汽车运往重庆，为了方便蒋介石去嘉峪关视察第二炼油厂，地方当局赶修了从嘉峪关飞机场到玉门

---

[1] 吴廷桢，郭厚安. 河西开发史研究 [M]. 兰州：甘肃教育出版社，1996：488.
[2] 玉门市委员会文史资料工作委员会. 玉门文史资料：第一辑 [G]. 玉门：玉门市彩印厂，1992：142.

油矿的公路。

抗战初期,"工合"组织西迁,大量难民迁入西部,使后方的军需民用物资日趋紧张。1944年山丹培黎学校的建立,促进了以轻工业为主的河西农村小工业经济的快速发展,实现了战时的生产自救,河西农村小工业的创办也带有军事性。

总之,抗战时期,东南沿海被日军占领,西南地区的国际交通线被日军切断,河西走廊作为西北国防的屏障,具有不可替代的重要战略地位。国民政府从军事目的出发,"各项开发目的在于解决战时的需要"①。同时,因为玉门油矿的开采,中国结束了依靠洋油的历史。玉门油矿全力以赴地供应抗战的军需油,苏联援华物资通过甘新公路被源源不断地运输到前线,这些使河西地区成为支援抗战名副其实的大后方军事要地。

(二) 政治性

河西地区作为控制西北的咽喉地带,加上独霸河西的马家军阀与西路军的西征行动,复杂的局势使国民政府重新认识河西的战略地位。这就注定了国民政府开发河西包含多重政治目的:

其一,包含国民党"攘外必先安内"的政治目的。

1936年10月,中国工农红军长征到达陕北,建立了陕北革命根据地,蒋介石为了达到他"攘外必先安内"的政治目的,命令张学良东北军和杨虎城的西北军合力"剿共",国民党认为如果共产党打通新疆,获得苏联的援助武器,那将对国民党的统治构成严重威胁。早在1935年国民党第五次全国代表大会第六次会议上就明确提出"阻止赤匪打通国际路线之意图"。② 这是开发西北的一个重要目的,因此,国民政府兴修西兰公路和甘新公路包含有"剿共"的目的。

其二,拉拢马步芳等军阀,借以消灭陕甘宁的共产党。

河西地区长期以来被马家军阀控制,要收回这些地区,国民政府想借"开发西北""建设西北",趁机将马家军阀拉拢过来为己所用。因此,国民政府开发西北包含着对马家军阀的拉拢政策。

(三) 暂时性

国民政府开发河西是出于军事目的和政治意图,而不是从平衡东西部经济发展或促进内地经济的发展考虑的,因此,开发河西工业带有战时经济政策的特点,不可能有步骤、有计划地进行,只是战时的权宜之计、暂时性的政策。战时的内迁经济"不是政府为推进西部地区的工业化而采取的经济发展战略,也不是沿海

---

① 吴廷桢,郭厚安.河西开发史研究[M].兰州:甘肃教育出版社,1996:480.
② 秦孝仪.革命文献:第89辑[M].台北:台北"中央"文物供应社,1981:26.

沿江地区工业已发展到向西部地区拓展和转移的产物，而是沿海沿江工业较发达地区的厂矿为避免日本的占领而发生的，带有明显的避难和抗敌性。"①

正如《河西开发史研究》一书的作者所认为的，政府"当局既没有真正的开发意识，更没有长远的打算与整体的规划。"② 因此抗战时期河西开发存在以下问题：第一是局部性，主要表现为行业单一，规模狭小，对社会生产力发展的促进不够明显；第二是孤立性，对河西的开发缺乏整体规划和统一部署；第三是短暂性，各项的开发目的在于解决战时的需要，当局既没有真正的开发意识更没有长远的打算与整体的规划。

第五节　战后河西工业的衰落

一、战后河西工业的衰落

抗日战争时期，国民政府推行的战时经济政策，使河西地区的工业经济出现勃兴，但是，战后随着国民政府还都南京，国家的经济中心也随之东移，河西地区的开发活动也旋即转入衰落状态。

由于战时工业经济建设开发大多从军事目的出发，抗战一结束，工业经济便开始转入倒闭停产的萧条阶段。1945年8月，日本裕仁天皇宣布投降，抗日战争获得了全面胜利，不久，国民政府还都南京以后推行回迁政策，资源委员会从内地撤走了工业建设的几乎所有的资金和技术人员。河西等西部地区的工业建设陷于瘫痪或停顿。

1946年国民党发动全面内战以后，河西工业的生存更是雪上加霜，难以为继。如1946年玉门油矿90%以上的军用石油被国民党政府低价占有，加之法币不断贬值，致使油矿生产资金短缺，不能及时发掘新油井，导致产量不稳定，亏损严重。仅1947年就亏损10亿元。

交通建设业陷于停顿，甘新公路的养路机构瘫痪，弥久失修，几乎中断运行。河西水利勘测事业、农业以及工商业等，由于资金缺乏、市场受限，开始呈现萎靡不振的状态。战后，由于在酒泉的中国航空公司和中央航空公司的人员和设备

---

① 诸葛达. 抗日战争时期工厂内迁及其对大后方工业的影响[J]. 复旦学报, 2001 (4): 43-49.
② 吴廷桢, 郭厚安. 河西开发史研究[M]. 兰州: 甘肃教育出版社, 1996: 480.

回迁上海,河西的民航事业也陷于停顿。

二、战后河西工业衰落的原因

(一) 河西的工业建设根据国民政府的军事需要起起落落

在战时特定的历史条件下,国民政府从战略大后方的建设需要出发开发西北与河西,这种开发只是为了应对战争的权宜之计,开发政策缺乏科学规划,也没有长期性的统筹安排。如出于战时运输战略物资的迫切需要,政府投资续修西兰公路、修建甘新公路及修建河西地区的民武(民勤至武威)、永乐(永昌至民乐)、安敦(安西至敦煌)、酒鼎(酒泉至鼎新)等公路支线。

抗战时期,国民政府开发西北的举措,促进了甘肃近代工业的发展。兰州成为西北地区重要的商业中心和物资集散地。据统计:"甘肃以兰州为中心,工业建设风起云涌,恢复了甘肃制呢厂和甘肃制造厂所属之造纸、日用品、制革、度量衡、酒精、水泥、窑业等工厂,新办了毛纺、榨油、面粉、制革、肥皂、卷烟、印刷、机器制造、汽车修理、化工、火柴等大小工厂约109家。"①

国民政府对河西工业的开发,主要集中在石油、煤炭、交通、化工、机械等重工业领域,重工业开发所需资金投入大、技术要求高、收效周期长,需要国家的大力支持,更需要制定科学的开发步骤。

战后,为了加强国民党反动内战的军事力量。1947年,甘肃省政府制定了《甘肃经济建设方案》,提出了"国防与民生并重"的方针,其中关于工业建设方面,提出农牧与工矿并重、机器工业与手工业互为运用,还提出发展甘肃现代工业和现代交通运输业的计划、连接省县交通和国营干线的计划、战后恢复关闭工厂的计划,等等。1948年,国民党政府控制了玉门油矿的公司决策和人事安排,玉门油矿隶属于中国资源委员会,成为被官僚资本垄断的综合性石油企业。直到1949年9月25日,解放军解放了玉门油矿,结束了国民党政府对玉门油矿的控制。

如果说,战前河西地区的工业经济以私营轻工业为主,那么,战时新兴的工业则以国家资本垄断的重工业为主。战时国民政府通过把沿海工业迁到内地,给河西等内地工业的开发带来了机器设备、技术人员与管理人员,加上政府的资金支持,河西地区的工业开发能够短期勃兴,在一定程度上保证了战时战略物资的供应。而战后国民政府的回迁政策,使内迁工业企业的资金与设备得不到及时补

---

① 刘秉扬. 中国近代经济发展研究 [M]. 西安:西北大学出版社,1999:175.

充，许多工业企业开始萎缩甚至停产。

（二）战时河西工业的初步开发时间短，发展后劲严重不足，带有战时的虚假繁荣。

战时由于国民政府的资金支持和技术支持、人员支持，像玉门油矿这样的重工业企业属于资源委员会的官营企业，生产被官僚资本垄断。而由民族资本控制的民用工业规模小，生产方式仍然以落后的手工方式为主，生产能力弱。因此，近代的官办工业只应战时之需，没有起到开发河西、繁荣河西经济的积极作用，河西地区的社会经济仍然以传统的农牧业为主，人民的生活没有多大起色。1948年8月，《西北日报》以《河西十日》连续报道河西人民悲惨的生活遭遇。酒泉的公职人员月薪仅为1000元金圆券，仅能购买20斤面粉。1948年山丹农民所受的高利贷盘剥非常繁重，春耕时借地主1石小麦，秋收后要还4石小麦。国民党的战时开发政策的成效不明显，其内战政策直接导致了河西社会经济濒临破产。

抗战胜利以后，甘肃省出现财政危机，引起物价飞涨，通货膨胀。"1947年7月，甘肃省政府公布1947年的预算，岁入为49亿元，支出为242亿元，赤字193亿元"。① "从1947年到1949年的甘肃财政有一个很显著的特点：总收入不到总支出的10%。财政的90%到97%都需要中央补助。"② 为了挽救政府的财政危机，蒋介石于1948年8月19日颁布《财政经济紧急处分令》，进行货币改革，公开以金圆券取代法币，禁止法币、黄金、白银、外币在市场上流通，限期到银行兑换使用。金圆券每元兑换法币300万元，黄金每市两兑金圆券200元，白银每市两兑金圆券3元，银币每元兑金圆券2元，美元每元兑金圆券4元。通过发行金圆券，人民手中的几亿元财富被政府赤裸裸地掠夺。随着金圆券发行数量的急剧增加，恶性通货膨胀弥漫全国，国民政府货币政策完全失去了民心，进一步加速了国民党统治的总崩溃。"据翁文灏1948年10月向立法院的报告中说，全国被强行收兑的金银外汇共值美金2亿元，其中，大部分是中产阶级的财产"。③ 金圆券迅速贬值，各地人民拒用金圆券的越来越多了。国民党货币政策的失败，加速了河西地区工业的破产，河西地区的工业经济在战时勃兴之后陷入一蹶不振的停滞状态。

（三）20世纪上半叶，时局动荡，落后的自然经济严重制约了近代河西工业的发展。

历史上，河西地区的社会经济以自然经济为主，以传统农牧业为基础，生产

---

① 丁焕章.甘肃近现代史［M］.兰州：兰州大学出版社，1989：535.
② 丁焕章.甘肃近现代史［M］.兰州：兰州大学出版社，1989：536.
③ 许纪霖，陈达凯.中国现代化史1800-1949：第一卷［M］.上海：学林出版社，2006：470.

方式单一粗放，农业生产容易受脆弱的自然与生态环境的制约与影响。"文献记载，祁连山区原有森林2000万亩，到新中国成立前只剩下200万亩，大量林木被砍伐，或当柴火或盖房屋"①，导致生态环境恶化，土壤沙化日益严重，农业生产效率大幅度下降。

在河西地区的社会经济中，自然经济所占比重大，落后的农牧经济严重制约了河西商品经济的发展，② 如敦煌是以农业经济为主的商埠，多为移民，有"兰州坊""秦州坊"。敦煌种植的鸦片，除销往平津外，还销往新疆。河西地区近代工业起步晚，发展缓慢，机械化程度极低，只有玉门油矿等少数属于被官僚资本主义垄断的近代机器工业，其余绝大多数的河西工业企业都是手工生产。

（四）地方军阀和封建地主的剥削与压榨，使近代河西的工业经济一直落后萧条。

1935年，范长江目睹河西各地普遍种植鸦片以及烟毒泛滥祸害百姓的情景。他看到从东乐至张掖的途中，所经过的集镇，都有"民药局"，即售卖鸦片的店铺。他通过揭露烟毒泛滥和吏治腐败，剖析了"金张掖的破产"和"酒泉走向地狱中"的必然性。"张掖的街市建筑远在徐州之上。……宽宽的马路上却没有多少商业的来往"。③ "建设这个，建设那个，向民间摊的款项和物料，我们也无法统计。……钱粮赋税，各地都有，……我们只就烟亩罚款一项来说，已经使张掖农民非走到破产的道路不可。""甘肃省政府财政厅规定要张掖缴每年将近二十万的'烟亩罚款'，不管你种烟不种烟，政府非要这笔款子不可。""每年二十万元担在十万人（当时张掖人口大约十万）身上，每人每年两元。"许多人没有地也没有种烟，仍然要缴纳"烟亩罚款"，征收"烟亩罚款"的目的不是"禁烟"而是"筹款"。地方掌权的绅士占有大量的上等良田，却上报为"荒田"避税，60%~70%的田赋却由贫苦老百姓承担。高台县的农民请求政府"自动禁种鸦片，不再缴那种害怕的'烟亩罚款'，然而却没有允许"。④ 政府"强力榨取"，县长收款可以收取5%的提成作为报酬，农民被迫借高利贷，或缴2000文铜圆，或缴不起被活活打死。"高利贷是河西的普遍现象。"⑤ 张掖的高利贷"借现金者，百分之五十的利率为最轻；借鸦片者，百分之三百；借粮食者，百分之百"。"闻某君在张掖做

---

① 吴廷桢，郭厚安．河西开发史研究［M］．兰州：甘肃教育出版社，1996：488.
② 吴廷桢，郭厚安．河西开发史研究［M］．兰州：甘肃教育出版社，1996：488.
③ 范长江．中国的西北角［M］．天津：天津大公报馆，1937：197.
④ 范长江．中国的西北角［M］．天津：天津大公报馆，1937：201.
⑤ 范长江．中国的西北角［M］．天津：天津大公报馆，1937：208.

县长三年，括去民膏七八万之多。"① "临泽县的农民每年也要出六万元的'烟亩罚款'，各方军队在这里提取拨款的。"② 河西农民"被无比其多的公款逼得无法，……借高利贷十九都要破产。"③

在酒泉，"尽管是新年时候，街上随处可以看到十岁以下无衣裤全身污泥的乞丐儿童"，"哀声震动全城" "酒泉和张掖一样，农民大的出产，全靠鸦片，……"④

敦煌的烟毒和张掖、酒泉没有什么两样，"据当地禁烟善后局里负责人说，城里已经登记的烟膏'营业处'共有四十家，其他还有客籍商人直接到乡间去收买烟土"⑤ 以后转运平、津、包头、绥远等地。

河西地区的农民还要向军人缴纳"官土"，即"官家要的烟土也"。"官土"的价格由官定，比市价低很多，而官只给一半的价格，再经由甲长、保长层层盘剥以后，到种烟的农民手里的钱已经所剩无几了。"官土"被军人运到绥远销售，逃脱了普通商人需要缴纳的"烟土税"，往往军队收缴"烟土"不要烟要现款，烟价比市价高出二三倍，从而获得更高的利润。"闻安西全年收入不到两万元，这一次（军队）'拨款'就是两万四千元，其他的拨款还不算。"这导致安西农民陷于破产的境地。安西"民生之痛苦与政治之黑暗，为黑暗的河西之第一黑暗的地方，绅士与地方官互相勾结，鱼肉乡民。"⑥

河西农民不堪重负，纷纷逃亡，造成了大量耕地荒芜。鸦片与烟毒造成了粮食减少播种，大量减产，也影响了工商业经济的发展。

（五）战时落后的河西交通、教育、科技，成为制约河西近代工业发展的瓶颈。

近代甘肃交通落后闭塞。战前河西地区主要依靠大车道上的畜力运输货物，抗战时期公路建设才正式起步，1931年以后修建的西兰公路因路况太差，被时人戏为"稀烂公路"。⑦ 抗战时期修建的甘新公路由于缺乏养护，时断时通，远不能满足战时物资运输的需要。甘肃省的公路建设速度非常缓慢，1932年、1934年、

---

① 范长江. 中国的西北角 [M]. 天津：天津大公报馆，1937：202-203.
② 范长江. 中国的西北角 [M]. 天津：天津大公报馆，1937：206.
③ 范长江. 中国的西北角 [M]. 天津：天津大公报馆，1937：228.
④ 范长江. 中国的西北角 [M]. 天津：天津大公报馆，1937：224-225.
⑤ 明驼. 河西见闻记 [M]. 上海：上海中华书局，1934：23.
⑥ 范长江. 中国的西北角 [M]. 天津：天津大公报馆，1937：238-239.
⑦ 真的"开发西北"与"西兰公路" [J]. 新青海. 1936, 4（1-2合刊）.

1935年、1937年里程分别为：464公里、1353公里、2879公里、3739公里。①

近代甘肃教育也非常落后。清代，包括甘肃在内的西北所有考生要千里迢迢到西安贡院应试，一直到1902年，陕甘总督崧蕃在兰州设立甘肃大学堂，不久还设立了新式武备学堂。1903年，陕甘总督崧蕃在兰州创办"文科高等学堂"，标志着近代甘肃教育的开始。1909年，出现了包括初、中、高等教育、职业教育、师范教育的雏形。

抗日战争全面爆发以前，甘肃仅有一所高等院校——甘肃书院。抗日战争全面爆发以后，随着东部高校的内迁，甘肃书院得以扩建与发展，开始培养制革、农林、水利、纺织、工程、矿冶、畜牧、兽医等各类专业人才。

国民政府实施战时教育政策，国立河西中学和国立肃州师范先后建立起来，河西教育出现了小学教育、中等教育、女子教育、民族教育等门类。"到1938年底，张掖地区全区有民众学校12所，其中张掖县5所、山丹县1所、民乐县3所、临泽县1所、高台县2所。到民国二十九年（1940年）全区民众学校、民众补习班均发展到一定规模，仅临泽县就有民众文化补习班177个，受教民众达3683人。"②

民国二十七年（1938年）玉门初等小学由28所增加到33所，高等完全小学保持3所，教师增加至50名，在校生达930人。③ 根据民国三十六年（1947年）2月出版的《甘肃统计年鉴》记载：民国三十五年（1946年）张掖地区各县已有大学生129人，初、高中毕业、肄业2958人，在校生538人。④

但是，由于抗战时期时局动荡，河西教育的发展十分缓慢，教育经费严重不足，教师师资质量与数量都无法保证。"据1941年肃州（今酒泉地区）所属七县统计，共有小学165所，约210个班级，以每级两人计需教员430多人，而服务于各县教育界的师范学校毕业生不过数百人，大多数初级小学及短期小学教员，均由高小毕业生或略识文字者充任。"⑤

科学技术是第一生产力。近代落后的教育迟滞了科学技术人员的培养，严重妨碍了河西工业经济的开发与发展。

最后，需要肯定的是，由于国民政府开发西北战略构想的实施，使抗日战争

---

① 张用建. 艰难的变迁：抗战前十年中国西部工业发展研究 [D]. 成都：四川大学，2003：122.
② 甘肃省张掖地区教育委员会. 张掖地区教育志 [M]. 兰州：甘肃文化出版社，1998：286.
③ 玉门市地方志编纂委员会. 玉门市志 [M]. 北京：新华出版社，1991：582.
④ 甘肃省张掖地区教育委员会. 张掖地区教育志 [M]. 兰州：甘肃文化出版社，1998：158.
⑤ 中国地方教育史研究编委会. 甘肃教育史 [M]. 兰州：甘肃人民出版社，2002：501.

时期成为河西等内地工业的大发展时期。国民政府开发河西早在抗战以前就开始酝酿。全面抗战爆发后，河西也成为抗日总后方，以玉门油矿业为代表，战时河西地区的工业迎来了一次勃兴，为打破日本的经济封锁、支持长期抗战、争取抗战胜利做出了不可磨灭的贡献。战后随着政府的回迁政策，河西地区工业开发的活动也停顿了下来，不久内战爆发，河西地区的社会经济再次陷入低谷。

第四章

近代河西工业经济研究

第一节 近代河西工业经济的特点

近代以来，河西地区仍然是一个落后的农牧业地区。自 19 世纪末左宗棠初创近代河西工业起，至 1949 年中华人民共和国成立以前，历经清末"新政"时期甘肃农工商矿总局总办彭英甲在河西创办工矿企业试点，再到南京国民政府集中对河西工业经济进行开发与建设（包括战后虽然趋于萧条），这个时期是河西经济由传统农业文明转型到工业文明的重要阶段，河西地区近代机器工业由无到有，出现了短暂的繁荣局面，初步形成了一定的工业体系。

但是，由于近代以来时局动荡，中国历经清末政府、北洋政府、南京国民政府的统治，战乱不断，再加上帝国主义的侵略，与传统自然经济主导下的落后生产力的制约，河西近代工业经济的发展非常迟缓，并且呈现以下带有时代局限的鲜明特点：

一、开发目的以军事目的为主，经济目的为次，带有明显的军事性特点

河西地区自古以来就是多民族聚居地区，又是古丝绸之路和欧亚大陆的主要通道，具有重要的军事战略地位。从 1872 年左宗棠初步开发起到 20 世纪 30—40 年代国民政府开发河西，近代河西地区工业经济的每次开发建设都是从安定边境、巩固国防入手，强调开发建设的军事战略意义，都是出于军事目的而非经济目的。

陕甘总督左宗棠在甘肃和河西生产军火和粮食，修建陕甘驿道和甘新驿道，皆出于抗击阿古柏、收复新疆、巩固边防、开展军事斗争的需要。

民国历届政府对河西工业的开发，都着眼于军事工业。正如彭英甲主持创办甘肃造币厂的根本意图也在于"设厂造币，以济军用"①，也正如蒋介石所说"现代战争，无论装备给养，均需仰赖工业"②。

抗战时期，国民政府应战时军事物资运输之需发展交通运输业，以兰州为中心投资建设西兰公路、甘新公路、陇海铁路宝天段和航空线，使河西地区成为转运苏联援华军需品和国际贸易的主要通道。苏联援华的军需品绝大部分是经甘肃转运的。

国民政府在《西南西北工业建设计划》中明确战时重点发展军事工业的方针，提出凡是抗战所必需的重工业、关系民生的轻工业、战略物资必经的交通线路等，都要竭尽全力务必建成。所以，河西开发主要是出于军事目的，而不是促进社会经济发展的目的，更没有缩小东西部差距的考虑。国民政府仅仅着眼于支援抗战，没有长远的建设西北的系统规划。战后，河西工业很快失去了政府的资金支持和技术支持，生产与管理渐趋萧条。

二、短暂开发为主，缺乏长远规划，带有明显的短暂性特点

近代以来的历次工业经济的建设与开发都属于短期效益型，政府缺乏科学而持久的开发方案，作为挽救危亡的权宜之计和短期应变行为，当危机过去，就会出现停滞和回落。

近代历届政府对河西的几次开发，都是从安定边疆或巩固国防的角度出发，很少从经济建设的角度来通盘考虑。左宗棠为了巩固边防，重点开发军事工业。为了平定陕甘回民事变，左宗棠创办了兰州制造局，主要生产枪炮，所造"大炮开花子，攻克肃州，即得其助。用开花子至二千四百余枚，若非当时设局自造，必至匮乏不能应手"。③ 左宗棠在信中说："弟处有粤人仿制布（即德国）炮及标针快响枪，俄人亦报赞之。昨次攻拔古牧地，深得其力。"④ 阿古柏叛乱平定后，沙俄仍然占据中国的伊犁。兰州制造局直到伊犁收回之后的1882年停办。

清政府着眼于解决短期危机，一旦危机解除，左宗棠即被调离，兰州制造局和甘肃织呢局就相继停产。1925年以后，国民军到达甘肃恢复重建兰州制造局，短短几年以后，随着国民军离开甘肃，"二局""业务萧条"，再次"陷于停顿"。⑤

20世纪30年代以后，尤其是抗日战争全面爆发以后，日本帝国主义的侵略不

---

① 李清凌. 甘肃经济史[M]. 兰州：兰州大学出版社，1996：166.
② 蒋介石. 在生产会议上的讲话[M]. 兰州：东方杂志，1939. 第36卷12号.
③ 孙毓棠. 中国近代工业史资料：第1辑[M]. 北京：科学出版社，1957：445.
④ 孙毓棠. 中国近代工业史资料：第1辑[M]. 北京：科学出版社，1957：447.
⑤ 《甘肃省机械工业志》编辑室. 甘肃省机械工业志[M]. 兰州：兰州大学出版社，1989：6.

断加剧，国民党不得不制定"以军需工业为中心"的战时工业发展方针，《西南西北工业建设计划》明确提出要全力以赴开发西南和西北，发展抗战需要的重工业、轻工业、交通运输业等。

中国依赖从海外进口石油的通道被日本帝国主义切断，为了解决战争期间石油的供给问题，资源委员会组织地质部门通过地质考查与勘探，发现河西走廊的石油、煤矿等资源丰富，于是开发河西成为政府的必然选择。国民政府开始勘探开发玉门油矿，"从1941年玉门油矿正式开采到1945年五年期间，该矿共生产原油2.6万多吨，生产加工各类石油产品5万多吨"[①]。生产的煤油、柴油、擦枪油、粗机油、黄油等石油制品，既保证了战场上车辆的燃料使用，也保障了保养枪炮和机械的油料供应，还给河西及西北地区民间用油提供了保证。

而战后，"从1946年—1949年，除为了进行内战在陕甘宁边区外围抢修了几条公路外，再没修建一条铁路，甘肃的交通在这一时期基本上处于停顿状态。"[②]抗战胜利以后，随着工厂的回迁，多数工矿企业减产、停产或倒闭，艰难建立起来的工业经济出现停滞与回落。

因为开发目的从解决战时短期需要出发，没有开发河西的整体规划与持久打算，所以抗战胜利以后，出现了"人存政举，人亡政息"的情况。

三、工业开发以军事工业为主，民用工业为次，带有明显的局部性特点

从战时河西工业建设的部门来看，基于战时的需要，以发展军用工业、交通业为主，民用工业为次，造成工业结构单一，只是根据战时需要进行了局部的开发。

清政府"新政"以后的几十年，河西近代工业并没有多大的起色。抗战时期，政府投资更占主导地位。政府把主要资金投向军事工业、能源工业、交通工业等重工业，轻工业的资金投入严重不足，主要依靠民间融资，加上民国军阀割据，各自为政，四分五裂的局面使开发资金也难以落实到位。

此外，抗战期间，沿海工厂内迁，为河西工业的发展带来了资金与技术力量，河西地区成为重要的抗战大后方和苏联援华物资的运输通道。河西各市县的民营手工业相应地有所发展。虽然工业生产合作社的生产方式仍以手工生产为主，规模狭小，在官办企业的夹缝中生存，却成为供应人民生产生活必需品不可忽视的力量。

四、以政府主导型开发为主，民间开发为次，带有明显的官办性特点

近代发展中国家的历史经验表明，政府是推动近代化的重要力量。首先，

---

① 李元卿. 玉门油矿的开发与国共合作［J］. 石油大学学报，2000（2）：37-39.
② 李元卿. 玉门油矿的开发与国共合作［J］. 石油大学学报，2000（2）：37-39.

从工业建设的资金来源看，近代河西工业都以政府力量推动为主，主要依靠政府投资和地方政府的财政筹款，民间融资很少。

民国以来，军阀割据，各自为政，四分五裂的局面使开发无法通盘考虑，少量投资资金也难以落实到位。国民政府对甘肃的开发主要是从全面抗战爆发以后开始的。20世纪30—40年代，中央资本在甘肃的主要企业中的投资可占80%左右。抗战时期政府投资更占主导地位。据中央银行经济研究处统计，1942年，甘肃97家工厂资本来源中，政府投资占72%。① 另据1946年甘肃建设厅统计，中央资本在甘肃的主要企业中的投资可占80%左右。

近代工业企业的资本严重不足。从1933年下半年起，国民政府为了抗战的需要而不得不给西北注入的建设资金，每月才有3万元，但甘肃建设厅实际能得到的不到十分之一。"因军队过多，所有全省的收入，单是供给军费，还苦不足"。② 甘肃省政府财政常年入不敷出，对河西工业发展的支持力度是微弱的。这既可以从甘肃省政府财政常年入不敷出的情况比照出结论（参表1），也可以从抗战前西部各省历年建设费和地方营业费在财政总支出中的比重（参表2）中看出来。

表1 抗战前甘肃省历年财政收支总表（万元）③

1932年			1933年			1934年			1935年			1936年		
收入	支出	不敷	收入	支出	不敷	收入	支出	不敷	收入	支出	不敷	收入	支出	不敷
579	623	44	657	579	—	884	772	—	995	989	—	850	849	—

表2 抗战前甘肃省历年建设费在财政总支出中的比重（万元）④

1932年			1933年			1934年			1935年			1936年		
总支出	建设支出	比重	总支出	建设支出	比重	总支出	建设支出	比重	总支出	建设支出	比重	总支出	建设支出	比重
623	14	2%	579	25	4%	772	43	6%	989	42	4%	849	17	2%

---

① 中央银行经济研究处．西北生产状况及改进办法［J］．经济情报丛刊16辑，1943（7）．
② 邵力子．开发西北与甘肃［J］．开发西北．1934，1（1）．
③ 张用建．艰难变迁：抗战前十年中国西部工业发展研究［D］．成都：四川大学，2003：133．
④ 张用建．艰难变迁：抗战前十年中国西部工业发展研究［D］．成都：四川大学，2003：135．

甘肃省政府财政多数年份收支相抵，入不敷出，极大地限定了工业开发的投资数额。可见，20世纪30年代，政府对工业发展所给予的财政支持是非常有限的。

河西工业的开发资金除了政府以外，能不能从银行获得支持呢？就全国范围来看，近代中国银行业的地区分布极不平衡。据复旦大学朱荫贵教授研究，到1937年，江浙两省拥有的银行数，总行90家，即占全国的一半多；分支行572家，也占三分之一强。① 就甘肃来说，抗战前的1925年只有一家银行，1934年没有，1936年只有4家分支行，1937年只有5家分支行。② 到抗战时期，河西地区只设有中央银行、中国银行、交通银行、农民银行四大银行的办事机构，操纵市场，套取河西人民手中的金银，扰乱金融秩序。河西地方政府为了保护自身利益，陆续成立了武威、酒泉、张掖等本地各县银行。银行投资，一般以买卖公债、为政府贴现等业务为主，较少直接投资近代工业。③ 从这个角度来讲，抗战前后银行业对河西工业的支持很少。如玉门山谷中的石油矿，漏孔共有7个，每个每日产生石油约185磅，"其质优于新疆所有者，惜无资本开采，见之者无不有货弃于地之感"。④

其次，从工业部门的管理模式和生产方式看，玉门油矿等使用机器生产的企业主要是官办企业。主要以封建衙门式的管理为主，无论资金、技术，还是产品用途，都离不开对官府的依附，带有明显的官办性特点。

洋务派代表左宗棠着眼于巩固边防和最大限度利用河西当地资源，因地制宜地开发，他提出"官办开其先，而商办承其后"，⑤ 他创办"二局"和整修陕甘、甘新驿道的钱多是来自军费或由政府筹措或向外国借款。这体现了左宗棠工业建设的思想是以官办为主、商办为辅，商办要向政府缴纳"岁课"。洋务运动期间出现的一批官督商办、官商合办的近代民用工业，只是官办工业的补充，只是拓宽了获取发展军事工业资本的渠道而已。封建"衙门式"的官办企业往往导致管理混乱，投入不足，生产亏损。

---

① 朱荫贵. 两次世界大战间的中国银行业[J]. 中国社会科学，2002（6）：174-189，208.

② 朱荫贵. 两次世界大战间的中国银行业[J]. 中国社会科学，2002（6）：174-189，208.

③ 杨志信. 四川银行业战前投资之分析与今后应采之投资途径[J]. 经济动员，1939，3（9）.

④ 董兆祥，满达人，魏世恩，等. 西北开发史料选辑：1930-1947[M]. 北京：经济科学出版社，1998：103.

⑤ 秦翰才. 左文襄公在西北[M]. 长沙：岳麓书社，1984：62.

近代历届政府在河西创办的工业开采规模小、机械化程度低，多数工业企业仍然是手工作坊式生产，管理与技术水平大大落后于内地，"以政代工""企业衙门化"的管理方式很普遍，根本无法提高生产效率。

五、建设水平低，开发规模小，呈现落后性特点

20世纪上半叶的民国时期，由于文化教育与科学技术极端落后，河西地区仍然是一块没有开发的处女地，河西地区所蕴藏的丰富的资源能源未能有效地开采挖潜，资源优势还没有表现出来。

河西地区资源能源丰富，但由于深受技术水平与资金短缺的制约，开发严重不足，建设水平低，产量极其有限。如"甘肃西北区之祁连山、贺兰山，如高台、敦煌、榆中等处，均曾有金矿发现，且均经开采，惟（唯）因系土法，一掘见水，即须抛弃，无水者，亦无若（任）何成绩。缘产量极有限"。[①]

再如在祁连山北麓永昌县、玉门、敦煌、酒泉一带皆有石油，"油苗甚旺，迄尚未凿井开采，土人就泉沉处挖窟采取，年可产二万斤。其贮藏之丰，就此一端，已可概见"。[②]

针对矿产资源开发毫无成效的现状，有识之士提出了具有真知灼见的开采意见和方案："目前开发西北问题，不但对于商业之振兴，即矿产之开采，尤为当务之急。然以此项重要问题，非赖政府与地方人民以政治经济力量，并技术与劳力以组合，设立各种大规模矿务公司，并由政府设开矿局以总其成，计划一切进行方法，投资开办，购置机器，竭力经营，则埋藏于地中富源，一变为世界倾销之特产，不但挽回漏卮厄，庶几于国计民生经济之发达，为无限量。"[③]

抗战时期，国民政府开发河西、修建甘新公路、开发玉门油矿，极大地振奋了人心。当时的有识之士设想"如将来铁道完成，交通便利，此油（玉门石油）为西北最大之需要品，如政府投资开采，不但供给国内之需要，亦可杜塞漏卮，挽回利权，振兴实业之裨益也。"[④] 事实上，无论甘新公路的修建，还是玉门油矿的开采，都毫不例外地采用封建衙门式的管理方式，甘新公路修建耗

---

① 董兆祥，满达人，魏世恩，等．西北开发史料选辑：1930-1947 [M]．北京：经济科学出版社，1998：102．

② 董兆祥，满达人，魏世恩，等．西北开发史料选辑：1930-1947 [M]．北京：经济科学出版社，1998：107．

③ 董兆祥，满达人，魏世恩，等．西北开发史料选辑：1930-1947 [M]．北京：经济科学出版社，1998：112．

④ 董兆祥，满达人，魏世恩，等．西北开发史料选辑：1930-1947 [M]．北京：经济科学出版社，1998：114．

时长、技术水平低、缺乏养护。1937年秋，政府拨款180万修建甘新公路，直到1940年才完工。① 这和当时有识之士设想的开发结果大相径庭。

第二节 近代河西工业发展的限制因素

河西地区具有机器生产的近代工业发轫于19世纪80年代的洋务运动时期，起步较早，但不是主流，主流仍然是手工工业，故而河西工业生产落后，机械化程度较低，主要以民用工业和轻工业为主要部门，重工业等新兴工业数量较少，发展缓慢。

中国近代处于新旧时局的转型时期，历届中央政府对地方的控制力都很虚弱，政府的开发多受地方军阀和官僚地主的牵制，开发政策缺乏监督与保障，加上河西地区地域偏僻、科技与教育落后、社会观念闭塞、河西工业经济的发展存在很大的局限性，这种局限性按照新发展经济学的说法，叫"工业化的限制因素，"即"那些对工业化的发动和演进过程起阻碍或制约作用的因素。"② 可以说，近代河西工业经济落后，既是近代历届统治者腐败的政治经济政策导致的必然结果，也和近代战乱频繁的时局有关。近代的时代局限决定了河西工业的开发与发展不可避免地要面临一系列限制性因素。

一、近代政局动荡，地方军阀腐败贪婪，以权谋私，极大地妨碍了近代河西地区工业经济的发展

首先，发行国债，强迫地方政府和工商业者认购。

北洋政府为了搜刮军费，不断发行国债，大大加重了地方政府和工商业者的负担。"民国八年，北洋政府第四次发行公债，连同民国三、四、五年三次共分配甘肃110余万元，本年甘肃督军张广建加发甘肃短期公债80万元，实发200余万元"。③ 强迫各地工商业者认购。

国民党在官僚资本的积累上对河西人民的掠夺也数不胜数。如1938年，孔祥熙在张掖设立的乾沅商行在张掖欺行霸市，收购皮毛，经过粗加工销往内地，或囤积居奇，谋取暴利，许多皮毛商被挤垮破产，甚至自杀。之后的扬子公司

---

① 周述实. 中国西部概览：甘肃卷 [M]. 北京：民族出版社，2000：98.
② 张培刚. 新发展经济学 [M]. 郑州：河南人民出版社，1992：151.
③ 中国人民政治协商会议，张掖市委员会文史资料委员会. 张掖文史资料：第四辑 [C]. 张掖：张掖地区河西印刷厂，1994：84.

是四大家族在张掖设立的专门收购药材、棉花、肠衣的公司，也采取低价收购，再向内地高价销售的手段牟利。还有其他驻河西各地的国民党军政要员纷纷在河西开店铺，利用权势敲诈河西人民。

地方军阀马步芳也在张掖设立实业公司，韩起功在张掖设立富华公司，都低价收购地方特产，运往外地销售。1946—1947年韩起功将收购的甘草强行卖给商行，一次性搜刮银元（圆）15000元。①

其次，河西人民被迫承担名目繁多的农业税。

民国初年，河西地区在农业税方面沿袭清代旧制，河西地区田地分为三类，即屯地、科地、旱地，征收分粮、草束、地丁银三种。② 有史料称："到民国十三年（1924年），各种摊派超过了田亩正赋的10倍以上。"③

1930年10月，西北军阀马仲英占据张掖，田赋征收进一步增加。同时，军阀地主兼并大量土地，导致民不聊生。《敦煌县志》记载"富者种十余分地及五六分不等，贫者或一分而析为五厘，或析为七厘五厘，或析为二厘五毫，其余并一厘之地而无之，为人佣工，日计其值，以养妻子。"④

再次，名目繁多的烟税、统税、消费税等，使河西人民不堪重负。

1915年，北洋政府公布《商会法》以后，"开征验契税、屠宰税、印花税、烟酒公卖税、农具税、茶捐、鸦片过境税"。⑤

烟税始终是河西人民的一项沉重的经济负担。鸦片从清道光年间传入甘肃，在河西地区的张掖、武威等地大量种植，除了供当地吸食者以外，鸦片还远销蒙古、天津等地。民国建立以后，甘肃的历届政府为了搜刮民财，对河西各地的鸦片种植与贸易活动采取了放任自流的政策。张广建、陆洪涛统治甘肃时，强迫农民种植鸦片，征收"烟亩罚款"，没有种植鸦片的农民要向政府缴纳"无烟亩罚款"。仅"1924年张掖鸦片税收额为40万银圆，其中40%上缴省上，

---

① 中国人民政治协商会议，张掖市委员会文史资料委员会. 张掖文史资料：第四辑[C]. 张掖：张掖地区河西印刷厂，1994：31.
② 中国人民政治协商会议，张掖市委员会文史资料委员会. 张掖文史资料：第四辑[C]. 张掖：张掖地区河西印刷厂，1994：84.
③ 中国人民政治协商会议，张掖市委员会文史资料委员会. 张掖文史资料：第四辑[C]. 张掖：张掖地区河西印刷厂，1994：138.
④ （清）苏履吉等. 敦煌县志：卷二[M]. 清道光十一年刊本.
⑤ 中国人民政治协商会议，张掖市委员会文史资料委员会. 张掖文史资料：第四辑[C]. 张掖：张掖地区河西印刷厂，1994：84.

60%用于张掖驻军费用，外加8%所谓'维持费'（约3.2万多元），用作县政府费用。"①

1925年，冯玉祥的国民军进入甘肃后，积极扩军备战，军阀混战，军费猛增，不仅发行西北军流通券，强迫流通使用，还增加田亩税赋，田赋之外的附加税和各种摊派逐年增加。

1931年，军阀马步芳部占领河西以后，除了向农民按亩征收鸦片税以外，还向工商业者征收鸦片税，导致农业凋敝，工商业破产。如武威"毒害所至，贫弱随之，典当即尽，不恤鬻卖妻女，于是贩卖人口之风，遂亦特甚。"②

1930年中原大战期间，冯玉祥的西北军开征商税，日用品的统捐税税率附加三成。抗战全面爆发以后，甘肃省政府下令河西各地区禁种鸦片，但民间仍然有以"特种行业公会"的招牌进行经营的情况。1938年（民国二十七年），国民党借口抗战需要，开征战时消费税。直到新中国成立以后，人民政府下决心禁烟禁毒，河西各地的烟毒问题才最终得以禁绝。

最后，马家军阀巧取豪夺，各种盘剥层出不穷。

盘踞在河西地区的马家军阀贪得无厌，追求享乐。马步芳进驻武威时，于1934年创办了武威电厂，③仅仅为了满足"自己的豪华享受"。

河西人民所受的高利贷盘剥也非常苛重。"民国二十七年（1938年），马步青在山丹县以3000银元（圆）贷放农村，歇后索取粮食，再行贷放，年利达50%以上。"④"民国期间，张掖城内80%以上的商号、货栈在经营本身业务的同时施放高利贷，月息一般按本金的10%计收。……据《新修张掖县志》记载：民国二十六年（1937年），张掖高利贷者不到一年就盘剥银元（圆）20万。"⑤

抗战期间，马家军阀发行货币，向河西人民征收的苛捐杂税多达三十几种，百姓生活极端困苦。当时张掖农民负担的苛捐杂税除了田赋、摊派及各种捐税以外，还要向军队缴纳"官土"（即鸦片烟）。为了这些负担，农民被迫借高利贷，结果负债累累，无法偿还债务者，被迫卖儿鬻女。参考下表中所列1935年

---

① 中国人民政治协商会议，张掖市委员会文史资料委员会．张掖文史资料：第四辑[C]．张掖：张掖地区河西印刷厂，1994：95．
② 林竞．蒙新甘宁考察记[M]．兰州：甘肃人民出版社，2003：120-121．
③ 中共甘肃省委工业处交通工作部新志办公室．甘肃省新志：工业志[M]．兰州：工业志编委会，1959：231．
④ 中国人民政治协商会议，张掖市委员会文史资料委员会．张掖文史资料：第一辑[G]．张掖：张掖地区河西印刷厂，1988：139．
⑤ 中国人民政治协商会议，张掖市委员会文史资料委员会．张掖文史资料：第一辑[G]．张掖：张掖地区河西印刷厂，1988：139．

河西人民的负债情况。

1935年甘肃省河西六县农民负债率统计表①

县别	临泽	民勤	酒泉	张掖	民乐	武威
负债率（%）	50	18	80	60	80	70

考察了西北、目睹了西北人民生活惨状的《大公报》记者范长江在其所著的《中国的西北角》中描写了税种繁多，百姓被苛捐杂税压迫得喘不过气的惨状。1936年，他报道："政府一定要钱，农民没有，那只好促进高利贷的产生了。农民最困难的时期是春天。张掖情形：一、二、三月借账大约是这样的利息：1、现金：百分之五十的利息为最轻者；2、鸦片：百分之三百；3、粮食：百分之百"。②

二、国民政府的财政危机，导致通货膨胀，物价飞涨，民不聊生

由于战乱频繁、财政困难，国民政府先后进行了三次币制改革。1933年的废两改元政策，引起了通货不足，许多工商企业因为资金周转问题纷纷倒闭，引发了一场"白银风潮"。1935年国民党发行法币，废除了银本位制，开始强制发行纸币，法币作为流通的主币，结果掠夺了人民手中的"硬通货币"等财产，导致物价飞涨（如下图所示）法币购买力逐年降低。

法币购买力变化表③

时间	法币额	购买力（金圆券以1：300万元换算为法币）
1937年	100元	可购买耕牛2头
1945年	100元	可购买鸡蛋2个
1946年	100元	可购买1/6块肥皂
1947年	100元	可购买煤球1个
1948年	100元	可购买1/5两大米
1949年	100元	可购买1/500000两大米

---

① 刘强. 二十世纪三四十年代河西开发主张与实践研究[D]. 兰州：兰州大学，2010：9.
② 中国人民政治协商会议，张掖市委员会文史资料委员会. 张掖文史资料：第一辑[G]. 张掖：张掖地区河西印刷厂，1988：133.
③ 中国人民政治协商会议，张掖市委员会文史资料委员会. 张掖文史资料：第四辑[C]. 张掖：张掖地区河西印刷厂，1994：92.

战后，随着国民党的内战政策的推行，国统区的财政经济危机日益加剧，蒋经国推出的"黄金救市"方案最终也归于失败。1948年，国民党开始发行纸币金圆券，再次导致更加严重的通货膨胀，物价飞涨，国民党的财政经济面临总崩溃。为了挽救危机，国民党政府从1948年开始对农业税实行"征一借一"，即提前预征1949年的农业税，进一步加重了百姓的负担。

在这种财政经济政策的影响下，河西地区的工农业经济也出现民国以来的最低点。正如甘肃矿业公司对战后经营惨状的描述："本公司自开办以来即气息奄奄，萎靡不振。考其原因，厥有数端"，"其一资本太少，不敷分配，同时要开办各矿，杯水车薪，何济于事"；其二是"物价百涨，增认各股，观望不交"；其三合股各方"立场各异，矛盾百出"，"凡遇困难，彼此观望，皆不积极援助。"①

三、河西地区深居西北内陆腹地，交通与技术落后，社会观念闭塞，对新事物有较强的排斥性，在一定程度上妨碍了工业经济的开发与建设

近代，西北乃至河西地区社会环境的最大症结是交通落后，由交通落后导致信息闭塞，科技落后。顾毓琼在《工业化的途径》一文中提出："工业的发达，有两个必要的条件，一是工业原料的富有，一是生产工具和技术的具备"，但这两个条件中，第二个条件最为重要，可以弥补第一个条件的缺憾，"若是有了发达的生产工具和技术，即使工业原料不甚充足，工业的发达，并不因此而减退"。②依据这个观点，近代以来，河西地区的工业之所以落后，原因是多方面的，科学技术的落后就是其中重要的一项。对此，孙中山先生早就提出，在科学技术落后的西北地区，要开发工矿业、修建铁路，当务之急是发展教育、引进外资与人才，使自然资源得到最大化的开发。

20世纪初，孙中山设想通过发展交通，把兰州建成西北重要的交通中枢，借以开发当地资源，来改变西北的落后状态，提高防御外敌的实力。他的许多设想是正确的。但是，以孙中山为核心的资产阶级没有掌握国家政权，由于种种历史条件的限制，孙中山的许多设想未能实现。

郭维屏在《新西北》杂志中也谈及开发西北的先决条件是交通建设。他写道："开发西北之步骤，吾人认为第一应使交通便利，……盖交通不便，则一切

---

① 裴庚辛.1933-1945年甘肃经济建设研究[D].武汉：华中师范大学，2008：150.
② 顾毓琼.工业化的途径[J].中国实业，1935，1（1）.

人才及工具之运输均感困难，将使开发之工作无从着手，故非先修道路不可。"① 马鹤天不仅提出开发西北的先决条件是"交通问题"，还分析交通问题带来的诸多其他社会问题："便利交通，为开发西北的第一问题，否则无从着手。西北国防之空虚，政治文化之不进，经济之枯滞，产业之不振，民生之困弊，无不由此。……交通问题，有相当办法，其他问题，才可以有解决的希望。"②

1935年，赵元贞等有识之士认定祁连山有金矿，高台、敦煌等处属于金矿产地，建议仿效美国，开发西北矿业。他在开采金矿的计划中提出"必先施行探矿工作，明了真相，方能从事开采"；"甘青宁三省煤矿，质劣层薄，且限于交通，只能就地产销"。③

赵元贞提出开发西北矿产应注意的事项，包括交通、矿冶知识、专门人才等，提出"一面筹备开发西北矿产，一面要沟通运输机关"，"钢铁事业，须有大资本方能经营"，"西北要开发矿产，人才是不够用的"，"必须在西北适中的地方，设一高等矿冶教育学府，以便应用"。④ 其实，河西矿产资源的开发也面临以上种种困难。

甘肃及河西地区落后闭塞的思想观念与社会风气严重影响工业经济的开发。1890年甘肃大旱，老百姓归咎于甘肃电报局栽了电线杆，破坏了风水，便"聚议拔除"。抗战时期，兰州市政府曾在北山植树两百万株，结果兰州老百姓嘲讽北山戴了"绿帽子"。正如甘肃籍学生在北京创办的《新陇杂志》发刊词中一针见血地指出，甘肃落后的根源，难道不是因为交通不便而老百姓孤陋寡闻吗？现在老百姓被过时的孔孟学说和地方陋俗怪习所困，说到政治，就觉得只要按照尧舜那样去做，我们国家就可以富强文明了。像这样的痴人说梦，其实才是甘肃退步的原因。对其他方面比如婚丧嫁娶、女人缠足、巫术化的医疗方式等等繁文缛节，习以为常，还不知道它们的丑恶。⑤

交通落后导致信息闭塞，加上科技落后，严重制约了河西工业的开发与建

---

① 董兆祥，满达人，魏世恩，等. 西北开发史料选辑：1930-1947 [M]. 北京：经济科学出版社，1998：24.
② 董兆祥，满达人，魏世恩，等. 西北开发史料选辑：1930-1947 [M]. 北京：经济科学出版社，1998：25.
③ 董兆祥，满达人，魏世恩，等. 西北开发史料选辑：1930-1947 [M]. 北京：经济科学出版社，1998：88.
④ 董兆祥，满达人，魏世恩，等. 西北开发史料选辑：1930-1947 [M]. 北京：经济科学出版社，1998：91-93.
⑤ 新陇发刊词 [J]. 1919 (1).

设。如1940年张掖相继组织的4个土布生产合作社，由于设备落后，和进入张掖的中原产品相比质量太差，销售不畅，被迫于1948年停产。

四、河西近代工业企业多数来源于外迁，未能很好地与河西地区的资源特点与经济环境结合起来，缺乏因地制宜的开发与建设

左宗棠曾经设想利用河西地区的资源，因地制宜地发展羊毛制品加工业、种植桑棉，包含着惠利于民的民生主义思想，这是应予肯定的。他憧憬着创办兰州织呢局以后，既可以"甘人自享其利"，还可以把"所产羊毛""织成呢片"，"普销内地"。

孙中山针对甘肃河西地区丰富的羊毛资源与矿产资源的实际，也提出了因地制宜的设想。认为包括河西在内的西北地区资源丰富，如果"不能开采以为自用，以至由外国入口之煤油、汽油等年年增加，未免可惜"①。他有感于"羊毛工业从未见发达，每年由中国输出羊毛甚多，制为毛货，又复输入中国"②的现状，提出发展羊毛工业的必要性。按照孙中山的开发计划，近代河西地区应大力开发皮毛加工业和矿冶业。

抗战时期国民政府和有识之士看到了包括河西在内的西北地区畜牧业发达，矿产资源丰富，"盖其原料之蕴藏，俯拾即是，不愁发展之无固"，认为有利可图，主张进行开发利用。但是，遗憾的是，河西各地的资源未能被很好地开发利用，仅仅充当了一个"原料之供给地"而已。河西地区虽然盛产羊毛，却无法大批量加工制造羊毛制品，导致当地大量低价输出羊毛、棉花等原料，被外商或内地加工以后重新输入河西地区高价销售，这都是因为近代河西地区工业落后所致的恶性循环。因此，抗战时期，"西北与西南之工业，曾勃兴一时，但西北边陲尚未施以适当之经营，故现在西北之工业仍处于萌芽之时期，今后当利用西北固有之资源，举办切要之工业，以回国用之丰富，民生之充裕"③。

五、国家的政令不统一，缺乏有效政治制度的保障

近代中国时局动荡、战乱频繁，中央政府对地方军阀的控制力很弱，政府

---

① 广东省社会科学院历史研究室等. 孙中山全集：第六卷 [M]. 北京：中华书局，1985：391.

② 广东省社会科学院历史研究室等. 孙中山全集：第六卷 [M]. 北京：中华书局，1985：383.

③ 董兆祥，满达人，魏世恩，等. 西北开发史料选辑：1930-1947 [M]. 北京：经济科学出版社，1998：99-101.

对西北的开发建设多受地方军阀和官僚地主的牵制，这应是民国时期历届政府开发政策不能善始善终的根本原因。

民国以来，河西地区先后历经各类军阀的残暴统治，社会生产力遭到极大破坏，社会经济停滞倒退。

1925年，冯玉祥的国民军进入甘肃后，积极扩军备战，军阀混战，军费猛增，不仅发行西北军流通券，强迫流通使用，还增加田亩税赋，田赋之外的附加税和各种摊派逐年增加，加上1928年河西各地天灾横行不断，官吏趁机横征暴敛，加大剥削，百姓不堪重负。

国民政府成立以后，国家的政令、军令仍然不能统一。新军阀之间的战争越演越烈，国共两党之间的内战与分歧始终存在，国民党党内派系林立，斗争持续不断，国民党统治大陆的22年始终没有建立起高效的政治体制。政治是经济的集中表现，国民党通过掠夺人民，维护四大家族官僚资本垄断国家的经济命脉，腐败的政治制度成为近代中国实现工业化的巨大阻力。

六、连绵不断的自然灾害，导致土地荒芜，农业凋敝，工业开发被严重迟滞了

近代以来历届政府都忽略了保护生态环境的重要性。河西位于内陆腹地，干旱少雨，民国时期的河西地区几乎无年不灾，饥民遍地。尤其是民国十七年（1928年）、十八年（1929年），甘肃发生历史上罕见的特大旱灾，河西地区因为大旱"春不能下种，夏又亢旱，寸草不生，禾稼全枯。"[1]河西地区自然灾害频繁，人民依靠落后农业维系简单的生活，生存环境十分脆弱，每逢自然灾害就会造成社会动荡。积年累月的天灾人祸，使粮食几乎颗粒无收，人民生活十分贫困。正如1936年7月28日《大公报》的报道："目前全中国情形最紧迫之农民，首推甘青宁，青宁殆为全省，甘肃则河西最苦……"[2] "民国二十五年（1936年），旱情加重。《甘肃省民政厅工作公报》中报道：'山丹、张掖、临泽、高台等县，春夏大旱'，'民多失种，逃亡谋生者众'，'每日每人发四两炒面，情极惨悯。'"[3]

---

[1] 兰州文史资料研究委员会. 兰州文史资料选辑：第2辑[G].兰州：兰州大学出版社，1984：183.

[2] 中国人民政治协商会议，张掖市委员会文史资料委员会. 张掖文史资料：第一辑[G].张掖：张掖地区河西印刷厂，1988：131-132.

[3] 中国人民政治协商会议，张掖市委员会文史资料委员会. 张掖文史资料：第一辑[G].张掖：张掖地区河西印刷厂，1988：138.

由于天灾人祸的侵扰，河西耕地面积减少，农业经济凋敝不堪，工业开发与发展无从谈起，原有的工业也濒临破产。

七、自然经济对工业经济的制约作用

整个近代，河西地区仍然以落后的农牧业为主，自给自足的自然经济始终是河西社会经济的主体。自然经济对工业经济的开发存在一定的制约作用。自然经济条件下，"农民不但生产自己需要的农产品，而且生产自己需要的大部分手工业品。地主和贵族对于从农民剥削来的地租，也主要的是自己享用，而不用于交换。那时虽有交换的发展，但是在整个经济中不起决定的作用。"①

鸦片战争后，受资本主义经济的冲击，落后封闭的封建经济逐渐解体，但是，农业经济仍是我国的主体经济，设备简陋、效率低下的手工业生产仍是工业生产的主要生产方式。在河西永昌县，农民自己纺织毛褐和麻布做成衣物被褥，自己制造铁器、木器等生产用具，男耕女织，自产自用。"土布产量年可出1000匹，仅由乡民家庭消费；粗瓷器及陶器计年产22140件，均多普遍日常饮食用具，如碗盆缸罐；铁器如锐铲等农具，年产5580件；铜器如壶、盆年产2840件；粉条年产约数万斤。颇能自给无须外求。"②

民国年间，张掖家家户户都能够自纺自织，城郊村庄三分之一的家庭有织机，纺线织布很普遍。1944年，张掖土布的年产量达9万疋（读音同匹，每疋28—40尺，幅宽1—1.3尺）。③自然经济的特点就是农民依靠自给自足和自产自销，很少进行商品交换。农业经济严重妨碍了商品经济和工业经济的产生和发展。

20世纪上半叶，河西作为一个经济欠发达的农牧业地区，农业、个体手工业在社会经济结构中占绝对比重，大机器工业微乎其微。占社会经济主导地位的农业，生产力水平极其落后，人民群众长期处于饥饿半饥饿状态。由于自然的、经济的、历史的、社会的多种原因，河西社会经济落后萧条、兴衰不定。

综上所述，近代以来，河西工业始终难以发展，究其工业经济本身的原因，《甘肃之工业》一书总结的以下观点基本上是切中要害的。

"（一）政治摧残。抗战前，朝野人士漠视西北，盖以西北交通滞塞，政治黑暗，幼稚工业于此环境中，内受封建势力之摧残，外受帝国主义之压迫，不

---

① 毛泽东. 中国革命和中国共产党 [M] //毛泽东选集：第2卷. 北京：人民出版社，1991：623—624.
② 尚季芳. 西北近代工矿业开发述论 [D]. 兰州：西北师范大学，2002：32.
③ 甘肃省张掖市经济委员会. 张掖工业志 [M]. 北京：中国城市出版社，1993：23.

克利用低贱原料与人工而图发展，殊为可惜。

"（二）经济落后。振兴实业，扶持产业，务先经济组织健全，始克促进发展。但昔旧之西北，经济落后，资本缺乏，运输梗阻，原料失调，在资金原料未能适当配合，产品复不能畅销情况下，工业绝无从发展。

"（三）工业本质虚弱。健全工业，必须健全其组织，使生产技术与生产工具科学化，始能增进工作效率，减低生产成本，货运畅达，利润优厚，促进工业发展。然兰州市工业在抗战前，现代化之科学工业、技术人才均感缺乏，在简单不合理之组织下，欲图机器工业发展，戛乎难矣。"[1]

此外，笔者补充认为，在落后的河西地区，开发工业经济离不开政府的投资与扶持。从近代以来河西工业的起步和发展来看，政府在工业化进程中的作用至关重要。发展经济学理论提出，发展中国家实现工业化必须要依靠政府，包括政府推行的工业化政策，以及为开发工业提供的资金支持与技术支持。

应该看到，抗战时期，表面繁荣的河西工业经济仍旧处于起步阶段，河西工业的技术与设备落后、科技管理人才缺乏。短暂勃兴的工业背后隐藏的是政府财政支持严重不足、交通建设远远不能适应工业发展的需要等限制性因素。

近代以来，开发西北，建设甘肃及河西，应该是历届政府维护西北边疆安全的重要选择。然而，由于近代政局动荡，战乱频繁，生产力落后，历届政府开发西北的政策局限性很大。"在一个半殖民地，半封建的，分裂的中国里，要想发展工业，建设国防，福利人民，求得国家的富强，多少年来多少人做过这种梦，但是一概幻灭了。"[2] 归根结底，是因为国家的独立、民主和统一，是实现工业化的重要前提，否则，任何工业开发都只会昙花一现。

值得肯定的是，经过三次对河西地区工业经济的开发建设，河西地区具有近代化意义的工业已经起步。在河西地区这块偏僻落后的内陆地区出现了玉门油矿等这样的近代工业企业，提高了河西地区在全国的影响力，促进了河西地区的社会风气从闭塞走向开化，也为新中国成立以后，河西地区社会主义工业经济的建设与发展奠定了基础。

---

[1] 王树基. 甘肃之工业 [M]. 兰州：甘肃省银行总行出版，1944：205.
[2] 毛泽东. 论联合政府 [M] //毛泽东选集：第3卷. 北京：人民出版社，1991：1080.

第二编　河西现代工业的建设与发展

河西地处内陆，交通不便，1949年的河西社会经济仍然以农业经济为主，只有少量工业基础，工业门类少、结构不合理，工业生产与管理技术落后，真正意义上的现代工业尚未起步。河西地区除了玉门油矿、机器生产的纺织厂等极少的近代工业企业以外，多数为一些规模小、设备简陋的私营手工业作坊，生产规模较小，资本严重不足。由于资金稀缺，谈不上改进工具、扩大再生产。玉门油矿自1939年开采石油以来，"到1949年9月26日，玉门县和平解放之时，仅生产原油50万吨，汽油9.35万吨，煤油4万吨，柴油7000吨。"①

此外，1949年张掖和武威两个地区的工业总产值合计为298.66万元。② 1951年，金昌市的工农业总产值576万元，其中农业产值5485元，工业产值28万元。③ 河西地区的社会经济基本上以种植业和畜牧业为主，轻工业仅仅是一些手工加工业和制造业，如皮毛加工、铁农具加工、食品加工、陶器制造、油坊等，还有酿酒业，如民乐有两处烧坊（即酿造白酒的作坊），一家是始建于清末的"兴盛涌"，另外一家是"利源昌"，都有自己的酿酒设备和技术工人。重工业以小煤窑为主。

新中国成立后，迅速恢复国民经济，接着对私营工商业和手工业实行社会主义改造，河西地区才逐渐建立了一批现代工业企业，原来以农牧业为基础的经济结构才发生改变，这标志着河西现代工业开始起步。

---

① 沈镭. 河西走廊矿业城市资源多元化开发战略初探 [J]. 中国地质矿产经济，1995 (6).
② 吴廷桢，郭厚安. 河西开发史研究 [M]. 兰州：甘肃教育出版社，1996：513.
③ 金昌市地方志编纂委员会. 金昌市志 [M]. 北京：中国城市出版社，1995：114.

第五章
"一五"计划与河西现代工业的崛起

新中国成立以前,河西地区真正意义上的近代工业已经诞生。最著名的是抗战时期开发建成的玉门油矿,它是当时中国唯一的一家石油冶炼基地,还有依托玉门油矿建成的玉门石油机械厂是中国第一家石油机械厂。但是,1949年中华人民共和国成立以前,河西农业、畜牧业以及手工业生产部门在社会经济结构中所占比重大,大机器工业微乎其微,传统手工业维持着简单的生活资料和生产资料的生产,规模小、技术落后。

1949年10月中华人民共和国宣告成立以后,随着新民主主义国家制度的建立,中央人民政府制定了把中国由落后农业国转变为先进工业国的奋斗目标,努力把经济建设放在各项工作的首位,通过大规模的土地改革运动迅速恢复了农业生产,人民生活得到初步改善,河西地区也获得政治上的解放。随着全国大规模经济建设的开始,在河西,除完成玉门油矿的改造、扩建外,先后兴建了酒泉钢铁公司、金川有色金属公司、796厂等现代化大型金属冶炼企业。揭开了河西地区工业发展史上崭新的一页。

第一节 新中国社会主义工业化的开端

1949年中华人民共和国在成立初期,仍然是一个经济文化十分落后的农业大国,工业建设的物质基础与技术基础十分薄弱,旧中国的近代工业主要集中在沿海地区与东北少数城市,沿海与内地工业布局极不合理,沿海工业与内地工业的产值比重为77.6%:22.4%。全国工业总产值140亿元,重工业总值仅为37亿元,轻、重工业比重为73.6:26.4。[①] 新中国成立之初,中国的工业基础

---

① 刘毓汉. 当代中国的甘肃:上卷[M]. 北京:当代中国出版社,1991:36-38.

十分薄弱，工业结构中轻工业比重远远大于重工业，关系尖端国防技术的重工业几乎等于零。

新中国在成立的最初三年（1949-1952年），通过全国性的土地改革，彻底废除了中国历史上持续几千年的封建地主土地所有制，实行农民土地私有制，解放了农村生产力；没收了旧中国遗留下来的官僚资本，代之而起的是社会主义国营经济的建立及其领导地位的确立；废除了国民党时期的通货膨胀政策，物价迅速稳定下来。在人民政府的领导下，国民经济得到迅速恢复和发展。

1949年至1952年底，河西地区的工农业生产开始恢复和发展。河西地区的土改运动于1951年9月正式开始，到1952年6月底基本完成。"1952年，由于互助组发挥了作用，整个河西播种时间比往年缩短了将近十天，在当年干旱少雨的情况下，粮食总产比1951年提高了18.74%。"① 1955年，河西基本上实现了初级农业合作化。

武威地区的城乡个体手工业户数从1950年的775户增加到1952年的1343户，从业人员2396人，资金总额41.21万元，产值412万元，比1949年增加了35.9倍，占同期工业总产值的90.95%。②

"1952年，武威地区铁器手工业者成立了第一个手工业合作社——武威东关农具生产合作社。1955年，武威地区的手工业合作社发展到6个，生产小组15个。当年私营工业有纺织业3户、毛鞋业2户、木器业1户、印刷业2户、制糖业1户、榨油业1户、铁器业1户，每户一般有工人2—3人。在私营工业的社会主义改造中，这些私营企业加入手工业生产合作社，实现了公私合营。1957年底，全县手工业生产合作社达到31个，生产合作小组16个，社员1634人，组员523人，工业总产值765万元，比1953年的17万元（新币）提高了44.7倍。"③

从1953年起，中共中央与毛泽东提出了新中国经济建设的目标是建立自己的独立、完整的工业体系，实现社会主义工业化，把中国由一个落后的农业国转变成一个富强的工业国。1953年9月，周恩来在全国政协扩大会议上指出："不实现工业化，国家就不能完全独立"，"如果工业不发展，已经独立了的国家甚至还可能变成人家的附庸国"。④

---

① 吴廷桢，郭厚安. 河西开发史研究[M]. 兰州：甘肃教育出版社，1996：503.
② 武威市市志编纂委员会. 武威市志[M]. 兰州：兰州大学出版社，1998：393.
③ 武威市市志编纂委员会. 武威市志[M]. 兰州：兰州大学出版社，1998：393.
④ 梁柱. 历史智慧的启迪：中华人民共和国若干历史经验研究[M]. 北京：北京大学出版社，1999：472-473.

随着国家大规模经济建设的全面恢复和展开，社会主义工业化和落后农业生产的矛盾日益突出，工业化要求农业提供更多的原料和粮食，工业品市场的形成也依赖于农业增加内部积累。毛泽东认识到"社会主义工业化是不能离开农业合作化而孤立地去进行的"。[1] 提出的过渡时期总路线明确规定，要在一个相当长的时间内基本上实现国家的社会主义工业化和对农业、手工业与资本主义工商业的社会主义改造。1953年大规模的经济建设全面展开了。

第二节 "一五"计划与河西现代工业的崛起

一、以重工业为基础的现代工业开始兴建

由于新中国面临帝国主义的军事包围和经济封锁，国际环境对新中国的建设构成严重威胁，所以，新中国出于国防建设的需要，也为了改变沿海工业与内地工业布局极不合理的状况，将第一个五年计划（1953—1957年）的建设重点放在苏联帮助中国设计的156个重点项目上，包括钢铁、冶金、机械、石油、化工、发电、医药等工业项目，将工业布局的重点放在内地。通过"一五"计划形成了石油、煤矿、钢铁、电力、有色金属工业、化学工业等等重工业部门，相应地发展轻工业和农业，初步奠定了建立社会主义工业的基础。

第一个五年计划期间，河西地区成为甘肃工业建设的前哨，国家向河西地区投入大量资金，兴建了一批以重工业为基础的现代工业。

（一）石油化工工业：扩建玉门油矿

近代中国主要依靠进口石油，还没有脱掉"贫油国"的帽子。1939年，玉门老君庙油矿被发现，老君庙一号井首次采得原油后，开始筹建炼油厂。1939年3月13日，地质学家孙健初等人在老君庙旁边成功地钻凿了第一口油井，因此玉门油矿起初又称为老君庙油矿。由国民党资源委员会投产建成的玉门油矿，作为抗战大后方的重要石油基地，使中国告别了石油依赖进口的时代，为支援抗日战争做出了重大贡献。

玉门炼油厂自1939年建立以来，经过10年的曲折发展，到1949年已经初具规模。"从1938年开发到1949年解放的11年间，共生产原油近50万吨，占

---

[1] 陈果吉，崔建生．辉煌与误区：建国以来大事纪实［M］．呼和浩特：内蒙古人民出版社，1998：126．

全国同期石油总产量的90%以上，占1949年前45年全国原油总产量的70%以上。"① "职工总人数由1939年的217人增加到1949年的4480人。"②

抗战胜利后，国民党为了加强对玉门油矿的控制还成立了特别党部。1942年6月，甘肃油矿局在重庆筹建矿警队，隶属于国民党中央资源委员会；9月，还成立了矿业警察大队，隶属于甘肃油矿局和酒泉河西警备司令部。以矿警大队为核心，国民党在玉门建立了一个由军、警、宪、特组成的联合指挥部。从此，玉门油矿完全被国民党控制，生产建设时断时续。旧中国的石油年产量仅仅12万吨，远不能适应新中国工业化的需要。

新中国成立以后，当时中国第一个天然石油基地——玉门油矿面临资金短缺、管理落后、设备陈旧、生产能力严重不足等问题。1950年6月国家开始对玉门炼油厂的设备进行改造。第一个五年计划期间，玉门油田被国家列为156项重点工程之一。1954年2月，在罗马尼亚钻井工作组帮助下，玉门矿务局开始对玉门油矿进行第一期的开发与扩建。当时中央政府高度重视玉门油矿的扩建工程进展。1955年4月17日，第一届全国石油采油会议在玉门油矿召开。1956年7月，全国第一个地质采油科学研究所在玉门油矿成立。1956年5月27日，玉门油矿钻井队在酒泉盆地打出全国当时最深的一口石油探井，井深达3200米，井斜合乎质量标准。③ 1957年1月16日，玉门油矿鸭儿峡一号探井开始喷油，井深2600多米，日出原油50吨左右。④ 到1957年10月8日，玉门油矿的扩建工程基本完成。"1957年，（玉门油矿）炼油能力达到37万吨，是新中国成立前的5倍，实现了第一次飞跃。"⑤ "到1957年，除老君庙油田的面积扩大4倍外，还发现了石油沟、白杨河、鸭儿峡油田，原油年产量达到75.54万吨，占当年全国天然原油产量的87.78%"。⑥ "光其地质勘探取得了可喜成绩，由1个油田增加到4个油田，使原油产量年递增达30%以上。1958年原油产量

---

① 玉门市委员会文史资料工作委员会．玉门文史资料：第一辑[G]．玉门：玉门市彩印厂，1992：121.
② 玉门市委员会文史资料工作委员会．玉门文史资料：第一辑[G]．玉门：玉门市彩印厂，1992：207.
③ 甘肃省地方史志编纂委员会．甘肃省志：大事记：第二卷[M]．兰州：甘肃人民出版社，1989：363.
④ 甘肃省地方史志编纂委员会．甘肃省志：大事记：第二卷[M]．兰州：甘肃人民出版社，1989：368.
⑤ 玉门市委员会文史资料工作委员会．玉门文史资料：第一辑[G]．玉门：玉门市彩印厂，1992：231.
⑥ 吴廷桢，郭厚安．河西开发史研究[M]．兰州：甘肃教育出版社，1996：514.

突破 100 万吨，1959 年生产原油 140.6 万吨，创造了玉门油田历史上的最好成绩，占当年天然石油产量的 50%以上"。① "玉门油田生产的原油除满足自己炼油厂的需要外，还大量运往东部炼油厂加工，上海和大连炼油厂开始炼制中国自产的玉门原油"。②

完成扩建的玉门油田，引进采油的最先进技术，使原油产量迅速增加，1957 年原油产量比 1949 年增长了 10 倍。③ 新华社庄严地向全世界宣布，中国第一个石油工业基地在玉门建成。从此，玉门炼油厂成为著名的炼油企业，成为一座拥有地质勘探、钻井、采油、炼油、机械修配、油田建设和石油科学研究等部门的大型石油联合企业。

20 世纪 60 年代中期，为了响应石油工业部关于实现石油产品全部自给的号召，玉门炼油厂制定了石油产品品种和数量要"三年过关，五年立足于国内"的奋斗目标，立足于炼油技术攻关，通过世界先进技术的改造，增加了产品品种，提高了油品质量。依据地质学家李四光提出的"构造体系"理论，我国先后发现了大庆油田、胜利油田和大港油田。1963 年中国终于实现了石油的自给。

化学工业主要指化学制造、化学材料制造及日用化工制造业。河西地区由于农业经济仍然是社会经济的主体，所以当时的化学工业主要集中在化肥的生产方面。比如武威地区建成了武威磷肥厂、武威南化工厂、武威市化工塑料厂等。1958 年，张掖建立了细菌肥料厂和合成氨的化工厂。由于农业社会主义改造的完成，以及河西各地化肥厂的兴建，农用化肥大量增加，加上农用拖拉机的使用，大大提高了河西农业的产量。"一五"计划完成的 1957 年，"河西的敦煌、张掖、临泽等县已提前实现农业发展纲要粮食亩产 200 公斤的指数。"④

（二）河西各地煤炭工业的开发

张掖地区蕴藏丰富的煤炭资源，开采历史悠久。据 1950 年 6 月调查：大苦水有小煤窑 10 座，大野口有小煤窑 10 座，马莲沟有小煤窑 10 座，大小助已有小煤窑 8 座，连同扳达口、东坡、三道岭、磨子沟、骆驼脖子等处的小煤窑，共计 57 座，年采煤量 6000 吨左右。1952 年，张掖县工商科对私营小煤窑进行整顿，查封危窑 17 家，并将大野口、大苦水列为重点采区，组织有开采经验的农户进山采煤，建立了大野口和大苦水两家国营煤矿。"一五计划"期间，张掖

---

① 玉门市委员会文史资料工作委员会. 玉门文史资料：第一辑［G］. 玉门：玉门市彩印厂，1992：211.
② 吴廷桢，郭厚安. 河西开发史研究［M］. 兰州：甘肃教育出版社，1996：514.
③ 祝慈寿. 中国现代工业史［M］. 重庆：重庆出版社，1990：352.
④ 吴廷桢，郭厚安. 河西开发史研究［M］. 兰州：甘肃教育出版社，1996：513.

地区的"小煤窑增加到75家，年产量2.27万吨。"① 张掖地区成立的煤炭合作社从1953年的7个增加到1957年的12个，1955年7月10日，山丹煤矿第3号矿井建成，成为西北地区最大的一座现代化竖井。1957年张掖在临泽成立第一家国营煤矿——岔路河煤矿。

"一五"期间经过社会主义改造，武威的九条岭和大口子煤矿产地告别了手工开挖煤矿的时代，开始形成了半机械化生产。1957年，产量达到14.58万吨，比1949年增长9.4倍。1958年，国家向大口子煤矿投资72万元，新开8个矿井，产量增近60万吨。②

1955年5月8日，铁道部第一工程局河西堡机务段3824号机车在阿干镇试用煤炭获得成功。玉门等地也兴建了一批煤炭企业。

（三）钢铁工业：发现镜铁山大型铁矿

煤炭工业是钢铁等冶金工业必需的配套基础。从1953年起，国家在甘肃及河西走廊进行了大规模的地质勘探。1955年，甘肃首次采用航空磁测方法对河西走廊进行资源勘测。中国科学院地质所、兰州地质研究室等单位组成的祁连山地质队，从1956年春对祁连山开展地质和矿产的勘查，到1958年，将地质勘查的结果整理成《祁连山地质志》出版，成为新中国开发河西工业的重要依据。

1955年，牧民向西北地质局645队报矿，先后发现了头道沟铁矿、桦树沟铁矿和黑沟铁矿。1958年初，提交了《桦树沟铁矿地质勘探报告》，证实桦树沟铁矿贮存的矿量为2.74亿吨。③ 在勘探发现镜铁山大型铁矿的基础上，开始酝酿兴建酒泉钢铁公司。从1956年筹建，通过原料勘探、可行性论证、规模设计、厂址选定、抽调技术骨干、准备施工队伍、组织设备订货、调运施工机具等一系列准备，到1958年8月1日酒泉钢铁公司正式建立。1959年，张掖成立梨园钢铁厂。

（四）交通运输工业

1. 公路建设：整修甘新公路

新中国成立以前，河西地区长途运输多以骆驼驮运为主，河西各地有许多驼运商行，雇用驮工押运，一般驼运属于长途运输，往往形成驼群，列队缓缓行走在甘新驿道上，将食盐和毛制品、河西土特产品等向东运到兰州、天水、

---

① 《张掖市志》编修委员会．张掖市志［M］．兰州：甘肃人民出版社，1995：273.
② 武威市市志编纂委员会．武威市志［M］．兰州：兰州大学出版社，1998：398.
③ 中国人民政治协商会议．甘肃省委员会文史资料委员会．甘肃文史资料选辑：工业经济专辑：第33辑［M］．兰州：甘肃人民出版社，1991：21.

西安、宝鸡等地,再把内地的手工业品、日用杂货、药材等向西运到河西各地。正如《大公报》记者范长江描述1935年他在河西旅途中看到的"成百之骆驼自西而来"。①

旧中国河西唯一的公路是为适应抗日战争需要而修建的甘新公路,是河西地区汽车运输的唯一通道,但是,甘新公路运输能力不强、公路质量差,养护不足,经常发生故障。新中国成立初期甘新公路得到集中力量的整修。1953年10月,兰新国道管理处机械养路队开始在甘新公路铺筑油路,并修通了连接各县的公路,运输公司、汽车站也相继成立。1958年武威汽车运输公司成立整修甘新公路为河西各地经济的发展奠定了基础。

张掖"1961年全区公路仅61条,总长1357.5公里,到1978年发展到68条,总长2065公里,其中油路636.5公里,永久性桥153座,4151延米。"②

2. 铁路建设：修建兰新铁路

在甘肃重新动工兴建的铁路项目除了1950年2月通车的宝(鸡)天(水)段和1952年8月通车的天(水)兰(州)段外,通往河西地区的最主要铁路项目是1952年10月1日破土动工的兰(州)新(乌鲁木齐)铁路项目,到1956年铁路修到嘉峪关,兰州至武威段开始通车。1960年7月武威南火车站建成。1964年2月武南镇设立武威铁路局分局。1962年兰新铁路的全线贯通,成为横穿河西地区、连接内地与新疆的交通大动脉。

3. 航空运输：设立酒泉航空站

1950年中苏民用航空公司开辟了从北京起飞,途经太原、西安、兰州到河西酒泉,然后到达新疆哈密、乌鲁木齐的新航线,并在酒泉设有航空站,在武威设立导航点。

总之,新中国成立短短几年,甘肃初步建成以兰州为中心交通枢纽,以11条公路干线为基础的铁路运输网络。甘新公路、兰新铁路的相继建设,使河西地区的交通运输状况得到很大改善。

(五)电力工业

火力发电方面：建国以前河西地区几乎没有电力工业。只有20世纪30年代国民党骑五军马步青开办的武威电灯局进行火力发电,但只供马家军阀使用的电灯照明,1945年由于燃料不足而停产,新中国成立以后开始恢复生产。"一

---

① 中国人民政治协商会议,张掖市委员会文史资料委员会.张掖文史资料：第一辑[G].张掖：张掖地区河西印刷厂,1988：146.
② 吴廷桢,郭厚安.河西开发史研究[M].兰州：甘肃教育出版社,1996：571.

"五"计划期间，在河西玉门、嘉峪关、张掖、山丹、永昌、黄羊等各地相继建成了中小型火电厂。

甘肃省工业厅在1954年9月决定筹建酒泉电厂。1955年6月，酒泉电厂正式开工建设，从此酒泉人民开始了照明的历史。1957年7月19日，由匈牙利人民共和国援建的山丹电厂发电。

水力发电方面，武威地区水力发电的水电站主要有：黄羊水电站、西营水电站、南营水电站等9座水库，规模均属于中小型。

1952年，张掖地区成立电力工业局供电所，1958年张掖开始在城区架设电线。张掖人民的生产生活开始进入电力时代。

（六）国防工业

1957年，中国核工业总公司四零四厂（简称四零四厂）在嘉峪关建立，标志着中国核工业形成体系。还有酒泉火箭发射场（即八一二零基地），也就是后来著名的酒泉卫星发射基地，也是"一五"计划的产物。

（七）机械工业

机械工业包括汽车维修、农用机械、矿山与电力机械等。20世纪50年代，河西地区开始使用动力机械。武威汽修厂、武威市农机修配厂等相继建成。从1954年开始，河西地区相继在永昌、敦煌、安西等县建成拖拉机站。永昌县焦家庄农业机器拖拉机站，成为甘肃省第一个机器拖拉机站。"1956年敦煌、临泽、武威县被列为拖拉机推广试验县，并在安西县建立了第一个示范性的国营拖拉机站。"[1]

（八）建材工业

建材工业指水泥和水泥制品生产、砖瓦及建筑表面装饰材料的制造。1956年国家投资60多万元建立张掖平原堡砖厂。

二、门类齐全的轻工业企业的建立

旧中国河西地区轻工业基础十分落后。仅有一些土陶、火柴和酿酒等小企业和作坊。新中国成立以后，河西地区建立了一批门类齐全的轻工业企业，解决了人民生活急需品的供应。

制糖业：河西地区盛产甜菜，甜菜种植、加工历史悠久。武威地区早在20世纪40年代就用土法制糖，1966年建成黄羊糖厂，开始用机器制糖，能够生产红糖、冰糖、白砂糖等。张掖县1958年在城南筹建糖厂，用土法制成白砂糖，

---

[1] 吴廷桢，郭厚安.河西开发史研究[M].兰州：甘肃教育出版社，1996：512.

由于设备不足 1961 年倒闭，直到 1981 年正式成立张掖糖厂。

纺织业：建国以前，河西地区的纺织业以手工加工毛纺、棉纺、针纺和棉麻为主。武威畜牧业发达，毛纺织业居多。"据《河西志》记载，民国三十年（1941 年），河西地区产毛褐布 2.2 万多匹。"① 1948 年士绅杨自廉兴建的纺织合作社以及张掖裕民纺织厂是新中国成立以前张掖规模最大的纺织业机器生产企业。1949 年底，人民政府将张掖裕民纺织厂改造成公私合营企业。直到 20 世纪 70 年代，武威的纺织业才引进机械设备，改变了手工纺织的历史。

1940—1949 年，在河西地区张掖、山丹、武威、临泽、酒泉、安西等地兴起的针织业，从诞生之日起便技术落后，产量低，主要为手工作坊式生产。直到 1972 年，针织业引进了机器生产线，发展成为近代化企业，成立了专门的武威市针织厂。

皮革业：张掖皮革资源丰富，早在民国初年，张掖城区就有羊皮作坊 21 户。新中国成立以后，张掖成立皮革厂。1958 年，张掖成立皮革生产合作社、毡鞋生产合作社，同年皮革厂改名为张掖县皮革毡鞋厂，属于国有企业。武威的国营皮革企业有武威皮毛制品厂，集体企业有武威市皮革厂、武威市皮鞋厂、武威市皮件厂及武威市长城皮鞋厂等。

造纸印刷业：民国时期，张掖有李氏、魏氏等等造纸坊 28 家。1956 年张掖造纸合作社成立。1959 年筹建张掖市造纸厂，由于资金不足，1962 年倒闭。1965 年建成张掖地区造纸厂。武威地区建有国营造纸企业——武威市造纸厂和镇属企业双城镇造纸厂。酒泉县印刷厂的前身是原来地处兰州的国民党国防部的机关报纸——扫荡报社，1949 年 9 月 25 日酒泉解放以后由解放军军事接管，由兰州西迁而来，1949 年 11 月 29 日《新酒泉报》正式创刊发行。1958 年张掖、武威、酒泉三个专区合并为张掖专区以后，从酒泉县印刷厂中分离一部分到张掖，建立《河西报》印刷厂。1958 年，张掖地委创办《河西报》，建立《河西报》社印刷厂，1959 年改名为河西印刷厂。

面粉业：1950 年建立张掖面粉厂。1952 年建立张掖私营建陇面粉厂，1956 年该厂完成公私合营以后成为国有企业。1959 年张掖面粉厂正式扩建。

文化用品与工艺品：1958 年，酒泉建立夜光杯厂，即今天酒泉工艺美术厂的前身，原料来源于祁连山发现的祁连彩玉（又称酒泉玉或老山玉），质地优良，锻造生产的夜光杯造型精美，畅销海内外。夜光杯历史悠久，早在汉唐时期就成为丝绸之路上的珍贵工艺品，因为唐代诗人王翰的一首《凉州曲》而名

---

① 武威市市志编纂委员会. 武威市志 [M]. 兰州：兰州大学出版社，1998：402.

闻天下：

> 葡萄美酒夜光杯，欲饮琵琶马上催。
>
> 醉卧沙场君莫笑，古来征战几人回。

综上，新中国成立以后，国家加大投资，实施第一个五年计划和社会主义改造，河西地区建立了一批人民生活急需的工业企业，如面粉厂、煤矿、造纸厂、机械厂、皮革厂、印刷厂、化肥厂、砖瓦厂、电厂、钳厂、水泥厂等工业生产部门。河西地区的工业经济快速发展。1955年，金昌市轻工业总产值占工业总产值的54%。武威地区到1957年地县工业总产值即达1302万元。张掖地区在"一五"期间工业总产值年均增长38.79%，重工业总产值年均增长速度超过了50%，工业在工农业总产值中的比重也由1952年的5.18%提高到6.37%。酒泉地区工业总产值1957年达2893万元，是1949年的25.5倍，是1952年的8.39倍。①

第三节 "一五"时期河西工业结构的变化

"新中国成立前的河西，除玉门油矿等极少的近代工业企业，基本上都是一些私营手工业作坊，且作坊场所狭小、设备简陋、产品粗糙、产品质量低劣，工业产品仅有少量的原煤、犁铧、镰刀、土布和草纸等，张掖和武威两个地区在1949年的工业总产值总共才不过298.66万元。"②

"一五"计划期间（1953—1957年），甘肃被确定为工业建设的重要基地。在大规模资源考察和地质勘探的基础上，国家对甘肃进行人力、物力、财力的重点支持，中央为甘肃投资23.27亿元，其中工业投资10亿元，在甘肃动工兴建了16项重点建设项目，所占比重为10.3%，属于全国694个限额以上的大中型工程建设的项目有119项。③ 在甘肃共兴建了1574家工矿企业，属于限额以上的项目146家。④ 甘肃初步建成了以大中型企业为骨干的现代工业，包括石油化工、有色金属、电力机械制造为支柱的工业结构。"一五"计划极大地改变了中国的工业布局，特别是促进了中西部地区工业的发展。

"一五"计划期间，也是河西工业发展史上第一个取得了重要成就的时期。

---

① 吴廷桢，郭厚安. 河西开发史研究［M］. 兰州：甘肃教育出版社，1996：513.
② 吴廷桢，郭厚安. 河西开发史研究［M］. 兰州：甘肃教育出版社，1996：513.
③ 刘毓汉. 当代中国的甘肃：上卷［M］. 北京：当代中国出版社，1991：71-72.
④ 刘毓汉. 当代中国的甘肃：上卷［M］. 北京：当代中国出版社，1991：72.

"一五"计划促进了河西各地的工业总产值的大幅度增长,工业结构发生了显著变化。

一、工业总产值的比重增加

河西现代工业增长速度大大加快。根据《张掖市志》的统计,张掖市工业在工农业总产值中的比重,由1952年的9.73%提高到1957年的29.44%。根据《金昌市志》的统计,金昌市工业在工农业总产值中的比重,由1951年的576万元提高到1964年的3397万元。

从以下表格数据看"一五"计划期间,张掖市的工业在工农业产业结构中的比重的变化,可以看出张掖市1957年比1949年的工业总产值所占比重显著提高,工业经济快速发展。

1949—1957年张掖市重要年份工业主要经济指标

年份	1949	1952	1957
工业总产值（万元）及其比重（%）	80.70	168.10	844.06
	8.66	9.73	29.44
轻工业及其比重	80.70	87.80	719.06
	100.00	52.23	85.19
重工业及其比重		80.30	125.00
		47.77	14.81

（表格数据来源：根据《张掖市志》268页整理）

二、公有制工业企业的比重增加

关于河西工业中公有制工业企业比重显著增加的情况,本书以武威为例。《武威市志》统计了集体工业和国营工业的户数及其产值的变化。武威市集体工业户数从1953年的1户增加到1957年的52户,工业总产值从1953年的17万元增加到1957年的260万元。从1952年起,武威市开始没收改造官办企业,国营工业户数从1953年的6户增加到1957年的8户,工业总产值从1953年的86万元增加到1957年的238万元。[1]

---

[1] 武威市志编纂委员会. 武威市志 [M]. 兰州：兰州大学出版社,1998：394.

新中国成立以来，武威地区集体工业得到较快发展，生产门类包括日用化工、缝纫、制革、制鞋、木器、造纸等。从上表可以看出，经过对手工业和私营工业的社会主义改造，1956年，武威集体工业发展最快，生产能力提高较快，显示了合作社经济的优越性。但是从1957年开始一哄而上办集体所有制，虽然1957年武威集体工业的工业总产值高达760万元，在全部工业总产值中所占比重高达80.12%，生产能力却反而下降为-60.43%。这说明集体所有制本身在生产、管理、分配体制方面存在问题。公有制工业比重的增加并不能促进生产能力的持续增加。

三、轻工业发展快速，比重不断增加

新中国成立初期，河西各地的轻工业在工业经济中的比重普遍增加，轻工业的发展速度超过了重工业。金昌市轻工业在工业总产值的比重也由1951年的2%提高到1964年的48.8%。张掖市轻工业在工业总产值中的比重也由1952年的52.23%增加到1957年的85.19%，1965年轻工业的比重高达96.74%。（参上页表格）

四、地区之间存在工业结构的差异

由于河西各地区资源禀赋的不同，"一五"期间，河西各地区之间在工业结构方面出现差异。金昌市、酒泉市的重工业总产值所占比重开始超过轻工业，工业结构初步形成重型化局面，而张掖市、武威市、敦煌市的工业结构有所不同，轻工业的发展速度及比重明显超过重工业，占明显的优势。根据《金昌市志》的统计，金昌市重工业在工业总产值中的比重从1951年的11万元提高到1964年的1656万元；根据《张掖市志》的统计，张掖市重工业在工业总产值中的比重也由1952年的47.77%下降到1965年的3.26%。

之所以形成这样的地区差异，一是由于国家的工业政策，说明了"一五"计划优先发展重工业的投资效应开始在河西地区的金昌与酒泉出现。另一方面，当然是由河西各地的资源禀赋决定的。重工业投资大、建设周期长的特点，决定了河西地区工业的成效发展还需要较长一段时期才能凸显。而轻工业投资少、见效快，故而出现快速的发展局面。

第六章

"大跃进"与河西工业的超常规建设

第一节 建设社会主义总路线与"二五"计划

从1953—1956年底,经过大规模生产资料私有制的社会主义改造,我国建立了社会主义公有制的经济结构,标志着中国进入社会主义初级阶段。1958年5月,中共八大二次会议通过了"鼓足干劲、力争上游、多快好省地建设社会主义"的总路线,反映了中央政府想在建设社会主义的道路上打开一个新的局面,想尽最大的努力把社会主义建设搞得快一点,想尽早尽快地改变"一穷二白"的基本国情,也反映了全党全国人民求富求强、尽快建成共产主义的强烈愿望。但是,总路线片面追求高速度、大发展,企图在十几年内完成"赶英超美",在建成社会主义的基础上,尽早建成共产主义。在总路线精神的指引下,全国各地掀起了"大跃进"运动。

第二个五年计划(1958—1962年)的基本任务是:继续进行以重工业为中心的工业建设,在继续完成社会主义改造的基础上,进一步发展工业、农业和手工业,相应发展运输业和商业;工业产值增长一倍左右,农业总产值增长35%,钢产量1962年达到1060万吨到1200万吨,加大基本建设的投资比重,由"一五"时期的35%增长到40%左右。"二五"计划最终未能取得应有的成就。

1958年"大跃进"在全国展开,甘肃省委对地方工业制定了高指标,先后提出"全省要在三年的时间内争取建成十大工业网""在短期内建成一批新厂矿"和"各县、乡、社大办工厂"的指示。"6月底,全省已投入建设的厂矿达到219412个,甚至出现了11个'万厂县'和2个'万厂区'"。① 以高指标、瞎指挥为特性的"大跃进"使河西地区的工业建设不可避免地受到了严重干扰。

第二节 河西工业的"大跃进"及其后果

一、"大跃进"期间的河西工业

(一) 河西地区的炼钢运动

经过建国最初三年的土地改革运动,农村生产力刚刚获得解放,河西人民加入高级社,兴修水利,积极生产,农业生产力初步恢复。但是,1958年开始,河西人民不得不投身于"大跃进"和人民公社化运动。在"一大二公"的口号下,为实现农业的高产,大刮高指标风、浮夸风、瞎指挥风、共产风等,严重违背了经济发展的规律,导致农业生产出现停滞。浮夸风之下各地竞放高产"卫星"。比如张掖地区宣布亩产达3000斤,武威放出一颗小麦亩产5225斤的"卫星",民乐放出禾禾(青稞豌豆)亩产7001.8斤的"卫星",敦煌县宣布已经实现亩产千斤籽棉县。②

"大跃进"时期,工业建设领域出现了"大炼钢铁",盲目追求不切实际的高指标。张掖地委宣布成立钢铁指挥部,调集4万多人,组成冶炼兵团、运输兵团、原料燃料供应兵团,在肃南、临泽所属野牛沟、岔路河、沙河、杏树沟、梨园以及山丹东乐大口子、大满以及城区五里墩和东街架起小高炉,动员群众,大炼钢铁。"在大炼钢铁运动中,劳力不够,就动员农民、小学生、家庭妇女一齐上;没有高炉,就建土炉,山丹、永昌等县在城墙上挖洞装矿石点火炼铁,甚至在炕洞和做饭的炉灶内炼铁;没有燃料,就乱砍滥伐森林;炼不出钢铁,就把废钢铁溶化后拌一下作为新钢铁。"③

河西地区声势浩大的炼钢运动最终由于原料缺乏、铁矿品位低、设备简陋、炉温不达标而草草收场。在轰轰烈烈的"大跃进"运动期间,河西地区的现代工业破茧而出。

---

① 甘肃省地方史志编纂委员会. 甘肃省志:大事记:第二卷 [M]. 兰州:甘肃人民出版社,1989:377-379.
② 吴廷桢,郭厚安. 河西开发史研究 [M]. 兰州:甘肃教育出版社,1996:517.
③ 吴廷桢,郭厚安. 河西开发史研究 [M]. 兰州:甘肃教育出版社,1996:518.

(二) 酒泉钢铁公司的诞生

酒泉钢铁公司就是在"大跃进"运动中诞生的钢铁企业。1958年8月1日正式建立。1958—1960年三年，国家总共给酒泉钢铁厂投资了1.7亿元建设费。① 1958年6月3日国务院正式发出指示："同意西北酒泉钢铁厂按年产钢锭200万吨的规模进行建设，该厂的产品方案，希结合西北地区情况再加研究，在设计中确定，有关供电、供水、煤炭、铁路等外部协作，希望有关部门协助解决。在设计和建设中，应注意贯彻勤俭建国精神。"② 该指示的基本精神是正确的，希望地方政府根据地方的财力和物力的情况研究解决。

但是，随着"大跃进"运动高潮的兴起，1958年7月24日，酒泉钢铁厂向冶金部、国家计委、甘肃省委、甘肃省人大提出了《关于酒钢建设方案的报告》，报告中讲"酒泉钢铁公司的初步设计，于7月8日至14日在北京钢铁设计总院进行了审查，原设计酒钢规模为第一期年产钢锭230万吨，投资8亿元，一年准备（1958年），四年建成（1959年至1962年），第二期发展为年产钢锭360万吨。……我们分析了资源、设计、施工及各有关方面的协作情况后，认为在充分运用一切有利因素和各部门密切协作的条件下，酒钢规模扩大为年产钢锭400万吨，投资约10亿元，一期、二期连续施工，建设时间争取在1961年，保证1962年建成是必要的，也是可能的。"③

这种不切实际的报告竟然得到了冶金部党组的批准，同意酒泉钢铁厂规模为年产钢锭400万吨。这样的生产计划和建设规模远远超出了镜铁山的矿石贮量、炼焦煤供应量以及当地财力、地下水的承受力。

1958年9月5日，酒钢1号高炉地基破土动工开挖，9月8日，鞍山冶金建设总公司被冶金部撤销，原来3万名职工被送到酒钢的建设基地，加上原有的职工，职工人数有4万多了。12月15日，酒钢热电站、机械总厂、高炉、铁路、焦炉等七大工程全面开工，以"苦战三年，基本建成酒钢"为号召，酒钢建设拉开了序幕。

事实上，由于国家投资不到位，酒钢的各项建设无法大规模开展。反而由于职工人数猛增，戈壁滩的自然条件恶劣，1959年粮食紧张，"低标准，瓜菜

---

① 中国人民政治协商会议，甘肃省委员会文史资料委员会. 甘肃文史资料选辑：工业经济专辑：第33辑 [M]. 兰州：甘肃人民出版社，1991：32.
② 中国人民政治协商会议，甘肃省委员会文史资料委员会. 甘肃文史资料选辑 工业经济专辑：第33辑 [M]. 兰州：甘肃人民出版社，1991：23.
③ 中国人民政治协商会议，甘肃省委员会文史资料委员会. 甘肃文史资料选辑：工业经济专辑：第33辑 [M]. 兰州：甘肃人民出版社，1991：23.

代",干部的定量粮食从28斤减少到24斤,饥饿造成的浮肿病开始在职工中流行,1960年12月,中央决定暂停酒钢建设,为了缓解困难,向外疏散职工至只剩下1300多人。

酒泉钢铁公司从1958年8月1日正式成立以来,至1970年10月,才生产出第一炉铁。这段时间一直是有厂却无法生产铁和钢的时代。同时,河西堡铁厂等一批地方小铁厂、小铁矿和小焦化厂也相继建起。

(三)金川有色金属公司的创建

1958年,甘肃省地质局祁连山地质队(后改为第六地质队)在河西地区的民勤、永昌、山丹、张掖一带勘查找矿,发现了白家嘴铜镍矿床。

1958年上半年,甘肃省煤炭工业局145煤田地质队做地质调查,首次发现了超基性岩体和含铜的矿化带。1959年2月,甘肃省祁连山地质队在白家嘴地区勘探,最终探明了4个矿区的地质储量,分析认为金川矿区是一个大型的硫化铜镍矿床。

1959年4月15日,祁连山地质队迁到白家嘴开始了对金川铜镍矿的勘探工作。1959年,在白家嘴正式创建了金川有色金属公司,"是采、选、冶配套的特大型有色冶金化工联合企业。主产镍,副产铜、钴、金、银、铂、钯、锇、铱等。镍和铂族金属产量占全国的88%和90%以上。"[1]

由于1960年大饥荒的影响,金川有色金属公司648名职工精简了410人,占职工总数的59.94%,原张掖地质局、疏勒河地质队、煤田地质队等也相继并入祁连山地质队。1960年全年共完成20184米的钻探任务,1961年完成了6243米的钻探任务。[2]

金川矿区勘探,从三年困难时期开始到1974年全面完成,向国家投交合格的地质勘探报告,整整顽强奋战了15年,总计完成钻探工作量188814米,相当于钻透21.3座珠穆朗玛峰。[3]

中国科学院地质研究所和冶金部以及地质队等多家单位实现了地质、科研、生产部门"三结合",终于在1967年突破了技术难关,证明了金川铜镍矿中存在20多种伴生元素的矿石的储量及其分布规律,提交完成了金川镍矿四个矿区研究报告,从此,金川铜镍矿成为名副其实的综合利用的大型矿山。金川有色

---

[1] 余贤杰.百年甘肃的二十件大事[J].党的建设,2000(12).
[2] 中国人民政治协商会议,甘肃省金昌市文史资料委员会.金昌文史:第一辑[G].武威:武威市印刷厂,1987:38.
[3] 中国人民政治协商会议,甘肃省金昌市文史资料委员会.金昌文史:第一辑[G].武威:武威市印刷厂,1987:39.

金属公司的建立,结束了中国缺镍少铂的历史。金川矿床成为世界第二大硫化镍矿,既填补了中国镍资源的空白,也成为钴、铂、铅族元素的重要产地。

(四)机械工业

建国以前,张掖只有永生铁厂、晋冀铁厂以及国民党91军机械修配厂,且只能进行简单的机械修理。新中国成立以后,张掖建立的集体性质的机械厂有4家:甘肃省轻工机械厂、张掖市轻工机械厂、张掖市机械修配厂、张掖市综合修配厂。

20世纪50年代,毛泽东同志指示:"农业的根本出路在于机械化"。各级政府始终把发展农业机械化,加强对农机化工作的管理,作为农村工作的重点。农机工业取得了很大成就。1950年张掖地区成立农业机械厂。1962年,张掖地区农业机械厂能够生产各种型号的播种机、拖拉机等农机工具。张掖城乡有农机修造厂20多家,经营农机修理。1962年临泽县农机厂创办。1958年,酒泉地区农机厂成立,次年改名为酒泉市机械制造厂。1958年在玉门市成立了拖拉机管理站,对农业机械化加强管理。1960年,建立了玉门市农业机械管理局,建立农业机械技术学校,先后培训农机操作人员和修理人员。1969年,成立了玉门市农机公司。1960年2月,玉门市政府把玉门市农具厂和玉门市拖拉机站合并起来,成立了玉门市拖拉机修配厂,从事农业机械的修理及农具、配件的加工制造。

(五)电力工业

"一五"期间,河西地区的电力工业发展迅速。1958年建成的武威黄羊电厂供给军用、民用用电。1960年相继建成了酒泉电业局、酒泉热电厂、酒泉变电站、永昌电厂、黄羊镇电厂、嘉峪关电厂等中小型火电厂。1977年以来在张掖相继建成火车站、平原堡、碱滩、安阳、甘浚、沙井等7个变电站。1978年建立张掖市供电所,1988年成立张掖市电力公司。

第三节 "八字方针"与河西工业结构的调整

一、河西工业发展的失误

1958年以来,社会主义建设在认识上出现了偏差,错误地发动"大跃进"运动和人民公社化运动,片面追求单一公有制,限制个体工业和私营工业的发展,导致全民所有制工业和集体所有制工业超常规发展。1958年底,张掖市国营工业企业发展到 31 家。1958 年，武威大办地方工业，集体工业户数猛增到千户以上即 1318 户，工业总产值投入 596 万元，工业建设投资的速度创历史新高。

三年困难时期（1959—1961 年），河西地区国营工业的投资比重进一步增加，而集体工业投资比重持续走低，个体工业几乎消亡，这就是违背经济规律，片面追求社会主义公有制带来的结果。以武威国营工业企业发展为例，（参照下表）到"1962 年，武威的个体工业产值减少为 52 万元，仅占全部工业总产值的 8.49%，相当于社会主义改造完成前的 1955 年个体和私营工业产值的 21.66%。"①

武威国营工业企业发展状况统计（1950—1961 年）

年份	1950	1951	1952	1953	1954	1955	1956	1957	1958	1959	1960	1961
企业户数（户）	2	4	7	6	6	6	7	8	28	26	30	12
职工数（人）	16	23	25	59	71	132	179	167	4737	5104	3711	1022
工业总产值（万元）	1	2	41	86	71	66	163	238	1034	2494	22.81	-81.66
递增速度（%）		100	1950	109.75	-17.45	-7.04	146.97	46	334.45	140.23		

（数据来源：武威市志编纂委员会编：《武威市志》，兰州大学出版社，1998，第 396—397 页表格）

（一）导致工业总产值和农业总产值大幅度下降

"大跃进"造成的严重后果可以通过以下数据的变化分析。"河西地区的工业总产值和农业总产值呈现大幅度下降趋势，工业总产值从 1957 年的 6271.94 万元降至 1962 年的 4547.47 万元，下降了 27.5%；农业总产值从 1957 年的 27172.42 万元降至 1962 年的 15025.8 万元，下降至 55.3%。"②

（二）片面追求高速度，导致工业经济的大起大落

实践证明，忽视生产力发展水平，违背经济规律，盲目追求高速度，结果

---

① 武威市志编纂委员会. 武威市志 [M]. 兰州：兰州大学出版社，1998：393.
② 吴廷桢，郭厚安. 河西开发史研究 [M]. 兰州：甘肃教育出版社，1996：518.

必然遭到惩罚。这是新中国成立以来在探索社会主义建设道路上的重大失误。如下面武威地区集体工业企业统计表显示，经过"一五"计划的努力，1957年集体工业总产值以80.12%的递增速度发展，这已经是高速发展了；而1958年掀起"大跃进"，片面追求高指标，导致武威市工业超常规发展，1958年以129.23%的高速递增，一哄而上的结果导致三年困难时期集体工业总产值增速迅速下降，1961年出现-45.15%的严重负增长局面。

武威地区集体工业企业统计（1953—1961年）

年代	1953	1954	1955	1956	1957	1958	1959	1960	1961
企业数（户）	1	2	14	48	52	1318	108	111	100
工业总产值（万元）	17	24	47	657	760	596	614	733	402
递增速度（%）		41.17	95.83	1297.87	80.12	129.23	3.02	19.38	-45.15

（表格数据来源：根据《武威市志》第394页整理，其中1957年数据有变化）

同样，下面武威地区国营工业企业统计表也显示，1958年"大跃进"期间，国营工业企业产值以334.45%的超常规高速递增，三年困难之后的1961年出现-81.66%的严重负增长后果。

武威地区国营工业企业统计（1950—1961年）

	1950	1953	1955	1956	1957	1958	1959	1960	1961
企业数（户）	2	6	6	7	8	28	26	30	12
工业总产值（万元）	1	86	66	163	238	1634	2494	3063	562
递增速度（%）		109.75	-7.04	146.97	46	334.45	140.23	22.81	-81.66

（表格数据来源：根据《武威市志》第396—397页重新整理）

（三）国民经济比例关系严重失调

1958年以来的"大跃进"和人民公社化运动的兴起，以及1959年在"反右倾，鼓干劲"的口号声中继续跃进的运动，迫使第二个五年计划不得不中断执行。因违背经济规律而导致国民经济比例严重失调。由于大炼钢铁，各地"钢铁元帅升帐"一哄而上，重工业的投资规模过大，造成重工业的比重超重，农业和轻工业生产迅速下滑，人民的生活受到严重影响，社会经济也出现严重困难。

二、河西工业结构的调整

鉴于1958年以来"大跃进"造成国民经济比例关系严重失调，工农业生产遭遇巨大困难，1960年12月3日至5日，西北局政治局扩大会议在兰州召开。会议做出决定，重点解决当时甘肃最为紧迫的饥饿、浮肿病以及降低人口死亡率的问题。

1961年，中共中央八届九中全会通过了关于"调整、巩固、充实、提高"的八字方针，开始对国民经济各方面的比例关系进行调整。调整的核心是压缩超常规的重工业的规模和产值增长速度，加强农业、轻工业和手工业的生产。为此，中央颁布了《农业六十条》(《农村人民公社工作条例（草案）》)、《工业七十条》(《国营工业企业工作条例（草案）》) 等条令，国家投资开始向农业倾斜，压缩重工业的投资和建设规模，适当"关、停、并、转"了一部分重工业企业，关闭了许多工厂和矿山，农业和轻工业开始出现了较快发展的局面。

为了贯彻党中央和省委省政府关于落实"调整、巩固、充实、提高"的八字方针，河西地区各级党委和政府以及相关部门认真学习《农业六十条》和《工业七十条》的重要精神，为了在实践中认真贯彻八字方针做了一系列的努力。

首先，从1962年起，依据《农业六十条》，河西地区开始调整农村政策，增加对农业生产的投资额，促进了农业生产的初步恢复和发展。以张掖地区的调整为例，工农业投资比例从"二五"期间的70.7∶15.8，调整为1963—1965年的5.9∶73.6。①

其次，依据《工业七十条》，调整工业内部的比例，压缩重工业的投资规模。

一是降低重工业的投资额，增加轻工业和农业的投资额，大力发展农业和轻工业，解决人民生活所需和生产资料的需要。就轻工业与重工业的比重从1957年的66.60∶33.40调整为1965年的89.21∶10.79。②

二是关停并转了一批重工业的建设项目。河西各地相继关停并转了一部分"大跃进"中仓促上马的钢铁企业，新建的小钢厂全部下马；对投入过大且已开

---

① 吴廷桢，郭厚安. 河西开发史研究 [M]. 兰州：甘肃教育出版社，1996：522.
② 《张掖市志》编修委员会. 张掖市志 [M]. 兰州：甘肃人民出版社，1995：268.

工的项目一律停建；对一批尚不具备开发条件的武威黄羊镇糖厂、山丹煤矿等项目缓建，甚至决定缓建酒泉钢铁公司。对于原料开采、电力、运输等条件无法保障的建设项目也采取调整的措施。如玉门油田由于原料勘探跟不上，石油后备储量不足，石油开采量下降，从1960年开始，也进入了全面调整时期。在调整中继续生产的玉门炼油厂在1971年最终建成了中国第一套四型催化裂化装置，玉门油矿发展成为大型企业。

三是适当压缩基本项目建设的投资规模。如张掖地区的固定资产投资总额从1959年的2387.6万元降至1961年的198.34万元，降低了91.7%，1962年也基本维持这一水平。[1]

四是精简机构，减少城镇人口数量。在国民经济调整时期（1961—1965年），通过贯彻执行"调整、巩固、充实、提高"的八字方针，使河西地区的农业、工业得到了一定程度的恢复和发展。河西地区国民经济各部门比例关系开始趋于协调，工业各条战线得到了初步的发展。

经过调整，河西地区的工业结构趋于合理，重工业的建设速度与规模放缓，农业与轻工业开始被重视。河西地区的交通状况进一步改善。1962年兰新铁路建成通车。1963年建成穿越河西的兰州—新疆段、大嘴子—武威南（干武线）以及玉门南、镜铁山等支线。

---

[1] 吴廷桢，郭厚安. 河西开发史研究 [M]. 兰州：甘肃教育出版社，1996：522.

第七章

三线建设与河西现代工业的发展

第一节 以"备战"为中心的三线建设

正当国民经济经过调整、整顿得以初步恢复和发展的关键时候,从20世纪60年代起,国际形势风云突变。西南边境美国对越战争逐步升级;西北边疆苏联公然陈兵百万,甚至插手新疆,挑起伊犁地区的民族分裂。国防安全面临严重威胁。

面对复杂的国际环境,基于国家安全战略的考虑,从1965年起,在"备战、备荒、为人民"的口号声中,掀起了"三线"建设。1965年4月,中共中央发出《关于加强备战工作的指示》,正式开始了"三线"建设。"三线"建设的重点是在三线地区。"所谓三线地区是相对于东北和东南沿海地区及其内伸的一、二线地区而言的,主要包括京广线以西、长城以南的11个省区"。① 川、贵、云、陕、甘、青、鄂西、桂西北、湘西、晋等10个省、自治区被当作"三线"重点建设,东部沿海省市自治区为"一线",介于"三线"和"一线"之间的地区为"二线"。此外,一、二线(沿海沿边)地区的腹地和三线各省市自治区也建立各自的小"三线"。

1964年5月毛泽东主席说:"酒泉、攀枝花钢厂还是要搞的,不搞我总是不放心,打起仗来怎么办?""酒泉、攀枝花钢厂建不起来我睡不好觉。"②

为了应对可能发生的战争威胁,三线建设的投资重点向中西部地区倾斜,

---

① 孙健. 中华人民共和国经济史:1949—90年代初[M]. 北京:中国人民大学出版社,1992:369.
② 中国人民政治协商会议,甘肃省委员会文史资料委员会. 甘肃文史资料选辑:工业经济专辑:第33辑[M]. 兰州:甘肃人民出版社,1991:26.

整体构想是在三线地区建立以国防工业为核心的工业基础，推动国家工业化。毛泽东主席担心打起仗来，西南、西北等内地没有国防工业和军事工业。他提出："为了平衡工业发展的布局，内地工业必须大力发展"，"新的工业大部分应当摆在内地，使工业布局逐步平衡，并且利于备战。"①

基于备战需要，三线建设从1964年开始兴起，截止1981年结束，长达17年之久。三线建设是一次全国性工业布局的战略性大调整，其核心区域是西南、西北等三线地区，其建设重点是以国防工业为核心的重工业生产，在此期间掀起过两次高潮，1965—1966年为第一次建设高潮，1969—1971年为第二次建设高潮。自20世纪60年代中期开始，政府投资向三线地区倾斜。"1965—1980年，国家累计向三线地区投资2052.68亿元，占同期全国投资的39.01％，而在三线建设高峰的'三五'计划期间，这一比例更是高达49.43％。"②

三线建设的投资规模、参加建设的人才、各种建设物资在新中国历史上都是空前的。建设的方式有两种：第一种，投资新建；第二种，内迁沿海地区老企业，并以搬迁为基础，加以补充和扩建。"三线建设是我国沿海地区工业生产能力向腹地的一次大推移，也是我国较先进的工业技术和管理经验向落后地区的传播和扩散。"③ 三线地区"基本建成了以国防工业为重点，以交通、煤炭、电力、钢铁、有色金属工业为基础的，机械、电子、化学工业相配合的门类比较齐全的工业体系"。④ 中央设想把甘肃建成钢铁工业基地、机械工业基地和军工工业基地。

为了响应三线建设的号召，甘肃省政府在1964年9月28日成立了三线建设领导小组，开始讨论制定全省的三线建设布局。为确保三线建设顺利进行，甘肃省委做出《关于贯彻执行"西北局加强三线建设领导的决定"的决定》和《关于贯彻执行"西北局支援酒钢建设的决定"的决定》，明确规定加强三线建设领导的有关问题，并要求各有关地区将三线建设作为重要任务去抓。

甘肃三线建设分为两个阶段：第一阶段（1966—1970年）建设资金投入52.99亿元，第二阶段（1971—1980年）建设资金102.54亿元。两个阶段中，

---

① 毛泽东. 毛泽东选集：第5卷[M]. 北京：人民出版社，1977：270-271.
② 徐有威，陈熙. 三线建设对中国工业经济及城市化的影响[J]. 当代中国史研究，2015，22（4）：81-92，127.
③ 孙健. 中华人民共和国经济史：1949—90年代初[M]. 北京：中国人民大学出版社，1992：369-370.
④ 孙健. 中华人民共和国经济史：1949—90年代初[M]. 北京：中国人民大学出版社，1992：371.

共安排建设项目700多个。

甘肃从1964年开始的三线建设,在1966年掀起了迁建高潮。通过政府的统一部署,东部沿海城市的高校和工业企业设备、技术人员、工人及其职工家属等涌向了甘肃及河西地区。"到1964年年底,中央各部门工作组相继来甘肃进行选厂工作的共有21个单位,初步提出的项目有717个,……1965年确定向甘肃转移项目33个,其中工厂20个、大专院校2个、科研单位11个、迁入设备9000台左右。"[1]

"1965年,陆续从上海、沈阳、吉林、哈尔滨、天津、大连、北京等省市搬迁工厂20个、大专院校2个、科学研究单位11个,分别迁入兰州、天水、山丹、酒泉、永昌、民勤、白银等地,共计投资5000多万元,迁入职工、教师1万多人,设备约9000台。"[2]

第二节 河西地区三线建设的成就

从备战的需要出发,通过搬迁方式,从东南沿海向甘肃兰州、天水及河西的山丹、酒泉、永昌、民勤等地迁入了26个重点骨干企业;通过投资新建方式,在甘肃建立了兵器、航空、核工业和电子等33个军工企业。借着三线建设的东风,河西地区又迎来难得的一个历史机遇,形成了以钢铁、石油、有色金属冶炼、核工业、机械、电力等国防工业与军事工业为主的现代工业体系。

一、河西地区是三线建设的重点区域

(一)河西地区特殊的地理位置及地形符合三线企业建设分散、隐蔽、保密的原则。

自古以来河西地区即作为西北的战略通道和古丝绸之路的黄金段,地理位置非常优越。东西狭长的河西走廊,南靠巍峨的祁连山,北部蜿蜒着绵绵北山,包括龙首山、合黎山和马鬃山,祁连山终年不化的冰雪哺育着走廊点状分布的绿洲农业经济带,成为分散布局工业基地的有利条件。西汉设置的河西四大重镇酒泉、张掖、武威和敦煌有比较发达的农业和畜牧业,成为布局三线建设工业项目的经济基础。

---

[1] 刘光华. 甘肃通史: 当代卷 [M]. 兰州: 甘肃人民出版社, 2013: 232.
[2] 夏荣生. 甘肃省志: 经济计划志 [M]. 兰州: 甘肃人民出版社, 2002: 485.

工业布局本来应该选址在能源资源集中、交通方便、水源充足的地方，而三线建设以备战为主要建设目标，工业建设的空间布局最大的选址特点是分散性、隐蔽性、保密性。"从选择厂址开始到总体布置、房屋设计、工艺流程、生活设施、厂内外道路等等都要从战争观点出发，千方百计达到隐蔽的要求。"①三线建设突出强调工业基地要分散布局，目的是战略上的隐蔽，躲避敌机轰炸，在千里河西走廊的茫茫戈壁分散布局若干个工厂车间，远离村镇，隐蔽性、保密性非常好。河西地区特殊的地理位置及地形符合三线建设"靠山、分散、隐蔽"的选址原则。

（二）河西地区蕴藏丰富的自然资源，这为三线建设创造了优良的条件。

河西各地区蕴藏丰富的自然资源。据《甘肃省情》记载：

武威地区地下矿藏22种，矿点125处。已探明储量较大的有煤44460万吨，油页岩24590万吨，还有铁、铝、石灰石、芒硝、黏土、磷矿石、沙金、萤石等。②

金昌市境内矿藏储量大，品种多。已探明的金属和非金属矿藏主要有镍、铜、钴、铀、金、银、铁、铝、铅、锌、石英石、石灰石、大理石、白云石、石油等30多种，其中硫化镍储量和品质居世界同类矿床第2位，与铜镍伴生的铂、钯、铱等铂族贵金属储量，居全国首位。③

张掖地区已探明矿藏32种，储量较大的有煤、铁、铜、锌、芒硝、石灰石、黏土、石膏、白云岩、硅石等。④

嘉峪关市，镜铁山蕴藏着丰富的铁矿石，以镜铁矿、菱铁矿为主，储量达5亿吨，是酒泉钢铁公司的主要矿源。⑤

酒泉地区，矿产储量可观，全区有5个较大的成矿带分布在走廊两侧的山中，共有矿点572处，构成矿床的有92处。矿种达48种。⑥

河西地区的各类矿产资源极其丰富，成为三线建设时期开发河西工业的优良条件。

（三）河西地区比较发达的农业和交通，成为三线建设开发河西工业的重要

---

① 二二九工程指挥部六六一工区工作情况汇报（1966-7-26）[R].上海市档案馆，A38-1-351-74.
② 中共甘肃省委研究室.甘肃省情：第二部[M].兰州：兰州大学出版社，1989：707.
③ 中共甘肃省委研究室.甘肃省情：第二部[M].兰州：兰州大学出版社，1989：755.
④ 中共甘肃省委研究室.甘肃省情：第二部[M].兰州：兰州大学出版社，1989：785.
⑤ 中共甘肃省委研究室.甘肃省情：第二部[M].兰州：兰州大学出版社，1989：847.
⑥ 中共甘肃省委研究室.甘肃省情：第二部[M].兰州：兰州大学出版社，1989：859.

基础。

河西地区自古以来农牧业发达。新中国成立以后,河西地区在人民政府的领导下,迅速恢复了社会经济,通过土地改革变革了生产关系,解放了农村生产力,"新中国成立后到(20世纪)50年代末,河西先后修建中小型水库55座"①,又通过改良农业技术,建成农业试验场和农业技术推广站,使种植面积不断扩大,产量不断提高,1956年"成为新中国成立后第一个农业生产高峰期"(下表所示),河西地区成为西北著名的商品粮生产基地。

1956年河西地区农业生产的发展情况②

项目名称	1956年	1956比1949年的增长倍数
农业总产值	21558.51万元	145%
粮食总产量	89395.69万公斤	1.36倍
棉花总产量	386.94万公斤	5.86倍
油料总产量	20014吨	160%

1962年兰新铁路已经建成,河西地区基本实现了县县通汽车、乡乡通邮,交通状况的初步改善为河西地区工业经济的发展创造了有利的条件。

综上所述,河西地区得天独厚的地理环境与丰富的资源条件符合三线建设的建设原则,河西成为三线建设的重点地区之一。

二、三线建设期间河西地区的工业成就

三线建设期间,甘肃省认真贯彻落实"保三线、保军工、保基础工业"的方针,河西地区新建了一批以国防工业为核心的新兴现代工业项目。

(一)交通运输业

河西地区的三线建设首先从改善河西地区的交通运输开始。

三线建设期间,河西公路建设发展很快。以张掖、武威、酒泉地区为例,张掖地区在1961年全区公路仅61条,总长1357.5公里,到1978年发展到68条,总长2065公里,其中油路636.5公里,永久性桥153座、4151延米,而到1988年底,全区公路发展到90条,总长2235.71公里,其中油路里程已达到

---

① 吴廷桢,郭厚安.河西开发史研究[M].兰州:甘肃教育出版社,1996:512.
② 吴廷桢,郭厚安.河西开发史研究[M].兰州:甘肃教育出版社,1996:512.

992公里,永久性桥梁已有226座,涵洞3383道。[1]

武威地区到1988年底,全区公路里程达2000.4公里,相当于1949年的11.3倍。酒泉地区公路里程从解放初坎坷不平、行车困难的1500公里,发展到1990年畅通无阻的4818.87公里,其中县乡公路从无到有,达2259.73公里。[2]

铁路建设方面,1962年,连接河西各地的交通大动脉——兰新铁路全线贯通,成为连接河西各地的交通大动脉。1966年竣工的干武线(东起包兰线干塘车站,西至兰新线武威南站)把兰新铁路和包兰铁路连接起来。1969年竣工的嘉镜支线(嘉峪关北站至镜铁山南站)清水线把河西的高台、金塔与内蒙古的额济纳旗连接起来,是酒泉卫星发射中心的专用铁路。嘉西支线(嘉峪关至西沟)等铁路相继竣工,成为酒泉钢铁公司生产所需矿石的运输线路。

民用航空方面,1967年整修、改扩嘉峪关机场,加强了河西地区与外省的联系。

三线建设使河西地区交通运输业得到很大改善,为河西地区工业建设和社会经济的发展提供了便利,河西地区与外省的联系进一步加强。

(二) 钢铁工业

钢铁工业方面的成就主要是酒钢二次上马投产出铁以及河西堡铁厂的建立。

1958年"大跃进"运动期间,"手无寸铁"的甘肃省也开始"大炼钢铁",发展钢铁工业,河西各地也纷纷建立"小土群"。酒泉钢铁公司从1958年8月1日正式成立,至1960年,三年共完成投资1.7亿元[3]。

根据毛泽东的安排,酒钢是西北三线建设的重中之重。1964年7月,国家计委下达任务书,要求酒钢尽快恢复建设,原有设计规模调整为:"年产生铁157万吨,钢锭150万,钢材110万吨。"[4] 从此,酒钢就成为一个生产板材的基地,改名为"三九公司",生产人员大约8000名。1966年3月,中共中央总书记邓小平、国务院副总理薄一波、李富春等同志到酒钢视察,同行的还有冶金部部长吕东、西北局第一书记刘澜涛,他们代表中央和毛主席对酒钢的生产建设表示关心和支持。从一线地区的北京建筑公司、石景山钢铁公司等单位东迁一部分工人和技术人员到酒钢,帮助酒钢尽快恢复生产,尽快出铁,包括北

---

[1] 吴廷桢,郭厚安.河西开发史研究 [M].兰州:甘肃教育出版社,1996:571.
[2] 吴廷桢,郭厚安.河西开发史研究 [M].兰州:甘肃教育出版社,1996:571.
[3] 中国人民政治协商会议,甘肃省委员会文史资料委员会.甘肃文史资料:工业经济专辑:第33辑[C].兰州:甘肃人民出版社,1991:32.
[4] 中国人民政治协商会议,甘肃省委员会文史资料委员会.甘肃文史资料选辑 工业经济专辑:第33辑[C].兰州:甘肃人民出版社,1991:26.

京平安医院的600多名职工和250张床位设备全部运到酒钢。

1966年8月,酒钢的基建工程由酒钢的建设指挥部领导,基建队伍整编为中国人民解放军基建工程兵第一纵队第二支队(简称建字02部队),总人数2.5万人。正当酒钢准备把生产与基本建设分开筹建之时,国际国内形势发生了重大变化。"文化大革命"爆发,中苏关系进一步恶化。中苏边境发生珍宝岛事件,使西北边界形势骤然紧张起来,酒钢作为三线建设重点的说法遭到质疑,已经运到酒钢的轧钢、炼钢设备被运往外地。如1969年初,酒钢二厂的厚板轧机被迁往河南舞阳,施工队伍也相继撤离,钢建设规模缩减,6000人调往四川。基建工程兵建字02部队奉命全部调迁河北,使酒钢的建设受到影响,酒钢的建设被迫中止。

1970年4月,粟裕同志视察酒钢之后,成立了战区指挥部,酒钢重新恢复生产。1970年6月1日,镜铁山矿正式投产;8月26日,热电厂一机一炉发电供热;9月2日,焦化厂一号焦炉投产;9月30日,炼铁厂一号高炉,炼出第一炉铁水,这是酒钢发展史上的重要转折。

但是,由于酒钢炼钢及轧钢设备不配套、镜铁山贫矿多、矿石品质低、选矿技术落后,导致出铁量很低,从出铁的1970年开始连年亏损,平均每年亏损4000多万元。1975年甘肃省委书记宋平向国家计委打报告请示加速酒钢建设的问题,次年冶金部批复同意支持。① 1976年酒钢"试制出国内最大的强磁选矿设备,并在酒钢最先投入使用,使原矿的含铁量由原来的30%,提高到47%左右,……金属回收率达75%左右。"②

在"文化大革命"的干扰下,酒钢的建设资金落实不及时,酒钢的建设时断时续,直到改革开放以后,酒钢的建设终于走上了稳定发展的道路。

经过技术改造,酒泉钢铁公司出铁量不断增加,20世纪80年代荣获冶金工业部科技进步一等奖和国家科技进步三等奖,但出铁不出钢仍然是一个亟待解决的大难题。在冶金部和地方政府的大力支持下,炼钢铸钢工程终于在1983年5月1日破土动工,1985年12月24日,第一炉钢在酒钢成功出炉,此后,酒钢才成为名副其实的钢铁企业。

三线建设时期建成的黑色冶金工业,除了酒泉钢铁公司以外,还有1966年开始建设的河西堡铁厂。河西堡铁厂由炼铁厂和东大山铁矿两个厂址组成,主

---

① 中国人民政治协商会议,甘肃省委员会文史资料委员会. 甘肃文史资料选辑:工业经济专辑:第33辑[C].兰州:甘肃人民出版社,1991:32-33.

② 中国人民政治协商会议. 甘肃文史资料:钢铁嘉峪关:第54辑[C].兰州:甘肃人民出版社,2000:128.

要生产生铁。到1981年，全厂先后建成三座炼铁高炉，设计能力为年产生铁12万吨，固定资产2794万元。到1995年底，河西堡铁厂累计完成固定资产投资1.2亿元，拥有大、中、小型设备374台，矿区占地面积约15平方公里，形成年产原矿10万吨、生铁矿10万吨、铁精选矿5万吨的生产能力。①

（三）有色金属工业

有色金属工业的最突出成就是金川矿区的开发与建设。自1958年发现镍矿建立金川矿区以来，在短短几年中发展成为驰名中外的大型硫化铜镍矿基地。1958年上半年，甘肃省煤炭工业局145煤田地质队做地质调查，首次发现了超基性岩体和含铜的矿化带。1958年10月发现永昌镍矿。1959年2月，甘肃省祁连山地质队在白家嘴地区开始勘探，最终探明了4个矿区的地质储量，分析金川矿区是一个大型的硫化铜镍矿床。为了开发金川资源，1959年冬八〇七矿组建完成，由中国有色金属工业总公司第八建设公司负责施工与人员技术支持。

1960年，八〇七矿更名甘肃有色金属公司。1961年1月，永昌镍矿更名为金川有色金属公司（简称金川公司）。金川有色金属公司作为世界第二大硫化镍矿，不但填补了中国镍资源的空白，而且是钴、铂、铅族元素的重要产地。1963年，金川镍矿一矿区出矿石，1964年改名为八八六厂。

三线建设期间，国家共投资12亿元开发金川镍矿，先后生产出电解镍，提取出金、银及铂族金属，改变了中国缺钴少镍、长期依赖进口的历史。就在三线建设的开局之年——1964年，成立镍钴研究院，专门负责综合开发利用镍钴等贵金属的研究。同年9月，金川公司生产出第一批电解镍以后，电解镍的生产能力逐年提高，第二年又成功提炼出铂族金属。"1966年，露天矿、一选矿区相继建成投产，1969年底，金川形成了10000吨电解镍的生产能力。"②

1971年，金川公司改名为甘肃有色冶金公司，1972年恢复金川有色金属公司的名称。金川公司以电解镍为主产，以铜、铂、金、钴、银等金属为副产，还生产硫酸、盐酸、烧碱、液氯等化工产品，是我国目前最大的镍钴生产基地和铂族金属提炼中心。③金川矿区矿石储量丰富，发展成为世界第二大硫化铜镍矿，镍储量仅次于加拿大萨德伯里矿，居世界同类矿床的第二位，铂储量居

---

① 甘肃省地方史志编纂委员会．甘肃省志·建设志：第三十二卷［M］．兰州：甘肃人民出版社，2000：112-113．
② 中国人民政治协商会议，甘肃省委员会文史资料委员会．甘肃文史资料选辑 工业经济专辑：第33辑［C］．兰州：甘肃人民出版社，1991：76．
③ 中国人民政治协商会议，甘肃省金昌市文史资料委员会．金昌文史：第一辑［G］．武威：武威市印刷厂，1987：63．

全国第一，铜和钴的储量均居全国第二。

"1978年以前，金川公司万吨规模设计只能产镍六七千吨，镍的冶炼回收率只有76.3%，大部分贵金属提炼不出来。钯的回收率只有49%，而锇、铱、铑、钌的回收率只有1%-3%。现在与过去相比，真不能同日而语。金川公司电解镍产量超过设计能力1倍，1983年镍年产量首次突破1万吨，1985年已经达到2万吨。矿石中12种共生金属已全部可以提取，钼、钯、锇、铱、铝、钌回收率大幅度提高"。①

中央政府非常关心金川公司的生产建设情况，1966年3月，中共中央总书记邓小平、国务院副总理薄一波、李富春等党和国家领导人到金川公司视察，大力支持金川公司的生产建设。1978—1986年期间，国务院副总理方毅先后8次视察金川公司。小平同志称赞金川矿是个"金娃娃""聚宝盆"。

此外，河西地区还建立了一批地方中小型有色金属企业。在河西塔尔沟发现了钨矿、铀矿，在高台、永昌发现了萤石矿，相继建成了张掖选矿厂、酒泉金塔铜矿、安西铅锌矿、青羊峡铅锌矿等10多个地方中小型有色金属企业。从此，河西地区形成了完整的采选矿、冶炼加工的有色金属生产制造业体系。

（四）石油工业

旧中国的石油工业基础十分薄弱。1939年3月13日，地质学家孙健初等人在玉门老君庙成功地钻凿了第一口油井，因此玉门油矿起初又称为老君庙油矿。由国民党资源委员会投产建成的玉门油矿，作为抗战大后方的重要石油基地，为支援抗日战争做出了重大贡献。但战后一直被国民党把持，生产建设时断时续。

1949年，玉门老君庙油矿仍是甘肃省唯一的油矿，原油产量仅6.92万吨，工业总产值1664万元，仅能生产灯用煤油、白蜡等12种产品。②

新中国成立初期的1950年至1952年，玉门油矿结束了旧中国国民党政府控制的历史，在人民政府的扶持下得以恢复和发展。1957年10月8日，新建的玉门油矿成为新中国第一个天然石油基地，从此大规模的石油开采和建设，使中国终于摘掉了"贫油国"的帽子，中国不仅实现了石油自给，而且还能出口到国外。

三线建设期间，玉门石油基地借助三线建设的东风，得以重建与开发，按

---

① 中国人民政治协商会议，甘肃省金昌市文史资料委员会. 金昌文史：第一辑[G].武威：武威市印刷厂，1987：54.
② 中共甘肃省委研究室. 甘肃省情：第一部[M]. 兰州：甘肃人民出版社，1988：197.

照"缩短战线，集中力量，确保原油生产，继续发挥石油基地作用"① 的方针，玉门油矿有了科学的开采方案，油田恢复了生机，成为西北重要的石油生产基地。玉门油矿原油产量连续上升。1965 年原油产量 40.59 万吨，工业总产值（按 1957 年不变价格计算）为 54003 万元。②

玉门油矿于"1970—1979 年，取得了原油产量连续 10 年稳产 60 万吨以上的好成绩。"③ 1980 年起，玉门油矿连续 10 年原油产量稳产在 50 万吨以上。④ 1985 年，原油产量 58 万吨，原油加工能力 56.9 万吨，可生产 11 类、153 种石油产品。⑤

（五）化学工业

从 1964 年开始，在金昌市河西堡镇相继建成了氮肥厂、纯碱厂和磷肥厂三家工厂，合称金昌化工总厂，成为省属重点化工企业之一。其中，纯碱厂是西北第一家中型联碱生产企业，其建成标志着甘肃省内开始有了产碱的历史。"金昌化工总厂经过 30 年的建设和挖潜改造，拥有固定资产 4 亿元，成为省内地方化工企业中年产值超千万的 6 个企业之一。"⑥

（六）航天工业和核工业

三线建设时期，河西地区掀起了核工业、航空、航天等国防科技尖端工业的建设高潮。1958 年开始建设的酒泉卫星发射基地，20 世纪 60 年代与北京总部的电话通信代号为"东风"，因此也叫东风基地。酒泉卫星发射基地自创办以来为国家的航天事业做出了重大贡献，1960 年 11 月 5 日，中国第一枚地对地导弹在酒泉卫星发射基地成功发射。三线建设时期，河西地区在航天工业和核工业方面取得了非常突出的成就。在航天工业方面，重点建设酒泉航天发射场二号发射区。1965 年，一期工程正式开工建设，1967 年初竣工；二期工程于 1967 年开始设计施工，1970 年建成。⑦ 1971 年 3—4 月，完成大型运载火箭"风暴一

---

① 中共甘肃省委研究室. 甘肃省情：第一部 [M]. 兰州：甘肃人民出版社，1988：197.
② 中共甘肃省委研究室. 甘肃省情：第一部 [M]. 兰州：甘肃人民出版社，1988：197.
③ 玉门市委员会文史资料工作委员会. 玉门文史资料：第一辑[G].玉门：玉门市彩印厂，1992：213.
④ 玉门市委员会文史资料工作委员会. 玉门文史资料：第一辑[G].玉门：玉门市彩印厂，1992：214.
⑤ 中共甘肃省委研究室. 甘肃省情：第一部 [M]. 兰州：甘肃人民出版社，1988：198.
⑥ 甘肃省地方史志编纂委员会. 甘肃省志·建设志：第三十二卷 [M]. 兰州：甘肃人民出版社，2000：75-76.
⑦ 甘肃省地方史志编纂委员会. 甘肃省志·建设志：第三十二卷 [M]. 兰州：甘肃人民出版社，2000：152.

号"的全系统热试车,同年9月进行第一枚洲际火箭发射试验;1975年7月,"风暴一号"运载火箭发射一颗重型卫星,紧接着又用"长征二号"运载火箭发射一颗返回式卫星;1980年5月,向太平洋海域发射远程运载火箭;1981年,用一枚火箭发射一组三颗空间探测卫星。①

酒泉卫星城成为中国创建最早的综合性卫星导弹发射中心,成功地用"长征一号"火箭将"东方红一号"人造卫星送上太空,这标志着我国航天事业跻身世界先进行列。1966年10月27日,中国第一次导弹核试验获得成功;1970年4月24日,中国第一颗人造地球卫星"东方红一号"发射成功;1975年11月26日,中国第一颗返回式卫星发射成功;1980年5月18日,中国第一枚远程运载火箭发射成功。

核工业的发展离不开铀矿等重要原料。早在1956年在河西走廊发现两处铀矿。位于嘉峪关的国营四〇四厂一经建立就成为中国第一个特大的原子能联合企业。

三线建设时期,在河西地区兴建的核工业工程主要有地处金昌市的七九六矿,这是一家处理矿石、提炼原子铀的核工业基地。在靖远县还建立了配套的水冶厂——七九二矿,可以生产100多种军工产品,标志着国际尖端科学领域的高科技开发已经扎根在河西走廊的戈壁滩中。核工业等国防工业的发展,尤其是"两弹一星"的成功发射和酒泉卫星城的建立使河西成为全国著名的西北国防工业基地,改善了国防工业的布局,保卫了西北边疆的国防安全。

(七) 建材工业

三线建设期间,机械工业部安排从沿海向甘肃内迁了一批机械工业企业,形成以兰州、天水为主的机械制造工业中心。"1975年,甘肃机械工业总产值达21.74亿元,占全省工业总产值的30%"。② 甘肃形成了以电子制造、仪器仪表制造、机床工具制造、重型矿山机械制造为主的比较完整的机械工业体系。

三线建设期间,河西地区的建材工业以水泥制造业和制品业为主。水泥制品和石棉水泥制品工业是中华人民共和国成立后的新兴产业。1973年11月6日正式建成投产的酒泉地区水泥厂是河西地区最大的水泥厂。到1995年底,该厂累计完成基建投资8109万元,拥有总资产5615万元、净资产1578万元,年生

---

① 甘肃省地方史志编纂委员会. 甘肃省志·建设志:第三十二卷[M]. 兰州:甘肃人民出版社,2000:158.
② 何炼成. 历史与希望:西北经济开发的过去、现在与未来[M]. 西安:陕西人民出版社,1997:374.

产能力达20万吨，发展成为省内重点水泥企业。①

1965至1970年期间，张掖地区新建了一批机械和建材的骨干企业，包括张掖县铁厂、化肥厂、磷肥厂、收割机厂、水泥厂、汽车修配厂、塑料厂等。20世纪70年代建成的武威市水泥厂、武威市水泥制品厂均属于国有企业，而武威市砖瓦厂属于集体企业。

（八）电力工业与邮电通信业

1964年酒泉电厂改名为酒泉供电所。1965年建成嘉峪关电厂，取代了原酒泉电厂。1969年，张掖五里墩建立电厂。1971年，建成利用火力发电的武威电厂。酒泉县公安局新生铁工厂最先安装一台小型汽车发动机带动发电机进行发电。1975年前后还建立了酒钢热电厂、803电厂等，省境内的兰州、天水、永昌三个电网连成整体，并使陕、甘、青三省电网形成联合系统。

同时，三线建设时期，河西地区的邮电通信业开始兴起，建成了覆盖全省及河西各县（市）的市内电话和覆盖率达97%的乡（镇）农村电话，还建成了连接城乡的邮电通信网。20世纪70年代末期，先后在黑河上游、盈科干渠建成水电站5座。张掖有龙渠水电站，张掖盈科一号、三号、四号、五号电站等水力发电厂。

（九）机械工业

新中国成立以来，经过土地改革运动和农业合作化运动，农业经济有了一定程度的发展。党中央高度重视农机工业，为了实现农业的机械化，必须加强对农机工业的管理。

三线建设期间，河西地区形成了以农业机械为特色的机械工业。1969年6月，玉门市将机械厂和市拖拉机修配厂合并，成立了玉门市农机修造厂，1970年创办永昌离合器厂。根据农业机械化会议的精神，1975—1985年，河西地区创办的农业机械生产企业有敦煌县农机厂、嘉峪关市农机厂、酒泉县农机厂、张掖地区农机厂、肃南县农机厂、高台农机厂、民乐县农机厂、临泽县农机厂、永昌县农机厂、古浪农机厂、天祝县农机厂等。1978年十一届三中全会以后，党和国家的工作重点转移到社会主义建设上来了，河西地区机械工业的发展进入一个新的历史时期。1979年是机械工业发展最好的年份。1979年根据"调整、改革、整顿、提高"的八字方针对国民经济进行调整，改变政企不分的企业管理方式，开始用经济手段管理企业，培养企业的竞争意识和市场观念。"六

---

① 甘肃省地方史志编纂委员会．甘肃省志·建设志：第三十二卷［M］．兰州：甘肃人民出版社，2000：127.

五"时期（1981—1985年），河西地区机械工业依靠科技谋求发展，追求"三上一提高"①，即上质量、上品种、上水平、提高经济效益，走出了一条新路子。（参照下表）

1985年河西地区机械工业部门总产值②

地区	企业数（个）	总产值（万元）	占全省比重（%）
嘉峪关市	8	219	0.10
金昌市	19	1152	0.50
酒泉地区	75	4280	1.87
张掖地区	102	2762	1.21
武威地区	96	3787	1.66

总之，三线建设时期，甘肃省的机械工业中心在兰州（占全省的比重为59.85%）和天水地区（占全省的比重为18.89%），综合性强，而河西五地市的机械工业在全省所占比重低，仅为5.34%，主要以农业机械为特色。三线建设以后，经过企业改制，1987年甘肃省机械工业系统新增企业12个，其中，河西地区新增的企业有武威市钢球厂、武威市链条厂两个。

（十）轻工业

三线建设时期，河西地区在轻工业领域发展快速，建立了涉及10多个行业、门类齐全的轻工业生产部门，已经基本能够满足河西人民生产生活的各种需要。

轻纺工业：

1949年，甘肃全省只有小型轻纺企业和小手工业作坊654家，工业总产值9894万元（按1980年不变价格算），在全国轻纺工业总产值中，所占比重还不到1%。③

三线建设时期，河西地区的纺织业发展很快。1966年建成的武威纺织厂是

---

① 甘肃省地方史志编辑委员会. 甘肃省志·机械工业志[M]. 兰州：甘肃人民出版社，1989：17.
② 甘肃省地方史志编辑委员会. 甘肃省志·机械工业志[M]. 兰州：甘肃人民出版社，1989：19.
③ 中共甘肃省委宣传部. 蓬勃发展中的甘肃：1949-1984[M]. 兰州：甘肃人民出版社，1985：104.

中国最早建成的亚麻纺织企业之一。"武威纺织厂原名武威麻纺织厂,是省内集麻纺、毛纺、针织为一体的综合性大型纺织企业。该厂筹建于1966年5月,1971年建成投产,总投资300万元,建设成规模年产亚麻帆布80万米。"① 三线建设期间建成的嘉峪关棉纺织厂"是一座具有3万锭生产规模的单一纺纱厂。1995年通过技术改造,建成年产1000吨精纺纱生产线,结束了河西走廊无精纺纱的历史"②。

20世纪70年代,武威的纺织业引进机械设备,改变了手工纺织的历史,成立了专门的武威毛毯厂、武威纺织厂,能生产出毛线、毛毯、毛呢布料,大大提高了生产效率和产品质量。此外,由于武威盛产大麻,1971年麻纺织业也开始在武威兴起。同年,张掖县也建成针织厂。

造纸业:

三线建设期间,张掖、酒泉等地的造纸业开始使用机器生产。1969年5月23日,酒泉地区革命委员会生产指挥部开始筹建酒泉县造纸厂,提出在酒泉"兴建一座日产2吨、年产505吨普通文化用纸的小型造纸厂"③,以弥补五小工业的空白,并且在7月10日向甘肃省轻工业厅上呈报告,1971年4月正式投产建设。从此,酒泉地区仅能生产土纸的手工作坊时代结束,开启了酒泉地区机器造纸的新时代,近代造纸业的出现为酒泉人民的文化用纸和生活用纸提供了便利。酒泉市造纸厂自建立以来,不断改进技术、扩大规模、完善经营管理,20世纪80年代以来,被省、地、市各级政府评为"甘肃省先进企业"及"甘肃省一级企业"。此外,张掖也建成了造纸厂。

此外,在制糖业方面先后建成酒泉糖厂、张掖糖厂、民勤糖厂;酿酒业主要是皇台酒厂建成投产。

总之,三线建设期间,尽管有"文革"极"左"路线的干扰与破坏,但河西地区的现代工业拔地而起,形成了以钢铁、冶金、航天、石油、镍和稀贵金属冶炼、核工业为主的重工业体系,轻工业也形成了门类齐全、初具规模的体系。三线建设期间,河西地区形成了金昌、酒泉、玉门等新兴工业城市,河西地区现代工业结构发生变化,重工业、轻工业的发展速度都大大加快了。

---

① 甘肃省地方史志编纂委员会. 甘肃省志·建设志: 第三十二卷 [M]. 兰州: 甘肃人民出版社, 2000: 150.

② 甘肃省地方史志编纂委员会. 甘肃省志·建设志: 第三十二卷 [M]. 兰州: 甘肃人民出版社, 2000: 149-150.

③ 政协甘肃省酒泉市委员会. 酒泉文史资料: 第2辑[C].酒泉: 酒泉市印刷厂, 1989: 100.

三线建设大大加快了河西工业建设的发展速度。河西地区成为西北地区重要的航天工业和国防工业基地，形成酒泉钢铁基地为核心的钢铁、石油、有色金属冶炼、航空航天、机械、建材、轻纺等门类众多的工业结构，从此，河西地区重工化的工业结构定型，出现了生产水平较高、物质和技术力量较为雄厚的诸如金昌、酒泉、玉门等工业基地。以三线建设期间张掖市重要年份工业主要经济指标为例（参下表）。张掖市的工业总产值所占比重从 1965 年的 26.99% 增长为 1980 年的 30.57%；重工业总产值所占比重从 1965 年的 3.26% 增长为 1980 年的 30.15%；轻工业总产值所占比重从 1965 年的 96.74% 下降为 1980 年的 69.85%。张掖市工业经济显著增长，重工业比重明显上升，轻工业比重下降较快。同时工业经济的产业结构也发生了变化。

三线建设期间张掖市重要年份工业主要经济指标

年份	1965	1978	1980
工业总产值（万元）及其比重（%）	858.94	4275.59	4534.79
	26.99	37.69	30.57
轻工业及其比重（%）	830.97	2910.86	3167.69
	96.74	68.08	69.85
重工业及其比重（%）	27.97	1364.73	1366.47
	3.26	31.92	30.15

（表格数据来源：根据《张掖市志》268 页整理）

"三五"计划（1966—1970 年）的原定计划是重点解决人民的吃穿用问题，也叫"吃穿用"计划，国家制定了加快农业发展、加强国防建设和基础工业建设的任务。但"文革"严重干扰了"三五"计划的顺利执行。

"四五"计划（1970—1974 年）要求各省、市、自治区大力发展地方"五小工业"，要求"地方应该想办法建立独立的工业体系。……只要有条件，都应建立比较独立的但是情况不同的工业体系。"① "四五"计划严重脱离了实际，造成了重复建设和浪费现象。受"文革"内乱的破坏，工业战线管理混乱，工业技术人员不敢抓管理、抓业务，工业的发展不可避免地受到影响。如果没有

---

① 毛泽东视察天津市的谈话 [N]. 人民日报，1958-08-16.

"文革"的十年，河西地区的工业发展会更快。

第三节　河西地区三线建设的得与失

一、河西地区三线建设之得

（一）工业经济逐步成为河西地区的经济支柱

三线建设把河西地区从农耕文明推进到工业文明阶段。河西地区形成了钢铁、石油、有色金属冶炼、航天航空、核工业等重工化的工业结构，同时，轻工业门类逐渐齐全，发展速度加快，极大地改变了河西地区原有的以农业和轻工业为主的产业结构，河西地区的工业化水平显著提高，工业经济逐步成为河西地区的经济支柱，河西各地工业总产值的比重开始显著增加。就连河西各地诸如张掖、武威、敦煌等非典型工业城市的工业总产值比重也有大幅度的增加。"据张掖和武威两地区的统计，1975年同1965年相比，工业总产值从3374.96万元增加到13951.62万元，增长3.13倍，从主要产品的产量看，原煤从19.341万吨增加到89.0301万吨，增长3.6倍，发电量从919.5万瓩（瓦）小时增加到4095.3万瓩（瓦）小时，增长了3.45倍。"①

河西各地新建了一大批门类齐全的轻工业企业，民用工业发展迅速，较好地满足了河西人民的生产和生活所需，河西人民落后的生活面貌也有了改善，为以后河西地区社会经济的发展和西部大开发奠定了坚实的基础。20世纪90年代以来，金昌市成为甘肃省第一个奔小康的城市。2019年金川公司成为甘肃全省唯一的世界500强企业。河西走廊成为名副其实的"辐射、带动西北各省区的发展"的"发动机"。② 三线建设，使河西地区形成了比较完整的现代工业体系，奠定了河西地区在甘肃全省率先奔小康和实现现代化的基础。这是三线建设留给河西的宝贵遗产。

（二）河西地区成为国家航空航天和国防军事工业建设的重点地区

作为古丝绸之路黄金段的河西走廊，在三线建设期间，由于国家"备战"政策的需要，河西地区成为国家航空航天和国防军工工业建设的重点地区，重

---

① 甘肃省地方史志编纂委员会. 甘肃省志·概述：第一卷 [M]. 兰州：甘肃人民出版社，1989：534.
② 河西走廊成为西北发展的发动机 [N]. 甘肃日报，2000-09-20.

建了酒钢，扩建了金川公司，新建了东大山矿山、永昌796铀矿等一批重工业项目，使工业结构发生了显著变化，重工业比重大幅度增加，形成了钢铁、石油、有色金属冶炼、航天航空、核工业、机械工业等重工化的工业结构。

三线建设使河西地区重要的战略地位重新确立。河西地区大多数有影响的新建企业是重工业，新兴的工业城市如金昌、酒泉、玉门的工业结构中，重工化特征凸显。金昌市的重工业比重从三线建设的开局年1964年的48.8%，上升为三线建设结束年（1981年）的75.9%。① 以农业经济为主的张掖、武威、敦煌的重工业比重也日益上升。张掖重工化的比重从1965年的3.26%上升为1980年的30.15%。②

（三）河西地区形成了"一矿一城"的新兴工业城市

根据早期工业化国家的经验，工业化是城市化的助推力。三线建设促进了河西地区工业经济的发展，也助推了河西地区金昌、酒泉、玉门、嘉峪关等工业城市的建成，从而推动河西地区城市化的发展，影响与带动了工业城市周边村镇的经济发展。"镍都"金昌、"钢城"嘉峪关、"油城"玉门等成为闻名全国的重工业城市。河西地区的城市化进程加速，河西地区工业的影响力提升，这些有利于带动河西地区社会经济的整体发展，为河西地区实现现代化奠定了工业基础。

（四）三线建设是河西地区现代工业真正奠基的时期

三线建设是河西地区工业经济发展的一个非常重要的阶段。借助三线建设这个历史机遇，河西地区的工业生产布局和产业结构发生了显著变化，重工业比重大幅度增加，同时，轻工业的发展速度也是史无前例的。三线建设使河西地区的交通运输业得到很大改善，铁路、公路等基础设施的建设速度加快，县县通车带动了周边小城镇与乡村的发展，在某种程度上促进了河西地区社会经济的发展。

（五）三线建设者服从国家大局、艰苦奋斗、无私奉献的精神成为中华民族宝贵的精神财富

三线建设开始以后，国家经济委员会、国家计划委员会从1964年开始先后多次下达搬迁、迁建项目的指示，冶金工业部、中央西北局、一机部、四机部、化工部迅速做出"保证完成迁建任务"的响应，纷纷发布文件下达具体的迁建项目。1964年9月28日，甘肃省委、省政府向中央和西北局发出《中共甘肃省

---

① 甘肃省金昌市地方志编纂委员会．金昌市志 [M]．北京：中国城市出版社，1995：115．
② 《张掖市志》编修委员会．张掖市志 [M]．兰州：甘肃人民出版社，1995：268．

委关于贯彻执行毛主席战略方针指示，积极着手进行三线建设的报告》，立即成立甘肃省三线建设小组，分派两路对河西走廊和天水地区勘查选定迁厂地址，"省委责成省计委、经委"及早安排，地方政府积极采取措施，依靠群众，克服困难，为适应工业建设加大"砖、瓦、灰、砂、石"等地方建筑材料和粮食的生产和供应，为迁厂做好一切准备。中央西北局和甘肃省委及地方政府始终把迁建任务当作一项政治任务，"严格保密制度"，积极"协助中央各部"，拟定迁厂计划，"做好选厂和迁厂工作"。

为了响应中央"好人好马上前线"的号召，国家经委下达《关于搬厂工作中几个具体问题的规定》，要求"'一分为二'的工厂（或车间）关键设备或专用设备，应该首先满足三线的需要，有一套的搬走一套，只有一套的也坚决搬走"；"应该挑选优秀的管理干部、技术人员和生产工人成套输送，优先满足三线需要，保证新厂（或车间）及早投入生产"。[①] 三线建设各部门重点维护国家的大局需要，坚守国防安全第一。建设者们从高度的政治意识、大局意识、核心意识、看齐意识出发，坚持群众路线，坚持自力更生，"尽可能创造条件，自己制造设备，改制材料，清理库存，武装自己"，"指定专人负责"，"每月应向有关部门作一次书面简报"。[②]

1964年11月17日，中央西北局转发国家计委和经委"1965年第一批搬迁西北地区的工业企业建设名单"，省委、地方政府和建设者充分发挥了不怕苦、不怕累、艰苦奋斗的精神，做出了政治保证："我们必须坚决按照毛主席的指示，争取时间，多快好省地完成这一重大的建设任务。……技术从精，生活从俭，要做到少花钱，收效快"。[③] 三线工厂选址分散，多数建在偏远山区和戈壁滩上，生产搞起来了，但各项生活设施跟不上，交通运输困难，条件异常艰苦，只能吃井水或河水，经常没有蔬菜吃。职工的生活与工厂的管理都存在很大困难。建设者凭着顽强的毅力，克服了重重困难，才保证了各项建设项目的顺利进行。"在重点工程建设中，哪里难度最大，条件最苦，哪里就有人民解放军指战员。"[④] 酒钢建设基地"有来自首都北京的各类技术干部和技术工人7900多

---

① 甘肃省三线建设调整改造规划小组办公室. 甘肃三线建设［M］. 兰州：兰州大学出版社, 1993：374-375.
② 甘肃省三线建设调整改造规划小组办公室. 甘肃三线建设［M］. 兰州：兰州大学出版社, 1993：403.
③ 甘肃省三线建设调整改造规划小组办公室. 甘肃三线建设［M］. 兰州：兰州大学出版社, 1993：366.
④ 甘肃省三线建设调整改造规划小组办公室. 甘肃三线建设［M］. 兰州：兰州大学出版社, 1993：18.

人"，以"打歼灭战"的方式争分夺秒地搞建设，"酒钢出铁会战会议"召开以后，"经过半年多的艰苦奋斗，酒钢1号高炉终于在1970年9月30日出铁"。①

三线建设者放弃一线城市的优越生活，丢下妻子儿女、年老父母，不远千里来到落后闭塞的甘肃和河西地区，投身于艰苦的工作环境，抓生产、抓业务，只争朝夕，无私奉献着自己的青春与汗水，完成了迁建任务。

（六）留给我们紧抓政策机遇、发挥资源优势、建设美丽富饶新河西的历史启示

在三线建设时期，河西地区抓住政策机遇，发挥了有色金属、石油等矿藏丰富的资源优势和地处"三线"的区域优势，抢建、兴建了一批石油化工、钢铁、有色金属冶炼、国防军事工业以及门类齐全的轻工业等现代工业，工业经济逐步成为河西地区的经济支柱，为后来河西地区社会经济的发展奠定了坚实的基础。

从三线建设的历史经验出发，目前，河西地区要抢抓"一带一路"倡议和构筑国家西部生态安全屏障的政策机遇，发挥丝绸之路黄金段的区域优势，建设美丽富饶新河西。

在"一带一路"倡议和河西走廊生态保护战略中，河西地区要利用好国家的政策扶持和专项资金扶持，要继承和发扬服从大局、艰苦奋斗、无私奉献的精神，从国家战略的角度，保护祁连山这个"生态屏障"。2019年8月下旬，习近平总书记视察甘肃河西地区，多次提出加强甘肃和河西走廊生态环境保护，提出"加强对构筑河西祁连山、南部秦巴山、甘南高原地区、陇东陇中黄土高原和中部沿黄地区'四屏一廊'的研究。……打好污染防治的攻坚战、区域治理的整体战、防沙治沙的阵地战、绿色发展的持久战，守护好河西走廊的'生命线'，守护好祁连山自然保护区，……守护好中华民族赖以生存的生态屏障。""要自觉扛起生态建设的政治责任，传承八步沙'六老汉'治沙造林精神，……筑牢河西生态安全屏障"。② 以史为鉴，河西地方政府要继承和弘扬三线建设精神，努力争取国家的政策支持，把保护生态、建设河西地区生态文明作为河西地区未来可持续发展的新理念。

---

① 甘肃省三线建设调整改造规划小组办公室. 甘肃三线建设［M］. 兰州：兰州大学出版社，1993：17.
② 本报评论员. 加强生态环境保护 筑牢生态安全屏障——学习贯彻习近平总书记视察甘肃重要讲话和指示精神（三）［N］. 甘肃日报，2019-08-27.

二、河西地区三线建设之失

关于三线建设之失，有必要进行全面深入的综合考察，认真总结其经验教训。

首先，三线建设强调以备战为中心，使河西地区经济建设的主要门类集中在核工业、航天工业、冶金工业等以军事工业为重点的重工业领域，这种重型经济结构，造成河西地区工业内部以及农业和轻重工业之间的比例关系严重失调，重工业占用资金多，轻工业和农业由于资金不足，技术力量不足，生产受到影响，加上"文革"的干扰，呈现下降或徘徊趋势。如张掖轻工业比重快速下滑，从1965年的96.74%下降为1980年的69.85%。[1] 河西地区的农业的生产效益有所下降，河西地区的原有的"粮仓"地位也受到一定的影响。

其次，三线建设项目以国防工业为主，选址以"靠山、分散、隐蔽"为原则，使所建企业具有封闭性的特点，脱离了河西各地的经济发展需求而独立存在，对河西各地方工业经济的发展发挥的带动作用不明显。不能简单地以河西地区工业产值的增加来说明三线建设对河西各地经济的带动作用。三线企业服务于国家的战备需要，不直接服务于地方经济，呈现"二元经济结构"的特征。此外，三线企业职工的社会福利等生活配套一般均由三线企业内部负责，也降低了与当地经济发生联系的必要性。

由于20世纪60年代来自美苏两国的战争威胁，为了防止敌机轰炸，我国过多地考虑了三线建设项目在布局上的分散与隐蔽，而没有考虑项目上马以后急需的各项配套设施。选址过于分散，交通运输极不方便，企业职工的基本生活设施也极度缺乏，给企业生产增加了成本，企业发展存在诸多问题。如建于1965年的甘肃河西堡铁厂，就是为了同军工配套而建设的，"投资6700万元，……到1981年停产，共亏损1.28亿元。"[2]

实质上，三线建设把工业布局变成了军事布局，工业布局要以资源条件或交通条件为选址依据，而三线工业企业往往远离城市，被散布在交通极其落后的茫茫戈壁或山脚下，造成了资金和资源的浪费，再加上保密原则，使这些国防工业与军工企业和河西各地地方经济联系很少，所谓"墙内飞机导弹，墙外刀耕火种"[3]，与世隔绝，鲜为人知。如在戈壁滩建立的国营四〇四厂、二七九

---

[1] 《张掖市志》编修委员会. 张掖市志 [M]. 兰州：甘肃人民出版社，1995：268.
[2] 朱彦云. 论20世纪六七十年代甘肃三线建设 [J]. 齐齐哈尔师范高等专科学校学报，2011（2）：101-102.
[3] 潘乃谷，马戎. 边区开发论著 [M]. 北京：北京大学出版社，1993：216.

厂、七九二矿等核工业基地,由于缺乏职工生活所需的出行、看病、子女上学、购物等的基础设施,艰苦条件严重影响了职工的生产积极性,导致人才流失,企业生产也受到影响。正如费孝通所讲,三线企业自建社会、自成体系,与周围社会几乎隔绝,没有形成带动周围地区经济发展的强大动力。①

再次,三线建设项目片面要求地方工业形成"小而全"的工业体系。许多项目未经论证就仓促上马,往往边勘探、边设计、边施工,是典型的"嵌入"型经济模式,造成许多重复建设项目,结果是投资大、成本高、效益差,造成了资金浪费经济效益下降等问题。

在一定意义上,三线建设是优先发展重工业战略和计划经济体制的产物。三线企业以重工业为主,对劳动力的吸纳能力本身亦相对有限。三线企业的原料和产品也是由中央计划部门在全国范围内进行调配的。这些因素都阻碍了三线企业与地方经济之间进行生产要素的交换和流动,在很大程度上束缚了三线建设对当地经济发展的劳动作用。

最后,河西地区的三线企业以发展重工业尤其是军事工业为核心,由中央政府直接投资或从一线地区直接迁入技术人员和设备,是典型的政府主导型产业。通过"三老带三新"②,即老基地带新基地、老工厂带新工厂、老工人带新工人的方式,河西地区迅速崛起了一批大型军工工业和国防工业基地。如酒钢是西北三线建设的重点项目,在党中央和国务院的重点关怀下,从一线地区的北京建筑公司、石景山钢铁公司等单位东迁一部分工人和技术人员到酒钢,帮助酒钢恢复生产,所以1970年终于生产出铁来。再如甘肃省祁连山地质队在白家嘴地区钻探勘查发现金川矿区以后,由中国有色金属工业总公司第八建设公司负责施工,从人员到技术方面都给予大力支持,才保证了金川矿区的顺利开采。

这些长期依赖政府主导的国营工业企业,是依靠东部一线地区的设备、技术和人员的支援,在最短时间内迅速建成的现代化重工业基地,基础设施和发展后劲严重不足,对以后的可持续发展产生了不利影响。在经历了一番国有企业体制的改制以后,才逐渐适应市场经济体制的发展要求。

总之,三线建设促进了河西地区工业经济的大发展,成为河西工业发展史上的一个重要阶段。三线建设是一次全国性工业布局的战略性大调整,其核心

---

① 徐有威,陈熙. 三线建设对中国工业经济及城市化的影响 [J]. 当代中国史研究,2015, 22 (4): 81-92, 127.

② 徐有威,陈熙. 三线建设对中国工业经济及城市化的影响 [J]. 当代中国史研究,2015, 22 (4): 81-92, 127.

区域是西南、西北等三线地区，其建设重点是以国防工业为核心的重工业生产。三线建设期间，国家向三线地区共计投资2000亿元。中央政府主导下的企业内迁，使落后的三线地区迅速形成了以国防工业建设为重点，包括钢铁、煤炭、化工、机械、电子等相配套的门类较为齐全的工业体系。但是，"好人好马上三线"，大幅度削减上海、北京、天津等东部沿海地区的工业建设资金，东部一线地区工矿企业和科研单位的设备、技术和人员被"一分为二"地内迁或全部内迁到三线地区，引起东部一线工业资金投入不足，产能不足，生产力连续下降，给东部一线地区工业经济的发展和城市化发展带来了严重影响。

三线建设期间，东部沿海城市由于大规模支援内地，不仅削弱了工业生产能力，也迟滞了工业化水平的发展，上海由于内迁工厂和职工最多，城市化率出现负增长，为-6.75%。可见，三线建设虽然促进了内地的工业化，却影响了东部一线城市自身的工业化和城市化进程。

1979年中央提出了"调整、改革、整顿、提高"的八字方针，1980年以后，开始对三线建设的不合理项目进行调整整顿与改革。1984年7月甘肃省人民政府第16次会议决定，对甘肃三线企业进行调整，关、停、并、转了一批没有前途的三线企业。如因1981年长期亏损被迫停产的河西堡铁厂和东大山铁矿合并，成立甘肃铁合金厂。

20世纪80年代初，三线建设结束以后，改革开放实行东部优先发展战略，对原三线地区带来了很大的挑战。长期依赖政府主导而建立起来的河西三线工业，如何应对改革开放和市场经济挑战？这是河西地区面临的大难题。

第八章

改革开放开启河西工业发展的新时代

改革开放以来,随着中国经济体制改革的逐步深入,河西工业的发展也迎来了春天,归纳起来主要经历了两个阶段:20世纪70年代末至80年代末为第一个阶段,主要是通过调整工业经济结构,加快轻工业的发展,紧紧围绕"三西"建设的要求,扶持河西农业生产的恢复和发展,使河西地区成长为全国著名的粮食生产基地;20世纪90年代以来的第二个阶段,河西工业重新进入重工业发展快于轻工业阶段,21世纪初中国加入世界贸易组织,中国经济开始和全球经济接轨,主动融于世界贸易规则,河西工业迎来了走新型工业化道路,探索可持续发展道路的新阶段。

第一节 改革开放与工业体制的调整

一、工业企业开始转换经营机制

新中国成立以后,河西地区经历了曲折发展,在20世纪50年代的"一五"计划、社会主义改造运动、"大跃进"与人民公社运动和60—70年代的三线建设中冶炼,河西的现代工业得以开发与建设,初步形成了以石油、钢铁有色金属以及国防工业为主体的现代工业体系。

1973年开始,中央对三线建设进行调整,逐步缩减国防工业的规模与投资。1975年周恩来在四届人大一次会议上重申20世纪末实现四个现代化的宏伟目标,并提出在1980年以前,建成一个独立的比较完整的工业体系和国民经济体系。但是"文革"结束以后的两年,工业战线仍然提出了难以实现的高指标,基本建设规模仍然过大,赶超思想仍然存在。

1978年4月,中共中央颁布《关于加快工业发展若干问题的决定(草案)》(即《工业三十条》),规定了工业企业的任务和工业管理体制,设立企业基金,对工业企业实行统一领导、分级管理。

1979年4月,中央工作会议通过了"调整、改革、整顿、提高"的八字方针,加快扶持轻工业的发展,适当降低重工业的发展速度,关、停、并、转了一批消耗高、质量差的亏损企业。经过调整,工业经济结构当中的轻、重工业的比例渐趋协调。"六五"计划(1981—1985年)对工业结构进一步进行调整,继续扶持发展农业和轻工业,着重解决消费品供不应求、燃料动力供应不足的问题。

改革开放以来,工业领域的主要措施是简政放权,扩大企业自主权。通过放权让利和利改税,工业企业开始转换经营机制,实行承包经营责任制与厂长(经理)负责制。工业企业在权、责、利方面获得了自主权,给工业经济的发展注入了前所未有的生机和活力。

二、"三西"建设与河西工业的恢复与发展

"文革"结束以后,1978年12月的十一届三中全会是共和国历史上的伟大转折。随着经济体制改革的全面展开,共和国经济克服了原有计划经济体制的种种弊端,适当缩小政府的指令性计划,扩大指导性计划,加强了市场机制的调节作用。

1978年堪称中国的"改革开放元年",是中国体制改革的历史分水岭。1979年开始,中央工作会议制定八字方针开始对工业经济结构进行调整,河西地区的工业生产得到一定的恢复和发展。

1982年7月起,国务院把"三西"即甘肃省的河西、定西和宁夏回族自治区的西海固列为全国农业开发建设的重点地区,成立"三西地区农业建设领导小组及办公室",从政策上给予大力支持。从1983年开始,国家每年拨专项资金2亿元(其中甘肃1.66亿元),计划用20年时间,开发建设"三西地区"。[1]

国务院重点扶持"三西"建设的扶贫开发工作的重点地区包括代表甘肃中部干旱地区的定西20个县、河西走廊19个县、宁夏西海固。"三西"建设使河西农业机械化水平有所提高。农业生产的恢复和发展对工业提出了更高的要求,工业领域的体制改革开始提上议事日程。

为了响应国务院加快"三西"建设的指示,甘肃省委专门成立了"两西"农业建设指挥部(即"甘肃省扶贫开发办公室")。20世纪80年代初,甘肃省委、省政府提出了"兴河西之利,济中部之贫"的战略口号,河西地区处于优

---

[1] 吴廷桢,郭厚安.河西开发史研究[M].兰州:甘肃教育出版社,1996:544-545.

先发展的前沿，迎来了新的发展时期。河西地区被国务院列为国家商品粮主要生产基地，河西农村经济出现了蓬勃发展的势头。"到1983年河西地区的农业总产值达115311.20万元，比1976年增长88%，粮食总产量也由1976年的149235.5万公斤提高到1186336.9万公斤，增长24.86%。"① "1990年整个河西提供的商品粮占全省的72%，商品率达47.6%，商品油占43.3%，棉花占98%，甜菜占97%，羊毛占42%，瓜果占57%。而油料、甜菜、瓜果、蔬菜等经济作物产品的商品率都在80%以上。"②

农村体制改革的成功成为河西工业经济发展的最大推动力。比如张掖市1978—1985年工业经济的重要指标持续稳定增长。（参下表）

1978—1985年张掖市重要年份工业的增长情况

年份	1978	1980	1985
工业总产值（万元）及其比重（%）	4275.59	4534.79	7363.79
	37.69	30.57	32.10
轻工业及其比重	2910.86	3167.69	5016.47
	68.08	69.85	69.35
重工业及其比重	1364.73	1366.47	2257.32
	31.92	30.15	30.65

（表格数据来源：根据《张掖市志》268页整理）

农村经济体制改革的成功，给河西工业的体制改革铺平了道路，1982年8月开辟兰州—嘉峪关—敦煌的航线，使河西地区与外地的联系进一步加强。

三、改革开放与河西工业的稳定发展

（一）制定八字方针调整工业结构，促进了河西工业经济的快速发展

1978年中共十一届三中全会果断地做出把党和国家工作重点转移到经济建设，中国的改革开放拉开了序幕。1979年4月，中央工作会议通过"调整、改革、整顿、提高"的八字方针，工业经济结构经过调整，轻工业的比重增加了，重工业的比重下降了。20世纪80年代上半叶对工业结构的进一步调整，推动农

---

① 吴廷桢，郭厚安．河西开发史研究［M］．兰州：甘肃教育出版社，1996：541．
② 吴廷桢，郭厚安．河西开发史研究［M］．兰州：甘肃教育出版社，1996：544-545．

业和轻工业的发展进一步加快，消费品供不应求、燃料动力供应不足的问题也得到了初步的解决。如四〇四、七九六矿等原核工业基地开始军转民的转型，1986年完全由军工企业转型为民用工业企业。七九六矿于1995年搬迁到张掖市甘州区，2003年改组为甘肃昆仑公司。

甘肃省委省政府优先发展河西的战略措施，使河西地区的轻重工业稳步增长，工农业总产值快速稳步增长，河西各地的工业总产值逐年上升。

20世纪80年代以来，金川公司借助改革开放的助力，增加与国际有色金属冶炼公司的商贸往来，产品销量稳步提高，到1985年，金川公司电解镍产量首次突破2万吨。1985年5月，金昌市成立经济体制改革办公室。1988年以来，金川公司跻身于中国500强工业企业行列。"1990年，金昌市地方工业总产值高达3.36亿元，比'六五'末增长4.5倍，平均年增长40.6%，超额77.2%完成'七五'计划任务。"[1] 1995年金川公司生产的产品"金驼牌"1号电解镍开始走出国门，走向世界，在伦敦金属交易所正式完成注册。金川公司的贵金属提取工艺达到国际先进水平。以下表金昌市为例，重工业和轻工业齐头并进，快速发展。

金昌市的工业总产值的变化

名称	1981年	1989年	年均增长速度（%）
工业总产值	32314万元	101482万元	7.41
轻工业总产值	2056万元	6555万元	7.52
重工业总产值	30258万元	94927万元	7.41

1990年河西各地的工业总产值

工业总产值	1990年	比1980年增长
张掖地区	4.52亿元	3.37倍
酒泉地区	4.8亿元	2.73倍
金昌市	3.36亿元	4.5倍
武威地区	3.79亿元	2.5倍

---

[1] 吴廷桢，郭厚安. 河西开发史研究［M］. 兰州：甘肃教育出版社，1996：558.

续表

工业总产值	1990年	比1980年增长
河西地区	19.87亿元	

"七五"（1986—1990年）期间，国家重点抓工业企业的治理整顿和深化改革，工业经济出现快速发展，河西地区的工业总产值年均递增16.83%，重工业集中的酒泉、金昌的工业呈现高速发展。"七五"期间，金昌市地方工业年均增长40.6%，酒泉地区的工业产值在工农业总产值中的比重由1980年的38%上升到1990年的53.6%。甚至重工业比重低的张掖和武威的工业发展速度也比较快速，张掖地区的工业总产值年均递增18.63%，武威地区的工业总产值年均递增11.9%。①

1990年河西地区的工业总产值为19.87亿元，其中张掖地区为4.52亿元，工业总产值比重高达44%，酒泉地区为4.8亿元、武威地区为3.79亿元。1996年河西地区的工业总产值为164.1亿元，比1990年增长了8.2倍，占全省工业总产值的比重为19.7%。

（二）河西各地的工农业总产值的比重发生变化，农、轻、重工业共同发展

20世纪80年代的"三西"建设期间，河西地区的矿产资源得到进一步开发，50—60年代因矿崛起的金昌、嘉峪关、玉门等一批工矿型城市迎来了新的发展，河西各地工业总产值的比重不断增加，工农业总产值的比重也发生变化。从下表可以明显看出，1984年河西各地工业经济所占比重显著增高，嘉峪关市、金昌市、酒泉地区的工业经济所占比重高于农业，成为工业城市，而武威地区和张掖地区农业经济所占比重远远大于工业比重，农业城市的特征很突出。

1984年河西各地的工农业总产值

	工农业总产值	农业总产值	工业总产值	工业总产值比重（%）
兰州市	583,963.58	32,383.58	551,580	94
嘉峪关市	15,963.47	1,022.47	14,941	93
金昌市	56,014.86	9,236.86	46,778	83
酒泉地区	113,270.47	32,616.47	80,654	71

---

① 吴廷桢，郭厚安. 河西开发史研究[M]. 兰州：甘肃教育出版社，1996：558.

续表

	工农业总产值	农业总产值	工业总产值	工业总产值比重（%）
武威地区	63,647.58	42,959.58	20,688	32
张掖地区	56,356.45	39,642.45	16,714	29

（数据来源：根据甘肃省统计局编，《甘肃统计年鉴：各地区工农业总产值》1985，第16页整理）

1949—1999年张掖市重要年份工业经济指标

总产值（万元）	1949	1952	1957	1965	1978	1980	1985	1990
工业及其比重%	80.70	168.10	844.06	858.94	4275.59	4534.79	7363.79	16291
	8.66	9.73	29.44	26.99	37.69	30.57	32.10	44%
轻工业及其比重%	80.70	87.80	719.06	830.97	2910.86	3167.69	5016.47	1.11亿元
	100.00	52.23	85.19	96.74	68.08	69.85	69.35	68.68
重工业及其比重%		80.30	125.00	27.97	1364.73	1366.47	2257.32	5102
		47.77	14.81	3.26	31.92	30.15	30.65	31.32

（数据来源：根据《张掖市志》，甘肃人民出版社，1995，268页重新整理）

20世纪80年代国民经济进一步调整，河西各地的重工业总产值逐年上升，经过技术改造，新建了一批中小型企业，使轻工业的发展比重超过了重工业，结构更趋于合理。从上表可以看出，如张掖市在改革开放初期工业快速发展，工业总产值从1980年的4534.79万元增加为1990年的16291万元。重工业比重超过轻工业，"1980年，全县工业总产值6435万元，其中轻工业产值3123万元，占工业总产值的48.54%；重工业产值3312万元，占51.46%"。[1]而进入20世纪90年代以后，轻工业开始快速发展，重工业的比重下滑很大。"1990年，全市工业总产值1.63亿元，其中轻工业产值1.11亿元，占工业总产值的68.68%；重工业产值5102万元，占31.32%。"[2]

---

[1] 《张掖市志》编修委员会. 张掖市志[M]. 兰州：甘肃人民出版社，1995：267.
[2] 《张掖市志》编修委员会. 张掖市志[M]. 兰州：甘肃人民出版社，1995：267.

总之，改革开放后，中央颁布《关于加快工业发展若干问题的决定》以来，河西地区的工业经济走向持续、稳定、健康发展的轨道，城乡集体工业异军突起。1984年改革国有企业，发展非公有制经济，1991年以后，非公经济快速发展，河西地区形成了以有色金属冶炼、黑色金属冶炼、石油、化工机械等比较齐全的现代工业体系。河西地区成为西北重要的有色金属工业核心区和石油、钢铁重工业生产基地。

有色金属工业快速发展。1983年金川有色金属公司的电镍产量突破1万吨，1984年突破1.5万吨，1985年突破2万吨。1978—1987年，依靠科技进步获得经济效益5.97亿元。[1]

河西钢铁工业进一步发展。1983年，酒泉钢铁公司生铁产量第一次突破了50万吨。1984年，把一号高炉改造成为一座国内较先进的现代化高炉。1985年，分别与西德德马克公司、瑞典通用电气公司、太原矿山机器厂签订正式合同，引进年产40万吨高速线材轧机，同年出铁60万吨，结束了自1971年以来长达14年的亏损局面，当年扭亏为盈。[2]

1984年，甘肃煤炭系统进行企业改革，实现承包经营制，山丹煤矿完成了承包经营，企业活力增强了，效益提高了。1987年煤炭占甘肃一次性能源结构的46%。[3]

玉门炼油厂"1989年的炼制能力与1949年相比，增长了13倍。1990年底，累计加工原油1500多万吨，不但对整个玉门油田的发展，而且为全国其他石油炼制企业的发展，在出人才、出技术、出经验方面做出了贡献。"[4]

（三）形成了以公有制经济为主体的多种工业经济形式

改革开放以来，河西地区形成了以公有制经济为主体的多种工业经济形式。1978年，公有制经济快速发展，武威市的公有制经济（包括国有经济和集体经济）比重高达90%以上，武威市的国营工业总产值从1980年的3390万元增加为1989年的8828万元；武威市的集体工业总产值从1980年的2597万元增加为1989年的9699万元。1984年乡镇企业异军突起，个体、私营等非公经济开始崛起。20世纪90年代以后，市场经济条件下的公有制经济完成改制，而非公有制

---

[1] 刘毓汉. 当代中国的甘肃：上卷[M]. 北京：当代中国出版社，1991：245-246.
[2] 政协甘肃省委员会文史资料委员会. 甘肃文史资料：工业经济专辑：第33辑[C].兰州：甘肃人民出版社，1991：32.
[3] 刘毓汉. 当代中国的甘肃：上卷[M]. 北京：当代中国出版社，1991：275-276.
[4] 政协甘肃省玉门市委员会文史资料工作委员会. 玉门文史资料：第一辑[G].玉门：玉门市彩印厂，1992：233-234.

经济得到了国家政策的扶持，河西地区的个体私营工业开始快速发展。城乡个体工业户数和从业人数不断增加，生产技术条件不断改善，生产效益不断上升，工业总产值不断增加。以武威市为例参下表。

武威个体私营工业的发展（1981—1989年）

年代	城乡个体工业户数（户）	从业人数（人）	工业总产值（万元）
1981	66	95	8
1986	1325	1.04	1009
1988	1551	5406	2483
1989	1715	41355	2037

（数据来源：根据《武威市志》393页的数据整理）

河西地区"从1984年到1988年新兴乡镇企业5740个，从业人员增长7倍，1988年总产值过了3亿。到1992年全区乡镇企业总数达8114个，从业人数达111178人。按1990年不变价计算，乡镇企业生产总值达69608.5万元，企业总收入达53230.67万元，实现利润46433.11万元，实际上交税金1826.87万元"。[1] "河西乡镇企业总产值由'六五'末的4.26亿元增加到'七五'末的12.39亿元，年均递增23.85。"[2]

从1983年至1988年，河西乡镇企业由2251个发展到30411个，从业人数由5.6万人增加到28.49万人，增长4.09倍。河西乡镇企业总产值由"六五"末的4.26亿元增加到"七五"末的12.39亿元，年均递增23.8%。[3]

1989年起，河西各地设有市经济委员会、市二轻工业局和市乡镇企业管理局，分别管理国营工业企业、集体工业企业和乡镇工业企业。河西各地的非公企业数量出现大发展的局面。以张掖市为例（参下表），1990年张掖市的城镇个体工业和农村个体所有制工业企业数量为886家，而集体所有制工业、村办工业和农村合作经营工业企业等公有制工业企业218家。非公所有制企业数量为公所有制企业数量的4倍有余，非公经济的发展速度明显快于公有制经济。

---

[1] 吴廷桢，郭厚安. 河西开发史研究[M]. 兰州：甘肃教育出版社，1996：560.
[2] 吴廷桢，郭厚安. 河西开发史研究[M]. 兰州：甘肃教育出版社，1996：561.
[3] 吴廷桢，郭厚安. 河西开发史研究[M]. 兰州：甘肃教育出版社，1996：561.

1990 年的张掖市工业种类

	集体所有制工业	村办工业	农村合作经营工业企业	城镇个体工业	农村个体工业
户数（户）	115	41	62	119	767
工业总产值（万元）	6560	1419	881	161	1700

（表格数据来源：根据《张掖市志》266—267 页整理）

同样，2000 年，武威地区的非公有制工业总产值达到 351776 万元，年均增长超过 50%，比 1991 年增长了近 50 倍。进入 21 世纪以后，随着市场经济体制改革的进一步深化，河西地区的非公经济比重进一步上升，公有制经济的比重显著下降。

（四）扩大企业自主权，形成了多种行业综合发展的地方工业体系

改革开放以来，国家对全民所有制工业企业放权让利，改变了计划经济体制下企业没有经营管理权的弊端，激发了企业法人的竞争力。1979 年国务院公布《关于扩大国营工业企业经营管理自主权的若干规定》，1983 年和 1984 年对全民所有制企业实行第一步和第二步利改税，企业以纳税代替上缴利润。1987 年国务院颁布《全民所有制工业企业承包经营责任制暂行条例》，根据这些条例，对工业经济进行改革，使工业企业发展成为独立经营、自负盈亏的社会主义企业。

同时，进一步规范工业企业的管理制度。1988 年国务院颁布的《中华人民共和国全民所有制工业企业法》，制定了工业企业在生产、管理、人事、分配等方面的基本制度，从法律上进一步保障了工业企业自主权。

改革开放以来，河西各地工业企业根据中央的政策，不断扩大企业自主权，实行多种形式的生产经营承包责任制，极大地增强了企业活力，从而提高了企业的生产效率，经济效益和社会效益显著提高，迎来了河西工业企业发展的春天。

1981 年首先在金川公司实施扩大企业自主权试点。1983 年 7 月，实行简政放权，实行第一步利改税试点。1984 年 10 月，实行第二步利改税。金川公司以增强企业活力为中心环节，扩大企业自主权。1985 年在金昌化工总厂等 5 个企业实行厂长负责制。到 1988 年，全市有 28 户工业企业全部推行承包责任制和厂

长（经理）负责制。① 就以金昌市的工业企业的增长数量来看，1960年各类企业28家，1980年各类企业52家，1985年地方工业企业104家，1988年底地方工业企业490家，金川镍基地、河西堡化工基地及永昌县轻工业区基本形成。②

进入20世纪90年代以来，党中央提出要再造一个山川秀美的大西北的战略方针，省委、省政府提出了再造一个河西的战略决策。

经过体制改革，"到1990年，河西地区已形成以冶金、化工、建材、轻纺、制糖、采矿和农机制造为主体，多种行业综合发展的地方工业体系。在地方工业中，以黄羊镇、张掖、酒泉三大糖厂和临泽淀粉厂等为骨干的食品工业，以张掖、酒泉、武威造纸厂为骨干的造纸工业，以金昌化工总厂、酒泉地区化工厂、山丹化工厂为骨干的化工工业，以张掖平原堡砖瓦厂、酒泉水泥厂、天祝水泥厂、山丹水泥厂为骨干的建材工业，都具有一定的基础。整个河西工业经济实力在不断增强，产品产量逐步增加，产品质量提高，产业结构也日趋合理。"③

"以乡镇企业发展最快的张掖地区为例，1988年与1983年相比，原煤增长1.6倍，水泥增长2.8倍，食用植物油增长10倍，罐头增长87.5倍。"④ 河西地区的乡镇企业形成了农业、工业、建筑业、交通运输业、商业饮食服务业5大产业体系。工业领域形成了水泥、煤炭、农机制造、造纸印刷、食品加工骨干企业，能够生产120多种产品。

（五）工业企业的生产效率大大提高，名优工业品不断涌现

1985年，金川公司提出了12个方面73项改革措施，实行企业经营承包责任制，改革工资制度，实行结构工资制度，把工资与效率挂钩，打破了平均主义，大大增强了企业活力，调动了企业职工的生产积极性，从而大大提高了企业的生产效率。如"1983年，金川公司电解镍产量突破万吨大关，1984年达1.5万吨，1985年突破2万吨，实现了三年三大步的宏伟目标"。"1989年，金川资源综合利用系统工程获得国家科技进步特等奖。"⑤

1988年8月，省委、省政府决定在金昌建立东区经济开发试验小区，为此，市政府专门成立金昌市经济开发领导小组。"至1991年底，用于开发区建设的资金累计3.5亿元，批准立项152个，建成投产企业100个。累计创产值5.65

---

① 甘肃省金昌市地方志编纂委员会. 金昌市志 [M]. 北京：中国城市出版社，1995：123.
② 甘肃省金昌市地方志编纂委员会. 金昌市志 [M]. 北京：中国城市出版社，1995：114.
③ 吴廷桢，郭厚安. 河西开发史研究 [M]. 兰州：甘肃教育出版社，1996：557.
④ 吴廷桢，郭厚安. 河西开发史研究 [M]. 兰州：甘肃教育出版社，1996：560.
⑤ 吴廷桢，郭厚安. 河西开发史研究 [M]. 兰州：甘肃教育出版社，1996：563.

亿元，实现利税 5800 万元。……基本形成了一个以有色冶金加工、化工、机械、建材、轻纺等工业为主，门类齐全、结构合理的工业体系。"① 在金昌东部经济开发区内，有色冶金企业 10 家，化学工业企业 24 家，还有一些机电工业和轻纺工业。

"七五"期间（1986—1990 年），金川公司的"产品质量进一步提高，主要产品的标展覆盖率达到 100%，已有 17 种产品获国优、部优、省优称号。其中主产品一号电镍和海绵铂获国优金质奖。优质产品产值率已达 96.11%，比 1985 年提高 15.32%。金川公司自投产到 1990 年，共生产镍 27.09 万吨、铜 12.9 万吨，完成工业总产值 75.5 亿元，实现利税 34.8 亿元，是国家投资的 2.79 倍，在全国 500 家最大企业中，以销售计算，金川公司排名第 81 位，以经济效益计算，名列第 48 位，实现利税在全国有色行业连续 4 年名列第一，其镍产品畅销国内 28 个省、市、自治区及出口欧、美、日本等国家和地区。"②

除了著名的金川公司以外，在河西地区的有色工业方面先后勘探发现了塔尔沟大型钨矿、河西地区铀矿、高台、永昌大型萤石矿等矿点，建成张掖选矿厂、酒泉金塔铜矿、安西以及青羊峡铅锌矿等 10 多个有色金属中小型企业。这些有色金属工业企业从采选矿、冶炼加工、生产制造成龙配套，生产体系完备。

"1990 年，酒泉地区 35 个企业分别进入省一级、省二级企业行列（一级 7 个，二级 28 个），有 34 个产品分别获得国优、部优、省优称号（国优 2 个，部优 3 个，省优 29 个）。张掖地区的 357 个工业企业中，有 30 个产品达到省优标准，4 个达到部优标准。张掖地区山丹化工厂生产的硫化碱等产品，不仅在国内销往 12 个省市，而且还远销印度、巴基斯坦和日本等国。武威地区，到 1988 年底，工业产品获部优称号的有两项，被评为省优产品的有 27 种。1990 年嘉峪关市有 3 个产品被列为部优产品，金昌市化二总厂的两个产品分获省优、部优称号。"③

（六）河西地区的公路建设向标准化方向发展

改革开放以来，河西各地的公路建设发展迅速，河西地区的交通建设业有很大改善。

1978 年以后，为了战备需要，修建河西地区的市县公路和县乡公路，提高公路等级，公路修建开始趋向"三化"：修建标准化、养护机械化、路旁绿

---

① 甘肃省金昌市地方志编纂委员会．金昌市志 [M]．北京：中国城市出版社，1995：124.
② 吴廷桢，郭厚安．河西开发史研究 [M]．兰州：甘肃教育出版社，1996：564.
③ 吴廷桢，郭厚安．河西开发史研究 [M]．兰州：甘肃教育出版社，1996：558.

荫化。

"张掖地区在1961年全区公路仅61条,总长1357.5公里,到1978年发展到68条,总长2065公里,其中油路636.5公里,永久性桥153座,4151延米,而到1988年底,全区公路发展到90条,总长2235.71公里,其中油路里程已达到992公里,永久性桥梁已有226座,涵洞3383道。"①

到1990年,"(张掖)市境内有公路22条,其中干线公路5条,专用线路4条,市乡公路13条,计395.76公里。"②

"武威地区到1988年底,全区公路里程达2000.4公里,相当于1949年的11.3倍。"③

"酒泉地区通车里程从解放初的1500公里坎坷不平,行车困难的公路,发展到1990年畅通无阻的4818.87公里,其中县乡公路从无到有,达2259.73公里。"④

改革开放以来河西地区修建的公路多数达到截弯取直、铺设黑色路面的国家二级公路的标准。交通建设的不断加强,既方便了人民的生产和生活,也促进了河西各地之间的经济往来。

1979年以后修建了敦煌机场,实现了敦煌—兰州—北京或敦煌—兰州—上海的直航。河西地区与外省的联系进一步加强,工业经济的开放度进一步提高。

(七) 多渠道引进资金,通过技术改造开发新产品

改革开放以来,玉门油矿积极转换企业经营机制,实行以承包责任制为核心的配套改革,向多元化方向发展,在继续发展玉门油矿的基础上,开始在吐鲁番、哈密勘查找油,石油勘探获得突破。"从1980年—1989年的原油年产量始终保持在50万吨以上。……到1992年底,玉门炼油厂已形成150万吨初加工能力,100万吨配套加工能力,原油加工量由1988年的75.37万吨上升到1992年的96.43万吨。"⑤

"在'七五'期间,全局工业总产值年均增长8%以上,累计生产原油达计划的104.5%,主要开发指标保持了石油行业的先进水平;原油加工量持续上升,基本形成年100万吨综合加工能力,150万吨一次加工能力;石油成品油11类180种,有22种获国家和省部级优质产品奖;多种经营发展迅速,初步形成

---

① 吴廷桢,郭厚安. 河西开发史研究 [M]. 兰州:甘肃教育出版社,1996:571.
② 《张掖市志》编修委员会. 张掖市志 [M]. 兰州:甘肃人民出版社,1995:318.
③ 《武威四十年》编辑委员会. 武威四十年 [M]. 武威:武威四十年编委会. 1989:69.
④ 赵向标,张俊彦,李丰荫. 酒泉区情概论 [M]. 兰州:甘肃人民出版社,1995:100.
⑤ 吴廷桢,郭厚安. 河西开发史研究 [M]. 兰州:甘肃教育出版社,1996:569.

以油为主，多元发展的产业格局。"① "1989年晋升为甘肃省一级企业，1990年晋升为国家二级企业，1988—1989年两年被国家经委评为250家经济效益最佳企业之一。"②

1980年以前，酒钢和鞍钢、包钢、武钢一样，由国家直接投资进行建设，1983年以后，国家改变基建投资，由国家拨款改为企业贷款，酒钢只能另辟捷径了。"从1981年到1989年，酒钢基建、技术改造投资为51.1亿元，其中，25.6亿元是自我积累的，占50.1%，'七五'期间最高时达到67.5%。"③

从20世纪80年代开始，国家改变投资方式，实行贷款政策，资金问题成为酒钢的大难题，工业企业亏损增加。自20世纪70年代以来，酒钢人本着艰苦奋斗的精神，克服了重重困难，相继解决了产铁产钢的技术难关。但是，进入20世纪80年代仍然没有高速线材工程，这种现状远远不能满足时代发展的需要。如何建立一个先进水平的新型高速线材轧钢厂成为摆在酒钢人面前的大难题。勇敢的酒钢人采取"卖青苗"和"负债经营"的方法筹措资金，1986年5月1日，高速线材工程正式开始投产建设。1988年4月6日，顺利轧出第一卷合格线材，标志着具有国际先进水平的高速线材轧机正式建成，从此酒钢技术更上一层楼，可以通过采、选、烧，出铁、出钢、出材，终于形成了完整的成龙配套的生产体系，其技术水平开始和国际先进水平接轨。

20世纪80年代开始，国家实行"拨款改贷款"政策，就酒钢建设资金来源来说（参照下表），"从投入产出来分析，自'六五'计划第一年（1981年）起至1998年，酒钢共投入基本建设及技术改造资金51.1亿元，其中，基本建设38.3亿元，技术改造12.8亿元。资金来源，由国家拨款0.4亿元，占0.8%，企业自筹资金25.6亿元，占50.1%，国内贷款22.4亿元，占44.0%，引进外资2.6亿元，占5.1%。"④

---

① 吴廷桢，郭厚安. 河西开发史研究[M]. 兰州：甘肃教育出版社，1996：569.
② 吴廷桢，郭厚安. 河西开发史研究[M]. 兰州：甘肃教育出版社，1996：570.
③ 中国人民政治协商会议. 甘肃文史资料：第54辑：钢铁嘉峪关[C]. 兰州：甘肃人民出版社，2000：142.
④ 中国人民政治协商会议. 甘肃文史资料：第54辑：钢铁嘉峪关[C]. 兰州：甘肃人民出版社，2000：138.

酒钢 1981—1989 年投资来源分析表

投资分类	单位	投资合计	资金来源			
			国家拨款	贷款	引进外资	自筹
投资合计	万元	511086	4111	224380	26403	256192
%		100	0.8	44	5.1	50.1
基建	万元	383482	4111	208902	26403	144066
%		100	1.1	54.5	6.9	37.5
技术改造	万元	127604		15478		112126
%		100		12		88

（数据来源：中国人民政治协商会议：《甘肃文史资料：第54辑：钢铁嘉峪关》，甘肃人民出版社，2000，第139页表格）

进入20世纪90年代以后，国家继续支持酒钢的建设。中板轧钢工程于1992年12月由国家计委批准立项，1994年10月国家计划委员会批准开工。1995年10月18日，具有20世纪90年代国际先进水平的板轧钢工程正式施工。

酒钢 1981—1989 年产值利税统计表

项目	单位	合计	1981—1985	1986—1990	1991—1995	1996—1998
工业总产值	亿元	131.7	12.95	24.49	49.03	44.90
销售收入	亿元	186.92	8.00	20.63	82.45	75.84
利税总额	万元	301245	-4097	23016	176662	105664
利润	万元	97238	-8006	8878	77671	18695
税金	万元	204057	3909	14138	98991	87019
年平均利税	万元		-819	4603	35332	35238

（数据来源：中国人民政治协商会议：《甘肃文史资料 第54辑 钢铁嘉峪关》，甘肃人民出版社，2000，第140页表格）

酒钢在20世纪70年代由于建设方针与设计规模多次变更，导致了生产建设的徘徊局面。改革开放以来，酒钢紧紧抓住改革机遇，进行配套的生产与建设,生产效益明显增加。围绕责任制,把责、权、利三者相互结合,实行"三保一挂"(保产品产量、保利润指标、保技术改造、工资总额同厂矿产品产量挂钩)、"全员风险抵押承包""简政放权""厂长(经理)负责制"等等配套改革措施,极大地调动了企业职工的积极性,企业生产和以前相比有了很大起色。"到1983年,生铁年产量终于突破50万吨大关,1985年底,转炉竣工投产,结束了酒钢无钢的历史,亏损达5.4亿元的酒钢终于摘掉了亏损大户的帽子,建厂27年来首次获得利润1080万元,并在1987年后进入工业总产值递增9.98%、年利税递增26.66%的良性循环。"①

1987年以后,酒钢进一步深化企业内部改革,实行厂长负责制,并且精简机构,对分配制度、人事制度等多方面进行改革。"1989年到1991年,将承包形式完善为'一体三效八项全员风险抵押承包'('一体'即主体承包,'三效'指科技、现代化管理、专项资金工程效益承包,'八项'指设置安全、质量、能源、材料节约、设备管理、生产协作、企业升级、经理特别奖等八个专项奖励办法),从而增强了职工的主人翁责任感。"②

"1985年生产生铁60万吨,1986年超过70万吨。'七五'期间完成工业总产值(按1980年不变价格)11.56亿元,为'六五'期间的1.82倍,年均增长9.68%,实现利润2.3亿元,上交各种税金1.4亿元,为'六五'期间的3.6倍。1991年生产生铁90.03万吨、钢50.44万吨、钢材27.23万吨,工业总产值(按1990年不变价)78228.37万元,利税突破亿元大关。"③

"截至1992年,酒钢工业总产值由1985年的2.5亿元增加到8.82亿元,增长2.5倍;利润由1985年的1088万元增加到1.82亿元,增长15.7倍;全员劳动率由1985年的6287元/人年,提高到28490元/人年,提高3.5倍;职工年人均工资收入由1866元增加到4200元,增长1.3倍;酒钢产品遍及全国26个省市,其中生铁和钢铁还远销美国、日本、孟加拉等国和香港地区。"④

从以上这些数据看,随着各项改革措施的推行,酒钢不仅完成了生产结构的转型,而且各类产品的生产效益获得明显提高,对国家的贡献率也大幅度提高。

同时,"七五"期间,金川公司进入了历史上发展最快、最好的时期。镍产量从1985年的2万吨增加到1990年的2.5万吨,比"七五"计划的目标增加

---

① 吴廷桢,郭厚安. 河西开发史研究 [M]. 兰州:甘肃教育出版社,1996:566.
② 吴廷桢,郭厚安. 河西开发史研究 [M]. 兰州:甘肃教育出版社,1996:567.
③ 吴廷桢,郭厚安. 河西开发史研究 [M]. 兰州:甘肃教育出版社,1996:567.
④ 吴廷桢,郭厚安. 河西开发史研究 [M]. 兰州:甘肃教育出版社,1996:568.

2000吨，比设计能力提高25%。"七五"共生产镍11.55万吨，占投产以来总产量的43%，相当于从投产到1983年20年产量的总和。"七五"期间的产值达31.59亿元，占公司投产以来累计产值的40%。①

（八）河西地区的农垦工业的快速发展

早在新中国成立初期，河西地区就组建了一批机械化农场。1953年在武威建成的黄羊镇机械化农场是甘肃最早的国有农场。不久，在张掖、敦煌、安西相继建立了国营机械化农场，到1958年河西地区的国有农场发展到30个。

改革开放以来，河西农垦工业也获得了快速发展。1983年甘肃省农垦局改名为甘肃省农垦总公司以后，1984年将酒泉、武威、张掖农垦分局改为分公司，并成立金昌农垦分公司，1988年，武威、张掖、酒泉农垦分公司改为农垦公司。农垦系统通过改革，实行以农业为基础、围绕农业办工业，从而实现了从农业向工业的转变。农业的种植结构从单一走向多元化，经营发生也由内部转向市场化经营，"建立起了以自有资源为基础，以轻型结构为主体的多行业、多门类的工业体系，经营有机械、冶金、建材、化工、采掘、塑料、印刷、医药、食品等13个行业，生产有电焊条、硅铁、水泥、化肥、羊毛衫、地膜、钢门窗、石棉、钨砂、硫酸块、啤酒、白酒、药品等170多个品种。"② "山丹军马场开发生产的LMJ牌7C-1.5A型农用挂车，具有造型美观、标准化程度高、承载能力强、转向灵活、截动安全可取、通过性能好、运输效率高等特点，……达到国内同类产品的先进水平，在1988年荣获甘肃省优质产品称号。"③

（九）航天工业技术取得突破性进展

河西地区的酒泉卫星发射中心成为闻名全国的航天工业发射基地。从1999年开始，神舟一号、神舟二号、神舟三号、神舟四号、神舟六号、神舟七号、神舟九号、神舟十号、神舟十一号载人飞船相继在酒泉卫星发射中心成功发射。2016年，酒泉卫星发射中心成功发射"天宫二号"。2018年，酒泉卫星发射中心成功发射"长征十一号"运载火箭。

（十）河西轻工业生产种类齐全，产量提高

轻工业生产规模也扩大了，效率提高。如山丹军马场以农牧业为基础，发展榨油、酿酒、皮毛、副食加工和地毯工业等轻工业产品。1989年，武威市面粉厂的工业产值为1171万元，武威市榨油厂的工业产值为515.6万元。

---

① 吴廷桢，郭厚安. 河西开发史研究 [M]. 兰州：甘肃教育出版社，1996：564.
② 吴廷桢，郭厚安. 河西开发史研究 [M]. 兰州：甘肃教育出版社，1996：612-613.
③ 吴廷桢，郭厚安. 河西开发史研究 [M]. 兰州：甘肃教育出版社，1996：609.

河西地区酿酒业历史悠久。民国时期张掖就有酿酒坊 38 家。改革开放以来，张掖的名酒企业主要有：张掖酒厂、甘州大曲和丝路春酒、老寺庙酒、甘泉饮料厂、张掖农场酒厂等。武威名酒企业主要有：武威酒厂、甘肃凉州曲酒厂，主要生产凉州大曲、凉州特曲、皇台酒等。20 世纪 80 年代，武威建成啤酒厂、葡萄酒厂和饮料厂，生产西凉啤酒、花雨牌啤酒、月牙牌葡萄酒和各式饮料。

还有武威食品厂、武威益民食品、武威肉联加工厂等轻工业企业。

改革开放初期，河西地区的工业企业经过体制改革，进入稳步发展的新阶段。但是，20 世纪 80 年代末 90 年代初，由于轻工业发展过快，带来了一些问题，出现消费品过剩、市场疲软、居民消费数量不大等问题，河西轻工企业生产出现亏损与下降。

第二节　市场经济与河西工业的机遇与挑战

一、社会主义市场经济体制的确立

（一）社会主义市场经济体制的确立

进入 20 世纪 90 年代以后，中国的改革进一步深入。

根据 1992 年邓小平同志南方谈话的精神，计划和市场都是发展经济的基本手段。社会主义国家也可以搞市场经济。

10 月，中国共产党第十四次全国代表大会正式提出了建立社会主义市场经济体制的改革目标。计划经济体制的弊端开始在改革中被逐渐克服，社会主义制度进一步发展和完善。

为了推动全民所有制工业企业进入市场，增强企业活力，提高企业经济效益，1992 年国务院颁布的《全民所有制工业企业转换经营机制条例》，要求国有企业加快改革，政企职责分开，转换企业经营机制，把企业改制成为自主经营、自负盈亏的企业法人。

1993 年，中国共产党十四届三中全会《中共中央关于建立社会主义市场经济体制若干问题的决定》颁布以后，国有企业按照现代企业制度加大了改革的力度和深度，国有企业逐渐成为产权清晰、权责明确、政企分开、管理科学的现代企业，加快了适应市场经济的步伐。邓小平同志的南方谈话和中共十四大，标志着中国的经济体制由计划经济体制向社会主义市场经济体制的转变，改革开放和现代化事业进入新的发展阶段。1992年被称为中国的"市场经济元年"。①

（二）"西部大开发"和"再造河西"战略的实施

1997年，中国共产党第十五次全国代表大会通过了以公有制为主体、多种所有制经济共同发展的改革思路。为了贯彻落实党的十五大精神，响应国务院"再造一个山川秀美的西北地区"的战略规划，1997年7月，甘肃省委省政府研究颁布了《再造河西实施纲要》和《再造河西实施意见》两个文件，正式提出了"再造河西"的发展构想。"再造河西"战略的总体目标是：以市场经济为主导，提高农业科技水平，加快发展河西地区的农村经济，实现农村经济工业化和农业现代化，使农民增产增收，促进河西地区率先实现宽裕型小康。这一战略构想紧紧围绕把河西建成市场经济体制下的高新技术农业区和农业产业示范区，确定了以发展农业为主的6个开发建设重点。

1999年下半年，中央正式提出了实施"西部大开发"的战略。省委省政府及时响应西部大开发的战略思路，强调经济结构的调整和基础设施的建设以及生态环境的改善问题，制定了对外开放、科教兴省、可持续发展三大战略目标，提出西部大开发的重点领域包括5个方面：农副产品的加工、生物制药、石油天然气化工、原材料深加工和旅游业。

"西部大开发"和"再造河西"战略促进了河西农业的恢复与发展，但是，河西地区的工业经济却出现了下滑趋势。由于河西地区自身区域环境和技术等因素的影响，错失了"三西"建设与加入世贸组织的良机，工业经济发展不明显，甚至亏损。直到2009—2012年，河西工业企业由于新技术开发资金紧张，仍然面临亏损的压力。

（三）21世纪甘肃省提出"工业强省"战略

2001年成为中国的"经济全球化元年"。以加入世界贸易组织为标志，中国全面接受经济全球化的自由贸易及国际投资原则。②"入世"成为中国经济融入全球经济一体化的新起点。

2003年1月，甘肃省省长陆浩在甘肃省政府工作报告中明确指出了建设"工业强省"仍是今年和今后5年政府工作的重心。2007年，甘肃省确定这一年为全省装备制造业发展年，并制定了《甘肃省振兴装备制造业行动计划》。

2008年1月2日《兰州晨报》报道，为推进新一轮"工业强省"战略，我

---

① 金碚.中国工业变革振兴60年[J].中国工业经济，2009（6）：5-16.
② 金碚.中国工业变革振兴60年[J].中国工业经济，2009（6）：5-16.

省将加快实施振兴装备制造业计划，甘肃省将重点建设扶持的12个工业新园区中，仅河西地区就有4个，分别为酒泉机电加工和风力发电工业区、金昌有色金属新材料工业区、嘉峪关不锈钢加工区、武威—张掖西北食品工业区。

为支持可再生能源的开发利用，保障酒泉风电能源大规模送出，甘肃省电力公司在河西走廊规划建设750千伏永登—金昌—酒泉—安西输变电工程。

综上，20世纪90年代以来，中国的经济体制改革的目标是建立社会主义市场经济体制，河西地区围绕西部大开发和21世纪"工业强省"战略的历史机遇，采取了一系列有效措施，以改革促开放，以开放促发展，兴工强农，富农促工。21世纪初，河西主要城市工业总产值和工业增加值连续增长（参下表）。河西工业经济的发展进入一个新阶段。

2010年、1912年、2013年、2014年河西主要城市工业产值和工业增加值

	2010年 工业总产值	2010年 工业增加值	2012年 工业总产值	2012年 工业增加值	2013年 工业总产值	2013年 工业增加值	2014年 工业总产值	2014年 工业增加值
嘉峪关	5113418	122.0	688.66	119.5	850.26	116.6	929.07	111.3
金昌	5650114	112.0	706.34	120.3	764.48	116.7	808.50	107.6
武威	1630940	121.6	315.02	123.6	386.79	117.0	481.10	110.8
张掖	1425471	123.0	199.55	114.4	255.04	116.1	280.70	105.4
酒泉	4836907	129.5	697.70	123.4	805.42	116.0	763.87	106.8

（以上数据根据2010、2012、2013、2014年《甘肃发展年鉴》整理，工业总产值为当年价格，工业增加值为可比价）

（四）"一带一路"倡议的提出

2013年，国家主席习近平在访问哈萨克斯坦和印度尼西亚期间，提出了"一带一路"（即丝绸之路经济带和21世纪海上丝绸之路的简称）的伟大倡议。2014年国家制定了《丝绸之路经济带和21世纪海上丝绸之路建设战略规划》。"一带一路"是甘肃发展的最大机遇，也是河西发展的最大机遇。正确认识"一带一路"倡议背景下河西的战略新地位，河西地区如何抓住机遇，完成产业改造与升级，扩大对外开放，大力发展外向型经济，重振丝绸之路，实现可持续发展，具有十分重要的战略意义。

在"一带一路"倡议的大背景下，河西走廊作为丝绸之路的黄金段之核心的战略地位更加受人瞩目。作为亚欧大陆的"咽喉"地带，河西走廊成为中国内陆地区连接中亚和欧洲、走向世界的重要通道，其战略地位的特殊性更加突出。

河西走廊不仅是国家西部经济发展的大动脉，而且是中国从西部推进对外开放的一个特定区域，特殊的战略地位无可替代。河西走廊该如何抓住"一带一路"倡议下的发展机遇，加快对现有工业产业结构的优化与升级，完成产业转型或培育新的产业，实现21世纪现代工业的可持续发展呢？

2014年5月，甘肃省委省政府根据国家"一带一路"的倡议，出台了《"丝绸之路经济带"甘肃段建设总体方案》，明确提出甘肃黄金段的战略定位和奋斗目标，明确提出了甘肃黄金段的"八大节点"城市重点建设。其中，河西酒（泉）、嘉（峪关）、金（昌）、武（威）、张掖和敦煌几个"大节点"城市都成为重点建设城市。

"一带一路"倡议成为河西工业发展的最大机遇，河西各地当务之急是解决好工业可持续发展问题。

二、市场经济体制的日益完善与河西工业的发展成就

根据改革开放以来甘肃经济的发展轨迹，甘肃省人民政府研究室的张泽林通过对甘肃省改革开放以来历年的国内生产总值指数的分析、比较，得出结论："自1978年以来，甘肃经济发展具有明显的周期性变化。大致经历了4个周期，即：1978年至1981的下降期，1981年至1987年的增长期，1987年至1990年的回落期，1990年至今的持续、稳定、快速增长期"[1]。

河西地区作为甘肃省主要的工业区域，改革开放以来，也取得了以下不可忽视的成就。

（一）形成了以有色金属、石油、冶金、化工、建材、食品为支柱的工业体系

20世纪90年代社会主义市场经济体制确立以来，河西地区的工业企业紧紧抓住政策机遇，进一步深化企业改革，转换经营机制，建立了现代企业制度，促进了河西工业经济的发展。

20世纪90年代以来，河西地区已经形成了以有色金属、石油、冶金、化

---

[1] 张泽林. 以西部大开发为契机加快甘肃经济发展步伐 [J]. 甘肃省经济管理干部学院学报，2001（1）：8-11.

工、建材、食品为支柱的工业体系。"1996年（河西）全区工业产值164.1亿元，占甘肃工业总产值的19.7%，河西工业已成为甘肃工业体系的重要组成部分"。①

城市工业经济高速增长，"工业强市"的目标已经实现。如嘉峪关市。"2008年，嘉峪关市工业企业实现工业增加值115.28亿元，是2003年的3.65倍，5年年均增速达到13%，成为嘉峪关市工业经济高速增长的黄金期。……工业总产值占全市生产总值的比重由2003年的71.25%提高到2008年的80%。"② 2008年嘉峪关市规模以上工业户数增加为42户，规模以上工业实现工业增加值114.81亿元，占全部工业增加值的99.6%。③

（二）借助专项建设基金，河西工业稳步发展

20世纪90年代末以来，实施西部大开发战略，国家对西部实行区域补偿政策，发放专项建设基金，河西地区相继建成了金川二期、酒钢三号转炉、永昌电厂、河西糖厂等项目，有色金属、钢铁、电力以及特色农产品加工等工业部门发展迅速，现代核工业也迅速崛起。

总之，20世纪90年代以来，伴随着市场经济体制的确立，尤其是国家推行西部大开发战略和"再造河西"战略，河西工业持续稳定增长，工业在国民经济中所发挥的作用越来越重要。

以酒钢为例，改革开放以来，酒钢公司抓住改革开放、"再造河西"和西部大开发的历史机遇，1985年第一次出钢，酒钢公司终于进入了有铁有钢的发展新时期。1987年，酒钢建成第一条高速线材生产线，1993年生产生铁超过100万吨，1995年生产转炉钢超过100万吨，1999年钢材产量突破100万吨，2001年之后，钢铁材生产能力实现配套。（参照下表）

---

① 孟开，苏文. 河西矿产资源的开发、保护和科学利用 [J]. 发展，1998（2）.
② 王玉梅. 嘉峪关市"工业强市"的思考 [J]. 中国国情国力，2009（11）：61-64.
③ 王玉梅. 嘉峪关市"工业强市"的思考 [J]. 中国国情国力，2009（11）：61-64.

酒钢生产情况统计表

年代	1970	1985	1987	1993	1995	1999	2001	2004	2005	2006	2018
铁产量	第一次出铁			超过100万吨		超过100万吨	205万吨	铁钢材产量全面超过300万吨	铁钢材产量全面超过500万吨	铁钢材产量全面超过600万吨	605万吨
钢产量		第一次出钢			超过100万吨		215万吨				700万吨
高速线材产量			第一次出线材				190万吨				690万吨

（数据来源：根据徐卫初、王汉杰主编：《酒钢五十年：酒钢志（1958-2008）》第317页和商务网等相关数据整理）

从上表可以看出，改革开放以来，酒钢集团生产的铁、钢、钢材的产量不断增加，这份酒钢成绩单，是河西现代工业稳定发展的典型。

（三）加强基础设施建设，投资环境进一步改善

河西地区的基础设施建设进一步加强，投资环境进一步改善，东进西出的交通线路，使对外联系进一步加强。

"十二五"以来，甘肃省委省政府紧紧抓住西部大开发的战略机遇，按照"陆水空并举、铁管邮衔接、综合协调发展"的思路，布局交通建设，"初步形成了以铁路、高速公路为骨架，民航、普通国省干线、内河水运为补充的综合交通网络。"①

1. 公路建设

横贯河西走廊的高速化公路——连云港至霍尔果斯全线开通，全线高速化，重要路段高等级化。"十三五"要建设酒嘉、张掖等国家公路运输枢纽。

2. 铁路建设

经过"十二五"时期（2011—2015年）的交通建设，兰州市成为兰新线、兰青线、兰包线和陇海线四条铁路的交会点，甘肃省省会兰州已经成为连接甘新宁青和内蒙古五省的扇形中心轴。甘肃省省内也已经"形成以兰州枢纽为中心，陇海线、兰新线为主轴，宝中线、西平线和干武线等线路为支撑，便捷联

---

① 甘肃省"十三五"交通运输发展规划（甘政办发〔2016〕179号）[EB/OL]．甘肃省人民政府办公厅，2016-11-15．

通省内市州及周边省份的铁路网"①。随着"一带一路"倡议的逐步落实,甘肃省和"一带一路"共建国家的经济文化交流进一步加强,中欧班列与中亚班列先后开通运行,河西走廊已经成为中国通往中亚和欧洲的交通大动脉,兰州作为西北铁路网的中心枢纽的地位更加突出。

同时,建设横贯河西的兰新铁路复线并且提速,建设玉门至敦煌铁路。2014年底兰新铁路第二双线已投入运营,结束了甘肃省不通高铁的历史。在建的敦煌至格尔木铁路、干塘至武威南增建二线、兰州中川机场至张掖三四线等铁路项目进展顺利。

新建兰州至张掖三四线铁路项目西端与兰新高铁相连接,东端与宝兰客专相联通,中部沟通银兰高速,将填补武威、金昌等地没有快速客运铁路的空白。

3. 民航

民航运输发展迅速,形成了网络化的航线。"'十二五'期间,新开通兰州至迪拜、圣彼得堡、香港等国际(地区)航线,以及甘肃省至国内大中城市航线,国际(地区)航线、国内航线达到129条,兰州中川国际机场运营航空公司达30家,航空运营市场初具规模。道路客运网络优化调整,2015年底全省已开通客运班线5035条,快速客运网络延伸至全国24个省、自治区、直辖市,覆盖全省所有县市区。"②

河西地区已经建成了嘉峪关、敦煌、金昌、张掖4个通航机场,其中金昌、张掖机场已经通航。在河西地区,嘉峪关机场和敦煌民用机场扩建工程完成以后,年旅客吞吐量达到55万人次。

河西以国家"一带一路"倡议为机遇,不断扩大航空服务范围。

"十三五"规划在河西地区将建成嘉峪关、敦煌两大国际空港,建成武威国际陆港,作为河西地区的铁路物流中心,以更好地确保中欧班列的常态化运行。

"十三五"期间(2016—2020年),甘肃省进一步加快全省交通运输业的发展。

一是规划建设通过内蒙古—河西走廊—新疆的欧亚大陆桥运输大通道,建设"'两横七纵'综合运输大通道格局"③。其中经过河西地区的有"横一

---

① 甘肃省"十三五"交通运输发展规划(甘政办发〔2016〕179号)[EB/OL].甘肃省人民政府办公厅,2016-11-15.
② 甘肃省"十三五"交通运输发展规划(甘政办发〔2016〕179号)[EB/OL].甘肃省人民政府办公厅,2016-11-15.
③ 甘肃省"十三五"交通运输发展规划(甘政办发〔2016〕179号)[EB/OL].甘肃省人民政府办公厅,2016-11-15.

"纵六""纵七"。

"横一：欧亚大陆桥战略通道。向西连接新疆，经霍尔果斯、阿拉山口等沿边口岸，延伸至欧亚大陆腹地；向东经关中地区、中原城市群连接长三角城市群及沿海港口；省内连接酒泉、嘉峪关、张掖、金昌、武威、兰州、定西、天水等主要城市。主要由连霍公路、青兰高速、G312、陇海铁路、兰新铁路、兰新高铁、宝兰客专、兰州至张掖三四线等组成。"①

"纵六：内蒙古—金武—西宁通道。向北至内蒙古，向南延伸至青海西宁市，省内连接金昌、武威等城市。主要由武威至金昌高速公路、阿拉善左旗至武威至西宁公路、金昌至阿拉善右旗（甘蒙界）公路、G569、G570，以及干塘至武威增二线、阿拉善右旗至金昌铁路组成。"②

"纵七：口岸—酒嘉—格尔木通道。向北连接内蒙古策克口岸以及甘肃省马鬃山口岸，向南经格尔木至青藏高原，省内连接酒泉、嘉峪关。主要由柳格高速、航天城至酒泉高速公路、G215、G213、嘉峪关至策克铁路、敦煌客专、敦煌至格尔木铁路、酒泉至额济纳铁路组成。"③

二是提升欧亚大陆桥战略通道。包括改造兰新铁路，建设兰州至张掖三四线铁路，同时布局从河西走廊通往外省的包括武威—中卫、敦煌—和田、敦煌—鄯善等铁路。

三是快速干线交通网建设重点，经过河西地区的高速公路有：G30连云港—霍尔果斯高速兰州南绕城段、G7京新高速白疙瘩至明水段、G3011柳格高速敦煌至当金山口段、G0611张汶高速张掖至扁都口段等国家高速公路项目建设。

积极推进肃州至航天城、北山至武威至仙米寺、肃北至沙枣园、张掖至肃南等高速公路的建设。

快速铁路方面：建成兰州—张掖三四线、中川—张掖段，建设敦煌客专。

航空建设方面：建设兰州—敦煌、兰州—嘉峪关航线。

四是建设省内普通干线交通网。河西地区形成以酒嘉、武威等为次区域的路网节点，推进普通国省道升级改造，将嘉峪关市和柳园建成综合客运枢纽重

---

① 甘肃省"十三五"交通运输发展规划（甘政办发〔2016〕179号）[EB/OL]. 甘肃省人民政府办公厅，2016-11-15.
② 甘肃省"十三五"交通运输发展规划（甘政办发〔2016〕179号）[EB/OL]. 甘肃省人民政府办公厅，2016-11-15.
③ 甘肃省"十三五"交通运输发展规划（甘政办发〔2016〕179号）[EB/OL]. 甘肃省人民政府办公厅，2016-11-15.

点项目,将酒泉至嘉峪关的公路运输枢纽综合物流园区、张掖市工业园区物流中心、甘肃嘉峪关国际港务区等建成现代物流园区重点项目,在嘉峪关大草滩、金昌、武威、武威南建成铁路货运枢纽重点项目。张掖是8个地区性物流基地之一。

五是民航机场枢纽重点项目方面:实施敦煌、嘉峪关机场扩建工程,打造嘉峪关国际航空口岸,开展金昌、张掖机场改扩建等项目前期工作。

根据以上"十三五"交通发展规划,未来河西地区的交通更加便利,欧亚大陆桥互联互通的综合运输大通道的地位无可替代。

随着甘肃省交通建设的改善,甘肃作为"一带一路"黄金段的地位越来越显著。河西地区招商引资项目年年递增,中国和"一带一路"共建国家之间的经济文化交流日益频繁。"兰交会"(后改称"兰洽会")从1993年举办第一届以来,成为甘肃对外招商引资的重要平台。2014年,第20届"兰交会"在实施向西开放战略、推进丝绸之路经济带建设中发挥的作用越来越突出,"兰洽会"日益成为中国实施对外开放、招商引资的平台与窗口。"兰洽会将重点围绕丝绸之路经济带建设和国家向西开放战略实施,立足西部优势产业和甘肃区位优势,突出展会'功能定位'"。[1]

(四)依靠科技改造传统产业,促进高新技术产业的发展

依据2012年8月15日,甘肃省发改委制定并颁布的《甘肃省主体功能区规划》(简称《规划》)的部署,甘肃省要"优化科技创新体系","建立和完善企业为主体的产业技术创新体系,依托骨干龙头企业,培育组建产业技术研究院或技术工程中心,开展关键共性技术、装备和标准研发攻关。到2020年,创建100家以上省级企业技术中心、10家以上以企业为核心的产业技术创新战略联盟,科技进步贡献率达到55%。"[2]

《规划》提出要提高传统产业的竞争优势,需要依靠先进科学技术改造企业和创新产品,加快工业产品升级换代,完成"从粗放低效向优质高效提升,从产业链中低端向中高端迈进,……推动产业集群式发展和转型升级"。河西地区的有色冶金、农产品加工等传统优势产业也需要优化升级,产业结构也需调整,促进生产节能减排的新型绿色产品,支持老工业基地调整改造和资源枯竭城市、产业衰退地区培育多元新兴产业体系。

河西地区依靠科技创新加快工业产业的结构调整,充分利用廉价劳动力的

---

[1] 第20届"兰洽会"成甘肃招商引资第一平台[EB/OL].甘肃新闻网,2014-07-06.
[2] 甘肃省政府常务会议通过主体功能区规划基本框架[EB/OL].中国政府网,2009-7-4.

优势,引进东部及南方沿海地区产能,比如张掖引进并承接手机加工技术,面向印度、非洲等国家出口;金川公司通过技术改造,大力发展电池产业和其他新材料产业。充分利用高新技术改造传统产业,提升了工业产品质量,扩大了市场占有率,河西地区的传统产业如石油化工、有色金属冶炼、机械、建材、轻纺等通过改造提升,培育了新的经济增长点,大力推进了高新技术产业的发展。

三、市场经济体制与河西工业发展中存在的问题

(一) 河西地区的工业结构重工业超重

20世纪90年代,河西地区轻工业与重工业比重失调,重工业中的原材料工业和采掘业占突出地位,重工业无论投资额还是产值比重都过大,轻工业主要集中于对农产品的初加工,这个阶段河西工业呈现非常明显的重工化特点。如下表所示。

20世纪90年代重要年份河西地区轻重工业比例

	1993年	1995年	1999年
轻工业(%)	17.7	21.5	22.88
重工业(%)	82.3	79.5	77.21

1999年,全国的重工业比重高达57%,同年河西地区的重工业比重高达77%,远超全国重工业比重20个百分点。

21世纪以来,嘉峪关市作为河西地区典型的工业城市,工业投资比例高,钢铁工业投资比例更高。"2003—2008年嘉峪关市……,其中工业投资200.86亿元,占全部投资的71.36%。在工业投资中,黑色金属冶炼及压延加工业投资占工业投资的87.4%,占全部投资完成额的65%。"[1]

(二) 在河西地区的工业所有制结构中全民所有制工业所占比重过大

河西地区的工业经济之所以在全国有重要影响力,得益于河西走廊从东向西分布着金川有色金属公司、酒泉钢铁公司、四零四厂、玉门油矿等一批大中型国有重工业企业。据统计,"河西地区的工业……非公有制经济在全国占10%左右,而河西地区全民所有制经济比重高达85%,集体所有制也占14%左右,

---

[1] 王玉梅. 嘉峪关市"工业强市"的思考 [J]. 中国国情国力, 2009 (11): 61-64.

非公有经济的比重只占1%左右。"①

河西工业的显著特点是"三高"：重工业过高、全民所有制工业比例过高、大中型工业企业过高。河西地区非公经济所占比重很小，这说明河西地区经济增长效率很低。"2008年嘉峪关市非公经济占全市生产总值的比重为11.6%。……在非公经济发展中，工业户数为659户，占全市非公经济总户数的3.86%。"②

（三）河西各地工业经济发展不平衡，仍然以传统工业产业为主

由于特殊的地理位置和资源禀赋，河西地区成为"一五"计划和三线建设的重要区域，中央政府在河西地区投入资金发展大型重工企业，从20世纪50年代以来，河西各地工业经济结构一直不平衡。重型化特征明显的城市主要是新兴的工业城市，如金昌、玉门、酒泉等地。金昌市的重工业总产值从1981年的30258万元增加为1989年的94927万元。1985年，金昌市轻工业总产值仅为2092万元，仅占工业总产值的2.8%，而重工业总产值为62088万元，占工业总产值的比重高达83.2%。③ 2012年，金昌市工业经济对当地国内生产总值的贡献率高达75.8%。相反，农业经济比较发达的张掖、武威等城市工业结构中轻工化特征比较明显。1985年，张掖市轻工业总产值高达5016.47万元，占工业总产值的69.35%，而重工业总产值为2257.32万元，仅占工业总产值的30.65%。④

工业经济的比重是衡量一个地区经济发展水平的重要参考指标。从河西主要城市轻重工业主要经济指标看（参照下表），河西走廊的工业经济发展不平衡，轻重相间，呈蛇形分布。嘉峪关、金昌、酒泉具有传统的优势工业，仍然属于重型化城市，武威和张掖的轻型化特征明显，这是由各地资源禀赋和原有的发展基础决定的。河西主要城市轻重工业发展不平衡，嘉峪关、金昌和酒泉市以传统工业为主，产业级别比较低，因此在继续发展第二产业的同时，加大对战略性新兴产业的投资和发展；而张掖、武威市也要拓宽发展特色农产品加工市场，不断提高农业的工业化水平，以农促工，以工哺农，只有不断优化河西地区的工业布局和区域经济结构，才能实现河西地区"工业强市"的发展目标，才能以工业化支撑现代化，促进河西地区现代化的最终实现。

---

① 王礼茂.甘肃河西地区工业结构特征及调整思路［J］.经济地理，1996（1）.
② 王玉梅.嘉峪关市"工业强市"的思考［J］.中国国情国力，2009（11）：61-64.
③ 甘肃省统计局.甘肃统计年鉴：各地区工农业总产值［G］.北京：中国统计出版社，1985：16.
④ 甘肃省统计局.甘肃统计年鉴：各地区工农业总产值［G］.北京：中国统计出版社，1985：16.

2011—2014 年河西主要城市轻重工业主要经济指标

单位：总产值：万元；比重：%

	2010 年		2012 年		2013 年		2014 年	
	轻工业	重工业	轻工业	重工业	轻工业	重工业	轻工业	重工业
嘉峪关	3.64	711.75	6.61	682.05	8.64	841.62	9.03	920.04
金昌	6.47	660.07	8.01	698.34	10.46	754.02	14.15	794.35
武威	135.58	68.68	213.95	101.07	230.21	156.58	284.51	196.58
张掖	87.51	78.33	96.52	103.04	120.98	134.06	132.41	148.29
酒泉	67.92	500.43	84.41	613.28	95.53	709.89	95.87	667.99

（以上数据根据 2012、2013、2014、2015 年《甘肃发展年鉴》整理）

（四）河西主要城市工业出现衰退亏损

20 世纪 80 年代，甘肃全省近 1/4 的企业亏损。1990 年以后，甘肃工业在全国所占份额不断减少，经济效益日益降低，工业呈现衰退的趋势。据统计，甘肃省工业在 1978 年曾占全国的 2.2%，1990 年下降为 1.30%，1996 年下降为 0.95%，1998 年下降为 0.93%，1999 年进一步下降为 0.86%，在全国的位次由 1978 年的第 19 位退到 1998 年的第 24 位。[①] 1999 年，全国国有及规模以上的非国有工业企业利润总额为负值的省区有 7 个，其中 5 个在西北，亏损最多的是甘肃，占西北五省区亏损额的 63.5%。（见下表：1999 年西北地区国有规模以上工业企业利润与负债）

1999 年西北地区国有规模以上工业企业利润与负债

	陕西	甘肃	青海	宁夏	新疆	全国
利润总额（亿元）	-0.2	-7.3	-1.6	-1.9	-0.5	2202
资产负债率（%）	69.9	68.6	84.6	67.2	68.8	62.0

（陈佳贵：《西北开发报告》，中国社会科学出版社，2000，第 155 页表 5-7）

1990 年以来，河西工业也出现衰退局面，外因是国家东部率先发展战略政

---

① 陈佳贵. 西北开发报告 [M]. 北京：中国社会科学出版社，2000：153.

策的影响，内因则是区域环境与生产技术落后。实践证明，"一国的经济增长率受到一国技术水平增长率的正影响"①。

新中国成立以来，河西地区工业经济的发展起步于资源赋存，主要依靠中央政府的战略投资与政策支持，客观与主观两方面的原因，一方面促进了河西地区现代工业的发展，另一方面，造成了河西地区工业结构失衡，重工业产业过重，轻工业产值比重低，发展局限性很大，基本以农产品加工工业为主。

河西工业企业离开政府的资金支持，自我发展能力不足。从2009—2012年，新技术开发导致建设资金紧张，河西工业企业面临亏损的压力。参下表：

2009—2012年河西主要城市企业个数及亏损个数

	2009年		2010年		2011年		2012年	
	企业个数	亏损企业	企业个数	亏损企业	企业个数	亏损企业	企业个数	亏损企业
嘉峪关	45	23	40	9	26	7	39	18
金昌	56	26	54	18	37	19	56	19
武威	185	30	178	21	115	29	146	47
张掖	159	38	171	31	121	29	158	42
酒泉	235	73	274	64	180	61	24	85

（以上数据根据2010、2011、2012、2013年《甘肃发展年鉴》整理）

实践证明，河西现代工业诞生于落后的农业经济基础上，资金与技术长期依赖国家政策，自我发展能力不足，这些都需要通过深化改革加以改善与提升。

---

① 张培刚. 新发展经济学 [M]. 郑州：河南人民出版社，1992：137.

第九章

新中国成立以来河西现代工业研究

第一节 河西现代工业变迁的特点

在半殖民地半封建社会的废墟上建立起来的新中国，在物质与技术基础十分薄弱的条件下，如何由一个落后的农业国发展为一个发达的工业国？这是以毛泽东为代表的中国共产党人重点思考的问题。在《论十大关系》一文中，结合新中国基本国情，毛泽东详细叙述了解决好这十大关系，实际上就是十大矛盾，是把中国由落后的农业国转变为先进的工业国的最初设想。由于帝国主义的封锁与包围政策以及中苏关系的变化，以毛泽东为核心的第一代中央领导集体着眼于国防建设，制订了新中国第一个五年计划，标志着新中国工业化战略的开始。

地域偏僻落后的甘肃河西地区，工业基础极其薄弱，只有少数设备简陋的小手工作坊，规模小、技术落后，远远不能适应社会主义工业化的需要。

20世纪50年代以来，通过第一个五年计划、"工业"大跃进、"三线"建设，在中央人民政府的强投资、大支持下，河西工业发展史揭开了崭新的一页。河西地区形成了以有色金属、石油化工、冶金建材以及农产品加工工业为支柱的资源导向型工业体系，迅速改变了近代以来河西地区的落后面貌。在河西新兴的工业城市中，农业的主体地位开始瓦解，工业的主导地位日益凸显，重工业比重超过轻工业，河西工业快速发展。

尤其是改革开放以来，河西能源原材料工业在全国的影响力不断增强，工业经济成为河西地区国民经济中的传统支柱产业。历史证明，发展工业经济可以有效促进社会经济的发展，工业强省、工业强市必然促进河西地区率先建成小康社会、实现现代化。

由于历史的、制度的以及环境的多种因素的共同作用，新中国成立以来，在河西现代工业的变迁过程中，重型化的工业结构、政府主导型工业模式、后发外生型的工业发动模式、资源依托型工业结构等特征突出，当然，所带来的局限性也是不可避免的。

一、重型化工业结构

在河西工业发展史上，重工业始终是河西工业建设的重点领域。根据历史经验，在经济发达的国家与地区发展工业，一般先从轻工业开始，遵循由轻工业—重工业—高加工度化和高新技术化的循序渐进的工业化道路。20世纪50年代以来，河西地区交通闭塞，缺乏技术、资金与人才，资源优势还没有被充分挖潜，开发与发展工业的内部条件严重不足，在这种条件下，借助"一五计划"国家开始全面建设社会主义工业的有利时机，在农业和轻工业非常落后的基础上，由政府直接投资重工业。从"一五"计划开始，历经三线建设，重点发展石油、钢铁、有色金属、国防工业、军事工业、航天工业等重工业部门。由于政府对重工业的高投入，河西地区把重工业作为先行官，形成了河西工业的重型结构。

从20世纪50—60年代开始，河西工业结构呈现单一的重型结构，重工业过重，轻工业超轻。20世纪80年代，河西新兴工业城市的重型化特征仍然突出。如金昌市的重工业总产值从1981年的30258万元增加为1989年的94927万元。就连农业经济比较发达的张掖"1980年，全县工业总产值6435万元，其中轻工业产值3123万元，占工业总产值的48.54%；重工业产值3312万元，占51.46%。"① 比如"嘉峪关市工业占全市经济总量的80%，其中，以黑色金属和压延加工业为主的重工业在嘉峪关市工业经济总量中的比重为99.3%，轻工业所占比重仅为0.7%。"②

21世纪以来，河西工业的重型结构仍然突出，河西五地市中，酒泉、嘉峪关、玉门、金昌属于重工化城市。

因此，河西重工化结构的形成与国家政治、经济和投资政策的导向密切相关。

20世纪50年代，以毛泽东为代表的中国共产党人提出了中国实现工业化的重要思想。1956年4月，毛泽东发表《论十大关系》，提出重工业是发展生产资

---

① 《张掖市志》编修委员会. 张掖市志 [M]. 兰州：甘肃人民出版社，1995：267.
② 王玉梅. 嘉峪关市"工业强市"的思考 [J]. 中国国情国力，2009 (11)：61-64.

料的生产，优先发展重工业势在必行。1953年9月，周恩来在全国政协扩大会议上也曾强调指出："重工业是国家工业的基础"。①

从第一个五年计划开始，国家重点投资重工业，河西形成了以石油、钢铁等重工业为主的工业结构，重型化特征已经定型。"二五"计划时期，河西各地"大炼钢铁"，五小工业遍地开花，重型化结构更加严重。1978年，河西重工业形成了一定的规模，重工业投资所占比重很大。如金昌市"1953—1980年，固定资产投资总额累计83404万元，其中基本建设投资占81.3%。金川（公司）镍基地投资64493.5万元，占固定资产投资总额的77.32%"。②

1978年4月，中央颁布《关于加快工业发展若干问题的决定（草案）》，制定了优先发展轻工业，加快能源、有色金属、化工和原材料等基础工业发展的方针。经过对河西工业结构的改革与调整，20世纪90年代以后，在河西工业总产值中，轻工业比重有所上升，重工业比重有所下降，但是，重工业高居不下的局面并没有改变。1993年轻重工业的产值构成中，轻工业占17.7%，重工业占82.3%。1995年轻重工业的产值构成中，轻工业占21.5%，重工业占79.5%。

总体说，河西地区的工业经济结构以重工业为主，轻工业所占比重不仅低于甘肃，更低于全国的平均水平。河西工业重工业化结构的形成，既和不同历史时期国家优先发展重工业的战略部署需要有关，也和河西地区自身的资源禀赋有关。

当然也有地域的差别。在河西的5个地市中，嘉峪关、酒泉和金昌三市的工业经济以重工业为支柱，如下表所示，1995年金昌和嘉峪关两市的重工业产值高达95%以上，酒泉地区的重工业比重也高达80%左右。而河西走廊中段的张掖和武威两市以及最西段的敦煌市则以轻工业为工业支柱，轻重工业产值比重大致协调。

1993年河西地区轻重工业产值构成%③

	轻工业	重工业
甘肃	22.7	77.3
河西地区	17.7	82.3

---

① 梁柱. 历史智慧的启迪：中华人民共和国若干历史经验研究[M]. 北京：北京大学出版社，1999：472-473.
② 甘肃省金昌市地方志编纂委员会. 金昌市志[M]. 北京：中国城市出版社，1995：112.
③ 王礼茂. 甘肃河西地区工业结构特征及调整思路[J]. 经济地理，1996（1）.

续表

	轻工业	重工业
金昌市	4.3	95.7
嘉峪关市	6.3	93.7
酒泉地区	16.6	83.4
张掖地区	47.8	52.2
武威地区	56.1	43.9

河西工业独特的重型结构，带来了河西地区经济的显著增长，提高了河西地区的战略地位和在全国的影响力。但是，重工业比重长期偏高，在重工业内部，采掘业和原材料工业比例很高，加工工业发展迟缓，有色金属、石油加工、钢铁冶炼等原材料的基础工业占很大的比重。轻工业仍然以低端的农产品粗加工工业为主，还没有形成有规模效应的名牌产品，缺乏市场竞争力。

二、政府主导型工业模式

发展经济学家认为，工业化存在"民间发动的工业化""政府发动的工业化""民间和政府共同发动的工业化"三种形态。[1] 英、美、法等早期发达国家和地区的工业化主要是"民间发动的工业化"，即由个人投资、个人进行资本的积累。德国和日本的工业化则采取民间和政府共同发动的工业化手段。而发展中国家和落后地区实现工业化的历史经验证明，最有效的手段就是选择政府主导型的工业化，即由政府规划、投资、兴办并经营的国营工业企业。

20世纪50年代新中国工业化初期经济基础十分薄弱，通过政府主导型的工业化，新中国现代工业迅速诞生。

"一五"计划、三线建设和西部大开发都是政府从外部强行启动的工业建设举措，通过国家的规划与投资，近代河西工业的落后面貌得以迅速改变，河西现代工业的基础得以奠定。

尤其在三线建设期间，以东北和沿海工业的技术、人员内迁为基础"嵌入"的重大工业项目。甘肃和河西地区在交通闭塞、工业技术落后、科技教育不发达的情况下，以东北和沿海工业的技术、人员内迁为基础，并依据区域资源能

---

[1] 张培刚. 新发展经济学 [M]. 郑州：河南人民出版社，1999：167-170.

源的特点，迅速"嵌入"了一批国家安排的重大工业项目，通过新建和扩建，先进的机械工业、有色金属工业、冶金工业、石化工业、军事工业等现代工业部门纷纷涌入河西，成为河西现代工业经济新的增长点，大大推动了河西地区工业的发展。河西地区建成了金昌化工总厂、河西化工厂等化工企业。

就以三线建设期间的重点地区金昌市和一般地区张掖市做一比较。金昌市工业总产值从1964年的1840万元增加到1981年的32314万元，其中：重工业增幅最大，金昌市重工业总产值从1964年的1656万元增加到1981年的30258万元，年增长1792万元；而轻工业增幅较小，从1964年的184万元增加到1981年的2056万元，年增长仅为110万元。

张掖市工业总产值从1965年的858.94万元增加到1980年的4534.79万元。张掖市重工业总产值从1965年的27.97万元增加到1980年的1366.47万元。其中，轻工业增幅较大，轻工业总产值从1965年的830.97万元增加到1980年的3167.59万元，年增长155.77万元；而重工业增幅较慢，从1965年的27.97万元增加到1980年的89.23万元。

三线建设的投资重点是重工业和军工工业，河西地区的酒泉钢铁公司是西北三线建设的重中之重。金昌市、酒泉市、玉门市等作为三线建设的重点区域，发展成为"一矿一城"的新型工业城市，其工业发展速度明显高于河西地区张掖、武威等一般城市。

20世纪80年代以来，国家投资重点东移，20世纪90年代以来，东西差距越来越大，河西国有工业企业的建设资金、技术支持面临不足，河西地区工业开始遭遇挫折，出现亏损，可持续发展面临一系列挑战。

发展经济学家认为"发展中国家只要提高国民的储蓄率和投资率，并引进外国资本，输入西方科学技术和采取物质资本投资优先的发展政策，就能够取得经济的快速发展。"[1]

长期以来，以政府作用为主导，从资金和技术方面进行重点支持，河西地区形成了石油、有色金属、冶金、核工业等工业体系，一方面使河西的现代工业迅速崛起并且高速增长。20世纪80年代河西各地的工业总产值逐年上升。如金昌市的工业总产值从1981年的32314万元增加为1989年的101482万元。轻工业总产值从1981年的2056万元增加为1989年的6555万元；重工业总产值从1981年的30258万元增加为1989年的94927万元。武威市的国营工业总产值从1980年的3390万元增加为1989年的8828万元；武威市的集体工业总产值从

---

[1] 叶普万. 贫困经济学研究［M］. 北京：中国社会科学出版社，2004：57.

1980年的2597万元增加为1989年的9699万元。张掖市的工业总产值从1980年的4534.79万元增加为1990年的16291万元。

20世纪90年代以后，市场经济体制逐步建立，要求政府职能的相应转变。1999年9月正式开始西部大开发。国家从非均衡战略出发，对西部实行区域补偿政策，向不发达地区投放专项建设基金。河西地区又一次迎来了发展的机遇，取得了显著成效。

20世纪50年代以来河西工业的发展历程表明，河西工业经济的增长速度与国家投资呈现正相关关系。当政府重视，投资加大时，河西工业的增长速度就快，当投资减少，增长速度就下降。

另一方面，国家政策对河西工业经济的可持续发展产生了直接而深远的影响，造成的最大症结是河西工业建设对国家政策与投资的高度依赖以及河西重点大企业与地方政府相互脱节的现象。

党的十六大报告对中国工业经济的发展提出新要求，要彻底改变过去传统工业高污染、高消耗的建设弊端，以信息化带动工业化，走出一条高技术、高效益、低污染、低消耗的新型工业化道路。河西地区的工业基本上属于政府主导型和资源依托型，随着国家发展战略的东移和投资的减少，金川公司部分资源的开发难度加大、玉门油田的资源枯竭，原有的优势资源逐步丧失竞争力，走新型工业化道路势在必行。

新型工业化要求加强市场机制的调节作用，弱化政府的主导作用，纠正传统工业存在的"高投入、高污染、高消耗"弊端，保护生态环境，利用科学技术和信息技术提高企业生产能力，推进产业效益的提升和结构的优化升级。

2013年《全国老工业基地调整改造规划（2013-2022）》颁布实施以来，河西工业开始了新一轮的调整改造。在政府加强政策扶持的同时，企业自身不断加强科技投入，对原有产业进行升级改造，大力发展新兴产业。如金昌矿区是中国最大的镍和钴的生产地以及铂族提炼中心。金川公司针对有限的矿产资源，对原有产业进行升级改造，积极开发新产品，提高产品的附加值，促进矿产资源的可持续利用。金昌市成为中国重要的镍钴有色金属基地和重工业城市。2002—2007年，嘉峪关市在原有工业经济的带动下，年均经济增长率接近20个百分点。

总体来看，河西地区走新型工业化道路，是关系可持续发展的必然选择。

三、后发外生型的工业发动模式

河西地区由于经济落后、观念陈旧，不具备自身工业化因素内部积累的条件，所以，河西地区的工业化模式不属于自然演进式的早发内生型，其发轫与发展属在外部条件的刺激或逼迫下，在落后基础上强制性启动大工业，工业化的发动是以政府为主体的后发外生型工业化。后发外生型工业化，也叫后发植入型工业化，是指"在外部条件的刺激或逼迫下，为解决外部威胁和摆脱落后状态而强行启动的"工业化发动模式。① 也就是说，从河西现代工业的发展动力看，"一五"计划、三线建设和西部大开发都是政府从外部强行启动的工业建设措施，迅速形成了河西现代工业的基础。

发展经济学家认为，后发外生型工业化模式是发展中国家或落后地区常用的模式，可以在低起点、薄基础之上，利用发达国家先进工业技术和经验，以低成本办大工业，发挥后发优势，快速建立现代工业。

后发外生型工业化发动模式成为河西地区工业化的催生剂。这迅速改变了近代河西地区的落后面貌，短期取得了很大的工业生产效益，使河西现代工业在短期内迅速崛起与发展。玉门油矿作为中国第一个及西北重要的石油工业基地，对中国石油工业的起步与发展贡献卓著。金昌也成为以有色金属镍、铜、钴、铂族等贵金属的开采与冶炼为主的工业基地，成为中国最大的镍生产基地和铂族金属提炼中心。嘉峪关有酒钢这样的大型综合性钢铁生产基地。河西地区还有煤炭、电力、机械、电子等地方小工业。武威地区有采矿、机械、化工、酿造、制糖等工业。张掖地区有建材、化工、煤炭、纺织等工业。酒泉地区有航天航空及核工业生产基地。

四、资源依托型工业模式

工业布局一般要受到社会需求、地理条件、自然资源以及技术状况等因素的影响和制约。资源禀赋是影响工业结构形成的基础性因素。合理的工业布局能使当地的自然资源、经济资源和人力资源得到充分利用，使生产基地最大限度地接近原材料与能源产地，使生产、运输、消费的成本降低，效益提高。

中华人民共和国成立以前，河西的资源条件没有得到有效的勘探和利用。1956年，国家专门成立了甘肃省地质局，开展大规模地质勘探。1958年，地质六队勘探发现了金川以铜、镍矿床为主的多金属共生硫化铜镍矿床，建成了"镍都"金川有色金属公司。20世纪70年代又先后勘探发现了塔尔沟大型钨矿，河西地区铀矿，高台、永昌大型萤石矿等矿床。

---

① 岳珑. 结构! 结构! 20世纪陕西经济结构研究 [M]. 西安：陕西人民出版社，1999：105.

河西地区的矿产资源储量占全省总值的近一半。其中金川镍储量占全国的72%，铜储量占全省的76%，铁矿分布较为集中。金川镍矿仅次于加拿大的萨德伯里镍矿，是世界第二大硫化镍共生矿床。河西地区建立了一批大、中型企业，这是得天独厚的资源条件决定的。

河西地区蕴藏着丰富的镍矿等有色金属矿、石油资源和铁矿石，这就决定了河西地区以重工业为主的工业结构的形成。河西地区的工业依赖区域资源进行开发与建设，石油、有色金属冶炼、黑色金属冶炼等高度依赖资源开发的产业成为河西大型重工业的支柱，河西成为甘肃重要的能源原材料基地和核工业基地，曾为国家工业建设与国防保障做出重大贡献。

河西走廊的中部金张掖、银武威是西北著名的商品粮种植基地，农业、牧业发达，农产品、畜产品加工是河西地区食品加工业和轻纺工业形成的基础。

改革开放以后，随着河西工业企业的改革以及地质勘探工作的进一步加强，河西各地、市、县出现了形形色色的地方小工业。如武威地区形成采矿、机械、化工、制糖、农产品加工等工业；张掖地区形成建材、化工、煤炭、牛肉加工、乳品加工等农产品加工工业；酒泉地区形成石油、化工、电力、煤炭等工业。

太阳能资源已经开发成为河西地区的新能源。河西地区要建成全国大型太阳能发电示范基地。到2010年，河西地区太阳能发电装机将达到31万千瓦，到2015年将达到126万千瓦。①

河西地区的风能资源尤其是酒泉地区的风能资源最为丰富，瓜州县被称为"世界风库"，还有自古以来"春风不度玉门关"的玉门被称为"风口"，两地风能可开发量在"4000万千瓦左右"，② 酒泉地区非常适合建设大中型风力发电站。为此，甘肃省政府提出"建设河西风电走廊、再造西部陆上三峡"的发展战略。

但是，资源依托型工业模式的局限性在于造成河西地区工业对资源的依赖度高，结构单一，加工深度和资源利用效益不高，高能耗产业成为河西工业的主导产业。

河西地区矿产资源虽然储量丰富，开发的潜在价值高，但是，从属性上看，无论金川矿还是镜铁山铁矿都存在贫矿多、富矿少的局限。从开采技术上看，金川矿共生的伴生矿多，选矿工艺复杂，开采难度大，技术要求高。从储量上看，玉门油矿储量已经枯竭，金川、镜铁山矿的储量逐渐减少，未来也面临可

---

① 张革文，卢吉平. 甘肃省新能源基地建设步入快车道 [N]. 甘肃日报，2009-08-10.
② 工业强省系列报道：可再生能源篇 "追风逐日" 向天歌 [N]. 甘肃日报，2008-05-08.

持续发展的问题。除镍、铅、锌、钨等有色金属及少数非金属矿产储量具有优势外,多数矿产总量不足,存在结构性短缺问题。从分布上看,河西地区主要的矿产与能源资源相对集中。镍、铂和80%的铜储量都集中在金川矿区。① 依托资源建立城市,造成了河西各地工业分布不平衡的局面,工业主要集中在"一矿一城"为主的资源型城市,农村工业很少。有色金属冶炼、石油工业、钢铁冶炼工业企业主要集中在金昌、玉门、酒泉、嘉峪关几个城市;煤炭主要集中在山丹;风能资源新能源主要集中在酒泉。

由于传统工业化模式下对资源的无节制开采,导致21世纪以来,河西地区出现了玉门那样的资源枯竭型城市,凭借资源优势形成的"一矿一城"逐渐失去了生存发展的资源基础,河西工业的可持续发展成为未来最大的挑战。

第二节 河西重型工业的形成及其原因

一、河西重型工业的形成

参照早期工业化国家的经验,工业的发展一般先从轻工业开始。而中国工业化走的是重工业优先发展的道路。在19世纪末的洋务运动中,河西重工业开始萌芽,进入20世纪以后,从"一五计划"到"大跃进"炼钢运动再到三线建设,重工业优先发展战略的几次重大实践,造成河西工业结构轻重工业比例失调,重工化局面迅速形成。20世纪河西重工业的形成可以分为以下三个阶段:

第一个阶段:近代河西重工业的奠基

甘肃省近代工业发轫于19世纪70年代的军用工业。左宗棠督甘时,1872年创办了兰州制造局,1877年创办了甘肃织呢总局,"二局"的创办标志着甘肃近代机器工业的开端。左宗棠还曾在河西肃州文殊山、玉门赤金峡一带拟办机器试采矿藏,鼓励河西人民因地制宜,发展近代毛纺织工业。为了解决平定新疆的交通运输问题,他修整兰州以西经河西走廊至新疆的公路主干道,成为后世西北交通建设的重要基础。

"新政"期间,甘肃工商矿总局总办彭英甲领导下的劝工局,创办了绸缎厂、织布厂、玻璃厂、洋蜡胰子厂等近代工厂。在《陇右纪实录》中,彭英甲提出了开发甘肃及河西的8项措施,包括开铁路、设银行、立公司、铸银圆、

---

① 周述实. 中国西部概览:甘肃卷[M]. 北京:民族出版社,2000:75.

开学堂、办商报、设商会、通邮电。冯玉祥驻甘时曾提出以官商合办的形式开发民勤煤矿和玉门油矿。

1913年,"甘肃省署令玉门县知事调查玉门赤金区油矿,并将原油送往北京化验厂化验。化验结果,每1市两原油含汽油1.5钱,煤油3钱,石蜡原料2.5钱,油质甚佳"。[①] 20世纪30年代初,中国和瑞士地质学家等组成西北科学考察团在祁连山、金塔、合黎山和玉门花海一带进行地质调查。

抗战时期,玉门油矿得到了全面开发,成为中国国内唯一的石油产炼基地和第一家石油机械企业,"从1941年玉门油矿正式开采到1945年5年期间,该矿共生产原油2.6万多吨,生产加工各类石油产品5万多吨"[②]。从此,中国脱掉了"贫油国"帽子,玉门油矿有效支援了抗战,甘陕川等省的民间用油需要也得以解决,玉门油矿还为新中国成立后中国现代石油工业的发展奠定了基础,玉门也成为新兴的工业城市。

第二个阶段:"一五"计划与河西重工业的形成

新中国成立以后,国民经济仅仅用了三年时间便迅速恢复,但新中国面临以美国为首的帝国主义阵营的军事包围与经济封锁,经济建设的目标就是实现社会主义工业化,把中国从落后的农业国建设成为先进的工业国。为了早日实现这个工业化目标,20世纪50年代,毛泽东和周恩来多次强调优先发展重工业的紧迫性和必要性。重工业是衡量一个国家工业化水平的重要依据。周恩来在全国政协扩大会议上指出"不实现工业化,国家就不能完全独立","如果工业不发展,已经独立了的国家甚至还可能变成人家的附庸国",他强调:"重工业是国家工业的基础"。[③] 因此,从1953年起,人民政府制定了如何由落后的农业国转变为强大的工业国的宏伟规划,重工业就成为国民经济的重点建设部门。

20世纪50年代初,甘肃工业结构中的轻工业比重占主导地位,轻重工业比重1949年为87:22,1952年为64.7:35.3。[④] 从"一五"计划开始,以苏联援建的156个大型建设项目为重点,中国走上了优先发展重工业的道路。"一五"期间,甘肃被确定为工业建设的重要基地,在苏联援助的156个重点项目中,在甘肃建设的有16项,国家投资23.27亿元,其中工业投资占10亿元,在甘肃

---

① 甘肃省地方史志编纂委员会. 甘肃省志·大事记: 第二卷 [M]. 兰州: 甘肃人民出版社, 1989: 214.

② 李元卿. 玉门油矿的开发与国共合作 [J]. 石油大学学报, 2000 (4): 37-39.

③ 梁柱. 历史智慧的启迪: 中华人民共和国若干历史经验研究 [M]. 北京: 北京大学出版社, 1999: 472-473.

④ 李爱伶. 甘肃若干经济问题研究 [M]. 兰州: 甘肃人民出版社, 2001: 122.

动工兴建的国家重点建设项目所占比重为10.3%，属于全国694个限额以上的大中型工程建设有119项。① 河西地区兴建的金川有色金属公司成为著名的有色金属冶炼企业。1957年，甘肃工业总产值已达到6.35亿元，比1952年增长了143%。② 1957年，甘肃主要工业产品中的原油产量为75.54万吨③，主要集中在玉门地区。1958年，酒泉钢铁公司的诞生使河西工业的产业结构进一步向重工业化倾斜。

第三个阶段：三线建设与河西重工化结构的定型

20世纪60—70年代，新中国面临严峻的大国威胁，中苏边境苏军陈兵百万，教唆新疆塔城、裕城等地6万民众叛逃海外，美军发动对越战争，西南边境安全也受到威胁。因此，"三线"建设期间，国防工业建设成为重中之重。

甘肃和陕西成为西北国防工业建设的核心区域。鉴于国际关系的变化与战争威胁，毛泽东考虑的三线建设有双重目的：一是有利于"备战"，二是平衡沿海与内地的工业布局。来自美苏的战争一旦打响，内地三线地区也要有作战的条件，因此三线地区必须大力发展军工工业。甘肃在三线建设的机遇面前，获得了国家资金，以及东部沿海地区企业的大规模迁入，甘肃的工业经济迎来了特殊的发展。国家有计划、有组织地从沿海地区向甘肃内迁了一批国防、电子、机械等重工业企业，在战略要地——河西地区重点布局了一批核工业、航天工业、兵器工业等军工企业。

可以说，河西重工业是国家计划经济的产物。国家基于国防保障的考虑，必然加大对重工业的投入，尤其是"一五"计划、三线建设，由于强调备战，强化发展军事工业和国防工业及其相关的重工业，对轻工业、农副业、商业投入不足，导致其发展缓慢，致使河西地区的工业结构不合理，导致轻重工业比例失调。"一五"期间，国家高投资重点建设酒钢和金川公司，从"二五"至"四五"期间，河西地区对重工业的投资仍然很高，使重工业比重不断上升，轻工业比重相应逐年下降。经过三线建设，河西的重工业化结构已经定型。

---

① 刘毓汉.当代中国的甘肃：上［M］.北京：当代中国出版社，1992：71-72.
② 国家统计局国民经济综合统计司.新中国五十年统计资料汇编［G］.北京：中国统计出版社，1999：36-38.
③ 国家统计局国民经济综合统计司.新中国五十年统计资料汇编［G］.北京：中国统计出版社，1999：36-38.

二、河西重型工业形成的原因

（一）资源禀赋与河西工业结构的相关性

河西地区储藏可观的石油、有色金属、煤炭等矿产资源，对当地工业产业结构具有决定性作用。从20世纪50年代开始，国家在甘肃进行了大规模的地质勘探。1956年5月6日，中国科学院西北分院根据中国科学院的指示迁到兰州。① 1954年1月，西北石油管理局404女子测量队在玉门成立。② 1956年7月全国第一个地质采油科学研究所在玉门油矿成立，1957年以后玉门油矿续建和扩建成为一座拥有地质勘探、钻井、采油、炼油、机械修配、油田建设和石油科学研究等部门的大型石油联合企业。

河西丰富的矿产与能源资源成为河西重工业化结构形成的自然基础。河西工业具有了明显的资源能源型特征。有色金属资源和石油资源是河西地区的优势资源，钢铁、煤炭亦有较丰富的蕴藏量，因而，河西地区形成了以有色金属、石油化工、冶金建材以及农产品加工工业为支柱的资源导向型工业结构。改革开放以来，河西地区矿产资源开发和利用技术不断提高，天然气、风能、太阳能等新能源被不断开发利用，河西地区工业的重工业化结构已经发生变化。

河西地区的工业开发以资源型开发为主，形成了"一矿一城"。因为河西地区资源分布不均衡，所以河西地区的工业分布也不平衡。由于各地资源分布的不同特点，河西工业主要分布在玉门、酒泉、嘉峪关、金昌等新兴工业城市，而武威和张掖地区由于自古以来绿洲农业、牧业发达，缺乏开发重工业的资源条件，所以以轻工业和农牧业经济为主，不具备"一矿一城"的特征。

（二）国际环境与国防保障的时代需要

20世纪30年代以来，由于日本发动的侵华战争和新中国四面受敌的国际环境，河西地区在自身不具备工业化基础的条件下，由国家投放重点资金，建设大后方重工业和军事工业，相继建成了石油化工、有色金属、钢铁生产等重工业生产企业。来自帝国主义国家的军事包围和经济封锁，使国家安全受到重大威胁的时候，基于政治上保卫国防的考虑，中央政府也倾向于优先发展重工业，尤其是军事工业、核工业和航天工业。

---

① 甘肃省地方史志编纂委员会. 甘肃省志·大事记：第二卷[M]. 兰州：甘肃人民出版社，1989：363.
② 甘肃省地方史志编纂委员会. 甘肃省志·大事记：第二卷[M]. 兰州：甘肃人民出版社，1989：349.

(三) 苏联优先发展重工业战略的榜样作用

工业是衡量一个国家和地区经济发展水平的重要指标。列宁提出了发展大工业的重要性,提出"增加财富、建立社会主义社会的真正的和唯一的基础只有一个,这就是大工业。如果没有资本主义的大工厂,没有高度发达的大工业,那就根本谈不上社会主义"①。他积极主张优先发展重工业,认为"不挽救重工业,不恢复重工业,我们就不能建成任何工业,而没有工业,我们就会灭亡而不成为独立国家"②。

新中国建国初期的工业水平十分低下,毛泽东曾无不遗憾地说,现在我们连"一辆汽车、一架飞机、一辆坦克、一辆拖拉机都不能造"③,这种状况使发展重工业成为最迫切的任务,成为人民政府走工业化道路的必然选择。苏联优先发展重工业的模式对新中国的工业化道路产生了重要的影响。而河西地区以其能源资源赋存的特点,成为国家实施重工业布局的重点地区,因此,河西地区必然把重工业作为开发工业经济的先行官,可以说,历史原因促成了河西地区重型工业结构的形成。

(四) 早期工业化国家的经验

早期工业化国家如英、法等国基本上是先发展轻工业和农业,等经济发展到一定程度后再发展重工业。对此,1959年12月—1960年2月,毛泽东在《读苏联〈政治经济学教科书〉的谈话》中曾说,资本主义长期着注重发展轻工业,英国走上资本主义发展道路后,首先发展投资少、见效快的轻工业和农业,直到工业革命带来科技进步以后,才开始把国民经济建设的重点转移到发展重工业方面,英国才进入了机器制造的工业时代。早期工业化国家的发展历程表明:经济建设往往需要循序渐进、由简到难,从农业和轻工业逐步过渡到重工业,这是经济发展的一般规律。

那么,既然早期工业化国家已经积累了工业化的基本经验和技术经验,广大发展中国家要不要充分利用后发优势?毛泽东认为中国应该走"先有合作化,然后使用大机器"的道路。如果先有机器制造的技术及优先发展重工业的能力,应该先发展重工业。像德国、日本以及后来的苏联等国家都属于后发展的国家,通过实行重工业优先发展的战略,获益多多。比如德国通过这一发展战略,成功地和英法抢占了殖民地;日本利用后发优势迅速崛起为工业化强国;还有苏

---

① 列宁. 列宁全集:第32卷 [M]. 北京:人民出版社,1963:399.
② 列宁. 列宁全集:第33卷 [M]. 北京:人民出版社,1963:385.
③ 毛泽东. 关于中华人民共和国宪法草案 [EB/OL]. 央视网,1954-06-14.

联选择优先发展重工业战略成功地抵御了西方列强的封锁和挑衅,成为二战后唯一能和美国争霸的社会主义大国、强国。在参照这些国家的经验后,中国为了赶英超美战略,也为了充分发挥社会主义国家的优越性,迅速改变一穷二白的落后面貌,自然选择了这一战略。

(五)毛泽东"重工业优先发展,不忽视轻工业和农业"思想的科学指导

对重工业和轻工业、农业的关系问题,毛主席在《论十大关系》《关于正确处理人民内部矛盾的问题》等著作中都进行了相关论述。新中国选择优先发展重工业的战略基本上是正确的,无论从理论上还是从实践上来看,重工业优先发展都是必由之路。

当然,以苏联经验为借鉴,结合新中国工业化的实际条件,毛泽东也强调要把重工业、轻工业和农业的关系处理好,在优先发展重工业的同时,必须统筹发展农业和轻工业,强调轻工业和农业是重工业发展的基础。

但在社会主义工业化的实践中,如中国在工业化初期,通过统购统销农产品,在工农业产品的交换方面实行工农剪刀差,在某种程度上危害了广大农民的利益。1958年"大跃进"和人民公社化运动,浮夸风与共产风肆虐,重工业被简单等同于大炼钢铁,严重影响了农业和轻工业的发展,使社会主义建设事业遭遇重大挫折。

同样,由于优先发展重工业,导致了轻工业和农业生产发展缓慢。河西工业的重型结构正是源于政府对重工业的高投入。"2003—2008年嘉峪关市共实现固定资产投资281.45亿元,其中工业投资200.86亿元,占全部投资的71.36%。在工业投资中,黑色金属冶炼及压延加工业投资占工业投资的87.4%,占全部投资完成额的65%。"[1]

在长期以来的计划经济的影响下,河西工业从诞生之日起,就具有"三高"特征:重工业超重、全民所有制工业偏高、大中型企业工业过高。

总之,河西重工业的形成是多种因素共同促成的,包括国际背景、国家政策以及资源赋存等。

历史经验证明,工业化程度高的国家,往往以工业反哺农业,工业的发展会带来农业技术的革新,工业可以促进农业早日实现机械化,从而提高农业生产力水平。目前,河西地区工业比重已经超过农业,但农业人口比重仍然很大。所以,必须以工业反哺农业,兴工才能强农,才能发展特色农业,才能实现农业的现代化,为实现工业化创造更好的条件和基础。

---

[1] 王玉梅. 嘉峪关市"工业强市"的思考 [J]. 中国国情国力, 2009 (11): 61-64.

第三节 河西现代工业的成就

20世纪50年代以来,在中国建成社会主义制度的条件下,河西现代工业迅速崛起、快速发展。尤其在改革开放以来,原有计划经济体制下的工业经济体制的僵化模式被打破,束缚工业经济发展的各种"左"倾错误被纠正,中国特色的市场经济体制建立起来,河西工业的产业结构、企业性质、所有制结构、资产经营形式等都发生了一系列的突破性的变革,取得了以下成就。

一、河西现代工业体制的变革与完善

(一)工业企业的所有制结构由单一公有制向多种所有制结构的转变

20世纪50年代以来,受苏联高度集中统一的发展模式的影响,误以为社会主义只能实行计划经济,国有化程度越高、"越大越公",越能体现社会主义制度的优越性。因此,新中国工业化初期,国家实行"一五"计划,集中投资创办大工业。到20世纪60—70年代,国家出于"备战"的需要,三线建设的重点仍然是由国家集中投资国防军事工业的建设,导致公有制工业企业一哄而上,单一的工业所有制结构由此形成。

中华人民共和国成立初期,甘肃全省"个体和私营工业产值占全省工业总产值的81.64%,全民工业企业只有32个,占(甘肃)全省工业企业总数的3%,产值只占17%"[1]。通过20世纪50年代的社会主义改造,甘肃工业所有制结构发生了根本变化,甘肃全省的全民所有制比重偏高,成为中央直属企业所占比例最大的省份之一。"1988年全省全民所有制工业企业共1513个,在职人数832566人,占工业就业人数的80%,工业总产值为1272665万元,占全省工业总产值的85.62%,而同期集体所有制工业只占13.64%,个体工业占0.34%,其他类型工业占0.40%"[2]。轻工业中集体所有制企业所占比重也很大。以1983年为例,集体所有制企业数占80%,职工人数占一半,总产值占30%。[3]

在河西地区,工业企业的所有制结构中的公有制所占比例大。就拿非典型工业城市武威市来说,20世纪80年代,武威市的国营工业总产值从1980年的

---

[1] 杨大明.甘肃经济概论[M].兰州:兰州大学出版社,1991:127.
[2] 杨大明.甘肃经济概论[M].兰州:兰州大学出版社,1991:127.
[3] 中共甘肃省委宣传部.蓬勃发展中的甘肃:1949—1984[M].兰州:甘肃人民出版社,1985:110.

3390万元增加为1989年的8828万元；武威市的集体工业总产值从1980年的2597万元增加为1989年的9699万元。

改革开放初期，通过对工业企业实行简政放权，原有全民所有制工业企业初步获得了生产经营的自主权，一批乡镇工业迅速崛起，单一所有制结构开始发展变化，个体私有制等多元化所有制企业开始萌芽，并且发展起来。1981年首先在金川公司实施扩大企业自主权试点。1983年7月，实行简政放权，实行第一步利改税试点。1984年10月，实行第二步利改税。金川公司以增强企业活力为中心环节，扩大企业自主权。1985年金昌化工总厂等5个企业实行厂长负责制。到1988年，全市有28户工业企业全部推行承包责任制和厂长（经理）负责制。①

20世纪90年代以来，在市场经济体制的推动下，在进一步巩固和完善全民所有制工业的基础上，企业通过承包责任制、股份制完成了所有制结构由单一公有制向多元化所有制结构的转变，极大地增强了企业发展的活力。甘肃全省工业1993年与1978年相比，全民所有制工业所占比重由90.86%下降到69.26%；集体所有制工业比重由9.14%上升到16.66%；新崛起的乡镇工业1993年产值达83亿元，占全部工业的19.9%；城镇个体和其他经济成分工业从无到有，占工业总产值的1%以上。② 到1998年，公有制工业和非公有制工业之比为82.09：17.91③。

进入21世纪以来，河西地区全民所有制工业比重继续下降，集体所有制、个体私有的地方小工业比重开始上升，非公企业的比重不断增加，形成了一个以公有制为主体，集体所有、合资经营、私人所有与个体所有等多种所有制形式并存的工业所有制结构。"截至2015年底，酒泉非公企业达9965户。其中私营企业9842户，外商投资企业123户。仅2015年第一季度，全市新增私营企业就有627户，同比增长120.77%。"④ 金昌市的工业企业数量，1960年各类企业28家，1980年各类企业52家，1985年地方工业企业104家，1988年底地方工业企业490家。⑤

以上表明，甘肃和河西地区工业经济的市场化程度进一步提高。

---

① 甘肃省金昌市地方志编纂委员会.金昌市志[M].北京：中国城市出版社，1995：123.
② 甘肃工业经济编委会.甘肃工业经济[M].兰州：甘肃文化出版社，1994：4.
③ 周述实.中国西部概览：甘肃卷[M].北京：民族出版社，2000：80.
④ 王福生，孙占鳌，李有发.2015年酒泉社会经济发展报告[R].兰州：甘肃人民出版社，2015：5.
⑤ 甘肃省金昌市地方志编纂委员会.金昌市志[M].北京：中国城市出版社，1995：114.

（二）工业建设资金由单一依靠政府拨款向多种融资方式转变

从"一五"计划开始到三线建设，都是国家制定工业建设的计划，对工业进行投资建设，河西工业企业的建设资金高度依赖政府，生产经营方式属于单一的计划生产。20世纪90年代以来，中央颁布了《全民所有制国有工业企业转换经营机制条例》，要求改革国有企业，转换国有企业的经营机制，扩大企业自主权，出现了承包责任制（包括全民所有集体承包或集体所有个体承包等）、股份制等多种经营方式，通过对国有企业经营机制的改革，增强了国有工业企业的活力。如玉门油矿通过转换企业经营机制，实行以承包责任制为核心的配套改革，在继续发展玉门油矿的基础上，在吐鲁番、哈密勘探石油获得突破。在"七五"期间（1986—1990年），玉门油田多种经营发展迅速，初步形成以油为主，多元发展的产业格局。

再如，酒钢公司自1958年创办以来，长期依靠国家直接投资，按照国家计划进行生产。改革开放以后，国家改变基建投资，由国家拨款改为企业贷款，酒钢公司开始寻找多种融资渠道，酒钢筹措资金的方式主要有4种：国家拨款、企业自筹资金、国内贷款以及引进外资。据统计，"从1981年到1989年，酒钢基建、技术改造投资为51.1亿元，其中，25.6亿元是自我积累的，占50.1%，'七五'期间最高时达到67.5%。"[1]

从20世纪80年代酒钢资金来源分析（参下表）可看出，由国家拨款0.4亿元，占0.8%；企业自筹资金25.6亿元，占50.1%；国内贷款22.4亿元，占44.0%；引进外资2.6亿元，占5.1%。[2]

酒钢1981-1989年投资来源分析表

投资分类	单位	投资合计	资金来源			
			国家拨款	贷款	引进外资	自筹
投资合计	万元	511086	4111	224380	26403	256192
%		100	0.8	44	5.1	50.1
基建	万元	383482	4111	208902	26403	144066

---

[1] 中国人民政治协商会议. 甘肃文史资料：第54辑：钢铁嘉峪关[C].兰州：甘肃人民出版社，2000：142.

[2] 中国人民政治协商会议. 甘肃文史资料：第54辑：钢铁嘉峪关[C].兰州：甘肃人民出版社，2000：138.

投资分类	单位	投资合计	资金来源			
			国家拨款	贷款	引进外资	自筹
%		100	1.1	54.5	6.9	37.5
技术改造	万元	127604		15478		112126
%		100		12		88

（数据来源：《甘肃文史资料：第54辑》139页表格）

二、独具特色的工业体系的建立与发展

20世纪50年代以来，河西地区形成了以有色金属、石油化工、冶金建材以及农产品加工工业为支柱的资源导向型工业结构。河西地区工业主要集中在原材料工业，重工化特点突出。原材料工业包括对矿产的采掘、加工、生产各个环节，为制造业提供原材料和动力，包括钢铁工业、有色金属工业、石油化工、化学工业、建材工业等。下面分别从以石油开采为主的能源工业，以有色金属、黑色金属采掘、冶炼、加工为主的材料工业以及以农产品特色加工为主的轻工业三个特色工业进行论述。

第一，能源工业在河西现代工业中占主导地位，有效地缓解了甘肃能源不足的状况，为甘肃经济的发展做出了重要贡献。

石油工业是河西现代工业中起步最早、开发最快的行业，早在20世纪30年代，玉门油田就已经开始开采。1949年中华人民共和国成立以前，玉门油矿年产原油不过7万吨，现已发展为具有6个开发油田，年产原油和原油加工能力各50万吨的综合性企业。[1] 在玉门油田大企业的带动下，甘肃省石油工业已发展成为兼有勘探、开采、炼制的成龙配套的综合体系。1978年以来，甘肃提出了依靠科技进步，振兴石油化工的方针。至1983年，石油化工工业利润占全省工业利润的44%，成为全省利润最高的工业部门[2]。

煤炭的开采与生产成就突出。山丹煤矿的年产煤量仅次于靖远煤矿、阿干镇煤矿和窑街煤矿。此外，还有天祝三号矿井。天祝、山丹煤矿都属于炼焦煤。

第二，材料工业是河西成长性最好的行业。

---

[1] 杨大明. 甘肃经济概论 [M]. 兰州：兰州大学出版社，1991：119.
[2] 中共甘肃省委宣传部. 蓬勃发展中的甘肃：1949-1984 [M]. 兰州：甘肃人民出版社，1985：67.

河西的有色金属工业是甘肃材料工业中的特色工业，矿种齐全，资源丰富，发展潜力大。20世纪50年代以来，金川有色金属公司建立，填补了中国镍资源的空白，同时，金川有色金属公司也是钴、铂、铅族元素的重要产地。目前，甘肃的有色金属工业已经建立了从地质勘探、设计施工到采矿选矿、冶炼加工的一条龙生产体系。

黑色金属冶炼主要是酒钢。酒钢作为大型钢铁联合企业，是中国西北重要的钢铁生产基地。20世纪50年代以前，甘肃及河西几乎没有钢铁工业。20世纪50年代以来，甘肃玉门、酒泉一带被探明铁矿储量丰富，河西地区相继建成了酒泉钢铁厂、甘肃河西堡铁厂。从1949年至1988年，酒钢累计完成投资23.5亿元，形成固定资产18.5亿元，年产钢82万吨、钢材74万吨、生铁90万吨，还有铁矿石、铁合金、碳素制品、焦炭等综合生产能力。现能生产17个品种50多个规格的产品，① 一部分产品获国家、部、省优质产品称号，酒泉钢铁工业公司成为甘肃省内的著名企业。酒泉钢铁公司始建于1958年，1961年初下马，1964年复建，1970年产出铁，1985年产出钢，1988年产出轧材，1998年中板工程投产，已经形成采矿、选矿、烧结、炼铁、炼钢、轧材，还有炼焦、热电等为主体的大型钢铁联合企业，已经成为中国西北重要的钢铁生产基地。1998年生产生铁136万吨、钢139万吨、材88万吨。② 21世纪以来，加快建设不锈钢冷轧生产线，2007年，已形成年产53万吨不锈钢成品板卷生产能力，使公司成为继宝钢、太钢之后，国内第3家拥有从炼钢到轧钢完整的不锈钢生产系统的企业。

机械工业是一个国家或地区科技水平和经济实力的重要标志。20世纪50年代以来，机械工业逐渐发展成为甘肃全省最大的工业部门，甘肃机械工业的中心地区主要集中在兰州和天水。此外，河西地区也形成了石油钻采、化工机械、农机制造、机械加工、维修服务等机械工业生产部门。

第三，20世纪50年代以来，河西地区的轻工业也取得了很大进步。甘肃的纺织工业包括棉纺织工业和轻纺工业两种，河西地区成为棉纺织工业原料的主要产地。兰州和天水的棉纺织工业原料棉花主要来源于河西的敦煌、安西以及新疆，毛纺织工业所需的原料羊毛主要产自甘南草原、河西天祝、肃南牧区等地区。

---

① 杨大明. 甘肃经济概论[M]. 兰州：兰州大学出版社，1991：118.
② 政协甘肃省委员会文史资料和学习委员，政协甘肃省嘉峪关市委员会. 甘肃文史资料 钢城嘉峪关：第54辑[C]. 兰州：甘肃人民出版社，2000：3.

此外，服装、食品、造纸、烟草、脱水蔬菜加工、酿酒业、草产业以及皮革塑料加工等各种类型的中小型工业企业星罗棋布，遍及河西各地。

纵观20世纪50年代以来河西地区工业的发展历程，由于中华人民共和国的建立以及中国特色社会主义建设事业的全面展开，河西现代工业从小到大，从无到有，逐步发展壮大，现已建成及形成了结构比较合理、门类齐全，拥有雄厚物质基础的工业基地和独具特色的现代工业体系。

三、河西名优特产品在海内外的影响

20世纪50年代以来，河西地区形成了以有色金属、石油化工、冶金建材以及农产品加工工业为特色的工业体系。以能源、原材料为主的工业产品在全国名列前茅，一批在国内外享有盛名的名牌产品为支援国家的经济建设做出了很大贡献。

玉门石油工业在中国近代石油史上具有重要影响。在抗战时期开采的老君庙油田是中国最早开采的油田，玉门油矿的发现为抗战胜利和大后方建设做出了重要的贡献。20世纪50年代玉门油矿原油产量居全国第一位，且使中国摆脱了贫油国的帽子，还为新中国石油工业的发展培养了2万多名像王进喜这样的石油工人和科技员，为中国现代石油工业的发展做了很大贡献。1982年，玉门石油管理局荆门炼油厂生产的祁连牌10号航空液压油荣获国家优秀产品称号。

在"七五"期间（1986—1990年），玉门油田的"石油成品油11类180种，有22种获国家和省部级优质产品奖，""1989年（玉门油田）晋升为甘肃省一级企业，1990年晋升为国家二级企业；1988—1989年两年被国家经委评为250家经济效益最佳企业之一。"①

金川公司是闻名世界的有色金属工业生产基地。金川镍矿的发现，结束了中国缺钴少镍的历史。1978年，在全国科学大会上，金川公司被列为国家矿产资源综合利用三大基地之一，1985年已经形成了2万吨的镍生产能力，镍产量占全国的85%。②

1992年8月，中共中央总书记、国家主席江泽民同志到金川视察，题写了"腾飞的镍都"，极大地鼓舞了金川公司员工的生产积极性。1993年5月1日，金川公司建成投产的镍闪速熔炼生产系统成为当时亚洲最大的生产系统，工艺

---

① 吴廷桢，郭厚安. 河西开发史研究［M］. 兰州：甘肃教育出版社，1996：570.
② 寿孝鹤，李雄藩，孙庶玉. 中华人民共和国资料手册：1949-1985［R］. 北京：社会科学文献出版社，1986：313.

已经进入国际先进行列。随着金川公司影响力的不断扩大,公司1995年生产的产品"金驼牌"1号电解镍在伦敦金属交易所正式完成注册。金川公司的贵金属提取工艺达到国际先进水平。2007年生产的镍产品名列全球第5位,钴产品名列全球第2位,公司业务遍及全球30多个国家和地区,国际化经营格局初步形成。①

21世纪以来,金川公司镍产量居全球第4位,钴产量居全球第2位,铜产量居全国第4位,是中国北方最大的铜生产企业。公司作为全省工业企业排头兵,成为全球同类企业中生产规模大、产品种类多、产品质量优良的知名企业。② 2005年,金川公司被国家认定为全国企业技术排名第115位。公司拥有高品质电解镍、电解铜生产技术,纯铂族提取技术,铜钴矿提取冶金技术等多项先进技术,且得到世界科技领域的赞誉。金川公司成为中国质量认证中心2000版质量管理体系认证企业,影响已经蜚声中外。

河西地区的国防军事工业在全国的知名度更高,成就更显著。改革开放以来,航空航天、原子反应堆、电子等尖端工业产品远销美国、日本及东南亚的一些国家和地区。位于嘉峪关的中国核工业总公司四〇四厂因1964年第一颗原子弹爆炸成功而闻名天下,改革开放以来,发展核燃料循环的后处理技术和放射性废物处置技术进一步提高。自1996年7月30日国家暂停核试验以来,四〇四厂通过搬迁和企业重组,成为专门从事核废料处理的军转民企业。

第四节　河西著名的工业企业

中华人民共和国成立以来,在社会主义建设的高潮中,河西工业经济不断发展并取得了可喜的成就。"1996年全区工业产值164.1亿元,占甘肃工业总产值的19.7%,河西工业已成为甘肃工业体系的重要组成部分"。③ 在中央政府的关怀下,在河西地区崛起了一批著名的现代工业企业,在全国乃至世界的影响力进一步提高。

一、玉门油田

中国是世界上最早发现石油的国家之一。根据西晋张华所著《博物志》的

---

① 工业强省系列报道冶金有色篇:千锤百炼破重围[N].甘肃日报,2008-05-06.
② 马虎中.金川:中国骄傲[M].兰州:甘肃人民出版社,2010:1.
③ 孟开,苏文.河西矿产资源的开发、保护和科学利用[J].发展,1998(2).

记载，石油被当作"石漆"用于取暖，这是中国最早对石油的文字记载。据英国李约瑟所著《中国科学技术史》记载，早在11世纪前后，中国人民用机械办法进行石油钻井的技术就已经流传到西方。

19世纪末，中外地质学家就发现了玉门油矿，但由于近代中国仍然处在清王朝的统治之下，长期以来不断遭受帝国主义侵略，战乱频繁，加上科技落后，根本无力顾及石油开采。1912年中华民国建立以来，新旧军阀割据混战，旧中国没有石油工业，石油一直依靠进口。全国只有几家小规模的炼油厂，且集中在沿海的大连、上海等地，设备非常简陋，谈不上技术，只生产简单的人造石油。旧中国一直没有脱掉"贫油国"的帽子。随着玉门油矿的发现和开采，近代中国终于产生了石油工业。直到新中国成立以后，中国才脱掉了"贫油国"的帽子。

（一）玉门油矿的发现与开发

玉门油田位于河西走廊最西端的玉门市。1935年，在中央地质调查所工作的石油地质学家孙健初同志和周宗浚考察青海湖和祁连山的地质情况，撰写了《甘肃玉门油田地质》《祁连山一带地质史纲要》等著作。1937年初，中央地质调查所派孙健初同志参加西北地质矿产试探队，并和美国地质学家韦勒和萨顿工程师合作考察，此次玉门考察之后，孙健初撰写《甘青两省石油地质调查报告》提交资源委员会翁文灏，玉门石油勘查得到国民政府资源委员会的支持。

1938年11月28日，孙健初同志从兰州出发，第3次来玉门勘查。1939年3月11日，在孙健初同志的指导下，老君庙油田的钻探工作正式开始。1939年3月13日，孙健初等人在老君庙旁边成功地钻凿了近代中国的第一口油井，因此玉门油矿又称为老君庙油矿。1939年10月，孙健初同志撰写了《甘肃玉门油矿地质报告》，文中详细地叙述了玉门油田的开采价值以及钻探计划。后来，在玉门油矿钻井产油的基础上成立了玉门炼油厂。

为了扩大油田的开采规模，1941年3月撤销甘肃油矿筹备处，成立甘肃油矿局，开始对玉门油矿进行开发。1941年4月，在玉门油矿发现了自喷油田。玉门油矿的开发，标志着近代中国石油工业的正式启动。

地质学家孙健初同志为近代中国石油工业的诞生做出了重大贡献，为玉门油田的地质勘探和开发工作提供了理论指导和技术指导，为了纪念他的功绩，1954年7月，玉门油矿公园专门修建了"孙健初同志纪念碑"，以示纪念。

（二）国民党对玉门油矿的控制

抗战全面爆发以后，日本帝国主义占领了东南沿海各省，中国进口石油的道路也被日军切断。国民政府急于找到新的油源，开始重视玉门油矿的开发与建设。应抗战之需，1939年3月13日，近代中国第一口油井——老君庙油井被成功开采，从此，抗战所需石油源源不断地从这里运出。

国民党政府不断加强对玉门油矿的控制。1942年8月，蒋介石亲自视察玉门油矿。在白崇禧、胡宗南以及国民党第十七集团军团司令马鸿宾陪同下，蒋介石来到茫茫戈壁上的玉门，甘肃油矿局总经理孙越崎陪同蒋介石参观了油矿、第一炼油厂、发电厂、机械厂。为了将玉门石油运输到重庆，"蒋介石视察油矿后，饬令军事委员会后勤总司令部给玉门油矿调拨了53加仑油桶3万个。"① 1943年5月，蒋介石又派儿子蒋经国和蒋纬国来玉门考察。

国民党为了加强对玉门油矿的控制还成立了特别党部。1942年6月，甘肃油矿局在重庆筹建矿警队，隶属于国民党中央资源委员会；9月，还成立了矿业警察大队（简称矿警大队），隶属于甘肃油矿局和酒泉河西警备司令部。矿警大队与宪兵队联合制定了《防止共产党潜入矿区的遏乱与惩罚条例》。"以矿警大队为核心，国民党在玉门建立了一个由军、警、宪、特组成的联合指挥部。陆军第五十九军、第七预备师、暂编五十八师、独立骑兵团负责矿区外围防务。常驻矿区的有一营正规军，一个高射炮连、一个工兵连、一个宪兵中队。"②

为了满足国民党掠夺石油的私欲，国民党不断抓捕壮丁或灾民，强迫他们到玉门矿区当矿工，强迫他们做苦力，矿工们拿着微薄的薪酬，承受着高强度劳动，还动辄被打骂。"从1941年至1944年，通令酒泉、金塔、高台三县每年各备400名壮丁到矿做工，共得劳力4000余人。"③ 1942—1944年，油矿工人为了提高工资、反对压迫，举行了多次大罢工。在矿工的反抗斗争中，最典型的是1949年4月5日发生的"四五"事件和新中国成立前夕的护矿斗争，"规模最大、斗争最激烈"。④

玉门油田的石油主要用于抗战军用。"1943年1月至7月初，军政部、航空委员会、液体燃料委员会，就从玉门提走石油产品2225吨，占全部油品的75%

---

① 政协甘肃省玉门市委员会文史资料工作委员会. 玉门文史资料：第一辑[G].玉门：玉门市彩印厂，1992：142.
② 政协甘肃省玉门市委员会文史资料工作委员会. 玉门文史资料：第一辑[G].玉门：玉门市彩印厂，1992：157.
③ 政协甘肃省玉门市委员会文史资料工作委员会. 玉门文史资料：第一辑[G].玉门：玉门市彩印厂，1992：159.
④ 政协甘肃省玉门市委员会文史资料工作委员会. 玉门文史资料：第一辑[G].玉门：玉门市彩印厂，1992：163.

以上。"①

抗战胜利以后，国民党发动全面内战，玉门油田的石油主要用于内战军用。国民党所需的军用石油数量猛增，促使油矿产量不断增加，国民党调拨的军用油数量也不断增加。"1946 年 6 月至 12 月，调拨军用油 5782 吨，1947 年 1 月至 12 月，又调拨军用油 9204 吨，分别占当年全部油品数量的 68% 和 70%。1948 年至 1949 年 8 月，军用油增至 90% 以上。"②

1946 年玉门油矿 90% 以上的军用石油被国民党政府低价占有，加之法币不断贬值，致使油矿生产资金短缺，不能及时发掘新油井，导致产量不稳定，亏损严重。仅 1947 年就亏损 10 亿元。

因此，玉门油矿从 1939 年开采到 1949 年中华人民共和国成立以前，一直隶属于中国资源委员会，被国民党党部霸占，是一个典型的官僚资本主义性质的综合性石油企业。1948 年，国民党甚至控制了玉门油矿的公司决策和人事安排。直到 1949 年 9 月 25 日，解放军解放了玉门油矿，结束了国民党对玉门油矿的控制。1953 年 10 月，中华人民共和国政务院在玉门矿区设立县政府。1955 年 10 月，国务院批准成立玉门市（省辖市）。从此，玉门油矿正式归人民政府管理。

（三）玉门油矿的发展历程

玉门油田是中国第一个石油工业基地，其从最初的土法开采到机械化大工业生产的转化，标志着中国近代石油工业的产生。纵观玉门油矿的发展历程，经历了以下四个阶段。

第一个阶段（1939—1958）：勘探开发阶段

1939 年 3 月 13 日，地质学家孙健初等人在老君庙成功地钻凿了第一口油井，玉门油矿开发初期称为老君庙油矿。1941 年 3 月撤销甘肃油矿筹备处，成立甘肃油矿局，开始了开发玉门油矿的工作，4 月找到了自喷油田。玉门油矿的开采标志着近代中国石油工业的正式启动。

新中国成立以后，1952 年，中央人民政府军事委员会将中国人民解放军第十九军五十七师，改组为石油工程第一师，全师 7000 余名指战员陆续到达玉门油矿生产第一线。1953 年 7 月，燃料工业部石油管理总局抽调专家组成石油钻探局，师政委张文彬任局长兼党组书记。在党中央和油矿党委的正确领导下，

---

① 政协甘肃省玉门市委员会文史资料工作委员会．玉门文史资料：第一辑[G]．玉门：玉门市彩印厂，1992：142.
② 政协甘肃省玉门市委员会文史资料工作委员会．玉门文史资料：第一辑[G]．玉门：玉门市彩印厂，1992：142.

玉门油田通过民主改革，废除了国民党控制时期遗留下来的不合理的规章制度，成立了工厂管理委员会，保障职工的基本权利，玉门油田的管理与生产秩序迅速恢复和发展。"3年（1950—1952）共产原油37.54万吨，相当于新中国成立前11年原油总产量的73.49%。"[①]

1953年开始的社会主义改造，使玉门油田快速发展。"在炼建工程方面，先后扩建了蒸馏厂、裂炼厂，新建了真空厂、沥青厂、离心脱蜡厂、焦化厂和石蜡车间，使当时的玉门炼油厂成为一个装置齐全、年加工原油50万吨的炼油厂，油品由1952年的11种增加到24种，并能生产航空煤油"。在油田建设方面，先后新建、扩建选油站、转油站36座，新建油库、注气厂、注水厂11座，安装井架636座、抽油机305台、油水罐和各种容器139具，敷设油气管线、水管线、输电线路1300多公里，[②] "保证了老君庙、鸭儿峡、白杨河、石油沟4个油田的生产，使原油产量达到75万吨，为1952年产量的5倍多。在辅助生产建设方面，扩建了发电厂，新建了热电站、机械修造厂、汽车修理厂等。在矿区建设方面，修筑公路1200公里，架设桥梁24座。"[③] 从1953年11月1日起，玉门油矿开始把原油东运到兰州、上海、大连。"从此，500多辆大型油罐车日夜往返在600余公里的运输线上。"[④] "1954年7月，钻井队由21个增加到49个，其中酒泉钻探处从1952年的6个井队增加到32个"。[⑤] 到1956年6月，共运出原油16.61万吨，成品油运输也超额完成了任务。1956年7月，兰新铁路正式通车玉门。至此，结束了汽车长途东运原油的历史。

"一五"计划期间，玉门油矿被建设成为新中国的第一个石油工业基地，作为苏联援建的156项重大工程项目之一，全国重点支持，加大开发力度，"到1957年底，共钻井674口，原油年产量达到75.54万吨，占全国当年天然石油产量的87.78%。炼油装置由当初的4套增加了百倍，原油加工量提高了数倍，石油产品由当初的11种增加到50多种，职工总人数由当初的4千多人增加到4

---

① 政协甘肃省玉门市委员会文史资料工作委员会．玉门文史资料：第一辑[G]．玉门：玉门市彩印厂，1992：203．
② 政协甘肃省玉门委员会文史资料工作委员会．玉门文史资料：第一辑[G]．玉门：玉门市彩印厂，1992：196．
③ 政协甘肃省玉门市委员会文史资料工作委员会．玉门文史资料：第一辑[G]．玉门：玉门市彩印厂，1992：197．
④ 政协甘肃省玉门市委员会文史资料工作委员会．玉门文史资料：第一辑[G]．玉门：玉门市彩印厂，1992：200．
⑤ 政协甘肃省玉门市委员会文史资料工作委员会．玉门文史资料：第一辑[G]．玉门：玉门市彩印厂，1992：195．

万多人。"①

1957年10月8日玉门油矿被重新建成投产，成为新中国第一个天然石油基地。

第二个阶段（1958—1963）：大规模建设阶段

1958年5月，八大二次会议制定了"鼓足干劲，力争上游，多快好省地建设社会主义的总路线"，会后，在全国全面发动了"大跃进"运动。在"赶英超美"的口号声中，掀起了浮夸风、高指标风。

6月26日，国务院副总理陈云视察玉门油田，参观了玉门鸭儿峡油田、王登学钻井队、11号造油站、三矿场、炼油厂、机械厂。7月15日，中共中央副主席、中华人民共和国副主席朱德来玉门视察，实地参观了炼油厂、老君庙油矿、注气厂、采油厂。朱德同志留下了一首诗作：②

玉门新建石油城

全国示范作典型

六万人民齐跃进

力争上游比光荣

玉门油田受"大跃进"的影响，提出了一些不切实际的生产任务。在之后的十年"文革"期间，玉门油矿的生产遭受破坏，曾经陷于停顿。

第三个阶段（1978—1989）：多元化发展阶段

改革开放以来，玉门油矿积极转换企业经营机制，实行以承包责任制为核心的配套改革，使原油产量不断上升。

20世纪80年代末，玉门油田"在酒泉盆地又新探明6个油田、14个油藏，总含油面积55.7平方公里，地质储量近亿吨，预测远景量可达2.05—2.34亿吨。"③"从1980—1989年的原油年产量始终保持在50万吨以上。……到1992年底，玉门炼油厂已形成150万吨初加工能力、100万吨配套加工能力，原油加

---

① 政协甘肃省玉门市委员会文史资料工作委员会.玉门文史资料：第一辑[G].玉门：玉门市彩印厂，1992：210.

② 政协甘肃省玉门市委员会文史资料工作委员会.玉门文史资料：第一辑[G].玉门：玉门市彩印厂，1992：10.

③ 甘肃省地方史志编纂委员会编.甘肃省志·概述：第一卷[M].兰州：甘肃人民出版社，1989：20.

工量由 1988 年的 75.37 万吨上升到 1992 年的 96.43 万吨。"①

"在'七五'期间，全局工业总产值年均增长 8% 以上，累计生产原油达计划的 104.5%，主要开发指标保持了石油行业的先进水平；原油加工量持续上升，基本形成年 100 万吨的综合加工能力、150 万吨的一次加工能力；石油成品油 11 类 180 种，有 22 种获国家和省部级优质产品奖；多种经营发展迅速，初步形成以油为主，多元发展的产业格局。""1989 年晋升为甘肃省一级企业，1990 年晋升为国家二级企业；1988、1989 年两年被国家经委评为 250 家经济效益最佳企业之一。"② 改革开放以来，玉门油矿成为具备钻井、采油、炼油等多种生产能力的著名石油企业。

第四个阶段（2000—）：衰退阶段

21 世纪以来，随着玉门油矿可开采量逐步减少，加上长期以来地下水破坏严重，以石油工业为主"一业独大"的玉门市成为资源枯竭型城市。玉门油矿共有 7 个油田，其中老君庙、鸭儿峡、石油沟、白杨河和单北油田 5 个油田已开发殆尽，仅剩余两个油田，可采储量极其有限。在这种情况下，玉门油田一方面要加快对新油源的勘探，另一方面必须调整产业结构，实行企业改制与多元化经营，以便早日摆脱困境，走可持续发展的道路。

因此，国务院把玉门油田列为重点治理工程，中央财政给予玉门市财力性转移支付资金支持，帮助玉门市这样的资源型城市尽快完成经济转型，寻找新的发展道路。玉门油矿开始在新疆吐鲁番、哈密等地区勘查找油。

从玉门市的发展历史来看，由"一矿一城"而兴起的工业城市的兴亡与当地资源储量息息相关，"资源富则城兴，资源竭则城亡"。

（四）开发玉门油矿的意义

玉门油矿开发于 20 世纪 30 年代，在中国石油工业发展史上，具有极其特殊的历史地位。

首先，为支援抗战、争取抗战的最后胜利做出了不可磨灭的贡献。

玉门油矿是抗战时期中国唯一的一家石油产炼基地，其石油产品在当时主要用于支援抗战。1939 年玉门油矿的原油产量仅为 10 余万加仑，到 1940 年上半年每月出产原油就达五万加仑，9 月份以后，"每月可产原油十二万加仑"，1944 年增长到 2000 余万加仑，到 1945 年，累计生产原油 25 万多吨。翁文灏多次向蒋介石请示从美国购买新式炼油设备，1940 年蒋介石特批外汇 250 万美金，

---

① 吴廷桢，郭厚安. 河西开发史研究 [M]. 兰州：甘肃教育出版社，1996：569.
② 吴廷桢，郭厚安. 河西开发史研究 [M]. 兰州：甘肃教育出版社，1996：570.

不仅派人从美国购买了各种储炼设备,并且亲自督促从四川、江西、湖南等省的油矿拆除一些大钻机、套管、抽油机等设备,运到玉门油矿投入使用。仅"1943年1月至7月初,军政部、航空委员会、液体燃料委员会,就从玉门提走石油产品2225吨,占全部油墨的75%以上。"① 玉门油矿生产的柴油、煤油、粗机油、黄油、擦枪油等石油制品,既满足了军用车辆的燃料供应,也保证了枪炮军械的保养供应,为抗战做出了重大贡献。

其次,中国石油完全实现了自给,这标志着中国终于摘掉"贫油国"的帽子。

玉门油矿是近代中国第一家石油工业基地。从1939年3月开采建设以来,至1949年中华人民共和国成立以前,这10年期间,"共产原油51万吨,约占旧中国1904年至1948年的44年天然原油产量总和的72.3%"②,"占旧中国70年天然石油总和的95%"③。1949年,玉门油矿生产的石油在全国石油总产量中的比重高达90%以上,标志着玉门油矿已经发展成为一家综合性较强的石油企业,具有钻井技术、采油技术、炼油技术以及机修等技术设备。

玉门油矿的开发,石油产量的逐年增加,不仅使中国摆脱了"贫油国"的落后面貌,完全实现了石油自给,而且对中国石油工业的发展,做出了不可磨灭的贡献。

再次,玉门油矿为新中国石油工业的发展奠定了坚实的基础。

到1949年,玉门油矿已经拥有4000多名职工,可以生产出汽油、柴油、煤油以及润滑油等12种产品,所产原油总量高达50多万吨,占全国同期产量的90%有余。

玉门油矿为新中国的石油工业培养了很多像孙健初、翁文灏、翁文波一样热爱地质事业、乐于奉献的第一批工程技术人员。孙健初是第一个在青海以及甘肃河西走廊开展地质勘探的地质学家,是他勘测发现了玉门油矿,是他主持开发了玉门油矿。翁文灏是中国第一位地质学博士,在抗战期间主管矿务资源及其生产建设,为玉门油矿的开发建设做出了重要贡献,他的堂弟翁文波曾经留学伦敦大学,回国以后在玉门油矿创建了中国第一支重磁力勘探队。玉门油

---

① 政协甘肃省玉门市委员会文史资料工作委员会. 玉门文史资料:第一辑[C].玉门:玉门市彩印厂,1992:142.
② 政协甘肃省玉门市委员会文史资料工作委员会. 玉门文史资料:第一辑[C].玉门:玉门市彩印厂,1992:175.
③ 政协甘肃省玉门市委员会文史资料工作委员会. 玉门文史资料:第一辑[C].玉门:玉门市彩印厂,1992:203.

矿为国家培养了一大批石油工程技术人员,油矿工人多数来自兰州及河西农村,吃苦敬业,技术熟练。玉门油矿的"职工总人数由 1939 年的 217 人增加到 1949 年的 4480 人。"[①] 新中国成立以后,他们成为新中国石油工业战线的骨干力量。

最后,戈壁滩上的"铁人精神"永世长存。

在茫茫戈壁钻探石油、打井抽油、炼制各种石油制品,工程技术人员和工人顶着烈日酷暑,冒着严寒,付出了艰辛的劳动。玉门油田的职工依靠自力更生、艰苦奋斗,把旧中国的炼油装置修复、改造后扩建成年产 50 万吨的新炼油厂,使玉门油矿成为中国第一个石油工业基地。铁人王进喜就是来自玉门油矿的技工。1938 年,老君庙油矿创建之初,王进喜成为一名钻井工人。新中国成立以后,他在 1956 年担任 1205 钻井队队长,1957 年,他参与建设玉门油田,王进喜率领 1205 钻井队开赴白杨河探区开发新油田,克服了许多技术难题。王进喜先后被评为甘肃省和全国劳动模范,因其吃苦耐劳的奉献精神被称为"铁人",他的家乡玉门也被称为"铁人"的故乡,王进喜创造的"铁人"精神激励着以后的石油工人勇于拼搏、乐于奉献、开拓创新。

二、金川公司

(一)金川有色金属公司的建立

新中国成立以后,1958 年 6 月,甘肃省煤炭工业局 145 煤田地质队做地质调查,首次发现了超基性岩体和含铜的矿化带。1959 年 2 月,甘肃省祁连山地质队在白家嘴地区开始地质资源的勘探,最终探明了自西向东的三、一、二、四共四个矿区的地质储量,分析认为金川矿区是一个大型的硫化铜镍矿床。

为了开发金川资源,1959 年冬组建了"807"矿队,由北京有色冶金设计研究总院负责整个工程的设计,由中国有色金属工业总公司第八建设公司负责施工。一期工程设计规模为年产电解镍 1 万吨。1960 年,"807"矿队更名为甘肃有色金属公司。1961 年正式命名为金川有色金属公司,1964 年改名为八八六厂,1971 年改名为甘肃有色冶金公司,1972 年恢复金川有色金属公司的名称。

金川公司以电解镍为主产,以铜、铂、金、钴、银等金属为副产,还生产硫酸、盐酸、烧碱、液氯等化工产品,是我国目前最大的镍钴生产基地和铂族金属提炼中心。金川矿区得天独厚,是世界上著名的多金属共生的大型硫化铜

---

① 政协甘肃省玉门市委员会文史资料工作委员会. 玉门文史资料:第一辑[C].玉门:玉门市彩印厂,1992:207.

镍矿。①

(二) 金川公司的发展历程

金川有色金属公司位于甘肃省河西地区中部金昌市的白家嘴，是一个包括采矿、选矿、冶炼的有色金属冶炼联合企业。金川公司的发展历程先后历经了四个阶段：

第一个阶段：艰苦创业阶段

金川镍矿的发现与开采是金川公司建立的前提条件。在金川镍矿尚且被掩埋在地下之时，被一些国家实施针对性镍封锁的中国一直被国际社会视为"贫镍国"。1953年，上海一家冶炼厂成功地利用铜电解液生产出了一种粗制版硫酸镍，标志着中国镍工业的开端。随着"一五"计划（1953—1957）时期社会主义工业化建设的全面展开，国家对镍的需求量越来越大，因此，勘探镍矿资源就成了迫切的任务。1958年，甘肃省地质局祁连山地质队（后改为第六地质队）在河西地区的民勤、永昌、山丹、张掖一带勘查找矿，发现了白家嘴铜镍矿床。1958年上半年，甘肃省煤炭工业局145煤田地质队做地质调查，首次发现了超基性岩体和含铜的矿化带。1959年2月，甘肃省祁连山地质队开始在白家嘴地区勘探，最终探明了4个矿区的地质储量，分析金川矿区是一个大型的硫化铜镍矿床。

永昌镍矿是金川公司的前身。1958年10月发现永昌镍矿矿藏，1959年6月15日，冶金工业部指示开发永昌镍矿，8月份第一批先遣队奔赴金昌，在无水、无电、无路的艰苦环境下，开始为采矿的相关设施做前期准备。10月19日，冶金工业部决定在甘肃省成立永昌镍矿，直属冶金工业部。1959年12月25日，冶金工业部决定将永昌镍矿划归白银有色金属公司。1960年5月，永昌镍矿成立第一个工作机构——807矿。1961年1月，永昌镍矿更名为金川有色金属公司，简称金川公司。冶金部同时把原本计划裁撤的西北冶金建设总公司纳入金川有色金属公司的管辖范围内。1961年8月30日，冶金工业部在永昌镍矿设立由冶金部直接领导的甘肃有色金属公司。

1963年，金川镍矿一矿区出产矿石；1966年，露天矿、一选矿区、二选矿区相继建成投产，当年生产电解镍1200多吨，1969—1976年，镍产量在5000—7000万吨之间徘徊。

1964年9月，金川公司生产出第一批电解镍，当年产量为22.43吨。1964

---

① 中国人民政治协商会议，甘肃省金昌市文史资料委员会.金昌文史：第一辑[C].武威：武威市印刷厂，1987：63.

年成立镍钴研究院，金川公司成为综合开发利用镍钴等贵金属的研究所。金川有色金属公司拥有龙首矿、露天矿、二矿区、选矿厂、冶炼厂、化工厂等下属厂矿21个，电解镍的生产能力逐年提高。依据冶金部在1964年12月26日颁布的《关于企业代号的通知》精神，1965年1月—1971年4月，金川有色金属公司改名为冶金部八八六厂。1965年4月金川公司提炼铂族金属一举成功。1966年3月，中共中央总书记邓小平、国务院副总理薄一波、李富春等党和国家领导人到金川公司视察，决定大力支持金川公司的生产建设。邓小平同志称赞金川矿是个"金娃娃""聚宝盆"。

这个阶段，金川有色金属公司在党和政府的关怀下，加上地质人员的勤劳努力，从无到有，崛起和发展成为驰名中外的世界第二大硫化镍矿，填补了中国镍资源的空白，同时，金川公司也是钴、铂、铅族元素的重要产地。

第二个阶段：徘徊阶段

1. 十年"文化大革命"时期

1966年上半年，金川公司露天矿、一选冶厂、二选冶厂主流程相继建成，1969年底，金川形成了1万吨电解镍的生产能力。① 1971年，国家建委和冶金部批准，被称为八八六厂的金川公司和第四冶金建设公司合并为甘肃有色金属冶金公司。1972年又更名为金川有色金属公司。

十年"文革"期间，金川公司正常的生产与管理秩序被打断了，生产受到冲击，发展连续几年趋于缓慢。一直到1978年以前，金川公司电解镍的生产能力从1969年的1万吨下降到6000—7000吨，"镍的冶炼回收率只有76.3%，大部分贵金属提炼不出来。钯的回收率只有49%，而锇、铱、铑、钌的回收率可怜的只有1%~3%"。② 直到1985年，金川公司电解镍的生产能力才重新超过万吨水平。

2. 1993年镍原料市场危机

1992年党的十四大提出建立社会主义市场经济体制的目标，一时之间各个行业你争我赶搞经济，造成经济过热。中央政府为使市场平衡，不得不采取宏观调控的办法来解决矛盾，强有力的调控力度造成国民经济发展速度减缓，企业减产，销售不畅和效益下滑，市场活力陷入僵局，这些问题也影响着金川公司有色金属的生产，尤其是镍原料的生产数量严重依赖于市场需求，与市场的

---

① 中国人民政治协商会议甘肃省委员会文史资料委员会. 甘肃文史资料选辑：工业经济专辑：第33辑[C].兰州：甘肃人民出版社，1991；76.

② 中国人民政治协商会议，甘肃省金昌市文史资料委员会. 金昌文史：第一辑[C].武威：武威市印刷厂，1987；54.

变化息息相关,公司经营迎来了危机。1993年由于市场的突变,镍钴行业市场发生饱和,生产出的大量的镍无法及时外销,造成金川集团镍库存的严重积压。产品不能顺利销售,随之就会威胁到新产品的生产,新产品生产后又会继续积压,影响到公司正常生产与资金回流。此次危机使金川公司的生产出现了徘徊局面。为了及时解决镍库存积压问题,朱镕基总理获悉相关情况后十分重视,亲自过问并做出批示,决定通过国家储备局购买滞销的5000吨电解镍用以暂时缓解金川集团的资金压力,之后把先前陈旧的金属冶炼设备折旧率提升两个百分点,及时填补了金川公司自有流动资金的匮乏,公司终于恢复了镍冶炼工业的正常运行。

第三个阶段:迅速发展阶段

十一届三中全会开始把党和国家的工作重点转移到经济建设上来。1978年3月,在全国科学大会上,金川矿区因为对矿产资源成功的综合利用而受到党和政府关注。从1978年至1986年期间,国务院副总理方毅先后8次视察金川公司,并且组织了一批研究人员对金川矿区的冶炼技术进行攻关性研究,运用科学技术攻克了二氧化硫污染环境的问题,在1987年建成了年产18万吨的硫酸厂,回收二氧化硫烟气制取硫酸。1992年8月,国家主席江泽民在视察金川公司期间,题写了"腾飞的镍都",肯定了金川公司所取得的成就。1993年5月1日,金川公司建成投产的镍闪速熔炼生产系统正式建成,这是金川扩建二期工程,是当时亚洲最大的生产系统,工艺已经进入国际先进行列,方毅同志发来贺电高度赞扬金川人勇攀高峰的精神。

改革开放为金川公司的发展带来了机遇与挑战。1981年首先在金川公司实施扩大企业自主权试点。1983年7月,实行简政放权,实行第一步利改税试点。1984年10月,实行第二步利改税。金川公司以增强企业活力为中心环节,扩大企业自主权。1985年在金昌化工总厂等5个企业实行厂长负责制。1986年12月,金川公司镍都实业公司成立,公司正式实施"一厂两制"的办厂方针。同时配备领导班子按照1个党委和2个行政班子的规格,以达到对公司更有效的管理。到1988年,全市有28户工业企业全部推行承包责任制和厂长(经理)负责制。1983年,金川公司电解镍产量突破1万吨大关,1985年电解镍产量首次突破2万吨,"胜利实现了'三年三大步'的奋斗目标"。(参下表)

1983—1985 年金川公司电解镍产量

年份	电解镍产量（吨）	工业总产值（万元）	实现利税（万元）
1983	10000	27100	13270
1984	15002	398006	18280
1985	20001	52600	21290

金川有色金属公司规模不断扩大，现有下属厂矿 21 个，包括龙首矿、二矿区、露天矿、选矿厂、冶炼厂、化工厂等。随着金川公司的创建，金昌市成为中国著名的"镍都"，"一矿一城"的城市特征非常明显。

1987 年 7 月 14 日，《人民日报》刊登了题为《我国镍都金昌市在大西北崛起》的报道。称赞金川有色金属公司是中国继鞍钢、大庆之后，又一个不断发展壮大的大型有色金属联合企业。金川公司成为中国重要的有色金属生产基地，也是金昌市重要的经济支柱。

改革开放以来，在党中央和国务院的关怀下，40 多家科研机构集中在金川公司共同商讨生产建设的大计，使金川公司的生产能力逐年大幅度提高。随着改革开放以来的开发建设不断推进，公司镍与铜的年产量连续稳步增加，镍产量以每年将近 1000 吨的速度递增。"到 1995 年底，金川公司共产镍 40 万吨、铜 16 万吨，产铂族金属和金 9000 余公斤。"[1]

可以说，改革开放不仅促进了金川公司的大发展，也带动了金昌市社会经济的发展。就拿金昌市的工业企业的增长数量来看，1960 年金昌市仅有各类企业 28 家，至 1988 年年底，地方工业企业就发展到 490 家，基本形成了金川镍基地、河西堡重化工基地及永昌县轻工业区，对金昌市地方经济发展的影响力不断扩大。

第四个阶段（21 世纪以来）：转型阶段

金川集团在整个建企的过程中，几经波折。企业成立伊始，由于缺乏成熟的企业管理经验，生产较为混乱，产品质量低下，且造成了大量的浪费，为及时改变这些缺点，公司管理人员积极学习国内外先进的企业管理模式和经验，与时俱进改进企业的管理方式。

---

[1] 甘肃省地方史志编纂委员会. 甘肃省志: 建设志: 第三十二卷 [M]. 兰州: 甘肃人民出版社, 2000: 121-122.

2000年，金川公司完成股份制企业的改制以后划归甘肃省，2001年9月，"金川集团有限公司"正式挂牌成立，公司的管理权隶属于甘肃省，成为省管企业。从此，金川公司从原来的工厂转变为现代企业，公司的生产能力逐年增长。（参下表）

2000—2013年金川公司产品产量指标①

年份	镍产品产量指标（吨）	铂族金属产量指标（公斤）
2000	46000	983
2001	48235	1045
2002	52078	1108
2003	60588	1501
2004	71019	2000
2005	90112	2500
2006	101122	2171
2007	112476	1600
2008	104282	1200
2009	130050	2501
2010	129804	2201
2011	130471	2504
2012	140006	2201
2013	157655	2505

2009年，金川公司在全国500家最大的企业中名列第74位。从2011年12月开始，金川公司全面启动股份制改革，由集体所有制企业变更为国有独资的金川镍都实业有限公司，产权隶属于甘肃省政府国资委。

---

① 《金川集团公司志》编纂委员会. 金川集团公司志：1959-2014［M］. 北京：冶金工业出版社，2014：4-5.

2012年3月1日，金川集团有限公司正式改名为金川集团股份有限公司，标志着已经完成了由有限责任公司向股份所有制公司的转变，通过改组设立由集团公司控股或参股的下属子公司，确立企业上市目标，制定"一业为主，相关产业共同发展"的产业战略，进一步规范的经营模式，使公司的生产效率明显提高。一批控股公司和参股子公司纷纷成立，改变了有色金属主导型产业"一业为主"的局面，做深镍、做大铜、做强钴、做精稀有金属、做活无机化工，形成了有色金属新材料和化工循环产业等联动产业共同发展的新格局，为公司的可持续发展找到了新路子。

2013年十八届三中全会以来，经济体制改革进入全面深化改革的新阶段。金川公司作为一家以冶炼有色金属为主的工业企业，以产业转型为依托，制订了企业发展的新规划，把建立现代企业制度作为市场改革的重点，以科技为抓手，完成产业的转型升级，引进国外先进的镍钴冶炼技术借以优化生产技术，提高了金川公司镍钴产品的核心竞争力。

（三）金川公司历史变迁的特点

1. 政府主导下的后发外生型企业

发展经济学家认为，落后地区发展工业离不开政府的主导作用。20世纪50年代在中国工业化的起步阶段，西北煤田地质勘探局145地质队在河西走廊开展地质勘探时发现了永昌镍矿，冶金工业部主持制定了科学的开发与建设方案，开始在农业经济落后、不具备发展工业条件的戈壁滩上开采与冶炼镍矿。正是党和政府的鼎力支持，小基础、强投资，直接建成了金川公司这一现代工业企业。没有党和政府的主导作用，落后地区就需要优先发展农业、轻工业，经过长期积累才能发展重工业企业，这是早期工业化国家走过的早发内生型工业化道路。

金川镍矿自发现之日起，就受到党和政府的高度重视，从镍矿正式开采的战略部署到后续金川集团的企业管理都离不开政府主导的作用。金川镍矿是国内稀有的超大型金属矿产，金川镍矿的开采关系到国家的工业发展大计，从1959年金川镍矿的勘探与创建开始，到2000年12月金川公司的管理权划归甘肃省之前，始终由中国冶金工业部直接领导和部署。即使在国家经济十分困难的20世纪50年代末60年代初，冶金部仍然克服重重困难，在全国压缩基建投资的情况下，在原计划投资建设3000万元的基础上再追加1026万元以确保金川工程的顺利开展。①

1978年至1986年，时任中央政治局委员的方毅同志先后八次亲临金川，带领国家及甘肃省部的领导视察金川镍矿的开采情况，并做出了相关重要指示，要求将资源利用与科技相结合，确保金川公司的可持续发展。此后邓小平主席、温家宝总理以及习近平主席等国家领导人也先后视察金昌，邓小平主席更是将金川镍矿称赞为难得的"金娃娃"、祖国的"聚宝盆"。国家领导人关心金川集团的发展，金川集团不负国家的期许不断突破技术限制，为生产国家需要的稀有贵金属产品而努力奋斗。

在党中央和国务院的关怀下，40多家科研机构集中在金川公司共同商讨生产建设大计，使金川公司的生产能力逐年提高。20世纪90年代，经济过热现象使公司的生产与经营出现了危机。1993年镍钴行业市场发生饱和，生产的镍无法及时外销，造成公司库存严重积压，直接影响到公司的正常生产与资金回流。国务院领导获悉相关情况后，十分重视，亲自过问并做出批示，决定通过国家储备局购买滞销的5000吨电解镍用以暂时缓解金川集团的资金压力，之后把先前陈旧的金属冶炼设备折旧率提升两个百分点，及时解救了公司自有流动资金匮乏的燃眉之急，公司终于恢复了镍冶炼工业的正常运行。

2000年12月，金川有色金属公司的管理权划归甘肃省，金川公司成为由甘肃省人民政府直接领导的国有企业，同时公司的政策紧跟国家的政策方针，逐步发展成了如今的国际性集团。

2. 以资源为依托的特大型有色金属工业基地

1958年6月，西北煤田地质勘探局145队在甘肃永昌县白家嘴子宁远堡地区进行正常的地质勘探，意外获得含铜的孔雀石，并及时向县政府上报情况。地质局一分队队长汤中立等人认真探索矿点的分布，并采集标本做具体的分析，之后将发现的情况上报，分析发现"矿物标本中的镍含量为0.90%，而铜的含量为16.05%"。② 之后祁连山地质队进一步探明，金川镍矿是一座特大型超基性岩型硫化铜镍矿，经济价值超高，所含稀贵金属在国内独占鳌头，铜和钴元素是现代航空工业、国防和现代化建设必不可少的元素，金川矿产资源的开发极大地推动了我国镍钴工业的发展。目前，已经探明金昌矿镍储量居世界第三、亚洲第一，与镍铜伴生的铂、钯、锇、铱、钌、铑等稀贵金属储量居全国之首，

---

① 《金川集团公司志》编纂委员会. 金川集团公司志：1959-2014 [M]. 北京：冶金工业出版社，2014：262.

② 《金川集团公司志》编纂委员会. 金川集团公司志：1959-2014 [M]. 北京：冶金工业出版社，2014：3.

铜、钴矿产储量居全国第二。

但是，长期以来，金川公司"一业独大"的产业状况，造成了许多后遗症，金昌市和金川公司对矿区资源的依赖性很高，而矿区资源属于不可再生资源，其储藏量渐趋减少，面临减少开采量会影响城市经济的发展，而增加开采会导致资源枯竭的双重矛盾。

3. 以科技为推动力，形成"金川经验"

新中国成立初期，国际国内环境复杂，经济处于恢复时期，加上美国等国家对中国的经济与技术封锁，镍钴矿开采技术存在不足之处。自1960年起，金川公司开始大规模地进行基础建设，1963年终于采出了第一批矿石，1964年生产出高冰镍2041吨、电解镍22.43吨[1]，打破过去中国缺镍少钴的不利局面。为继续提高镍钴冶炼产量，1968年金川一期工程竣工投产，将Ⅰ矿区东部的龙首矿和西部的露天矿作为首要的开采对象，同时公司开发部制订出了具体的生产计划，按照要求，一期龙首矿生产规模要达到日出矿1200吨，露天矿则达到日出矿5000吨。为顺利完成制订的计划，龙首矿依据矿体的区别，分别采取不同方法进行开采，地上1703米水平的氧化富矿体使用小型露天采矿法开采、平硐出矿，而其他矿体采用地下开采方案。Ⅰ矿区东部仍旧采用地下开采方法，而Ⅰ矿区的西部贫矿区采用露天开采，相较于单一采用地下开采方法来说，使用这种联合开采的方法，可以每年为国家多生产700吨金属镍，还可以节约木材、减少劳动力投入，加快建设速度。为保证露天矿在3年内建成，采用大爆破的方法使坚固岩石有所松动，这是新中国成立以来第一次完全由我国独立设计出的矿山岩石爆破方案。为增加爆破成功的系数，冶金工业部邀请全国范围内有先进爆破经验的同志来共同协助工作，将地形影响和安全因素考虑进去，按照自然位置设计出3个爆破区，所用炸药量巨大。此次爆破工程的实施，使得可采矿量达到2300万吨，暂时缓解了镍原料的供应压力。

科学技术的创新是生产能力提高的必要条件。为在短时间内缩小与国际金属冶炼技术方面的差距，金川公司加足马力，以最高的热情加速追赶世界先进水平。1978—1999年，金川公司开展了680多项专项试点研究，涉及208项重要的技术成果，这些成果中有13项达到国际水平。大规模的技术联盟解决了生产建设方面的问题，夯实采矿基础，提高了选矿和冶金矿的技术水平。高浓度橡胶管道自流输送工艺和分层水平进路胶的开采技术已成为国内开采业的标志，此外还从国外引进镍闪速熔炼系统，许多技术经济指标已经在全球工业范围内

---

[1] 金川区地方志编纂委员会. 金川区志[M]. 兰州：甘肃文化出版社，2014：323.

取得了进展。1985年召开全国金属冶金科学技术会议和第八届科学技术工作会议，以金川公司科学技术促进企业发展的优秀经验为典型，对会议内容做了总结概括，正式将其命名为"金川经验"，要求在全国有色金属系统宣传模仿，"金川经验"[1]对中国冶金工业蓬勃发展起到了引领作用，具有深远的历史意义。

"十一五"（2006—2010）期间，在科学发展观的指导下，金川公司的镍产量从2005年的世界第七上升到2010年的第四，钴产量和铜产量也都有了新的突破。"十一五"后期，金川集团制定了在澳大利亚、美洲、欧洲和中亚地区建造4个矿区的资源开发战略，加速产业的全球化，确立了以金川为生产经营决策管理中心、兰州为科技研发中心、上海为营销中心、北京为资本运营中心的经营管理布局，进一步优化以镍铜钴冶炼加工和原料化工为主，精深加工、新材料、新能源等战略性新兴产业协调发展的产业结构。围绕有色金属新材料，金川集团开发了电池材料与二次电池、高纯金属、贵金属深加工、粉体材料、气化冶金等系列产品[2]，及时填补了我国在高纯金属领域的空白，成为国内最大的贵金属深加工及镍钴粉体材料生产企业。

4. 以开放为助力发展成为跨国经营集团

20世纪80年代改革开放以来，金川公司借助改革开放的助力，增加与国际有色金属冶炼公司的商贸往来，产品销量稳步提高，到1983年金川公司电解镍产量首次突破1万吨。1999年实施的西部大开发战略，金川集团抓住机遇，发挥自己的优势，弥补劣势，综合平衡企业实力，推动企业优化升级。世纪之交，中国对外经济发展战略发生了重大的改变，自2000年初以来，党中央正式在十五届五中全会上提议实施"走出去"战略，开始寻求利用国内外两种资源和两种市场开拓新的道路。2001年中国加入了世界贸易组织，对外贸易政策由过去的被动防御型转变为主动参与型。为适应经济全球化带来的冲击与挑战，金川集团出于谋求新发展和新出路的需要，积极进行改革，优化企业配置与管理模式，借鉴国内外先进经验，并在世界20多个国家和地区开展贸易合作，成为业务分布多国的跨国经营集团。

（四）金川有色金属公司成立的意义

第一，金川公司发展成为中国最大的镍钴生产基地，结束了中国缺镍少钴

---

[1] 《金川集团公司志》编纂委员会. 金川集团公司志：1959-2014 [M]. 北京：冶金工业出版社，2014：4-5.

[2] 唐朝举，姚宏华. 金川集团：转型跨越 面向世界 [J]. 世界有色金属，2013（3）：20-23.

的历史。

地质中的镍金属常常与硅酸、硫、砷等伴生，质地坚硬，抗腐蚀性很强大，高熔点1455℃，高沸点2730℃。镍金属常用于不锈钢、电池、合金钢制造等领域，也广泛用于飞机、雷达等军工工业的制造。而近代以来中国一直被看作是"贫镍国"，直到1953年，上海一家冶炼厂成功利用铜电解液生产出一种粗制版硫酸镍，标志着中国镍工业正式起步。金川公司1959年成立，1963年10月，金川镍矿一矿区正式出矿。1964年，金川公司生产出了电解镍22吨。1965年，成功地提炼出了第一批铂族金属8.5公斤。[1] 金川公司成为中国最著名的镍原料生产基地，也成为中国规模最大的镍钴生产基地，彻底脱掉了中国"贫镍国"的帽子。

第二，金川公司成为中国采、选、冶、化配套的大型有色冶金、化工联合企业。

金川公司矿区地质条件复杂，矿石储量丰富。镍储量仅次于加拿大萨德伯里矿，居世界同类矿床的第二位，铂储量居全国第一，铜和钴的储量均居全国第二。除主流产品——镍生产不断发展以外，还有副产品银、铜、金、铂、钴及硫黄的生产也在不断发展。1985年"矿石中12种共生金属已全部可以提取，钼、钯、锇、铱、铝、钌回收率大幅度提高"[2]。"截至1986年，金川有色金属公司共生产电解镍172864吨、电解铜56785吨、电解钴429吨、氢氧化钴含钴788吨、精致氧化钴含钴200吨、其他钴含量30吨、黄金931公斤、白银345公斤、铂3059公斤……完成工业总产值492640万元、工业净产值264259万元，实现利税210496万元。"[3]

第三，金川公司成为国家级企业技术研发中心，取得了上百项具有一定影响力的技术成果。

金川公司作为国家级企业技术研发中心，国家科委、国家计委、冶金工业部、中国有色金属工业总公司以及50多所科研院、高等院校、生产建设单位共同参与其技术研发，拥有30多个设备齐全、仪器先进的实验室或实验所作为技术研究的中心，取得了176项政府确认的、具有一定影响力的技术成果，仅国家级项目就完成了18项。参与主持的省部级重点科技项目187项、科研课题

---

[1] 马虎中.金川：中国骄傲[M].兰州：甘肃人民出版社，2010：23.
[2] 中国人民政治协商会议，甘肃省金昌市文史资料委员会.金昌文史：第一辑[G].武威：武威市印刷厂，1987：54.
[3] 中国人民政治协商会议，甘肃省委员会文史资料委员会.甘肃文史资料选辑 工业经济专辑：第33辑[C].兰州：甘肃人民出版社，1991：77.

107个。金川公司拥有的高品质电解镍、电解铜生产技术，纯铂族提取技术，铜钴矿提取冶金技术等多项先进技术都得到世界科技领域的赞誉。

第四，金川公司拥有一套完备的工艺流程，贵金属提取工艺达到国际先进水平。

金川公司的矿石原料主要从3个矿区中获得，分别是龙首矿、二矿区和三矿区。

开发最早的是龙首矿，20世纪60年代初开始开发，镍金属矿藏储量占整个金川矿区总量的17%，目前年出矿能力达143万吨。主体矿山当属1966年开发的二矿区，这是镍金属储量最大的矿区，占金川矿区镍总储量的74%，目前年出矿能力达315万吨。三矿区（原名露天矿）起步晚，1990年采场闭坑以来转入地下开采，主要以大规模开采贫矿为主，目前年出矿能力仅66万吨。

1961年建立冶炼厂，1964年生产出第一批电解镍产品，现拥有中国第一座、亚洲最大的镍闪速熔炼炉，年设计处理精矿量35万吨。1965年建成JNM选矿厂，经多次扩建和技术改造，目前年处理镍铜矿石560万吨。公司还建有精炼厂和化工厂。

党中央和国务院组织了一批研究人员对金川矿区的冶炼技术进行攻关性研究，攻克了二氧化硫污染环境的问题。1993年5月1日建成的金川扩建二期工程——镍闪速熔炼生产系统成为当时亚洲最大的生产系统，工艺已经进入国际先进行列。1995年，金川公司的二期工程全面扩建投产。同年，金川公司生产的产品"金驼牌"1号电解镍开始走出国门，走向世界，在伦敦金属交易所正式完成注册。1978—1999年，金川公司完成了680多项技术研究，取得了208项重大科技成果，其中，13项技术达到国际先进水平。目前，金川公司已经拥有一套从采矿—选矿—冶炼—精炼—化工的完备的工艺流程。

第五，金川集团公司下辖多家公司，实力雄厚，成为闻名世界的镍铜金属加工基地。

金川公司下辖金川集团机械制造公司、镍都实业公司等多家公司。镍都实业公司是中国最大的镍钴生产企业，主要从事镍、铜、钴类和化工原料等有色金属产品的系列开发和深度加工。公司下辖第三冶炼厂、镍钴新产品公司、电线电缆厂、铜材厂、铜管厂5家骨干生产企业。

改革开放以来，在党中央和国务院的大力支持下，公司进行了改建扩建，20世纪80年代以来，电解镍的年产吨位数逐年上升，连续走高，20世纪90年代电解镍的生产三年三大步，突破2万吨。21世纪以来，企业按照走新型工业化道路的要求确定了新的发展目标：利用全球经济结构调整的机遇，着眼于国际先进水平,把"镍的文章做深、铜的文章做大、钴的文章做强、稀有贵金属的文章做精、无机化工的文章做活,"① 做强做精硫酸镍、氯化镍、电解镍粉、铜材和电线电缆等主导产品,通过技术创新、指标优化、应用技术研究、产品研究和人才培养,提高矿产资源综合利用的深度和产品技术含量,改善产品结构,使金川公司发展成为一个强大的跨国经营集团。

第六,历代建设者用汗水浇铸了艰苦拓荒、勇于攀登、攻坚克难的"金川精神"。

1959年国家正式做出开发金川镍矿的决策,当时金川还是一片人烟稀少的荒凉戈壁滩,放眼望去,茫茫戈壁没有边际,只在龙首山附近散落着几户数量不多的农牧民,附近河流稀少,只有一条季节性的河流——金川河,这说明金川水资源极度匮乏,气候干燥,缺少植被和建筑物的掩护,一年四季风沙飞扬,糟糕的自然环境使得镍矿的开采工作越发艰难。1959—1961年我国正处于经济困难时期,前来支援的技术工作者基本的生活物资无法保证,甚至由于道路不畅,外来物资也无法及时运输,有时还需要人力来完成基础物资的运送工作。通行困难、背冰化雪、没有食物需要忍饥挨饿,恶劣的自然环境和艰苦的生活环境为镍矿的开发再添障碍,但是这些困难不能阻挡来自祖国四面八方的上万名建设者,他们满怀斗志,揣着一腔热血来到金川戈壁,在巍峨的龙首山下,开始拓荒创业,长年累月地重复着采集、选矿、冶炼、精加工、技术攻关等工作,他们不怕苦不怕累,漫天黄沙和干旱炎热的恶劣环境也不能让他们退缩,他们用汗水铸成了艰苦奋斗、攻坚克难、勇攀高峰的金川精神。

第七,作为甘肃省唯一的世界500强企业,大大提高了甘肃工业在中国乃至世界工业领域的影响力。

"一五"计划(1953—1957)的建设重点是重工业。在甘肃发现了储量丰富的镍钴矿产资源,金川有色金属冶炼业开始起步,丰富的镍钴矿产资源是冶金、电镀、机械等各工业行业生产的重要原料,金川集团的建立为甘肃工业增添了一道亮丽的风景线。在1978年的全国科学大会上,金川成了国家矿产资源综合利用的典型。金川集团因矿设企,因企建市,"一矿一城",金昌市的建立就完全依赖于金川公司的兴建,金川镍矿大部分矿产资源位于金川区境内,甘肃省政府于1981年将金川区和永昌县合并成立金昌市,并为金川公司的持久发展做出长远的规划。1987年7月14日,《人民日报》刊登了题为"我国镍都金昌市

---

① 《金川集团公司志》编纂委员会. 金川集团公司志: 1959-2014 [M]. 北京: 冶金工业出版社, 2014: 261.

在大西北崛起"的报道，称赞金川有色金属公司是中国继鞍钢、大庆之后，又一个不断发展壮大的大型联合企业。金川公司成为中国重要的有色金属生产基地，也是金昌市重要的经济支柱。

1988年以来，金川公司跻身于中国500强工业企业行列（1988年第78位、1989年第81位、1990年第71位、1991年第79位、1992年第102位、1993年第174位、1994年第90位）。[1] 2021年金川公司成功跃居《财富》杂志"世界500"强第336位，成为甘肃省唯一位于世界财富榜单500强的企业，对甘肃社会经济的发展产生了很大的推动作用，甘肃工业在中国工业领域的影响力进一步提高，在甘肃现代工业乃至中国现代工业领域都占有着重要的地位。

总之，金川公司从60年前一片荒漠的戈壁滩发展至今屹然傲立的世界性企业，是从一块孔雀石的发现开始，到永昌镍矿被发掘，在克服千难万险后成长到现今庞大的规模的。镍矿最初建设之时，缺少开采的先进技术和足够的工业人才，工人们就使用最原始的鼓风熔炼炉开始冶炼镍矿，为新中国的镍钴事业打开了道路。回顾公司的发展历程，在历经艰苦创业、科技兴企、走向世界的历史阶段后，金川公司成长为矗立在茫茫戈壁滩上的国际化有色金属冶炼企业，为中国镍钴工业的发展做了重大贡献。

金川公司"三五"—"七五"各五年计划期间的主要指标

计划 项目	"三五" 1966—1970	"四五" 1971—1975	"五五" 1976—1980	"六五" 1981—1985	"七五" 1986—1990
工业总产值（万元）	48217	104108	114240	167514	315918
平均增长（%）	45.67	0.53	4.34	14.32	5.9
基建投资（万元）	14649	15795	17940	42429	70020
平均增长（%）	-27.15	13.23	2.44	30.66	4.5
利润总额（万元）	16243	40350	33421	56088	101131

---

[1] 《金川有色金属公司志》编辑委员会.金川有色金属公司志[C].张掖：张掖地区河西印刷总厂，1995：722.

续表

计划 项目	"三五" 1966—1970	"四五" 1971—1975	"五五" 1976—1980	"六五" 1981—1985	"七五" 1986—1990
平均增长 (%)	49.81	1.61	0.38	9.74	14.10
上缴利税 (万元)	16929	49750	4.947	60679	93230
平均增长 (%)	61.41	1.16	-1.12	8.85	9.6

（数据来源：根据《金川有色金属公司志》编辑委员会编：《金川有色金属公司志》，张掖地区河西印刷总厂1995年印刷，第22页整理）

三、酒泉钢铁公司

位于嘉峪关市的酒泉钢铁公司又称酒泉钢铁（集团）有限责任公司，简称"酒钢集团"或"酒钢"，自1958年8月1日，国务院批准建厂以来，发展成为西北地区最著名的钢铁联合企业。酒泉钢铁公司的成立与发展经历了以下几个阶段：

（一）酒泉钢铁公司的成立与发展

第一阶段（1955年4月—1958年8月）：找矿勘查时期

1955年，毛泽东在最高国务会议上提出要在全国发展钢铁工业，"以钢为纲"，提到只有西北地区还没有钢铁基地，因此，他派出地质部部长李四光和地质部团部长何长工，希望在两三年内在西北找到铁矿。

镜铁山地质队二分队发现"桦树沟矿"，成为钢铁产业的开路先锋。镜铁山矿位于河西走廊祁洼山南山山脉中段、北大河西岸，东经98.03°、北纬39.22°，横卧肃南裕固族自治县祁丰区祁丰乡境内。当地人烟稀少，居民以放牧为主。1955年6月上旬，西北地质局四分队"陈鸿玉队"（严济南小分队）连炊事员、马夫一共7人，进入祁连山找矿。8月，他们进入头道沟，接到藏民来信报告后，经藏民柴昂阿莱什登指引，发现了头道沟铁矿。由地质矿产学家、工程师严济南写成《头道沟铁矿床的普查报告》向酒泉地方政府汇报，铁矿专家陈鑫也赶到发现地勘查铁矿。据说党中央毛主席和周恩来都已获悉。

1955年，设在酒泉县城的西北地质局645队（后来被称为镜铁山地质队）二分队"秦士伟小组"（10名组员、11头牦牛）3次进到祁连山勘查找矿。

第一次是1955年10月23日，根据藏民郎生寿、黄学诚提供的线索，在讨赖河畔发现了大型铁矿。他们在讨赖河畔的一个沟谷里发现了一种"发亮的石头",经过仔细观察,发现是条带状的原生铁矿石。以讨赖河畔白桦树命名为"桦树沟矿"。桦树沟铁矿石的工业价值很高,由镜铁矿、菱铁矿、褐铁矿、重晶石4种矿物质组成。

第二次是1955年11月,铁矿专家陈鑫和秦士伟二进桦树沟,又发现了具有开采价值的"黑沟矿"。

第三次是1955年12月,秦士伟、王大可、陈庆顺等三进桦树沟。桦树沟山顶海拔4300米,最低气温零下40摄氏度左右,冰天雪地,在极端困难的条件下,绘制完成了《桦树沟矿矿体平面草图》。根据地质草图横算,初步估算"桦树沟矿"铁矿储量约为2.3亿吨。桦树沟地区铁矿发现后,1956年,根据国家地质部的指示,西北地质局组建了634队,即西北地质局镜铁山勘探队,负责全面勘探镜铁山矿区,为国家提供具有开采矿山价值的地质报告。卢仁槐为队长,陈鑫任工程师。

从1955年西北地质局645队发现铁矿以来,经过1956年的全面勘探,从1956年初开始,1500名勘探大军开进镜铁山开钻。同年专门成立了甘肃省地质局镜铁山地质队。1957年向地质局先后提交了《桦树沟矿区地质勘探报告》《黑沟矿区地质勘探报告》,提出了探明的铁矿吨位。"桦树沟铁矿储量为2.7487亿吨,平均含铁品位37.85%。黑沟矿储量1.6亿吨,含铁品位30%—40%。白尖山矿储量2500万吨,平均含铁品位35%。夹皮沟储量2500万吨,平均含铁品位35%。小龙沙矿储量5000万吨,含铁品位35%。头道沟、柳沟泉、古浪峡、金兜泉、呼兰台、石板沟、九个青羊等17个矿点,储量每点约100至1000万吨,含铁品位在25%至35%之间。总共给国家提供了铁矿储量5亿多吨。"[1]

1958年3月,冶金部正式提出《关于建设西北酒泉钢铁厂的报告》,冶金部将酒钢的建设任务交给鞍山冶金建设总公司。4月,鞍山冶金建设公司在酒泉和北京分别成立两个筹备处。4月下旬,酒泉筹备处由负责人李英奎率领开展筹建工作。1958年6月,国务院批复酒钢设计任务书,同意按年产钢锭200万吨进

---

[1] 中国人民政治协商会议,甘肃省委员会文史资料委员会.甘肃文史资料选辑:工业经济专辑:第33辑[C].兰州:甘肃人民出版社,1991:34.

行生产。① 另一说是"经国务院批准建厂，生产规模为年产400万吨钢"②。

1958年8月1日，酒泉钢铁公司正式成立，当天在酒泉祁连剧院召开了"冶金工业部酒泉钢铁公司成立大会"，宣告酒泉钢铁公司正式成立，并任命赵北克为酒钢第一任党委书记兼经理。"1958年8月，镜铁山地质勘探工作结束，完成钻探工作量3万余米，槽探掘进10万立方米，不仅完成了桦树沟、黑沟矿的勘探任务，还探明了外围21个矿点的储量和含铁品位，为国家提供了5亿吨铁矿石的储量资料。"③

第二阶段（1958年8月1日—1970年7月）：有厂无铁鼓干劲时期

根据1958年5月八大二次会议制定的关于"鼓足干劲，力争上游，多快好省地建设社会主义"总路线的精神，冶金部和甘肃省委发出了关于加速酒钢建设的指示，要求认真贯彻落实酒钢公司党委提出的"苦战三年，基本建成酒钢"的奋斗目标，要求争取在1958年年底前，高炉、焦炉、热电站、镜铁山矿、水源站、机修厂、西沟石灰石矿和铁路等主要工程正式开工。当时酒钢公司面临着设计晚、准备时间短、材料缺、条件差等多重困难，在没有经过科学的调查与论证的条件下，酒钢制订了1958年的生产规模为年产铁400万吨、钢378万吨、钢材298万吨的大计划。当时全国正处在"大跃进"的浪潮中，甘肃省委指示酒钢职工要"鼓足干劲生产"，力争实现"1959年10月1日出铁，年底出钢"的不切实际的指标任务。

"大跃进"时代，手无寸铁的甘肃仓促建成酒钢，在资金、材料、设备比较紧缺的情况下，从下表可以看出，各项建设事业的投资逐年增加。酒钢公司1960年的基建投资比1959年增加了1.4倍，1960年完成的建设工作量比1959年增加了1.7倍，投入的设备费比1959年增加了1.18倍。

"大跃进"时期的酒钢的建设投资

项目 年份	基建总投资 （万元）	建安工作量 （万元）	设备费 （万元）
1958年	3087	1264	506

---

① 中国人民政治协商会议，甘肃省委员会文史资料委员会．甘肃文史资料选辑：工业经济专辑：第33辑[C]．兰州：甘肃人民出版社，1991：34．
② 甘肃省地方史志编纂委员会．甘肃省志：建设志：第三十二卷[C]．兰州：甘肃人民出版社，2000：108-109．
③ 中国人民政治协商会议．甘肃文史资料：第54辑：钢铁嘉峪关[C]．兰州：甘肃人民出版社，2000：14．

续表

项目 年份	基建总投资 （万元）	建安工作量 （万元）	设备费 （万元）
1959 年	4197	2205	894
1960 年	10031	5963	1951

（以上数据来源：根据《甘肃文史资料选辑 第54辑》整理）

酒泉钢铁公司就是在"大跃进"中诞生的钢铁企业。酒泉钢铁公司从1958年8月1日正式成立以来，至1960年3年，国家总共完成投资1.7亿元。[1]

1958年6月3日，国务院正式发出指示："同意西北酒泉钢铁厂按年产钢锭200万吨的规模进行建设，该厂的产品方案，希结合西北地区情况再加研究，在设计中确定，有关供电、供水、煤炭、铁路等外部协作，希望有关部门协助解决。在设计和建设中，应注意贯彻勤俭建国精神。"[2]

但是，随着"大跃进"高潮的掀起，1958年7月24日，酒钢向冶金部、国家计委、甘肃省委、甘肃省人大常委会提出了《关于酒钢建设方案的报告》。报告中讲："酒泉钢铁公司的初步设计，于7月8日至14日在北京钢铁设计总院进行了审查，原设计酒钢规模为第一期年产钢锭230万吨，投资8亿元，一年准备（1958年），四年建成（1959年至1962年），第二期发展为年产钢锭360万吨。……我们分析了资源、设计、施工及各有关方面的协作情况后，认为在充分运用一切有利因素和各部门密切协作的条件下，酒钢规模扩大为年产钢锭400万吨，投资约10亿元，一期、二期连续施工，建设时间争取在1961年，保证1962年建成是必要的，也是可能的。"[3]

这种不切实际的报告竟然得到了冶金部党组的批准，同意酒钢规模为年产钢锭400万吨。这样的生产计划和建设规模远远超出了镜铁山的矿石贮量、炼焦煤资源储量、当地水资源的承受力。

1958年9月5日，酒钢1号高炉地基破土动工。9月8日，鞍山冶金建设总

---

[1] 中国人民政治协商会议，甘肃省委员会文史资料委员会．甘肃文史资料选辑：工业经济专辑：第33辑[C]．兰州：甘肃人民出版社，1991：32．
[2] 中国人民政治协商会议，甘肃省委员会文史资料委员会．甘肃文史资料选辑：工业经济专辑：第33辑[C]．兰州：甘肃人民出版社，1991：23．
[3] 中国人民政治协商会议，甘肃省委员会文史资料委员会．甘肃文史资料选辑：工业经济专辑：第33辑[C]．兰州：甘肃人民出版社，1991：23．

公司被冶金部撤销，原来3万名职工被送到酒钢建设基地，加上原有的职工有4万多人。12月15日，酒钢热电站、机械总厂、高炉、铁路、焦炉等7大工程全面开工，以"苦战三年，基本建成酒钢"为号召，酒钢建设拉开了序幕。

由于国家投资不到位，酒钢的各项建设无法大规模开展。由于职工人数猛增，戈壁滩的自然条件恶劣，1959年粮食紧张，实行"低标准，瓜菜代"，干部的定量粮食从28斤减少到24斤，饥饿造成的浮肿病开始在职工中流行，1960年12月，中央决定暂停酒钢建设，为了缓解困难，向外疏散职工至只剩下1300多人。

1959年年底，酒钢重新调整了规划，把第一期年产钢调整为200万吨。1961年初，酒钢被迫暂停下马。在1964年5月中共中央工作会议上，毛泽东提出了要建好攀枝花、酒钢的最高指示。第一期工程于1964年结束。

从1964年7月开始，国家把酒钢作为三线建设的重点工程，第二期工程第二次上马重建，1966年建成。1970年7月1日，镜铁山矿第一批矿石下山，1970年10月1日，酒钢终于炼出了第一炉铁。

第三个阶段（1970年10月—1984年12月）：有铁无钢徘徊时期

酒钢作为西北三线建设的重中之重，1964年第二次上马。1964年7月，国家计委副主任柴树藩、国家经委副主任袁宝华下达设计任务书，恢复酒钢的建设。国家要求对原设计规模进行调整：年产生铁157万吨、钢锭150万吨、钢材110万吨。① 从此，酒钢就成为一个生产板材的基地，改名为"三九公司"。

1966年3月，党和国家领导人邓小平及薄一波、李富春等来酒钢视察，同行的还有冶金部部长吕东、西北局第一书记刘澜涛，在听取酒钢负责人的汇报后，决定大力支持酒钢的生产建设，从北京建筑公司、石景山钢铁公司等单位东迁工人和技术人员到酒钢，帮助酒钢恢复生产。

1966年8月，酒钢的基建工程由酒钢建设指挥部领导，基建队伍整编为中国人民解放军基建工程兵第一纵队第二支队（简称建字02部队），总人数2.5万人。属于"三九公司"的生产人员大约8000名。

1969年年初，酒钢二厂的厚板轧机被迁往河南舞阳，酒钢的建设规模缩减，6000人被调往四川。1970年初，兰州军区、甘肃省革命委员会嘉峪关地区建设总指挥部决定酒钢一号高炉十一国庆节简易出铁。1970年4月，粟裕同志视察酒钢之后，酒钢成立了战区指挥部重新恢复生产。1970年6月1日，镜铁山矿

---

① 中国人民政治协商会议，甘肃省委员会文史资料委员会. 甘肃文史资料选辑：工业经济专辑：第33辑[C].兰州：甘肃人民出版社，1991：26.

投产。1970年7月1日，镜铁山矿第一批矿石下山；8月26日，热电厂一机一炉发电供热；9月2日，焦化厂一号焦炉投产。1970年10月1日（另一说9月30日），酒钢炼铁厂一号高炉生产出第一炉铁。

在酒钢三线建设的地位即将不保的情况下，1970年1月，冶金部将原定规模的产150万吨钢缩减为年产生铁100万吨。基建工程兵建字02部队奉命全部调迁河北，结果使酒钢矿山建设和配套生产都出现了巨大困难，出铁量很低，镜铁山贫矿不出矿，以后连年亏损，陷于停滞状态。1975年省委书记宋平向国家计委打报告请示加速酒钢建设，次年冶金部批复同意。但由于"文化大革命"的干扰，建设资金落实不及时，酒钢的建设时断时续。

第四阶段（1985—）：有铁有钢无线材的全面发展时期

酒钢从1958年诞生以来，由于受"大跃进"和"文化大革命"的影响，发展充满曲折，直到1970年国庆节才炼出第一炉铁。但是，从1971年以来一直到1985年，出铁量一直处于亏损状态。1984年十二届三中全会通过了《中共中央关于经济体制改革的决定》以后，酒钢通过企业改革，转换企业经营机制，获得了企业自主权，实行生产承包责任制与厂长（经理）负责制。酒钢的建设终于走上了稳定发展的道路。1983年酒钢的生铁产量第一次突破了50万吨。1985年出铁60万吨，才第一次真正实现了扭亏为盈，此后的20世纪80年代，酒钢的生铁产量逐年上升，参下表数据。

1983—1989年酒钢生铁产量

年份	1983年	1985年	1986年	1988年	1989年
年生铁产量/万吨	50	60	70	80	120

（数据来源：根据《甘肃文史资料选辑 工业经济专辑 第33辑》第32—33页数据整理）

十一届三中全会给酒钢的再次发展带来了春天，酒钢不断进行技术改革和制度创新，不断转换企业经营机制，不断探索企业改革的新思路。1982年，酒钢开始实行承包责任制；1985年，酒钢实行"厂长（经理）负责制"；1992年，酒钢开始实行"劳动、人事、工资"三项制度改革及其配套制度。改革极大地提高了劳动生产率，使生产力发展水平达到同期全国同类矿山先进水平。

从建设资金来源看，1980年以前，酒钢和鞍钢、包钢、武钢一样，由国家直接投资进行建设。从20世纪80年代开始，工业企业亏损增加，直接投资无疑会增加政府的财政负担，资金问题成为企业发展的大难题。从1983年开始，国家改变了基建投资方式，把直接拨款改成了向企业贷款或者由企业自筹资金。

酒钢要解决资金问题,只能另辟捷径了。酒钢公司采取"卖青苗"和"负债经营"的方法筹措资金,通过国家贷款以及企业自筹资金等办法,引进瑞典采矿技术和美国、芬兰最先进的采矿设备,通过技术革新,逐步走上了"统筹规划,分步实施,自我积累,滚动发展"的道路。在甘肃省委省政府的支持下,酒钢自筹资金的能力不断提高。"从1981年到1989年,酒钢基建、技术改造投资为51.1亿元,其中,25.6亿元是自我积累的,占50.1%,'七五'期间最高时达到67.5%。"[1] 酒钢自筹资金得益于省里的政策支持。

酒钢建设资金的投入与来源参下表。"从投入产出来分析,自'六五'计划第一年(1981年)起至1998年,酒钢共投入基本建设及技术改造资金51.1亿元,其中,基本建设38.3亿元,技术改造12.8亿元。资金来源,由国家拨款0.4亿元,占0.8%;企业自筹资金25.6亿元,占50.1%;国内贷款22.5亿元,占44.0%,引进外资2.6亿元,占5.1%。"[2]

酒钢 1981—1989 年投资来源分析表

投资分类	单位	投资合计	资金来源			
			国家拨款	贷款	引进外资	自筹
投资合计	万元	511086	4111	224380	26403	256192
%		100	0.8	44	5.1	50.1
基建	万元	383482	4111	208902	26403	144066
%		100	1.1	54.5	6.9	37.5
技术改造	万元	127604		15478		112126
%		100		12		88

(数据来源:《甘肃文史资料第54辑》139页表格)

综上,20世纪80年代以前,酒钢主要依靠国家投资进行建设;1983年以来,酒钢通过多渠道寻求资金的办法,克服了资金困难的问题。自1985年起,酒钢公司进入中国500强工业企业名单。1986年5月1日,高速线材工程正式

---

[1] 中国人民政治协商会议.甘肃文史资料:第54辑:钢铁嘉峪关[C].兰州:甘肃人民出版社,2000:142.

[2] 中国人民政治协商会议.甘肃文史资料:第54辑:钢铁嘉峪关[C].兰州:甘肃人民出版社,2000:138.

开始投产建设。1988年4月6日，顺利轧出第一卷合格线材，标志着具有国际先进水平的高速线材轧机正式投入生产，从此酒钢技术更上一层楼，可以通过采、选、烧、出铁、出钢、出材，形成完整的成龙配套的生产体系，其技术水平开始和国际先进水平接轨。20世纪80年代以来，酒钢的工业总产值、销售收入以及利润不断增长。（参下表）

1981—1989年酒钢产值利税统计表

项目	单位	合计	1981—1985	1986—1990	1991—1995	1996—1998
工业总产值	亿元	131.7	12.95	24.49	49.03	44.90
销售收入	亿元	186.92	8.00	20.63	82.45	75.84
利税总额	万元	301245	-4097	23016	176662	105664
其中：利润	万元	97238	-8006	8878	77671	18695
税金	万元	204057	3909	14138	98991	87019
年平均利税	万元		-819	4603	35332	35238

（数据来源：《甘肃文史资料第54辑》140页表格）

进入20世纪90年代以后，国家继续支持酒钢的建设。1992年，邓小平南方谈话解决了困惑人们多年的关于社会主义能不能搞市场经济的问题，南方谈话成为20世纪90年代以来酒钢人腾飞的思想武器。酒钢围绕建立社会主义市场经济体制的要求，对企业的劳动制度、人事制度以及分配制度进一步实行改革，逐步建立起适应市场经济体制要求的现代企业制度。中板轧钢工程于1992年12月由国家计委批准立项。社会主义经济体制改革的目标就是建立社会主义市场经济体制，酒钢紧紧抓住这一发展机遇，进一步加快改革的步伐。"1992年酒泉钢铁公司一家大企业的工业产值就占嘉峪关市乡及乡以上全部工业产值的77%。"[①] 1994年10月，国家计划委员会批准开工。1995年10月18日，具有20世纪90年代国际先进水平的板轧钢工程正式施工建设。1997年10月，酒钢集团合并了兰钢、西钢，成为一家大型钢铁骨干企业集团。"到1995年底，酒泉公司累计完成固定资产投资35.5亿元，酒钢工程累计完成基建投资24.35亿元，建筑面积179.44万平方米，建成年生产能力：铁矿开采510万吨、石灰石

---

① 王礼茂. 甘肃河西地区工业结构特征及调整思路[J]. 经济地理, 1996 (1).

矿开采80万吨、处理原矿416.5万吨、精矿粉204万吨、烧结矿302万吨、炼铁120万吨、炼焦90万吨、制氧2.16万立方米/小时、火电装机容量17.2万千瓦、转炉钢95万吨、方坯43万吨、板坯58万吨、白云石矿15万吨。"① 酒钢公司为国家社会经济的发展做出的重大贡献是不言而喻的。

1997年以后，酒钢被列为甘肃省现代化企业试点建设单位，进一步加大改革力度，进一步调整产业结构。"九五"期间，酒钢公司正式组建成为一个大的集团公司，先后兼并了兰州长虹焊条厂、兰州环保设备厂、兰州钢厂（1997年兼并）、西安钢厂（1998年兼并），并且进行了资产重组，大大提高了市场占有率。接着依据"先改制后上市"的原则，发动兰州铁路局、甘肃省电力公司、金川有色金属公司、西北永新化工股份公司，共同成立"酒钢宏兴轧钢股份有限公司"，公开发行A股股票，成为上市公司。

酒钢的发展史就是一部新中国工业发展史的缩影，也是酒钢人顽强不屈的奋斗史。从1958年建立、1970年产铁、1985年产钢、1988年产轧材、1998年中板工程投产，不断探索技术创新，隔几年上一个新台阶，不断取得发展新成果，到20世纪末，已经形成"采矿、选矿、烧结、炼铁、炼钢、轧材，还有炼焦、热电等为主体的大型钢铁联合企业"，成为我国西北最大的钢铁生产基地。目前已形成"年产500万吨铁矿石、160万吨生铁、160万吨钢的生产能力。1998年生产生铁136万吨、钢139万吨。"②

（二）酒钢公司的历史地位

首先，酒钢始终是政府主导型项目，在新中国工业发展史上具有重要影响。

酒钢是国家"一五"期间重点建设项目之一，于1958年8月1日正式建成。1964年作为三线建设的重点项目第二次上马。改革开放以后，酒钢又成为国家工业建设的重点项目。1980年以前，酒钢和鞍钢、包钢、武钢一样，由国家直接投资进行建设，始终是政府主导型项目，在新中国工业发展史上具有重要影响。一直到1983年以后，国家改变基建投资，由国家拨款改为企业贷款，酒钢的基建和技术改造主要依靠自筹资金解决，企业才通过改革获得了自我发展的能力。

20世纪90年代以后，国家继续支持酒钢的建设。酒钢围绕建立社会主义市场经济体制的要求，逐步建立起适应市场经济体制要求的现代企业制度。1992

---

① 甘肃省地方史志编纂委员会．甘肃省志·建设志：第三十二卷[C]．兰州：甘肃人民出版社，2000：110．
② 中国人民政治协商会议．甘肃文史资料：第54辑：钢铁嘉峪关[C]．兰州：甘肃人民出版社，2000：3．

年 12 月，国家计委批准酒钢中板轧钢工程立项。1994 年 10 月，国家计划委员会批准开工。1995 年 10 月 18 日，具有 20 世纪 90 年代国际先进水平的板轧钢工程正式施工建设。1997 年 10 月，酒钢集团合并了兰钢、酒钢，成为一家大型钢铁骨干企业集团。

21 世纪以来，国家把酒钢列为甘肃省 32 家建立现代企业制度试点单位。酒钢公司实现了可持续发展，在大力发展钢铁主业的同时，努力进行技术扩展，大力发展非钢产业，诸如特色铝合金、紫轩牌葡萄酒等的生产。2010 年，酒钢已发展成为中国 500 强大工业企业的第 155 位和中国制造业 500 强的第 70 位。

其次，酒钢拥有国内和国际先进的技术水平，成为国内钢铁企业的领头羊。

酒钢公司是 20 世纪 80 年代以来最先开始产钢的著名企业，也是我国西北地区最大的碳钢和不锈钢生产基地。

20 世纪 80 年代，全国有铁无钢的重点企业有 4 家：酒泉钢铁公司、宣化钢铁公司、水城钢厂、天津涉县铁厂。只有酒钢最先开始产钢，先后投入巨资建成了炼钢厂和 2 号炼铁高炉等工程。1987 年主体工程完成技术改造以后，镜铁山矿的 6 项采掘指标在国内遥遥领先，成为中国最大的地下铁矿山。

20 世纪 90 年代以来，酒钢建成了具有国际先进水平的高速线材厂，形成了完整配套的钢铁工业生产系统。"至 1998 年，已形成了年产生铁 150 万吨、钢 950 万吨、钢材 135 万吨的生产规模和完整配套的生产体系，可以生产普碳钢、中高碳钢、焊条钢等多品种的减速线材，以容器板、管线板、锅炉板为主的中厦板，普通线材、圆钢、螺纹钢也具备一定的生产能力。"①

最后，"铁山精神"成为酒钢的企业精神，永远鼓舞着酒钢人自强不息、艰苦奋斗。

每一个企业都有自己的企业精神或企业文化，这是企业发展的灵魂所在。而酒钢的企业精神就是第一代创业者留给酒钢人的"铁山精神"，就是酒钢人自强不息、艰苦奋斗、锐意进取的精神。1983 年底到 1984 年初，矿里人总结提出了"铁山精神"，即"艰苦创业，建设矿山，锲而不舍，勇于献身，坚韧不拔，奋力拼搏，锐意改革，开拓创新"的精神。②

进入 20 世纪 80 年代，我国仍然没有高速线材工程，这种现状远远不能满足时代发展的需要。如何建立一个具有先进水平的新型高速线材轧钢厂，成为

---

① 中国人民政治协商会议. 甘肃文史资料：第 54 辑：钢铁嘉峪关[C].兰州：甘肃人民出版社，2000：138.

② 中国人民政治协商会议. 甘肃文史资料：第 54 辑：钢铁嘉峪关[C].兰州：甘肃人民出版社，2000：134.

摆在酒钢人面前的大难题。1985年，酒钢公司号召广大职工学习"铁山精神"，树立主人翁意识、爱岗敬业、与时俱进、甘于奉献、勇于技术创新。在酒钢"铁山精神"的鼓舞下，历代酒钢人都在克服重重困难，相继攻克了生产铁、钢和线材的技术难关。

目前，酒钢集团继承"铁山精神"，开拓创新，全方位推动"五业并进"（即钢铁业、装备制造业、特色冶金业、能源化工业、现代农业"五大板块"）作为可持续发展的新路径。同时，还兼顾"钢铁、铁合金、装备制造、资源开发、综合利用、电解铝、能源化工、商贸、物流、葡萄酒业"10大产业。我们相信，在"一带一路"倡议的新形势下，酒钢有望发展成为具有优势产业和综合性实力的国际化企业集团。

第十章

"一带一路"倡议与河西工业的可持续发展

第一节 "一带一路"倡议背景下的河西战略新地位

一、21世纪中国"一带一路"倡议的提出

2013年，习近平总书记在哈萨克斯坦和印度尼西亚访问期间，提出了"一带一路"的倡议，即丝绸之路经济带和21世纪海上丝绸之路。在"一带一路"倡议提出的基础上，2014年国家制定了《丝绸之路经济带和21世纪海上丝绸之路建设战略规划》。"一带一路"倡议开始步入正式实施阶段。

其一，"一带一路"倡议的目的在于发挥中国大国实力，坚持和平共处、平等互利的原则，实现丝绸之路沿线各国的合作与共同发展，推进沿线亚、欧、非等地国家和地区之间的经济和文化上的交流、联系、合作与发展。中国和丝绸之路沿线周边国家实现平等互惠、互利合作，共同发展，积极构建人类命运共同体。

其二，"一带一路"倡议是从区域平衡发展战略出发的，旨在解决中国国内区域发展不平衡的问题。"一带一路"倡议使中国的西部地区搭上发展的顺风车，加强与东部地区的合作与交流，促进东西部均衡发展，整体推进、全面实现中国特色的社会主义现代化建设。

其三，2001年中国加入世界贸易组织（WTO）以来，已经由最初一个世界贸易组织的普通成员国发展成为具有领导作用的国家。中国已经发展成为世界上最大的制造业生产国、世界上最大的出口国和第二大进口国，中国被公认为在世界贸易组织中具有关键作用，为全球经济的发展做出了突出的贡献。

随着改革开放的深入和国际形势的变化，中国工业行业如钢材、水泥、平板玻璃等制造业开始出现产能过剩、缺乏高端制造的现象。如粗制钢产能过剩，而精端钢产量不足，加上劳动力成本高，国内市场趋于饱和，产品滞销，就业形势日益严峻。同时，中亚、西亚等国家工业经济产能不足，国内经济运行不良，急需从国外引进先进技术，改良产业结构，转变经济发展方式，能源需求量大。

在以上背景下，2013年习近平总书记将中国置于全球战略的高度，适时地提出"一带一路"倡议。实施"一带一路"倡议，一方面为中国化解产能过剩提供了路径；另一方面，"中国愿意为周边国家提供更多的公共产品，欢迎大家搭乘中国发展的列车"①。"一带一路"倡议作为21世纪中国对外开放的大举措，既有利于中国东西部经济协调发展，也有利于中国和中亚、西亚等沿线国家和地区开展项目合作，互利共赢，共同发展。

就"一带一路"沿线能源网络建设来说，全世界"近60%的原油、55%的天然气以及超过76%的煤炭和超过50%的电力"② 来自"一带一路"共建国家，"一带一路"共建国家作为世界性的能源生产基地，既能满足沿线国家的能源需求和能源销售，还关系到全世界的能源供应，能源网络建设刻不容缓。能源网络的建设既有利于打造"一带一路"共建国家和地区能源产销利益共同体，也有利于确保中国能源供给的多样性和稳定性。

河西地区开发历史悠久，地理区位与资源条件得天独厚，作为丝绸之路的"咽喉"地带，新亚欧大陆桥横贯全境，是联系中亚、中东等国家和地区的重要通道。"一带一路"倡议的提出基于中国古代丝绸之路发展的宝贵经验，是对中国古代丝绸之路的传承与发展，其实施不仅可以带动沿线亚、非、欧各国的经济发展，对河西地区来说也是一次极其难得的发展机遇。

二、"一带一路"背景下对河西走廊战略地位的新认识

"一带一路"是甘肃发展的最大机遇③，也是河西发展的最大机遇。正确认识"一带一路"倡议背景下河西走廊的战略新地位，对河西地区如何抓住机遇，完成工业经济的转型升级，实现可持续发展，具有重要的战略意义。

（一）河西走廊成为东出西进、联通南北的交通大动脉

古丝绸之路横跨亚欧大陆，在甘肃境内东西绵延1600多公里。河西走廊被

---

① 习近平. 习近平谈治国理政：第二卷[M]. 北京：外文出版社，2017：497.
② 一带一路能源网络建设意义重大[EB/OL]. 国际燃气网，2018-07-03.
③ 甘肃探索内外贸融合发展 冀提升对外开放水平[EB/OL]. 中国新闻网，2018-01-26.

称为两千年丝绸之路上的"马六甲"。"一带一路"倡议给河西地区带来了重大的发展机遇。河西地区抓住"一带一路"倡议带来的战略机遇,加快对现有工业产业结构的优化与升级,完成产业转型升级,是实现域内工业经济可持续发展的必由之路。

在"一带一路"倡议的背景下,千里河西走廊作为丝绸之路黄金段的交通地位更加凸显。从兰州出发,横穿河西地区的交通建设发展迅速,已形成了以高速铁路、高速公路、航空运输为主体的交通运输网络,河西地区真正成为东出西进、联通南北的交通大动脉。"2017年,甘肃省中欧、中亚、南亚国际货运班列共发运305列、1.34万车……6月30日,兰州铁路局集团所管辖线路的营业总里程约为5380公里,共发送旅客2891.92万人次……增幅位居全国各铁路局集团第一。"[1]

我们相信,丝绸之路将在"一带一路"倡议的大背景下,重现往日的繁盛与辉煌。在"一带一路"倡议的实施过程中,河西走廊的战略地位将更加明显。

(二)河西走廊是重建丝绸之路经济带的核心区域

在"一带一路"倡议的背景下,河西走廊作为丝绸之路的黄金段之核心的战略地位更加受人瞩目。2014年5月,甘肃省委省政府制定了《"丝绸之路经济带"甘肃段建设总体方案》,[2] 明确提出丝绸之路甘肃黄金段的建设目标,河西酒(泉)嘉(峪关)、金(昌)武(威)、张掖和敦煌四个"大节点"城市均成为重点建设城市。河西地区成为"丝绸之路经济带"建设中节点城市最多、最集中的核心区域。

(三)河西走廊是中国向西开放的咽喉要道

"一带一路"倡议既给河西的发展提供了机遇,也指明了方向。就工业的发展而言:一方面,河西地区必须加快对外开放,发展外向型经济,按照"一带一路"倡议的安排部署,从扩大西部对外开放的要求出发,明确河西地区工业发展的走向;另一方面,要改变河西地区发展落后的劣势地位,加速河西地区经济的发展,就必须抓住"一带一路"倡议,加快对现有工业产业结构的优化与升级,完成产业转型,依靠科技培育战略性新兴产业,从根本上为21世纪河西工业经济的可持续发展找到最好的途径。

---

[1] 甘肃:通往世界的黄金通道[N].光明日报,2018-08-16.
[2] 连辑,范鹏,段建玲."一带一路"倡议导读:一[M].兰州:甘肃文化出版社,2015:183.

第二节 河西工业可持续发展的限制性因素

任何一个国家或地区的工业化都离不开一系列工业化的发动因素。河西地区工业化的发动正式起步于20世纪50年代。新中国成立之初，河西地区仍然以传统手工业为主，带有自然经济特征的农牧业占有重要地位，除了抗战时期开发的玉门油矿外，真正意义上的现代工业尚未起步。

促成河西地区现代工业产生的发动因素主要是什么？新发展经济学家张培刚先生认为在工业化进程中存在"发动并定型工业化过程最重要因素"，即能直接启动国民经济中一系列基要生产函数组合方式发生连续变化的基本要素，被称作"工业化的发动因素"[①]，主要包括5种要素：(1) 人口；(2) 资源或物力；(3) 生产技术；(4) 社会制度；(5) 企业家创新管理才能。

以上5种"工业化的发动因素"合力作用的结果，推动着河西现代工业的奠基与发展，其中第4个因素"社会制度"，包括诸如社会主义制度建立以来河西地区的地理环境、资源分布、生产技术等因素，对河西现代工业的发展起决定性作用。

从20世纪50年代开始，政府对河西地区进行地质勘探，直接投资办起了酒钢、金川公司等现代工业企业。正是在政府力量的推动下，河西地区才产生了真正意义上的现代工业。

河西工业的结构转型发端于"一五"计划，成型于三线建设。这一时段重工业逐渐成为河西社会经济的主导部门。在新中国工业化政策的不断推动下，河西地区主要工业城市的工业总产值当中，重工业所占的比重越来越"重"，轻工业所占的比重越来越"轻"。

"工业化的发动因素"不仅对河西地区早期的工业发展产生重要影响，而且，未来河西地区工业经济的可持续发展仍然不可避免地要面临一系列"工业化的限制因素"，即"对工业化的发动和演进过程起阻碍或制约作用的因素"[②]。

21世纪河西工业经济的发展与国家政策、技术水平、区域环境关系密切。其中最棘手的现实性问题是河西地区资源枯竭型城市的形成。曾经的区域资源优势逐渐减弱，成为制约河西地区工业经济可持续发展的最大瓶颈。解除制约

[①] 张培刚. 新发展经济学 [M]. 郑州：河南人民出版社，1992：121.
[②] 张培刚. 新发展经济学 [M]. 郑州：河南人民出版社，1992：151.

发展的瓶颈成为河西工业经济转型与可持续发展的首要环节。

一、传统工业开发模式的弊端

（一）重型化与国有化特征突出

近代河西地区由于深处内陆、交通不便、信息闭塞，导致河西工业基础落后、发展缓慢。中华人民共和国成立以来，河西地区现代工业不断崛起和发展。20世纪60年代，河西地区迅速发展成为西北重工业基地与中国航天航空国防工业基地。河西工业经济的发展不仅在新中国社会主义建设的重要发展阶段发挥了不可替代的作用，而且在中国社会主义工业化的过程中具有举足轻重的地位。

20世纪80年代初，甘肃省政府提出"兴河西之利，济中部之贫"，河西地区获得了优先发展的政策机遇。1996年"西部大开发"和1998年"再造河西"战略成为河西地区工业经济发展的政策基础。

在国家战略的影响下，河西地区的工业重型化特征非常突出。河西地区形成了以有色金属冶炼、石油化工、钢铁机械、航天航空等具有鲜明特征的重型化工业体系。有让中国摆脱"贫油国"帽子的玉门油矿；有西北最大的钢铁联合企业酒泉钢铁公司；有闻名世界的有色金属镍钴的生产基地金川公司；有中国最著名的航空航天基地酒泉卫星发射中心等。

此外，河西地区的工业国有化程度也很高。河西地区的国有工业企业成为甘肃全省工业领域发展最快、贡献率最大，推动甘肃全省经济发展最为核心的力量。2007年，全省工业增加值达到了1066.74亿元，是2002年的2.73倍，年增14.77%。规模以上工业企业实现217.79亿元，是2002年的10.42倍，增长59.8%。[①] 1992年酒泉钢铁公司一家大企业的工业产值就占嘉峪关市乡及乡以上全部工业产值的77%，金昌市的3个大型企业的产值占全市的87%。[②] 河西地区的国有大中型工业企业也成为河西社会经济发展的重要推动力量，对于巩固河西地区的战略地位具有极其重要的作用。但是，国有大中型工业企业要适应市场经济的发展要求，必须进行改革与创新。

（二）高能耗导致生态环境恶化

河西走廊包括武威、金昌、张掖、嘉峪关、酒泉5市共20个县。河西地区是典型的自然资源富集区，但是能源开发利用率低，加之由于干旱少雨，生态环境十分脆弱，限制了高耗水工业的发展。

---

① 杜宏源. 甘肃实施工业强省战略 [J]. 中国有色金属，2008（15）：38-39.
② 王礼茂. 甘肃河西地区工业结构特征及调整思路 [J]. 经济地理，1996（1）.

金川公司、酒泉钢铁公司、玉门油矿和四零四厂等几家大型企业的工业总产值加起来占河西地区工业总产值的一半左右。但是,这几家高能耗企业对生态环境的影响不能忽略。

"一带一路"倡议给河西地区的新能源工业、原有传统的工业产业等带来发展机遇,但同时也给生态环境脆弱的河西地区带来了挑战,当地生态难以承受,"长此以往必将导致环境系统崩溃"①。

二、国家政策对河西工业变迁的影响

国家的工业化政策曾经为河西现代工业的崛起和发展发挥了决定性的作用。但是,随着河西工业的进一步发展,原有的计划经济体制的种种弊端越来越成为河西工业企业的限制因素,造成河西工业企业政企不分,缺乏生产与管理的自主权,不能适应市场经济的要求,自我发展能力差。

新发展经济学家张培刚先生认为:政府或国家对国民经济活动的管理方式主要有两大类型:间接管理与直接管理。间接管理是指"政府通过运用财政、货币、金融、贸易等方面的政策以及指导性的计划,影响市场机制的运行,再通过市场间接地引导企业的经济活动,这种方式为西方发达的资本主义市场经济国家所普遍运用,它是以存在一个成熟的市场机制为前提条件的"②。"直接管理,即由政府建立并经营国有企业,政府通过指令性计划,决定国有企业的投入、产出量以及产品和生产要素的价格,从而直接控制资源的配置"③。

我国采用的就是直接管理手段,河西地区的现代工业的开发与发展属于"政府发动的工业化"。

(一)政府主导的工业化模式造成了河西工业经济发展不平衡

首先,由于国家工业化政策的影响,"一五"计划优先发展重工业,三线建设以"备战"为目的,重点布局军工工业和国防工业,因此,河西地区在新中国成立以来的50—60年代迅速崛起一批大型重型工业企业,造成河西地区主要城市轻重工业发展不平衡,玉门、嘉峪关、金昌和酒泉市的工业经济呈现重型化特点,张掖、武威市的工业经济仍然以农业和轻工业为主,造成了区域经济发展的不平衡。河西地区的重工业、轻工业主要经济指标及分布情况,参下表。

---

① 翟崑,周强."一带一路"建设的战略思考[J].中国社会科学院国际研究学部集刊,2017(10):86-111.
② 张培刚.新发展经济学[M].郑州:河南人民出版社,1992:569-570.
③ 张培刚.新发展经济学[M].郑州:河南人民出版社,1992:569-570.

2011—2014年河西主要城市轻重工业主要经济指标①

单位：总产值：万元；比重：%

	2010年		2012年		2013年		2014年	
	轻工业	重工业	轻工业	重工业	轻工业	重工业	轻工业	重工业
嘉峪关	3.64	711.75	6.61	682.05	8.64	841.62	9.03	920.04
金昌	6.47	660.07	8.01	698.34	10.46	754.02	14.15	794.35
武威	135.58	68.68	213.95	101.07	230.21	156.58	284.51	196.58
张掖	87.51	78.33	96.52	103.04	120.98	134.06	132.41	148.29
酒泉	67.92	500.43	84.41	613.28	95.53	709.89	95.87	667.99

其次，"一五"计划、"三线"建设和西部大开发都是政府从外部强行启动的工业建设举措，通过国家的规划与投资，迅速在河西地区"嵌入"了一批国家安排的重大工业项目，新建和扩建了一批先进的机械工业、有色金属工业、冶金工业、石化工业、军事工业等现代工业部门，迅速兴起了"一矿一城"的新型工业城市。改革开放以来，随着国家工业化政策的东移，河西地区国有工业企业的建设资金、技术支持面临不足，河西地区工业开始遭遇挫折，出现亏损，河西工业建设对国家政策与投资的高度依赖给可持续发展带来了一系列问题。

最后，国家战略对工业企业的发展有重大影响。下面以河西著名的工业企业酒钢为例透视国家政策对工业变迁的影响。1958年，在酒钢最初投产建设时，政府直接调度参与建设的人员多达5.6万余人，其中，冶金部从鞍钢调来的基建和生产人员达3万人，包括2000余名技术骨干和生产工人。到20世纪60年代中叶，在以"备战"为中心的三线建设期间，酒钢仍然是重中之重，备受重视。"文革"使酒钢的正常生产遭到干扰，酒钢三线建设的地位开始动摇，建设人员和设备纷纷被撤离酒钢。1970年1月，冶金部做出决定，酒钢年产规模150万吨钢缩减为年产生铁100万吨。从1958年建厂到20世纪70年代，酒钢在有铁无钢的历史中徘徊了14年之久。

20世纪80年代改革开放以来，酒钢进入一个快速发展的新时代。酒钢先后

---

① 数据根据2011年、2013年、2014年、2015年《甘肃科技年鉴》整理。

建成了炼钢厂、高速线材厂、2号炼铁高炉等工程。20世纪90年代，成功改造了1号高炉，建成中厚板厂和黑沟矿。酒钢"生铁从1985年的62万吨上升到1998年的136万吨，年均递增6.23%；转炉钢从1985年的6万吨上升到1998年的138.4万吨，年均递增29.83%；钢材从1985年的2.4万吨上升到1998年的87.75万吨，年均递增34.97%。"[1]

从1985年到1998年，酒钢的工业总产值年均递增19.66%、销售收入年均递增19.98%、税金年均递增3006%、利税年均递增14.52%。1999年酒钢实现工业总产值的破亿（10.23亿元）纪录，"销售收入15.49亿元，利税2.53亿元，其中利润4021万元"。"酒钢成为甘肃省利税大户、全省12家龙头骨干企业之一，而且从1988年起，连续入围全国500家最大工业企业"。[2]

国有企业的体制改革促进酒钢不断进行技术改革和制度创新。1982年，酒钢开始实行承包责任制；1985年，酒钢实行厂长（或经理）负责制；1992年，酒钢开始实行"劳动、人事、工资"3项制度改革及其配套制度。改革极大地提高了劳动生产率，使生产力发展水平达到同期全国同类矿山先进水平。1997年以后，酒钢被列为甘肃省现代化企业试点单位，"九五"期间，酒钢先后兼并了兰州长虹焊条厂、兰州环保设备厂、兰州钢厂（1997年兼并）、西安钢厂（1998年兼并），正式组建成为一个大的集团公司。接着依据"先改制后上市"的原则，发动兰州铁路局、甘肃省电力公司、金川有色金属公司、西北永新化工股份公司，共同成立"酒钢宏兴轧钢股份有限公司"，公开发行A股股票，成为上市公司。[3]

酒钢从建立到发展的历史表明，国家战略对工业企业的发展有重大影响。前20年伴随着新中国探索社会主义建设的曲折道路在建设中徘徊，在改革开放的背景下，酒钢抓住历史机遇，坚持体制改革与技术创新，成为新中国钢铁企业当中发展规模最大的企业典范。

（二）国家工业化战略投资对河西工业发展的影响

政府投资对工业发展的作用极端重要。在工业总产值增长因素中，资本增长为50%~57%，作用最明显，其次是劳动增长的作用为27%~31%，再次是技

---

[1] 中国人民政治协商会议. 甘肃文史资料：第54辑：钢铁嘉峪关[C]. 兰州：甘肃人民出版社，2000：153-154.
[2] 中国人民政治协商会议. 甘肃文史资料：第54辑：钢铁嘉峪关[C]. 兰州：甘肃人民出版社，2000：153-154.
[3] 王礼茂. 甘肃河西地区工业结构特征及调整思路[J]. 经济地理，1996（1）.

术进步的作用为 16%~19%①。

计划经济时代,在国家工业化战略投资的支持下,河西工业经济发展成就显著。可见,政府干预型体制往往扮演着发动工业化的重要因素的角色。

但是,政府的主导作用不是万能的。改革开放以来,国家执行非均衡发展战略,将投资重点转移到东部地区。"在国家投资方面东部是西部的3.8倍,在集体投资方面东部是西部的9.27倍,在个体投资方面东部是西部的3.74倍,在外资投资方面东部是西部的11.1倍"。② 1990—1997年,甘肃工业建设投资为565.81亿元,仅占全国同期投资的1.9%。③

伴随着甘肃工业经济的发展。从20世纪80年代开始,由于东部率先发展战略的实施、国家直接投资的减少,资金问题成为河西工业企业生存的大难题。河西地区获得的工业投资开始减少,导致河西地区现代工业发展速度放缓,河西工业企业开始出现亏损,改革势在必行。1980年前,河西工业主要依靠国家投资,从1983年开始,国家改变了投资方式,把直接拨款改成了向企业贷款,允许企业自筹资金。

以酒钢为例。1980年以前,酒钢和鞍钢、包钢、武钢一样,由国家直接投资进行建设。20世纪80年代以前,酒钢主要依靠国家投资进行建设。1983年以来,酒钢通过多渠道寻求资金的办法,克服了资金困难的问题,在此基础上,1986年5月1日,高速线材工程正式开始投产建设。1988年4月6日,顺利轧出第一卷合格线材,标志着具有国际先进水平的高速线材轧机正式建成,从此酒钢技术更上一层楼,可以通过采、选、烧,出铁、出钢、出材,形成了完整的成龙配套的生产体系,其技术水平开始和国际先进水平接轨。

从1981年至1998年酒钢的建设资金来源看,国家拨款仅占0.8%,企业自筹资金高达50.1%,国内贷款也占44.0%,引进外资占5.1%。④ 充分说明酒钢公司开始适应市场经济体制的运作模式,主动增强企业的自我发展能力,利用向国家贷款、企业自筹资金等多种渠道筹措资金,企业自己的造血功能显著增强,自我积累不断提高。"从1981年到1989年,酒钢基建、技术改造投资为

---

① 国务院经济发展研究中心. 中国经济的发展与模型 [M]. 北京:中国财经出版社,1990:93.
② 方立. 中国西部现代化发展研究 [M]. 石家庄:河北人民出版社,2000:213.
③ 陈佳贵. 西北开发报告 [M]. 北京:中国社会科学出版社,2000:156.
④ 中国人民政治协商会议. 甘肃文史资料:第54辑:钢铁嘉峪关[C].兰州:甘肃人民出版社,2000:138.

51.1亿元,其中,25.6亿元是自我积累的,占50.1%,'七五'期间最高时达到67.5%"①。

(三) 政府主导型工业化模式的弊端

中华人民共和国成立以来,参照苏联模式,在工业化的道路上实行政府主导干预型工业化模式。这一模式使新中国工业在十分薄弱的基础上,迅速开始了工业化。"一五"时期,在政府重点投资支持下,河西现代工业迅速崛起。但是,政府主导型工业化模式给河西地区工业经济带来的弊端是显而易见的。

一是政府主导型工业化模式不重视市场机制的作用,往往导致河西地区的传统工业生产出现"三高"问题(高投资、高消耗、高污染)和"三低"问题(低水平、低产出、低效益),工业经济虽然在数量上有可能快速增长,但是,资本增长带来的不一定全是发展。高资本、低发展的情况是存在的。往往导致工业经济结构失调、经济效益低下、产品质量落后,企业在亏损局面下艰难运行。

二是也影响到河西地区工业企业的规模与结构。河西地区的大企业主要是在20世纪50年代"一五"计划期间建立起来的,新中国成立以来的计划经济体制下政府主导的工业化模式以优先发展重工业为基本战略。20世纪60—70年代三线建设期间,河西工业建设的重点领域是军工工业和国防工业,而地方经济发展所需要的中小型民用企业数量不多,造成河西工业结构中重工业过"重"、轻工业过"轻",全民所有制和集体所有制工业企业所占比重高达70%以上,民营工业所占比重偏低。

20世纪80年代开始,政府的产业布局采取了非均衡发展战略,优先发展东部地区。国家工业化战略投资开始转向东部,河西工业由于生产投入的不足和技术更新的滞后,处于衰落态势。20世纪50—60年代,为了"备战"的目的,政府在河西地区投资创办核工业基地——四零四厂和七九六矿,研制生产出新一代核武器核心部件,核武器研制水平有了重大突破。但是,进入20世纪80年代以后,经济建设成为政府工作的重中之重,四零四厂面临资金缺乏、人才不足的困难,"占投资总额88.4%的专用厂房和76.6%的专门设备"闲置无用,面临军转民的尴尬。②这也说明河西地区工业发展对政府的依赖性很强。因此,中央决定调整军用品、开发民用品。1996年四零四厂和七九六矿先后完成了

---

① 中国人民政治协商会议.甘肃文史资料:第54辑:钢铁嘉峪关[C].兰州:甘肃人民出版社,2000:142.

② 吴廷桢、郭厚安.河西开发史研究[M].兰州:甘肃教育出版社,1996:618.

"军转民"的战略调整。

20世纪90年代以后,实行市场经济体制,政府弱化职能,工业经济更多地转为以市场推动为主。河西地区工业企业通过改革,不断完善现代企业制度,加强自我发展能力,积极培育工业经济可持续发展的新的增长点。

三、技术水平对河西工业发展的限制

新中国成立初期,河西地区几乎没有工业基础,"一五"计划开始的工业化建设属于政府主导行为,河西地区在小基础、低起点之上办起了现代大工业,强制、粗放型的资金投入带来工业经济规模的迅速扩张,河西的现代工业从无到有,迅速崛起和发展。

工业化国家的历史经验证明,区域经济增长率往往受技术水平增长率的正影响。[1] 河西传统的工业普遍存在技术力量不足、企业规模小、产业结构单一、竞争力不强等问题,急需调整工业产业结构,对产品结构进行优化升级。如嘉峪关市工业主要生产铁合金等建材产品,开发技术条件差,产品的竞争力不足。"2008年嘉峪关市规模以上工业企业仅有42家,……嘉峪关市工业园区入园企业虽达到110家,但规模以上工业仅有17家"[2]。

2015年酒泉工业经济的增加值也在下降。(参下表)

2015年上半年酒泉8大支柱行业增加值下降幅度[3]

行业	电力	医药	石油	建材	食品	冶金	有色	煤炭
下降幅度(%)	1.2	2.4	5.5	18	36.9	39.5	48.5	52.6

2013年3月,国家发改委印发的《全国老工业基地调整改造规划(2013-2022)》[4] 颁布实施以来,河西工业开始了新一轮的调整改造。在政府加强政策扶持的同时,原有工业进行升级改造,大力发展战略性新兴产业。如金川公司针对有限的矿产资源,对原有产业进行升级改造,积极开发新产品,提高产品的附加值,促进矿产资源的可持续利用。

---

[1] 张培刚.新发展经济学[M].郑州:河南人民出版社,1992:137.
[2] 王玉梅.嘉峪关市"工业强市"的思考[J].中国国情国力,2009(11):61-64.
[3] 数据来源:根据都伟,王福生,孙占鳌,等.甘肃酒泉经济社会发展报告:2016[M].兰州:甘肃人民出版社,2015:4图表整理.
[4] 国家发改委.全国老工业基地调整改造规划(2013-2022)[EB/OL].中国政府网,2013-03-18.

据统计，"2014年科技进步对经济增长的贡献率达54%，循环经济增长10.9%，高于工业经济本身的增加值。"① 长期以来的粗放式工业导致河西地区工业的"三高"（高投入、高消耗、高污染）、"三低"（低水平、低产出、低效益）特征非常突出。因此，河西地区工业急需以科技创新为动力，大力促进产业的转型与升级，增加技术密集型产业和高新技术产业，寻找新的经济增长点，尽快完成由粗放式向集约化的转变，提高工业产品在市场的占有率和竞争力。"确保工业增加值增长8%以上。要做大做强首位产业，支持新能源技术研发与装备制造、风光电场建设。"②

河西地区工业的传统支柱产业要保持行业内优势地位，迫切需要进行技术更新和技术改造。就拿酒钢的发展历史来说，通过不断的技术改造与科技更新，使酒钢从产铁不产钢—产钢不产线材—产铁产钢产线材配套发展，经济效益越来越显著，发展成为西北地区最大的钢铁联合企业。

20世纪70年代，酒钢又遇到技术困难，镜铁山铁矿石中45%为粉末矿无法使用，大大增加了生产成本，炼铁产量低水平徘徊。20世纪80年代初，酒钢和长沙矿冶研究院共同开发强磁选矿技术，使酒钢建成了6台大型强磁选机，大大提高了选矿效率。20世纪90年代初，酒钢与北京钢铁研究总院合作成功研究出用烧结机生产酸性球团矿，从此酒钢生铁产量逐年提高，1996年为112万吨，到1999年增加到150万吨。

"九五"期间（1996—2000），酒钢先后兼并了兰州长虹焊条厂、兰州环保设备厂、兰州钢厂、西安钢厂，发展成为集团公司。

酒钢的发展得益于历代酒钢人坚持科技创新。目前，酒钢集团在冶金基础研究工作方面，选矿、焦化、炼铁、炼钢、轧钢、耐材等专业技术研究不断开拓创新，成果斐然。

酒钢发展的实践充分证明，"在获得同样产出的情况下，技术水平越高，所消耗的能源、资源就越少，相应地对资源和环境的不利影响也就越低"③。

四、区域环境与河西工业的瓶颈

从地理环境来看，河西地区地处偏远落后的内陆地区，是生态环境十分脆弱的地区，信息闭塞，交通运输、电力供应、污水排放等基础设施落后，加上

---

① 孙占鳌. 酒泉年鉴2015：综合卷［M］. 兰州：甘肃人民出版社，2015：19.
② 孙占鳌. 酒泉年鉴2015：综合卷［M］. 兰州：甘肃人民出版社，2015：21.
③ 郭培章. 中国工业可持续发展研究［M］. 北京：经济科学出版社，2002：46.

技术落后，工业发展的条件较差，水资源数量不足，限制了高耗水工业的发展。资源开发利用率低，运输成本高，资源优势不容易转化为经济优势。

21世纪以来，河西地区的工业城市面临资源枯竭的危机。老工业城市如玉门、酒泉、金昌等城市由于资源型产业比重大，长期过量开采导致这些城市逐渐成为资源枯竭型城市。2013年12月，国务院颁布了《全国资源型城市可持续发展规划（2013—2020年）》（简称《规划》），甘肃省10个资源型城市当中，河西地区就占了金昌市、武威市、张掖市、玉门市4个城市。[①]《规划》将全国的资源型城市划分为成长型、成熟型、衰退型和再生型4种类型，要求资源型城市争取转型成功。按照《规划》关于资源型城市的划分：金昌市属于资源成熟型城市，武威市属于资源成长型城市，玉门市则是典型的资源衰退型城市，而张掖市属于资源再生型城市。国家对资源型城市投入了扶持专项资金，帮助资源型城市的产业结构由单一型向多元化转移。对玉门市等资源枯竭型城市下达财力性转移支付资金。金昌市被列为铜矿后备资源供应基地，玉门油田被列为地下水破坏重点治理工程。

投资环境成为关系未来河西工业可持续发展的瓶颈。河西地区发展落后，投资环境差，与东部沿海地区相比，外商投资很少，民间融资也严重不足。从根本上说，由于地域偏僻闭塞、城市化基础设施落后，落后的区域环境对外商没有吸引力。2002年，甘肃省实际利用外商直接投资的比重仅为5.92%，在全国31个省区中位列倒数第4位。[②]只有国家的特殊政策和不断完善基础设施建设，可以吸引外商与东部民营企业在河西地区投资办厂。

"一带一路"倡议的提出，给河西地区工业经济的发展带来了机遇。随着中国和沿线国家在基础设施、金融、产能等多领域合作的展开，甘肃和河西地区的生态环境、投资环境、人文环境不断改善，扩大对外开放的光明前景由此展开。仅"2018年前三季度甘肃省对'一带一路'沿线国家进出口122.8亿元"[③]。

仅"2018年前三季度甘肃省对'一带一路'沿线国家进出口122.8亿元，增长27.2%。其中出口33.6亿元，增长69.1%；进口89.2亿元，增长16.3%。"[④]

---

① 甘肃10个城市列入资源型城市[N].兰州晚报，2013-12-05.
② 陈秀山.中国区域经济问题研究[M].北京：商务印书馆，2005：530.
③ 前三季度甘肃省对"一带一路"共建国家进出口122.8亿元[EB/OL].甘肃商务网，2018-11-14.
④ 前三季度甘肃省对"一带一路"共建国家进出口122.8亿元[EB/OL].甘肃商务网，2018-11-14.

自"一带一路"倡议提出以来,中国积极发展与欧洲、中亚、南亚的贸易,"在进出口商品方面,出口机电产品大幅增长、农产品出口下降,大宗商品和镍钴新材料拉动进口增长"①。经济带当中甘肃处于黄金段,最大机遇就是抓住"一带一路"的发展机遇,发挥丝绸之路经济带黄金通道优势,到沿边国家投资或与沿边国家进行项目合作。河西地区则处于黄金段的核心位置,2018年以来,河西地区对外投资合作的项目建设进度加快。酒钢集团牙买加氧化铝厂投料生产氧化铝70万吨,实现销售收入3.55亿美元;金川公司印度尼西亚红土镍矿冶炼项目加速建设,2019年一季度可实现投料试生产。②

五、资源枯竭型城市的形成对河西工业发展的制约

河西地区资源赋存条件优越,发展工业具有较好的基础。河西地区黑色金属矿、有色金属矿、煤炭、石油、太阳能、风能等能源资源都很丰富,但分布不均衡。如金川矿区集中分布着镍、钴、铜、铂、金等10余种稀贵金属,是全国重要的镍钴生产基地和铂族金属提炼中心,其探明储量仅次于加拿大萨德贝里硫化铜镍矿。丰富的能源资源为河西工业建设就地取材提供便利。河西地区的能源资源结构、属性以及地区分布成为河西地区工业布局、工业产业结构形成的基础。

但是,长期以来,自崛起到发展,河西工业一直属于资源依托型工业,资源型产业比重大。过去传统工业化时代的过度开采造成能源资源逐渐面临枯竭,资源优势将逐渐丧失,资源开始出现日益突出的结构性短缺问题。如河西地区的能源矿产分布比较集中,煤炭资源主要分布在山丹,石油主要集中在玉门,铁矿主要集中在镜铁山一带,河西天然气资源匮乏。因此,河西地区发展工业所需的能源资源当地无法满足,需要从外省调入。玉门油田的石油储量枯竭以后不可再生,需要寻找新的油源。

随着河西资源开采量的减少,河西地区曾经辉煌的主要工业企业产能下滑,河西地区出现了几座资源枯竭型城市。代表性城市就是玉门市,由于玉门油矿开采量逐步减少,加上长期以来地下水破坏严重,以石油工业为主"一业独大"的玉门市成为资源枯竭型城市。玉门油矿共有7个油田,其中老君庙、鸭儿峡、石油沟、白杨河和单北油田5个油田已经趋于枯竭,剩余仅2个油田,可采储

---

① 前三季度甘肃省对"一带一路"共建国家进出口122.8亿元[EB/OL]. 甘肃商务网,2018-11-14.
② 2018年甘肃省经济工作亮点回眸:一[EB/OL]. 甘肃商务网,2019-01-21.

量也极其有限。"据预测，玉门油田含油面积为62.7平方公里，预测生油量21.26亿~23.46亿吨，总资源量1.82亿~2亿吨，剩余可采储量约为0.8亿~1亿吨。"[1] 在这种情况下，玉门油田一方面要加快对新油源的勘探，另一方面，必须调整产业结构，实行企业改制与多元化经营，以便早日摆脱困境，走可持续发展的道路。

金川公司和酒泉钢铁公司都面临资源枯竭带来的可持续发展的挑战。金昌镍钴原料基地和镜铁山铁矿基地，也都存在长期以来过度开采而导致的储量下降问题。金昌矿区伴生矿多，镜铁山矿是酒钢的原料产地，铁矿虽然储量大，但是多数为贫矿，选矿技术要求高，也存在开采难度不断加大的问题。为了解决这一难题，20世纪60年代从瑞典引进采矿技术，初步提高了效率，降低了成本。但是，混入矿石中的碱金属对炼铁十分不利。为解决这个问题，对低贫化放矿技术进行了成功研究，采、选、炼铁的工艺提高了，废矿石的数量减少了。

从玉门、金昌、嘉峪关等河西代表性的工业城市的发展历史来看，"一矿一城"型工业城市的兴亡与当地资源储量息息相关，往往摆脱不了"资源富则城兴，资源竭则城亡"的命运。

进入21世纪以来，资源枯竭的困境日益凸显，玉门、金昌、嘉峪关等资源型城市急需完成对工业的结构调整与产业升级，可持续发展问题就成为最突出的问题。未来河西工业的发展必须由资源导向型工业转向以技术密集型和资本密集型为主，对资源进行充分的开发利用，将资源优势转化成经济优势。因此，国务院把玉门油田、金川公司、酒泉钢铁列为重点治理工程，中央财政给予玉门市、金昌市、酒泉市等资源枯竭型城市财力性转移支付资金支持，帮助玉门市这样的资源型城市尽快完成经济转型，进而寻找新的发展道路。

1999年开始实施的西部大开发战略、政府推行的"西气东输"和"西电东送"工程，弥补了河西地区能源资源的不足，成为河西工业经济发展的助推力。

2000年2月，国务院批准启动"西气东输"工程，拉开了西部大开发的序幕。[2] "西气东输"工程，就是把蕴藏丰富天然气资源的新疆塔里木、柴达木盆地等地的油气田所产天然气，向东经新疆—河西走廊的柳园、酒泉、张掖、武威—兰州—西安—河南—安徽—江苏—上海，东西横贯7个省区。实施西气东输工程，给河西走廊带来了新能源，促进了产业结构的变化，促进了河西地区

---

[1] 沈镭. 河西走廊矿业城市资源多元化开发战略初探 [J]. 中国地质矿产经济，1995 (6).

[2] 张菁. 西部和谐矿区的建设研究 [D]. 北京：中央民族大学，2010.

的资源优势向经济优势转变。西气东输把清洁能源天然气输送到东部地区的生产生活当中，极大地改善了能源结构的不平衡，保障了各地的天然气供应，促进节能减排，推动各地能源合作、互利共赢，意义重大。

第三节 "一带一路"与河西工业的可持续发展

根据新发展经济学的工业化理论和工业可持续发展理论，影响未来河西地区工业可持续发展的问题主要有4个：一是国家的政策对河西地区工业变迁的影响，二是技术水平对河西工业的限制，三是区域环境与河西工业的瓶颈，四是区域资源对河西工业可持续发展的束缚。

那么，从历史经验出发，河西地区如何完成经济转型，走出一条可持续发展的道路呢？

一、从国家政策的因素看，抓住机遇，机不可失，时不再来

河西现代工业的崛起和发展的历程，无不和国家东西部均衡发展战略、巩固国防、维护民族团结等战略部署息息相关。

中华人民共和国成立以来，随着国家发展战略的不断变化，河西现代工业的变迁大体经历了以下4个阶段：

第一个阶段：从20世纪50—80年代以前，"一五"计划与三线建设期间，国家实行东西部均衡发展战略。在政府的主导作用下，小基础、低起点，办现代工业，迅速改变了河西工业的落后面貌，河西地区现代工业迅速崛起，形成了以有色金属、石油化工、机械建材以及农产品加工工业为支柱的现代工业体系。

第二个阶段：20世纪80年代改革开放至20世纪末，国家实行东部率先发展战略，使东西部发展的差距进一步拉大。改革开放初期，河西地区的工业经济通过改革与转型发展较快，但市场经济体制建立以来发展速度明显放缓。在市场经济体制下，市场经济成熟的东部沿海地区发展快速，而市场经济发育落后的河西地区，工业经济的发展出现了下滑。

第三个阶段：1999年西部大开发和21世纪加入世界贸易组织以来，河西地区工业经济的发展面临新的挑战。

20世纪末，江泽民同志提出的"西部大开发"的战略思想，将开发西部地区作为解决中国区域发展不平衡矛盾的重要内容。因而，西北经济发展模式成为理论界与实践部门急需研究的问题。

在国家解决西北环境与生态问题的战略背景下，甘肃省委、省政府提出再造河西的战略方针，确立了河西地区优先发展的战略方针。再造一个河西的战略意义有 3 个。① 一是河西地区率先奔小康，实现兴西济东，可以进一步支持中部和其他贫困地区的脱贫。二是借助河西的特殊区位优势，促使河西农村经济由传统向现代转变，以改变近年来河西地区农村经济中存在的以生产过剩和增产不增收为特征的结构性矛盾。三是解决河西走廊水资源的节约与永续利用问题，发展节水型农业，这是再造一个河西的战略重点。②

自从 2002 年中共十六大提出中国走新型工业化道路以来，甘肃省政府制定了"工业强省"的发展战略。2003—2007 年，甘肃实施"工业强省"战略，工业经济成为推动甘肃全省经济发展的核心力量，2003—2007 年也成为河西工业史上发展速度最快的 5 年，这 5 年间，甘肃工业经济成就突出，在国民经济中的地位和作用越来越明显。"2007 年，全省工业增加值达到了 1066.74 亿元，是 2002 年的 2.73 倍，年增 14.77%。规模以上工业企业实现 217.79 亿元，是 2002 年的 10.42 倍，增长 59.8%"。③

河西地区工业经济在甘肃工业经济的发展当中占有相当的比重，形成了以钢铁、石油、有色冶金、电力、机械、农产品加工为特色的现代工业体系。

从改革开放 40 多年来的效果看，发展外向型经济对区域经济发展的推动作用是不可替代的，这在东部地区表现得非常突出。但落后地区，由于技术等因素的影响，错失了西部大开发与入世的良机，经济发展不明显，甚至亏损。

第四个阶段：2013 年"一带一路"倡议提出以来，河西地区抢抓机遇，发展外向型经济，向中亚西亚等沿线国家输出过剩产能和产品，河西地区通过向外输出现代旱作农业技术，尽快完成河西地区工业产业的转型与升级，提高工业经济的生产效率，打造河西地区对外开发的新平台。

习近平总书记提出"一带一路"倡议，是河西工业经济可持续发展最大的历史机遇。

（一）抢抓"一带一路"新的发展机遇，加强自我发展能力

河西工业崛起于近代社会的废墟之上，在艰难中崛起，在曲折中发展，但每次发展都与国家政策密切相关。近代以来，历届政府曾经采取的一系列措施，

---

① 姜安印，胡淑晶."再造一个河西"如何破题 [J]．发展，1998（2）．
② 姜安印，胡淑晶."再造一个河西"如何破题 [J]．发展，1998（2）．
③ 杜宏源．甘肃实施工业强省战略 [J]．中国有色金属，2008（15）：38-39．

成为河西地区工业经济得以开发与建设的重大推动力，诸如创办洋务工业—国民政府建立抗战大后方—新中国国家的工业化战略的实践—三线建设—西部大开发—"再造河西"—"一带一路"，每次历史机遇都会推动河西工业的开发与发展，充分证明了国家政策对河西工业经济变迁的重大影响。

甘肃省政府于2012年8月15日制定并颁布了《甘肃省主体功能区规划》（以下简称《规划》），提出了"甘肃省要加快以新能源和新能源装备制造、新材料、生物医药、文化旅游为重点的新兴产业的发展"的战略部署。《规划》提出了"发挥丝绸之路甘肃黄金段三千里战略通道优势、坐中联六的区位优势、与中亚西亚联系密切的人文优势，……加快兰州、敦煌、嘉峪关3大国际空港，兰州、天水、武威3大国际陆港以及保税区建设，构建现代物流体系，形成服务全国、面向'一带一路'的综合经济走廊和物流集散大枢纽"[1]。依据《规划》的部署，尽快把河西地区的敦煌、嘉峪关建成国际空港，把武威建成国际陆港及保税区。

2013年，"一带一路"倡议提出后，河西地区成为新亚欧大陆桥的重要通道，成为连接西北、中原及东部沿海地区的咽喉地带，成为中国连接欧洲、走向世界的经济大动脉。对甘肃省和河西地区而言，"'十三五'时期机遇和挑战并存，机遇大于挑战，总体上仍处于可以大有作为的重要战略机遇期"[2]。河西地区要抓住机遇，加快工业经济的发展，找出一条行之有效的可持续发展的道路。

1. 抓住机遇，进一步完善河西地区的基础设施建设

在"一带一路"背景下，甘肃省政府制订的发展规划，包括建立兰州、武威、天水3大国际陆港、兰州中川、敦煌、嘉峪关3大国际空港以及甘川渝、兰西拉、甘青蒙、甘陕宁物流通道，河西地区建设好张掖、武威、酒（酒泉）嘉（嘉峪关）物流中心（园区），从而形成优势互补、联动发展的格局。向东接兰州新区保税区，向西打造出口商贸基地，完成产业转型升级，发展出口加工型产业。酒嘉地区积极利用新疆和内蒙古煤炭资源，加快电源项目建设。

2017年，甘肃省政府确定的8大节点城市包括兰州-白银、酒泉-嘉峪关、金昌-武威、张掖、敦煌、平凉-庆阳、天水、定西，其中，河西地区占了4个节点6个城市，在这些主要节点城市共建经贸合作园区、经济合作区，形成产

---

[1] 甘肃省政府常务会议通过主体功能区规划基本框架 [EB/OL]. 中国政府网，2009-07-04.
[2] 胡鞍钢，周绍杰. "十三五"：经济结构调整升级与远景目标 [J]. 理论参考，2015 (11).

业集群，便于以点连线、以线带面，形成河西走廊特色产业链。①

河西地区高速铁路、高速公路、通信、信息等基础设施的不断完善，给"一带一路"共建国家和河西地区之间发展运输业、物流业、工业以及旅游等产业带来机遇，这意味着河西内陆地区实行全面向西开放的基础条件越来越好。

只有进一步完善河西地区的基础设施，建设工业互联网平台、企业数字化改造、5G 网络全覆盖等新型基础设施，才能为河西地区扩大对外开放，加强与沿线国家和地区的对外经济技术交流与合作创造良好的条件。

2. 依靠科技创新，加快工业产业的结构调整

依据《甘肃省主体功能区规划》的部署，甘肃省要"优化科技创新体系"，"建立和完善企业为主体的产业技术创新体系"。②

《规划》提出要提高传统产业的竞争优势，需要依靠先进科学技术改造企业和创新产品，加快工业产品升级换代，完成"从粗放低效向优质高效提升，从产业链中低端向中高端迈进，……推动产业集群式发展和转型升级"。③ 河西地区的有色冶金、农产品加工等传统优势产业也需要优化升级，调整产业结构，促进生产利于节能减排的新型绿色产品。支持老工业基地调整改造和资源枯竭城市、产业衰退地区培育多元新兴产业体系。

依靠科技创新加快工业产业的结构调整，充分利用河西地区的廉价劳动力，引进东部及南方沿海地区产能向河西地区的转移。比如张掖引进的手机、电脑加工技术，面向印度、非洲等国家出口。金川公司通过技术改造，大力发展电池产业和其他新材料产业。河西地区还可以利用丰富的农产品和中成药原材料，进行工业加工，形成"人无我有，人有我独"的特色产业。

3. 大力发展战略性新兴产业

根据《规划》的部署，着力打造清洁能源大基地，大力发展战略性新兴产业。如在酒泉要建成千万千瓦级风电基地，推动能源资源优势向经济优势转化。

当然，抓住机遇并不是完全依靠国家与政府。近代以来的历史证明，落后地区发展工业，要处理好国家支援和自力更生、自我发展的关系。既要抢抓政策机遇，争取国家的建设项目和资金支持；同时，也要立足于自力更生，加强

---

① 加快推进"一带一路"倡议，不断提升我省对外开放水平［EB/OL］. 甘肃商务网，2017-5-22. http：www. gsdofcom. gov. cn.
② 甘肃省政府常务会议通过主体功能区规划基本框架［EB/OL］. 中国政府网，2009-07-04.
③ 甘肃省政府常务会议通过主体功能区规划基本框架［EB/OL］. 中国政府网，2009-07-04.

自我发展能力。近代以来，河西工业的发展历程表明，国家适当的政策倾斜和资金支持对河西这样的落后地区是非常必要的。工业经济的增长速度往往与国家投资呈现正相关关系。当政府重视、投资加大时，河西工业的增长速度就快，当投资减少，增长速度就放缓。

因此，一方面，未来河西地区工业的可持续发展，仍然要努力争取政府的政策支持；另一方面，甘肃及河西地方政府也要改善投资环境，吸引外资，企业也要积极寻求多种融资渠道，通过入股、承包等方式引进民间资本。优惠政策可以吸引外商投资，而资本充足才能带动劳动生产率的提高。地方政府要努力提高人民收入，高购买力可以充盈市场需求，需求旺盛又导致投资加快，引发生产率的提高，最终形成一个经济发展的良性循环。

4. 构建工业循环经济发展体系

甘肃省自2007年被国家列为全国第一批循环经济试点省份以来，省委省政府专门出台了《甘肃省循环经济总体规划》，2009年12月24日经国务院正式批准，甘肃省又颁布了《甘肃省再生资源回收综合利用办法》[①]。

河西地区带头创建新型工业化模式的典型是金昌市，探索构建起工业循环经济的发展体系，实施"五大工业循环经济工程"，包括"园区循环化改造工程""贫矿、共伴生矿综合利用工程""工业固体废弃物资源化工程""工业废水循环利用工程""工业余热回收利用工程"。[②]

金昌市以循环经济理念为指导，在做大做强有色金属新材料产业的基础上，培育扶持光伏发电、风力发电等新能源及新能源装备制造产业，实现了资源型工业城市变废为宝、就地取材，搞循环经济的成功范例。2010年，金昌循环经济模式被甘肃省政府列为全省循环经济发展5大典型模式之一。2011年，国家发展改革委把"金昌模式"确定为全国区域循环经济12个典型案例之一向全国推广。[③]

（二）抢抓"一带一路"建设机遇，发展外向型经济，建立向西开放的新高地

"一带一路"倡议是21世纪国家对外开放的大战略，河西地区的战略地位发生了变化，成为丝绸之路黄金地段的核心段，成为向西开放的咽喉地带，要

---

① 段永飒. 甘肃省物资再生协会成立 [N]. 甘肃日报，2010-11-01.
② 陈俊. 浅析甘肃金昌循环型工业的发展模式 [J]. 再生资源与循环经济，2015，8（4）：7-11.
③ 陈俊. 浅析甘肃金昌循环型工业的发展模式 [J]. 再生资源与循环经济，2015，8（4）：7-11.

抢抓开发机遇，推动工业经济转型升级并实现跨越式发展。

坚持改革开放，是振兴21世纪河西工业经济的必由之路。河西地区经济落后、基础不牢、交通闭塞、生产力水平低下，与东部地区比，工业化还处在较低水平，抢抓"一带一路"机遇，发展外向型经济，建立向西开放的新高地，就显得更加迫切。

河西打破自我封闭的工业体系，抢抓"一带一路"的发展机遇，与沿线国家加强合作，与中西亚、中东等国家互通有无，重新振兴丝绸之路，互利双赢，共同发展。2014年，甘肃全省外贸出口首次超越进口，实现了贸易顺差。①

2018年以来，甘肃省进出口市场发展势头良好，对沿线国家的进出口总值稳步增长，中国和欧洲、中亚、南亚、中新南向4大通道沿线国家贸易逐年增长。

2018年仅前三季度，甘肃省对"一带一路"共建国家进出口就达122.8亿元，同比增长27.2%。②。

2018年河西地区对沿线国家主要出口电子元件、电工器材等机电产品以及农产品。其中，进口镍钴新材料46.3亿元，同比增长高达2.3倍。③

2018年上半年，甘肃与"一带一路"共建国家和地区进出口增速达到41%，虽然与东部发达地区相比差距很大，但在西部，除了昆明上半年与"一带一路"共建国家的进出口同比增速高达29.8%外，甘肃省高于成都的33.6%。④ 目前已常态化运行的中欧班列联通了中国32个城市和欧洲12个国家的32个城市。

自从2013年习近平总书记提出"一带一路"倡议以来，中国向西扩大开放，新开通的国际班列主要有中欧班列、中亚班列、南亚班列等等。其中以中欧班列最为有名。中欧班列自2011年开行至2018年，已经实现了由国内48个城市开行，到达欧洲14个国家、40余个城市⑤。

中欧班列的正式运行，使河西走廊成为中国与欧洲之间进行贸易合作的重要物流通道，使河西经济带的形成有了可能。中欧班列的开通，大大缩短了中

---

① 陈秀山. 中国区域经济问题研究［M］. 北京：商务印书馆，2005：231.
② 前三季度甘肃省对"一带一路"共建国家进出口122.8亿元［EB/OL］. 甘肃商务网，2018-11-14.
③ 前三季度甘肃省对"一带一路"共建国家进出口122.8亿元［EB/OL］. 甘肃商务网，2018-11-14.
④ 一带一路开启各地贸易增长之路［N］. 国际商报，2018-08-16.
⑤ 中欧班列8年开行1万列 带动沿线贸易和产业转型［N］. 第一财经日报，2018-09-07.

国进出口货物的时间。

河西地区利用得天独厚的光热条件，发展外向型农产品加工工业，发展特色农业，形成名优特农副产品，参与国际市场的竞争。

此外，河西地区地处丝绸之路的黄金地带，具备发展国际旅游的良好条件。河西地区的丝路文化、佛教文化、西域文化、裕固族文化有很高知名度，在积极开发旅游产业、开发代表区域文化特色的旅游工艺品工业方面，具有很大的潜力。

（三）以"一带一路"为契机，寻求与沿线国家的开放与合作

2015年，国务院决定在钢铁、有色金属、建材、铁路、电力、化工、轻纺、汽车、通信、工程机械、航空航天、船舶和海洋工程13个重点行业加快国际间的产能合作。

但是，国际经济一体化必然导致产能过剩问题。所谓"产能过剩""有两层含义：一是指潜在生产能力超过实际生产能力，通常用产能利用率来衡量；二是指实际生产能力超过市场有效需求，通常用产销率来衡量。"① 一般情况下，经济学界讨论的"产能过剩"指的是第二种含义。"产能过剩"也是河西工业经济发展的瓶颈。"走出去"，与沿线国家企业的交流与合作，有利于转化过剩产能。

能源合作是"一带一路"建设的重要领域。2015年和2017年，中国国家主席习近平两次提出构建全球能源互联网的倡议，推动以清洁和绿色方式满足全球电力需求。"一带一路"倡议的实施有望搭建起中外资源对接的国际新平台。

与"一带一路"共建国家之间进行产能合作，把"走出去"与"引进来"相结合，寻找新的经济增长点。河西地区著名工业企业设立自己的驻外机构，寻找商机，扩大对外开放的广度与深度。目前沿线国家正处在经济快速发展时期，资金、能源、新技术、信息等等的需求量都很大，国际市场竞争激烈，在这种背景下，河西企业可以和其他企业抱团出海，形成集团化经营模式。"一带一路"可以看作是一种新型的"贸易协同战略"。2019年，中国与阿尔及利亚、玻利维亚、赤道几内亚等17个国家正式建立"一带一路"能源合作伙伴关系，"为构筑更加紧密的能源命运共同体奠定了坚实基础，为推动全球能源绿色可持续发展提供了新模式、新机制"。②

河西地区资源丰富，除了富集的有色金属、石油、煤炭等矿产资源以外，

---

① 甘肃经济发展分析与预测：2016年［M］.北京：社会科学文献出版社，2016：37.
② "一带一路"建设"能"效凸显［EB/OL］.甘肃商务网，2018-10-31.

太阳能与风能等新能源、清洁能源也十分丰富。河西的瓜州素有"世界风库"之称,风力资源极其丰富。因此,河西地区有色金属矿等矿产资源的开发技术方面与沿线具有广泛的合作前景,而且在太阳能、风能等新能源、新材料等新兴产业领域以及基础设施、物流、文化旅游等领域都有很广阔的合作前景。

"一带一路"背景下,河西地区应抓住机遇,通过"引进来"和"走出去"的办法与"一带一路"共建国家进行合作,实现河西工业经济的可持续发展。

"一带一路"国际能源合作步入新时代。如沿线的巴基斯坦清洁能源资源丰富,但开发技术不足,可以进行中巴合作。"中国电力企业联合会 26 日发布的数据显示,2013 年至 2017 年,我国主要电力企业在'一带一路'沿线国家签订电力工程合同 494 个,总金额 912 亿美元,实际完成投资 3000 万美元以上的项目 50 多个,共完成投资 80 亿美元。"[1]

在河西地区,金川集团、酒钢集团等优势龙头企业首先开始与"一带一路"共建国家之间进行能源合作,如金川公司投资 4.27 亿美元,投资建设墨西哥巴霍拉齐的铜锌矿项目和赞比亚蒙那利镍矿等 15 个项目。酒钢公司与南非签订开发铬铁矿项目。中国已经建成嘉峪关到中蒙边境策克口岸的铁路专线。[2]

(四)利用河西"大通道"的核心优势,开拓多元化的经济协作

在"一带一路"大背景下,甘肃东进西出、南来北往的"大通道"优势更加凸显。河西地区作为这个"大通道"的核心地段,抓住机遇、深化改革、开拓工业经济是多元化发展的基本途径。

早在 20 世纪 90 年代,就有研究者[3]提出河西走廊 3 大矿业城市具有"沿桥"和"沿边"对外开放 2 大区位优势,可以向国内、国外开拓后备资源基地。通过"联合出边""借船出海"的办法,进一步发挥中央和省属大中型骨干企业的作用,建立区域内的多元经济协作。

2013 年"一带一路"倡议提出后,中国对沿线国家在贸易和投资方面给予很多优惠政策。"截至 2017 年,中国对沿线国家投资达到 500 亿美元,中国企业已在 20 多个国家建设 56 个经贸合作区"。[4] 应该看到,"一带一路"为河西

---

[1] 中国电力企业五年签约"一带一路"项目 912 亿元 [EB/OL].中国政府网,2018-07-27.
[2] 李荣华,王翠琳,王丽娟.甘肃工业产业发展条件分析及战略重点 [J].中国乡镇企业会计,2012 (5):10-11.
[3] 沈镭.河西走廊矿业城市资源多元化开发战略初探 [J].中国地质矿产经济,1995 (6).
[4] 习近平.习近平谈治国理政:第二卷 [M].北京:外文出版社,2017:510.

地区扩大开放,寻求中欧、中亚国家的合作与发展提供了契机,要充分利用国家的优惠政策与贸易平台,促使河西地区的大工业企业尽快开发自己的特色产品与品牌产品,主动开放,开拓欧洲市场和世界市场,让河西的机电产品、特色农产品"走出去",引进沿线国家的铜矿砂、镍矿砂等金属矿矿砂及其精矿,积极加强与外商的合作,互利共赢。

(五)抓住区位环境优势,形成河西走廊城市群与产业链

"一带一路"倡议是古丝绸之路黄金段之核心地段河西走廊最大的发展机遇,河西地区各城市应该加强城市之间的经济协作,尽快形成河西走廊经济带,联合建立对外开放的产业链和经济大平台,促进河西工业的集群化、高端化、国际化,共同谋求可持续发展。

"河西地区是全省太阳能最丰富的地区,年太阳总辐射量为5800~6400兆焦/平方米,具有开发建设大型风能、太阳能基地的良好条件"。[1]

"河西地区加快酒泉嘉峪关、金昌、武威一体化进程,推进以酒(泉)嘉(峪关)经济区为中心,辐射张掖、金(昌)武(威)经济区的'西翼'新能源开发利用示范区建设,促进河西走廊及民族地区的经济繁荣和社会进步,发展河西走廊城市群,以建设河西旅游胜地和旅游目的地为目标,着力打造'321'精品旅游线路,建设以新能源开发利用为重点的绿色经济带"。[2]

河西地区以金川矿区为中心的有色冶金新材料、以酒泉为中心的新能源、以张掖和武威为中心的现代农业等支柱产业迅速发展,其中,在酒泉建成的新能源产业以风电项目为基础,包括配套的火电、水电、核电、太阳能发电的电站。

商务网报道,目前,中国已经和"一带一路"沿线40多个国家和国际组织签订了合作协议,同30多个国家开展机制化产能合作,与60多个国家和国际组织推进"一带一路"贸易畅通合作。

河西地区要利用好"一带一路"倡议建设的政策优势,在河西建好武威保税区和国际陆港,以及敦煌与嘉峪关国际空港,进一步扩大对外开放,大力发展外向型经济,与"一带一路"共建国家形成内外互动、互联互通的发展格局。

(六)树立开放思维与国际合作思维,重建丝绸之路经济带

河西地区具有区位优势和资源优势,实施"再造河西"的发展战略以来,

---

[1] 甘肃省政府常务会议通过主体功能区规划基本框架[EB/OL].中国政府网,2009-07-04.
[2] 丝绸之路蓝皮书:甘肃经济发展分析与预测:2017[M].北京:社会科学文献出版社,2017:132.

河西地区的开发与建设不断加快。在"一带一路"倡议的机遇面前，要充分利用河西地区亚欧大陆桥地域优势，开拓中国和欧洲等国际市场的合作，通过发展外向型经济，重振丝绸之路昔日的辉煌。这都需要政府的政策扶持，政府要强化服务职能，进一步简化行政审批程序，从引进人才、减低税收、财政扶持等多方面帮助甘肃及河西地区的工业企业走出困境，完成技术改造，降低经营成本，走上可持续发展的道路。

2014年5月，甘肃省政府制定的《"丝绸之路经济带"甘肃段建设总体方案》和《甘肃省参与建设丝绸之路经济带和21世纪海上丝绸之路的实施方案》，为河西地区重要节点城市工业经济的发展规划了美好前景。在作为丝绸之路经济带黄金段的8大节点城市中，在河西地区密集分布着酒泉嘉峪关、金昌、张掖、武威、敦煌5个节点城市，这些城市在积极寻找新的经济增长点。如河西地区有着丰富的风能、太阳能，要加大这些新能源的开发力度。如山丹东乐镇依托丰富的风能和太阳能，将优势资源成功转化，建成光伏发电项目，发展了新型能源。

甘肃进入"陆海联运"的新时代，在与周边国家和地区的交流与合作中，要找准自己的定位，找对新的经济增长点，重建丝绸之路经济带。如"一带一路"共建国家的能源动力基础设施建设落后，许多国家电力短缺，人均用电严重不足，这给河西相关企业寻求国际能源合作带来了可能。2016年，哈电国际与丝路基金投资、设计、建造了迪拜的清洁燃煤电站项目，标志着中国央企首次打入中东电力市场。

总之，国家政策与政府的发展战略始终是河西地区工业经济发展的重要推动力。政策机遇就是发展机遇，落后地区要发展，仅凭自身积累是不行的，必须要有政府有效政策与财政的扶持。

二、从区域资源因素来看，重建河西走廊经济带是可持续发展的必然选择

区域资源因素是影响工业布局的重要因素之一。河西地区虽然属于资源的富集区，资源赋存丰富，能源种类较多，但矿产资源多数属于不可再生资源。长期以来，河西地区在资源开发利用中存在以下问题：

一是石油、煤炭等后备能源资源不足，曾经辉煌一时的玉门油矿的石油资源储备量逐年下降，使玉门市沦为典型的资源枯竭型城市而走向消亡。天祝一号井也因为炼焦煤储量的不足而面临闭坑的命运。

二是主要金属矿产资源开采成本高，利用率低，损失浪费严重，面临最大的问题是资源日益枯竭的现状，不可再生的主要矿种后备储量日益减少。如金

川镍铂矿的剥离技术要求不断提高，开采和剥离难度不断增大，出矿成本高；嘉峪关镜铁山铁矿富矿减少，贫矿多，还需要从省外补充。

三是萤石、石膏、芒硝、石棉等非金属矿产开采利用率低，往往未经深加工就以原矿出售，资源效益低。

四是河西玉门、金昌、嘉峪关属于典型的"一矿一城""因矿设市"的资源型城市，长期依赖当地矿产资源生存，面对日益减少甚至枯竭的资源，再加上河西走廊水土资源的有限性，直接影响到河西工业经济的可持续发展。河西走廊的3大内陆河流域，水资源开发利用不容乐观。石羊河流域上中游农业耗水过多，导致下游的民勤用水量严重不足，缺水严重，黑河流域水量也接近临界状态，只有疏勒河流域尚有余裕。

那么，河西走廊的资源枯竭型城市如何走出困境，实现工业经济的可持续发展呢？

(一) 依据《规划》，科学地分析省情地情

为了推进全国资源型城市的可持续发展，2013年12月，党中央和国务院专门印发了《全国资源型城市可持续发展规划（2013—2020年）》（以下简称《规划》），首次制订了关于资源型城市可持续发展的国家级专项规划。甘肃省10个城市被界定为资源型城市，其中包括河西地区的金昌市、武威市、张掖市3个地级城市和县级市玉门市。[①] 比如嘉峪关作为一个典型的资源型工业城市，工业占嘉峪关市经济总量的80%，工业经济对当地社会经济的发展贡献很大，酒泉农民收入在全省名列前茅。

2005—2008年嘉峪关市工业经济综合效益指数[②]

年份	2005	2006	2007	2008
工业经济综合效益指数（%）	200.96	215	245	282.42

据嘉峪关市统计局统计："2008年，嘉峪关市工业企业实现销售收入432.47亿元，比2003年翻了两番；实现利润20.52亿元，比2003年增长5.63倍。"[③]

为了扶持资源枯竭型城市走出困境，实现可持续发展，党中央和国务院在

---

① 甘肃10个城市列入资源型城市[N]. 兰州晚报，2013-12-05.
② 数据来源：王玉梅. 嘉峪关市"工业强市"的思考[J]. 中国国情国力，2009（11）：61-64.
③ 王玉梅. 嘉峪关市"工业强市"的思考[J]. 中国国情国力，2009（11）：61-64.

《规划》中,根据资源保障能力和可持续发展能力差异,将资源型城市划分为成长型、成熟型、衰退型和再生型4种类型。[1] 河西地区的金昌市为成熟型城市,金昌市被列为重要资源供应和铜矿后备基地,金昌国家矿山公园被列入资源型城市重点旅游区中的矿山工业旅游地;玉门市则是典型的衰退型城市,玉门油田被列为地下水破坏重点治理工程;武威市为成长型城市;张掖市为再生型城市。

《规划》要求资源型城市"要率先建立五大长效机制",到2020年,基本完成经济转型的任务。国家发改委还下达财力性转移支付资金,有效促进了河西地区资源型城市产业结构的成功转型。

(二)抓住政策机遇,对原有产业进行升级改造,大力发展战略性新兴产业

2012年8月15日,甘肃省政府制定并颁布了《甘肃省主体功能区规划》,要求加快甘肃省石油化工、有色冶金、装备制造、煤炭电力、农产品加工等传统产业的转型与升级,要求以技术创新推动制造业由生产型向生产服务型转变。金川公司在发展有色金属材料工业的基础上,为了适应市场经济的竞争,通过高新技术积极开发新型材料。

2013年《全国老工业基地调整改造规划(2013—2022)》颁布实施以来,河西工业开始了新一轮的调整改造。在政府加强政策扶持的同时,企业自身不断加强科技投入与改造力度,对原有产业进行升级改造,大力发展新兴产业。金昌矿是中国最大的镍生产地和钴生产地以及铂族提炼中心。金川公司针对有限的矿产资源,对原有产业进行升级改造,开发新产品,提高产品的附加值,促进矿产资源的可持续利用。"一矿一城"的金昌市成为中国重要的镍钴有色金属基地和重工业城市。

(三)因地制宜,开发新能源,提高资源效益

由于河西地区自然条件、交通设施以及社会环境等因素的制约,河西地区的工业经济和沿海地区工业经济有很大的差距,河西工业城市面临的资源危机日益严重,急需依靠科技进步,开发新矿源与新能源,发展资源节约型工业。

除了节约资源,还要寻找资源开发的更多途径。河西老工业企业积极寻求与"一带一路"共建国家进行能源开发方面的合作,如石油开采、有色金属冶炼、铁矿石冶炼等方面,建立河西走廊经济带,开发特色产业链,提高市场竞争力。

---

[1] 全国资源型城市可持续发展规划:2013-2020年[EB/OL].中国政府网,2013-11-12. http://www.gov.cn.

传统工业发展模式导致河西地区矿产资源被过度开采，储量下降，河西主要工业资源型产业比重大，产业结构不合理，工业产能下滑，河西原有老工业城市如玉门、酒泉、金昌等逐渐沦为资源枯竭型城市。面对资源枯竭，这些由"一矿一城"形成的工业城市避免不了像玉门市一样消亡的命运。面对资源枯竭的现状，玉门石油管理局已成功实现了向西转移，转而开采新疆吐哈油田，以解决玉门石油资源枯竭的问题，为发展石油化工工业找到了新的资源。

河西地区由于"一矿一城"形成的工业城市，要实现持续发展，关键在于优化河西地区经济结构，通过转型获得新的经济增长点，或者开发太阳能、风能等可再生资源，寻找河西工业经济可持续发展新的经济增长点，弥补不可再生资源的短板。

（四）以信息化促工业化，走新型工业化道路

早在2012年8月15日，甘肃省政府就制定并颁布了《甘肃省主体功能区规划》，要求推动工业提质增效和转型发展，坚持工业化信息化融合发展，深入推进工业强省战略，实施"中国制造2025"甘肃行动纲要，提升传统优势产业质量和效益，培育壮大新兴产业，加快工业结构调整和转型升级。

《规划》提出，甘肃省要建成6大产业基地（建设以兰州、庆阳为重点的国家战略性石化产业基地；以金昌、白银、兰州等为重点的国家有色金属新材料基地；以嘉峪关为重点的优质钢材生产及加工基地；以陇东、酒嘉为重点的煤炭清洁利用转化基地；以兰州、天水、酒泉等为重点的先进装备制造业基地；以特色农产品生产区域为重点的农产品加工基地）和8大产业链（石油化工及合成材料、有色金属新材料、煤炭高效清洁利用、绿色生态农产品加工等）。

甘肃省要建成的6大产业基地当中，河西地区规划的产业基地就占4个，主要包括金昌有色金属新材料基地、嘉峪关优质钢材生产及加工基地、酒嘉煤炭清洁利用转化基地和酒泉先进装备制造业基地以及特色农产品加工基地，充分利用信息技术和"互联网+"，在河西地区形成特色化的有色金属新材料加工产业链、绿色生态农产品的加工产业链。

为了建设"一带一路"信息制高点，全面实现"产业兴省、工业强省"的目标。"十三五"时期（2016—2020），甘肃省政府先后出台了《甘肃省工业互联网发展行动计划（2018—2020）》《新时代甘肃融入"一带一路"建设打造信息制高点实施方案》等文件，全省各地积极建设工业互联网，推动传统产业的转型升级。

"十四五"时期（2021—2025）成为甘肃省工业互联网实现跨越式发展的关键期，省政府提出构建"一核引领、三片区联动发展"的工业互联网产业空间

格局，进一步优化工业互联网生态布局。"一核"是以兰州和兰州新区为中心，以兰（州）白（银）一体化为重点，辐射带动定西、临夏的一小时核心经济圈。①"一核引领"以兰州新区大数据产业园、国家装备制造高新技术产业化基地为产业发展创新驱动核，打造全省工业互联网产业示范基地。

"三片区联动发展"指的是河西片区、陇中片区、陇东南片区联动发展。陇中片区是指以水源涵养和水土保持为重点的黄河上游生态功能带。陇东南片区指的是以综合能源和先进装备制造为重点的陇东南经济带。

河西片区指的是以清洁能源、新材料和特色高效农业为重点的河西走廊经济带。立足嘉峪关、张掖、金昌等地优势金属与非金属矿产、能源矿产资源，重点围绕有色金属冶炼、新材料产业集群，依托紫金云数据中心产业园区、张掖大数据产业园区等平台，推进企业数字化改造，加快智能矿山等重点项目建设，强化龙头企业带动作用；依托酒泉作为省域副中心区域区位优势，充分利用酒泉新能源资源，推进能源行业工业互联网平台建设，在酒泉云计算大数据中心打造全国新能源大数据中心，加快通用设备制造行业工业互联网标识解析二级节点平台建设。围绕新能源、化工、装备制造产业集群优势，加快推进酒泉、武威区域特定行业工业互联网平台建设，加快实施新能源产业等数字化转型，提升产业集群竞争力。②

工业互联网等新型基础设施建设为工业经济的发展提供了新动能，颠覆了传统工业的生产方式，大大加快了新型工业生产体系的形成。2021年11月30日，工信部正式发布《"十四五"信息化和工业化深度融合发展规划》（以下简称《规划》）。《规划》明确提出"十四五"期间信息化与工业化"两化"融合发展的总体目标。2021年12月31日，甘肃省人民政府办公厅印发了《甘肃省"十四五"制造业发展规划》和《甘肃省"十四五"工业互联网发展规划》，要求壮大工业互联网数据产业。面向有色冶金、石油化工、能源电力、电子信息、机械制造、建材工业等重点行业开展工业互联网融合创新应用，形成智能化生产、网络化协同、服务化延伸、个性化定制、数字化管理等典型应用模式，到2025年，打造3~5个工业互联网园区网络标杆，培育2~3家大数据产业领军企业。推动100家骨干企业开展工业互联网内网改造升级，建设5个"5G+工业互联网"内网改造标杆。到2035年，基本建成系统完备的工业互联网基础设施

---

① 甘肃：构建"一核三带"发展格局 推动区域协调发展［EB/OL］.中国青年报，2022-05-28.

② 甘肃省"十四五"工业互联网发展规划［EB/OL］.甘肃省人民政府办公厅，2022-01-10.

体系。

两化融合是指工业化和信息化融合发展，就是在信息化条件（环境）下，企业实现全面现代化的进程。甘肃19家单位被工信部列为两化融合管理体系贯标试点，其中河西地区的中核四零四有限公司、甘肃酒钢西部重工股份有限公司、山丹县星派伟业家具装饰材料有限公司3家公司榜上有名。工业互联网平台的建立，必将促进河西工业产业的转型升级，成为带动河西地区经济增长的新动能。

根据党中央和省政府"十四五"规划要求，河西各地先后颁布了"十四五"期间实施"两化融合"的规划与措施。金昌市政府提出金川集团、金泥集团、瓮福化工、鑫华焦化等企业要提高企业信息化和工业化融合水平，加快市内工业园区、企业厂区5G网络基站建设，打造覆盖全市重点工业园区、工业企业的高质量内外网等发展目标。

目前，"金昌市的全市两化融合发展水平处于全省前列，建设一批具有行业特色的工业互联网平台，智能制造新模式规模化推广。工业领域数字化、网络化、智能化蓬勃发展，运用云计算、大数据、人工智能等数字技术开展生产经营活动的企业规模不断壮大"[1]。

张掖市人民政府也颁布了《甘肃张掖市"十四五"工业和信息化发展规划》（简称《生态工业规划》），《规划》明确了建设数字经济基础设施体系，推动数字产业化加快发展，推动互联网、大数据、人工智能与制造业深度融合。[2]

民乐县也要求滨河集团、银河集团、丰源薯业等企业加快工业互联网、云计算、大数据、物联网等信息新技术的应用。[3]

甘肃省政府围绕河西地区装备制造、建材工业、石化、有色冶金等重点行业，打造工业互联网集成应用标杆。支持金昌、酒泉创建国家新型工业化产业示范基地（大数据）。持续优化酒泉工业互联网平台各项功能，全面提升工业互联网与制造业融合水平，推进工业互联网平台与现有平台在硬件、环境、数据的开放共享。

目前，酒钢集团、金川集团等河西地区的重点企业已经建成几十个省级数

---

[1] 金昌市人民政府办公室关于印发.金昌市"十四五"数字经济发展规划的通知[EB/OL].金昌市人民政府网，2022-01-09.
[2] 张掖市工业和信息化局对市政协五届一次会议关于制定全市数字经济发展规划建议的答复[EB/OL].张掖市人民政府网，2022-09-19.
[3] 窦斌.民乐县深入实施"中国制造2025"战略[N].张掖日报，2020-01-06.

字化车间/智能工厂，重点企业生产设备联网率达40%以上。"酒钢私有云平台"获全省冶金有色工业科技进步二等奖，金川集团工业企业网络安全综合防护平台获国家2019年制造业高质量发展专项支持。在有色、冶炼、能源等行业加快绿色数据中心建设，引领数据中心走高效、低碳、集约、循环的绿色发展道路，积极创建国家绿色数据中心。

近年来，甘肃省持续推进信息化和工业化深度融合，抢抓数字化发展机遇，加快发展数字经济产业链和数字智能产业集群。工业企业积极运用新技术大力改造、提升传统产业。5G、工业互联网不断推进传统产业的转型升级。河西地区持续深化5G建设，兰州国际互联网数据专用通道和兰州新区至酒泉、天水、金昌的高速网络链路建成运营。

河西地区数字化新兴产业蓬勃发展。涌现出肃南县西沟矿"5G+智慧矿山"、金川集团"5G+井下电机车无人驾驶"等标杆案例。敦煌研究院在世界博物馆日开展"一院六地"全球大型5G直播活动，全球91个国家地区的660万观众在线观看。金昌镒康科技有限公司5G智能化集中控制中心项目等多个"5G+全连接工厂项目"先后建设，有力助推了高新技术的融合赋能、传统产业的转型升级、企业治理能力的现代化。河西工业在未来全省工业经济当中具有极其重要的地位，可以说，甘肃省要实现工业强省的目标，河西占有"半边天"，"河西兴，则甘肃兴"。

(五) 发挥大型工业企业龙头作用，带动地方小工业发展，建立河西经济带

工业建设需要一切从实际出发，因地制宜，切忌盲目模仿。长期以来，人们对河西地区地理环境和能源资源禀赋差别与各地经济发展不平衡的现状认识不足，导致工业建设雷同度高，缺乏特色。

河西地区具有丰富的资源，开发和利用程度较高，当地的资源利用率高达80%以上。河西地区工业经济成为带动河西地区社会经济发展的重要因素。20世纪90年代中叶，河西地区的工业总产值占甘肃全省工业总产值的20%左右，河西工业经济为全省社会经济的发展做出了重要贡献。

因此，河西地区的几个资源型城市要合理利用资源，发挥大中型工业企业的龙头作用，尽早建立多元化的产业结构。

1. 发展壮大战略性新兴产业，培育一批新的支柱产业和新的增长点。

《规划》提出目前甘肃省的"战略性新兴产业重点领域"包括新能源、新材料、先进装备和智能制造、生物医药、信息技术、节能环保、新型煤化工、现代服务业、公共安全。把河西各地建设成全国重要的"新能源基地和光热发电示范基地""新材料的研发和应用基地""国家重要的有色冶金新材料基地"

和"信息技术产业园建设基地"。①

2. 河西地区全力打造传统优势产业链。

《规划》部署在甘肃全省要打造的8个传统优势产业链，除了新型化工材料产业链以外，河西地区覆盖了7个领域的产业链。根据《规划》的战略部署，河西地区重工业方面，全力打造玉门石化、金川公司的有色金属新材料、稀土功能材料和电池材料、酒钢公司的有色金属新材料和冶金新材料、以酒嘉为重点的装备制造等产业链；轻工业方面依托"金张掖""银武威"等非典型工业城市，全力发展绿色生态的农副产品加工工业，要依托河西地区的种植业特色，发展农村工业，建设以河西为主的国家大型制种基地和优质葡萄酒生产基地。武威发展脱水蔬菜、张掖发展肉牛等畜产品加工、高台发展番茄酱加工、临泽发展红枣加工等基地。在武威、张掖、酒泉、金塔、民勤等地发展制糖工业基地，还要形成以金昌为中心的毛纺工业基地，以嘉峪关为中心的棉纺工业基地，武威皮革工业基地等。②

同时，河西地方老工业企业多数为中央和省属大中型骨干企业，要改变"孤岛型经济"模式，发挥辐射带动作用，与地方加强合作，通过产业联合，带动地方小工业发展，建立河西经济带。如把握国家投入建设金川公司等中央大型企业二期、三期工程的有利时机，各地方可以利用人才、技术、资金优势，配套建设一些中小型工程，发展地方小工业。利用国家提供的采矿、选矿等设备援助，支援肃南县开发铜矿，建立永昌县化工厂、古浪县水泥厂等等地方小企业。

目前，河西地区虽然存在石油等矿产资源趋于衰竭的问题，但是有色金属矿产中的镍、钴、铂、钯、锇、铱、钌、铑等储量居全国首位，尤其是河西地区具备特殊的光热条件，蕴藏着极其丰富的清洁能源太阳能和风能，要合理利用这些绿色能源资源以提高资源效益。可以依靠"一带一路"的区位优势，扩大对外开放，向国内、国外拓扑后备资源基地，尤其要寻求和"一带一路"共建国家进行清洁能源的合作研发与开采，树立大资源和大市场观念，充分利用河西地区的太阳能和风能资源开发发电项目，解决"一带一路"共建国家电力资源短缺的问题，这样的合作是可大有作为的。

此外，河西作为中国西部著名的商品粮生产基地，开发独特的农副特产品

---

① 甘肃省人民政府关于印发甘肃省国民经济和社会发展第十三个五年规划纲要的通知[EB/OL]. 甘肃省人民政府网，2018-06-20.
② 甘肃省人民政府关于印发甘肃省国民经济和社会发展第十三个五年规划纲要的通知[EB/OL]. 甘肃省人民政府网，2018-06-20.

与绿色农产品将可大有作为。如河西地区是全国最大的玉米制种基地，每年玉米丰收以后，散落在地里的玉米芯、杆、根被任意丢弃，造成很大浪费，急需开发与加工，这应该是发展养殖业的好原料。"河西走廊尚待开发的2000多万亩荒地，再加上年均3200小时的日照资源，使再造一个河西有着坚实的资源条件。"① 但是，河西未开发的荒地属于沙性土壤，适合种植干旱农作物，发展沙产业，如沙棘、沙枣等都可以进行加工形成河西地区的特色农产品。

三、从技术因素来看，科技创新是实现河西工业可持续发展的重要条件

（一）通过革新技术，走新型工业化道路

党的十六大报告对中国工业经济的发展提出了新要求："坚持以信息化带动工业化，以工业化促进信息化，走出一条科技含量高、经济效益好、资源消耗低、环境污染少、人力资源优势得到充分发挥的新型工业化路子。"②

河西地区的工业基本上属于政府主导型和资源依托型，随着国家发展战略的东移和投资的减少，金川公司部分资源的开发难度加大、玉门油田的资源枯竭，原有的优势资源逐步丧失竞争力，如何走新型工业化道路呢？

首先，传统工业依靠资本、劳动和资源的积累。河西地区的工业发展水平比较落后，科技力量比较薄弱，走新型工业化道路需要依靠科学技术，突破前沿技术领域，通过革新技术，才能促进21世纪河西工业的跨越式发展。

其次，走新型工业化道路还要求改变河西传统工业高投资、高消耗、高污染的弊病，保护生态环境，走可持续发展道路。河西地区生态环境极其脆弱，大规模的过度的资源开发，破坏了生态环境，造成严重的水土流失和沙漠化，使河西地区人民的生存环境恶化，因此，河西地区要充分利用好新型工业化道路的契机。通过革新技术，提高工业生产效率。

再次，走新型工业化道路需要加快信息资源的开发利用，培育河西地区新的优势产业。新中国成立以来，河西地区形成了以有色金属、石油化工、冶金建材以及农产品加工工业为支柱的资源导向型工业结构。通过技术创新和制度创新，促进河西工业的技术升级和产业结构的优化，运用计算机和网络等信息技术，促进信息资源的开发和利用，以信息化带动工业化，以工业化促进信息化，大力发展电子信息、生物医药及新材料等高新技术产业，加快河西地区原

---

① 姜安印，胡淑晶．"再造一个河西"如何破题［J］．发展，1998（2）．
② 江泽民在中国共产党第十六次全国代表大会上的报告［R/OL］．中国政府网，2008-08-01．

有工业结构的调整，提高产品的附加值和劳动生产率。

"十四五"时期（2021—2025）是我国全面建成小康社会、实现第一个百年奋斗目标之后，乘势而上开启全面建设社会主义现代化国家新征程、向第二个百年奋斗目标进军的第一个五年，是新发展阶段制造强国、网络强国建设的关键五年，是工业互联网进入快速发展期实现整体发展阶段性跃升的重要五年。

新一轮科技革命提供新契机。人工智能、区块链、大数据等新一代信息技术被不断突破和应用，以数字化、网络化、智能化为标志的产业革命加快发展，大幅提升传统产业的发展等级和发展空间；利用先进信息技术提高工业产业的发展能力，助推重点产业的创新和跨越发展。

（二）加快培育独有的特色产业，加快工业产业的转型与升级

"一带一路"沿线中亚各国的优势产业主要是中低端水平的采掘业和资源加工工业，河西地区要加快培育独有的特色产业，"走出去"为中亚国家提供新能源、新材料、新技术和新型冶金装备，实现产能方面的互补与合作。

商务部研究院区域经济研究中心主任张建平在接受《国际商报》记者采访时就表示，"一带一路"倡议给中西部地区提供了一个全方位开放的巨型国际合作平台，这个平台可以使东、中、西部资源有效连接和互动起来，包括资金、人员、物流、信息等的流通，进而为中西部地区注入新的发展动力，帮助其寻求新的经济增长点。《2018"一带一路"贸易合作大数据报告》发布的数据显示：2017年，中国与"一带一路"共建国家的进出口总额达14403.2亿美元，同比增长13.4%。从地区来看，西部地区与"一带一路"共建国家贸易扭转连续两年下降，2017年与"一带一路"共建国家进出口总额为1434.2亿美元，比2016年增长15.6%，占全国与"一带一路"共建国家进出口总额的10.0%。[1]

由于河西地区工业发展动能不足，河西地区必须借助"一带一路"建设平台，进一步完善基础设施建设，大力培育那个反映区域特色的新型产业，如可以生产反映裕固族民族文化特色的手工艺品和小工业产品，利用河西地区的特色，发展特色旅游产业。

充分利用河西地区原有工业基地，依靠高新技术加快工业产业的转型与升级，打造新型产业和循环经济产业。如金昌新材料示范基地的建立。如酒泉市坚定不移实施工业强市战略，借助"一带一路"的东风，通过科技创新，改革长期以来的中低端工业加工产业链，将发展方式由高投入、高消耗、低产出、低效益的粗放式发展成为集约式，实现了工业产业的集约化和品牌化，成为新

---

[1] 中西部地区借一带一路加速开放［EB/OL］.甘肃商务网，2018-10-26.

能源装备制造产业基地。酒泉市"2014年科技进步对经济增长的贡献率达54%,循环经济增长10.9%,高于工业经济本身的增加值"。①酒泉市积极规划建设酒泉工业园区、玉门市工业园区。通过推动酒泉市第二产业的转型升级,"确保工业增加值增长8%以上。要做大做强首位产业,支持新能源技术研发与装备制造、风光电场建设"。②酒泉市的成功经验是"三次产业协调发展:坚持做精一产、做大二产不动摇,全力推动三次产业结构优化和转型升级"。③

(三)以技术创新推动新兴产业,用信息化带动工业化

传统计划经济时期,工业经济的发展依赖的是政府。政府主导下小基础办大工业,造成了传统工业普遍存在的高投入、高污染、高消耗的问题。1992年社会主义市场经济体制建立以来,河西地区的工业经济建设过去长期依赖政府政策投入,自我发展能力严重不足,地方自主性发展的能力很弱。因此,党的十六大以来,河西工业经济走上新型工业化道路,加快调整工业结构,依靠科技,优化产业结构,积极发展节能环保低碳产业,以技术创新推动新兴产业,在酒嘉地区建立国家级新能源基地和装备制造业产地,形成河西地区的特色产业与主导产业。酒泉近年来开发风电产业作为新兴产业,但是由于技术问题导致风电发电存在不稳定性,河西地区风电的消纳能力不足,向外输送成本又高,设施不健全,所以酒泉地区出现了"弃风限电"现象,造成了风电这样的清洁能源和新能源的浪费。要推动21世纪"一带一路"背景下河西地区工业的可持续发展,就要充分利用好风电能源,提高河西地区对风电的消纳能力,同时可以把风电能源外送到其他地区。

科学技术是第一生产力,是实现工业可持续发展的重要条件。在新中国社会主义建设初期,形成的传统工业发展模式属于粗放型经济增长方式,工业发展是以资金的高投入、资源的高消耗、环境的高污染为代价的,以低效益为特征,走的是先污染、后治理的工业化道路。

实践证明:只有依靠技术进步,大力发展高新技术产业,用信息化带动工业化,实现由粗放型经济增长方式向集约型经济增长方式的转变,才能真正促进河西工业经济的可持续发展。如酒钢作为甘肃最大型的铁矿原料基地,仅仅镜铁山一处的铁矿储量就占甘肃全省的76%以上,但由于镜铁山几乎全部属于贫矿石,富铁矿少,对于选矿的技术要求极高。酒钢每年需要从外省调入部分

---

① 孙占鳌.酒泉年鉴:2015:综合卷[M].兰州:甘肃人民出版社,2015:19.
② 孙占鳌.酒泉年鉴:2015:综合卷[M].兰州:甘肃人民出版社,2015:21.
③ 孙占鳌.酒泉年鉴:2015:综合卷[M].兰州:甘肃人民出版社,2015:195.

富矿和炼钢用配套矿石。只有通过革新技术，才能提高工业生产效率，才能提高河西工业产品的市场竞争力。

在甘肃实现"工业强省"战略目标的新形势下，河西各地要走新型工业化道路，避免工业建设的低水平与重复建设，依靠技术进步，大力发展技术密集型产业和技术导向型工业，把河西地区的资源优势真正变成经济优势，通过科技创新提高经济效益，降低玉门油矿、酒钢和金川公司等大企业对能源资源和水资源的过高消耗，减少环境污染，提高产品的技术含量和市场竞争力，使河西工业从原有的资源消耗型工业转变为资源节约型工业。

通过创新技术，优化河西工业的产业结构，运用计算机和网络等信息技术，开发和利用信息资源，以信息化带动工业化，以工业化促进信息化，大力发展电子信息、生物医药及新材料等高新技术产业，加快河西地区原有工业结构的调整，提高产品的附加值和劳动生产率，培育河西地区新的优势产业。

（四）以工业带动第三产业、反哺农业

河西工业是河西地区改革开放最先进、最彻底的领域，同时，工业带动农业及第三产业的作用在不断凸显，以工促农，富农强工，通过工业反哺农业，河西传统农业改造升级，生产效益提高。比如以酒钢公司为龙头的嘉峪关市在重点发展冶金、电力、化工、建材四大主导产业的同时，工业带动第三产业以及反哺农业的效益十分明显。①

四、从区域环境因素来看，节约资源、保护生态环境，是关系河西工业可持续发展的战略性问题

（一）树立节约资源与保护环境的意识，坚持节约与开发、保护与发展并重的原则

新中国工业化初期，由于国防建设的需要，政府通过大投资在内地进行工业布局，工业项目重复多、效益差，这种粗放型工业发展模式造成了环境的高污染、资源的高消耗，以破坏生态环境为代价，换取内地工业经济的发展，这个教训是深刻的。因此，工业建设一定要注意保护生态环境、节约资源、培育和发展环保产业，这是关系21世纪工业可持续发展的战略性问题。

首先，必须牢固树立资源节约意识，依法保护生态环境，走节约与开发、保护与发展并重的工业化道路。

中国工业化初期，粗放型的工业生产模式通过高投入、高消耗，高污染换

---

① 王玉梅. 嘉峪关市"工业强市"的思考 [J]. 中国国情国力, 2009 (11): 61-64.

取工业经济的发展，环境问题往往被忽略。这种传统的工业发展模式走的是先污染、后治理的工业化道路。20世纪70年代，工业管理混乱，乱采小煤矿、肆意排放工业"三废"（废气、废渣、废水），造成严重的环境污染。

"三废"指标高，以牺牲资源、环境为代价，这种粗放型工业发展模式只追求了短期效益，没有考虑可持续发展的问题。这是工业化初期的最大弊端。改革开放以来，工业发展速度加快，工业污染仍然没有解决。

1973年，中国颁布了第一部环境保护法——《关于保护和改善环境的若干规定》和第一个环境标准——《工业"三废"排放试行标准》。1974年，甘肃省成立了专门的环境保护领导小组，以治理工业"三废"为主的环境治理工作正式起步。1979年9月，第一部环境保护基本法——《中华人民共和国环境保护法（试行）》颁布以后，保护环境就成为中国的一项基本国策。

1987年联合国正式提出"可持续发展"（Sustainable Development）的概念。1992年，中国在世界上率先提出了《环境与发展十大对策》，第一次明确提出了转变传统发展模式，走可持续发展道路。1994年中国颁布《中国21世纪议程》，随后又制定了《中国环境保护行动计划》，标志着中国正式参与全球可持续发展的共同行动。[1] 可持续发展战略强调经济与保护环境同步发展。从此，可持续发展战略成为21世纪中国发展的重大战略。

21世纪以来，国家不断完善有关环境保护的法律法规，加大工业污染的治理力度，不断开发新能源，推广节能减排技术，提高"三废"的利用率，不断培育和发展环保产业，污染严重的小企业需要关闭、停业或转产，治理工业污染取得了显著成效。

对河西地区而言，玉门石油基地、酒泉钢铁基地、金昌有色金属冶炼基地以及张掖电厂等重工业生产需要消耗大量能源，属于耗能耗水大户，存在工业用水量大、工业废水排放污染水资源、工业废弃物污染空气等环境问题。为此，金川矿区树立资源节约意识，引进采矿与剥离的高新技术，提高资源的综合利用效率，同时，还重视对废石及工业"三废"的回收利用。

粗放型工业开发模式使河西的传统工业面临资源枯竭、能源短缺、发展动力不足的问题。西部大开发期间，"西气东输"工程给河西地区带来了清洁能源——天然气，弥补了河西地区石油和煤炭资源的不足，但是，天然气价格偏高，相关设施安装费用高，因此天然气用户仍以居民为主，工业用户对天然气的使用率不高。煤炭依然是不可替代的重要能源。同石油、天然气相比，煤炭

---

[1] 郭培章. 中国工业可持续发展研究 [M]. 北京：经济科学出版社，2002：35.

开采成本低,储藏与运输方便,价格低廉。借助"一带一路"的建设平台,加大石油进口量,也可以弥补河西地区能源的不足。

(二)建立与经济发展相适应的生态环境保护体系

工业可持续发展是一种有别于传统生产方式的新型工业发展模式,它的核心思想体现于三个"尽可能":工业污染尽可能最少、对环境和人类的危害尽可能最小、资源能源尽可能得到充分利用。好处在于:(1)可以根本改变传统落后的工业生产方式;(2)可以缓解矿产资源和能源供给相对不足的压力;(3)可以增强工业产品在国内、国际市场上的竞争力。这是中国工业从资源消耗型转变为资源节约型和技术导向型增长方式的根本出路。①

河西地区工业的可持续发展,需要加大对工业污染的治理力度,加强对工业企业的监管,出台地方治污标准,督促企业增加治污投入,提高"三废"的利用率。如对河西地区污染严重的行业引进节能降耗技术,进行"三废"治理,对污染严重的企业,引导其该停产的要停产,该关闭的要关闭。鼓励和引导地方小工业企业使用清洁能源,发展环保产业,走可持续快速发展的道路。

2010年底,国务院印发了《全国主体功能区规划》,这是中国颁布的第一个国土空间开发规划。

甘肃省政府最先于2012年8月15日制定并颁布了《甘肃省主体功能区规划》,在全省划分重点开发、限制开发、禁止开发3种类型的开发地区,明确规定:"对限制开发区域和禁止开发区域实行严格的土地用途管制,严禁改变生态用地用途,禁止开发区域根据强制保护原则设置产业准入环境标准,禁止有任何污染的企业进入区域,关闭和迁出现有污染排放企业,实现污染物'零排放'。"②

《规划》提出,"围绕节能、污染防治、工业固废综合利用等领域,加强重点领域关键技术研发,发展高效节能、资源循环利用、大气治理、污水处理等先进技术和专业化服务,培育壮大节能电气设备、环保技术设备、资源综合利用设备、再制造和节水设备研发制造等产业,推进兰州新区等节能环保产业园建设,把节能环保产业培育成为新的增长点"。③要求大力推进绿色、低碳技术创新和应用,继续发展壮大新能源,加快煤炭清洁利用和节能环保产业发展。

《规划》明确规定了甘肃全省主要城市的主体功能区规划:

---

① 郭培章. 中国工业可持续发展研究 [M]. 北京:经济科学出版社,2002:7.
② 甘肃省主体功能区规划出台 [N]. 甘肃经济日报,2012-08-15.
③ 甘肃省主体功能区规划出台 [EB/OL]. 甘肃经济日报,2012-08-15.

(1)"一横两纵六区"城市化战略格局。覆盖24个县市区。其中,在河西地区加速推进酒嘉(酒泉—嘉峪关)、张掖(甘州—临泽)、金武(金昌—武威)3大组团式城市化发展格局。

(2)"三屏四区"生态安全战略格局。覆盖37个县市区。包括河西地区的"以祁连山冰川与水源涵养生态功能区为重点,构建河西内陆河流域生态屏障。其中包括河西地区的敦煌生态环境和文化遗产保护区、石羊河下游生态保护治理区。"① 要求"加大生态建设和环境保护。以'三屏四区'等生态保护区为重点,构建生态安全战略格局,保障区域和国家的生态安全。"②

以上政府的一系列环保法规以及《规划》的颁布,使河西地区地方政府有法可依,促进了河西地区生态环境治理与保护工作的顺利开展,为河西地区工业经济可持续发展、正确处理好发展经济与保护生态的关系提供了法律保障。

(三)树立"绿水青山就是金山银山"的环保理念,走可持续发展的道路

河西地区生态环境极其脆弱,大规模的资源开发,破坏了河西地区的生态环境,水土流失和沙漠化现象日益严重,使河西地区的生存环境日益恶化。党的十六大提出走新型工业化道路,要求河西传统工业规避高投资、高消耗、高污染的弊病,依法保护祁连山的生态环境,树立"绿水青山就是金山银山"的科学理念,走可持续发展的道路。因此,河西地区要充分利用好走新型工业化道路的契机,搞好祁连山生态环境的保护,信息化、工业化双管齐下,以工业化促进农业现代化,走出一条"科技兴工业""工业强城市"的道路。

第四节　近现代河西工业发展的启示

近代以来,在传统农牧业经济的基础上,河西地区建立了少量近代工业,但截至中华人民共和国成立以前,绝大多数近代企业的生产方式是以手工作坊为主的。20世纪50年代,以毛泽东为代表的中国共产党人提出了把中国由落后的农业国转变为先进的工业国,实现工业化的重要思想。在中央人民政府的强投资、大支持下,通过"一五"计划、工业"大跃进"、"三线"建设,奠定了河西地区现代工业的基础。尤其在改革开放以来,随着工业企业简政放权、利改税、工业企业法的逐步实施,极大地促进了河西工业化时代的提前到来,河

---

① 甘肃省主体功能区规划出台[EB/OL].甘肃经济日报,2012-08-15.
② 甘肃省主体功能区规划出台[EB/OL].甘肃经济日报,2012-08-15.

西现代工业继续稳步发展，形成了以石油机械、有色金属冶炼、钢铁建材以及农产品加工工业为支柱的现代工业体系。

从"一五"计划开始，国家制定了优先发展重工业的投资计划，"二五"计划时期，全民以"炼钢"为主，河西凭借区域丰富矿产资源的优势，形成了石油、有色金属冶炼与黑色金属冶炼等支柱工业产业，重型化结构特征已经定型。三线建设以来，以"备战"为目的，国家在河西地区建立了一批国防工业和军工工业。改革开放以来，优先发展轻工业的方针促进了河西地区轻工业比重的增加。但是，在河西地区，最有影响的仍然是重工业部门。河西重工化结构的形成，既和国家重工业优先发展的政策需要有关，也和河西地区自身的资源条件有关，还和苏联国家经济建设理论的影响有关。

20世纪50年代以来，河西地区现代工业的发展取得了很大的成就。工业成为促进河西社会经济发展的重要因素。以石油、机械、有色金属冶炼、国防军工工业、农产品加工工业为支柱的工业体系的建立与发展，为支援国家的经济建设和国防建设做出了重要贡献。

根据东部发达地区的经验，只有发展工业经济才能尽快脱贫致富。新中国成立以来，在由农业国向工业国的转变过程中，工业产值在国民经济中的比重不断提高，工业逐渐成为国民经济的主导部门。工业化过程就是"在经济发展中机器大工业占据统治地位的发展过程，或产业结构从以农业为中心向以工业为中心的转变"过程。[1]

祝慈寿著《中国现代工业史》中提出工业化的发展过程分为4个阶段：在传统经济阶段即"工业化准备阶段"，国民经济的基本支柱一般是农业或畜牧业；在"工业化初级（早期）阶段"，"国民经济的主导部门是农业与工业并存，工业内部是轻工业优先发展"；在工业化中期阶段，即"全面工业化阶段"，以原材料工业为重心的重工业化局面已经形成，"重工业成为国民经济的主导部门"；工业化后期阶段就是"工业现代化阶段"，此阶段重工业不仅生产生产资料，还生产生活资料，第三产业比重上升，工业产品由追求数量向追求质量转变。[2]

参照这个理论，有助于我们更加直观地认识河西现代工业变迁的过程与特点。中华人民共和国成立以前，河西地区基本处于工业化以前的准备阶段，国民经济仍然以农业和畜牧业为主，自然经济居于国民经济的主导地位。20世纪

---

[1] 于建玮.经济发展辞典[M].成都：四川辞书出版社，1989：37.
[2] 祝慈寿.中国现代工业史[M].重庆：重庆出版社，1990：179.

50年代初，河西工业结构中的轻工业比重占主导地位，属于工业化初级（早期）阶段；20世纪50—60年代，由于政府的强投资、大支持，外部的推力帮助河西地区实现了由工业化初级（早期）阶段向全面工业化阶段即工业化中期阶段的转变。河西地区重工业化的工业结构起始于50年代，成型于60—70年代，该阶段重工业成为国民经济的主导部门。20世纪80年代以来，随着工业结构的逐步调整，第三产业比重不断上升，工业总产值的比重不断上升，工业经济对河西地区社会经济的促进作用越来越明显。

以史为鉴，鉴往知今。在河西地区走新型工业化道路的新形势下，不能回避70年历史的积淀对河西近现代工业进程的重大影响。尤其是20世纪90年代以来参照区域经济增长理论[①]，未来河西工业可持续发展要注意以下几个问题。

一、"一带一路"倡议是河西地区工业经济发展的最大机遇

实践证明，要加快河西工业经济的发展，国家的政策支持是最重要的条件。要努力争取国家发展政策的有利条件，处理好国家政策和自我发展的关系。一方面要积极争取国家的建设资金，同时，也要立足于自力更生，加强自我发展能力，寻求多渠道融资，增强河西地区自身的经济实力和工业经济的"造血"能力。

当然也要看到，河西工业长期对国家投资的依赖性很大，导致了工业发展后劲不足。改革开放以来，河西重要国有工业企业积极主动进行企业改制，积极培育自我发展能力，在拉动全区工业经济增长方面有一定的贡献。但是，河西地区各城市实现"工业强市"的效果是不均衡的。酒泉与嘉峪关重点扶持规模以上工业企业实现集团化生产，同时带动和促进了地区规模以下工业的发展，在"工业强市"方面的成效是突出的，但是河西武威、张掖等其他非典型工业城市的发展缓慢。无论是对工业城市还是非典型工业城市，"一带一路"倡议都是难得的发展机遇。

二、必须坚持对外开放，发展外向型经济

长期以来，河西地区交通闭塞，生态环境脆弱，社会生产力落后，市场环境狭小，城市基础设施落后，城市化水平低，观念保守落后，对外资与民间资本的吸引力弱，这些成为制约河西工业经济发展的最大瓶颈。

河西地区经济落后，与东部发达地区相比，技术与资金投入不足，工业化

---

① 陈秀山，孙久文. 中国区域经济问题研究［M］. 北京：商务印书馆，2005：8.

水平较低，工业产品缺乏竞争力，因此，必须紧紧抓住"一带一路"的发展机遇，扩大对外开放，对传统产业进行改造升级，调整工业产业结构，开发新能源和新材料，大力发展外向型经济，积极寻求与沿线国家和地区的合作，互补双赢，加快发展。可以说，坚持对外开放是21世纪河西工业经济可持续发展的必由之路。

1. 争取更加优惠的政策，营造良好的投资环境。

坚定走对外开放的道路。抓住甘肃省实施"再造河西"战略和"一带一路"倡议的有利时机，向各级政府争取更多的扶持和优惠政策，加快河西地区的基础设施建设，包括机场建设，公路、铁路和高铁的建设，为招商引资创造更好的条件，吸引更多的外商来河西投资开发，或者与外商合资合作，互利共赢，联合发展。

2. 大力发展外向型经济，打开对外开放的新局面。

一方面，大力引进东部沿海地区的资金、技术，利用河西地区的资源和廉价劳务，发展电子产品的装配业务，再出口到非洲等落后国家。如张掖市电子智能终端产品产业园的建设就是一个典型。

另一方面，抓住"一带一路"倡议的机遇，发挥河西地区地处新亚欧大陆桥黄金地带的区位优势，开发新能源和新原材料，发展高新技术产业，建设高新产业园区，大力发展外向型经济。

在河西地区积极培育有色金属、新型材料、葡萄酒生产、肉牛生产等特色农产品等优势特色产品基地，积极开拓对外市场，形成河西经济带。

三、坚持因地制宜原则，与时俱进，科学发展

工业建设一定要遵循因地制宜原则，需要一切从实际出发，实事求是。长期以来，人们对河西地区区域环境缺乏正确的认识，没有把工业建设和自身社会发展战略联系起来认识。今后在制定河西工业发展战略时，要充分考虑河西地区自身的资源条件、地区差别、经济基础以及发展不平衡的现状，注意因地制宜，扬长避短，将能源优势就地转化为经济优势。抓住河西地区的地理环境和能源资源条件的优势，创新工业产品，避免产业结构的趋同现象。因地制宜地发展现代工业。

坚持"科学技术是第一生产力"，大力引进先进的科学技术，培育新产业，不断提高产品的质量和市场竞争力。

四、要协调处理好工业和农业、轻工业和重工业的比例关系

河西地区自古以来的优势产业是农牧业经济。20世纪50年代由于国家实施东西部均衡发展战略,河西地区在农牧业落后基础上直接办起了重工业,迅速崛起了河西地区的现代工业。这是工业化初期的一次成功尝试。但实践证明,工业发展不能长期片面依赖于政府投资。河西地区工业的技术水平和社会环境落后,导致融资困难,资金缺乏成为河西地区实现工业化的限制性因素。重工业所需资金多,建设周期长,效益相对差;而轻工业对政府的依赖小,融资渠道多,方法灵活,所需资金相对较少,建设周期短,资金周转快,见效快。因此,结合河西地区资源环境与"一带一路"倡议下的新环境,合理配置河西地区的轻重工业比重,才能更好更快地推进河西地区工业的可持续发展。

纵观一个世纪以来河西地区工业经济的发展变迁历程,在近代工业基础初步奠基的基础上,20世纪50年代以后,河西现代工业从崛起到快速发展,形成了以石油、冶金、机械及特色农产品加工工业为支柱的现代工业体系。

改革开放40多年来,河西工业积极进行企业改制,不断改进生产技术,优化与升级产业结构,工业产品的市场竞争力不断提高,工业经济在河西地区社会经济中的主导地位不断增强。当然,在河西地区,现代工业的发展是不平衡的,"一矿一城"形成的诸如金昌、玉门、嘉峪关等城市是典型的工业城市,而武威、张掖、敦煌等则是典型的农业城市,河西走廊主要工业城市的分布呈现孤立、分散的状态,属于"孤岛型经济",与当地经济发展的契合度比较低,有待加强。

要看到,一方面坚持工业强国、工业强省、工业强市的道路不变,只有工业发展了,才能以工业反哺农业,促进农业产业结构的调整,加快农业的商品化与产业化,增加农民收入,从而带动和促进河西地区尤其是农业城市社会经济的快速发展。另一方面也要重视河西地区农业的基础地位。常言道"无农不稳,无工不富。"工业与农业的关系是统一的、不可分割的整体。工业化水平的高低决定着农业基础的强弱。比如2008年,酒泉市农民年人均收入达到5791元,高居全省第一,同年全省农民年人均收入只有1980元,这是发达的酒钢集团工业经济带动与反哺当地农业的结果,酒泉农民发展高效农业,进行啤酒花种植,收入稳定增长。作为国家商品粮基地的河西走廊的传统经济以农业为主,河西地区城市化水平低,坚持发展工业,不仅可以以工促农,促进农业现代化,还可以促进农村的城市化。

农业城市要不要"工业强市"?如何加快工业经济的发展?工业与农业经济

的发展之间是否相互矛盾？如何加快传统农业向现代农业的转变？这是河西地区可持续发展的根本问题。实践证明，以工业反哺农业，通过实现工业化推进农业走向现代化，发展外向型、特色化的农副产品加工工业，才是河西地区工业经济可持续发展的根本出路。

中国改革开放40多年的成功经验证明，河西地区只有紧紧抓住"一带一路"倡议的政策机遇，扩大对外开放，发展外向型经济，与沿线国家实行能源开发与技术开发，才能有望实现21世纪河西工业经济的可持续发展。

"一带一路"倡议使河西地区优化产业结构、实现经济增长方式由粗放型向集约型转换都成为可能；使河西市场突破国界，吸收外资，输出与引进高尖端技术成为可能；使河西工业产品换代升级，参与国际市场竞争成为可能。

20世纪90年代的"西部大开发"和"再造河西"战略以及21世纪的"一带一路"倡议，都是河西工业发展的政策机遇。因此，一方面，河西地区要利用好政策机遇和河西地区的矿产资源优势，优化传统工业的生产力布局，促进产业结构的转型升级；另一方面，利用河西地区商品粮基地和农业发达的优势，促进农村经济工业化，再造河西走廊经济带，大力发展外向型经济，开拓中西亚、中东等国际市场，推动21世纪河西工业的可持续发展。

参考文献

1. 《张掖史话》编辑委员会. 张掖史话［M］. 兰州：兰州大学出版社，1992.
2. 《张掖市志》编修委员会. 张掖市志［M］. 兰州：甘肃人民出版社，1995.
3. 艾黎. 艾黎自传［M］. 兰州：甘肃人民出版社，1987.
4. 陈秀山. 中国区域经济问题研究［M］. 北京：商务印书馆，2005.
5. 董兆祥，满达人，魏世恩，等. 西北开发史料选辑（1930-1947）［M］. 北京：经济科学出版社，1998.
6. 甘肃发展年鉴编委会. 甘肃发展年鉴［M］. 北京：中国统计出版社，2010-2015.
7. 甘肃工业经济编委会. 甘肃工业经济［M］. 甘肃文化出版社，1994.
8. 甘肃年鉴编委会. 甘肃年鉴［M］. 北京：中国统计出版社，1993-2006.
9. 甘肃省地方史志编纂委员会. 甘肃省志·大事记：第二卷［M］. 兰州：甘肃人民出版社，1989.
10. 甘肃省地方史志编纂委员会. 甘肃省志·概述：第一卷［M］. 兰州：甘肃人民出版社，1989.
11. 甘肃省地方史志编纂委员会. 甘肃省志·建设志：第三十二卷［M］. 兰州：甘肃人民出版社，2000.
12. 甘肃省金昌市地方志编纂委员会. 金昌市志［M］. 北京：中国城市出版社，1995.
13. 甘肃省统计局. 甘肃统计年鉴［M］. 北京：中国统计出版社，1984-1993.
14. 甘肃省张掖市经济委员会. 张掖工业志［M］. 北京：中国城市出版社，1993.
15. 高荣. 河西通史［M］. 天津：天津古籍出版社，2011.

16. 广东省社会科学院历史研究室等编．孙中山全集［M］．上海：中华书局，1985．

17. 郭培章．中国工业可持续发展研究［M］．北京：经济科学出版社2002．

18. 洪银学．可持续发展经济学［M］．北京：商务印书馆，2000．

19. 酒泉年鉴编委会．酒泉年鉴（2000）：第二卷［M］．北京：中国统计出版社，2000．

20. 酒泉年鉴综合卷编写组．酒泉年鉴：2005综合版［M］．兰州：甘肃文化出版社，2005．

21. 李爱伶．甘肃若干经济问题研究［M］．兰州：甘肃人民出版社，2001．

22. 李清凌．甘肃经济史［M］．兰州：兰州大学出版社，1996．

23. 刘毓汉．当代中国的甘肃（上卷）［M］．当代中国出版社，1991．

24. 马虎中．金川：中国骄傲［M］．兰州：甘肃人民出版社，2010．

25. 培黎石油学校校史编写组．培黎石油学校发展史［M］．兰州：兰州八一印刷厂，1992．

26. 秦翰才．左文襄公在西北［M］．长沙：岳麓书社，1989．

27. 丝绸之路蓝皮书：甘肃经济发展分析与预测（2012—2018年）［M］．北京：社会科学文献出版社，2012-2018．

28. 孙占鳌．酒泉年鉴［M］．兰州：甘肃人民出版社，2011-2016．

29. 王福生，孙占鳌，李有发．酒泉社会经济发展报告（2015）［M］．兰州：甘肃人民出版社，2015．

30. 王美蓉．甘肃近现代工业经济史论［M］．成都：西南交通大学出版社，2015．

31. 王致中，魏丽英．中国西北社会经济史研究［M］．西安：三秦出版社，1992．

32. 魏永理，李宗植．中国西北近代开发史［M］．兰州：甘肃人民出版社，1993．

33. 吴廷桢，郭厚安．河西开发史研究［M］．兰州：甘肃教育出版社，1996．

34. 武威市志编纂委员会．武威市志［M］．兰州：兰州大学出版社，1998．

35. 徐卫初，王汉杰．酒钢五十年酒钢志（1958—2008）［M］．嘉峪关：酒泉钢铁（集团）有限责任公司，2008．

36. 杨大明．甘肃经济概论［M］．兰州：兰州大学出版社，1991．

37. 玉门油田志编委会．玉门油田志1939-1986［M］．西安：西北大学出版

38. 张灏，张忠修．中国近代开发西北文论选（上）［M］．兰州：兰州大学出版社，1987．

39. 张灏，张忠修．中国近代开发西北文论选（下）［M］．兰州：兰州大学出版社，1987．

40. 张培刚．新发展经济学［M］．郑州：河南人民出版社，1992．

41. 中共甘肃省委办公厅．西北地区开发资料选辑［M］．兰州：甘肃人民出版社，1985．

42. 中共甘肃省委工业处交通工作部新志办公室．甘肃省新志：工业志［M］．兰州：工业志编印办公室，1959．

43. 中共甘肃省委宣传部．蓬勃发展中的甘肃（1949-1984）［M］．兰州：甘肃人民出版社，1985．

44. 中共甘肃省委研究室．甘肃省情：第二部［M］．兰州：兰州大学出版社，1989．

45. 中国第一历史档案馆．冯玉祥日记（二）［M］．南京：江苏古籍出版社，1992．

46. 中国人民政治协商会议．甘肃文史资料：钢铁嘉峪关：第54辑 钢铁嘉峪［M］．兰州：甘肃人民出版社，2000．

47. 中国人民政治协商会议甘肃省委员会文史资料委员会编．甘肃文史资料选辑（第33辑）［M］．兰州：甘肃人民出版社，1991．

48. 中国人民政治协商会议甘肃省委员会文史资料研究委员会．甘肃文史资料选辑（1-25）［M］．兰州：甘肃人民出版社，1985．

49. 周述实．中国西部概览：甘肃卷［M］．北京：民族出版社，2000．

50. 左宗棠．左宗棠全集·年谱（第4卷）［M］．上海：上海书店，1986．

51. 左宗棠．左宗棠全集·批札（第7卷）［M］．上海：上海书店，1986．

52. 左宗棠．左宗棠全集·书牍（第14、22卷）［M］．上海：上海书店，1986．

53. 左宗棠．左宗棠全集·奏稿（第50卷）［M］．上海：上海书店，1986．

54. 《金川有色金属公司志》编辑委员会．金川有色金属公司志［G］．张掖：张掖地区河西印刷厂，1995．

55. 中国人民政治协商会议张掖市委员会文史资料委员会．张掖文史资料（第一辑-第四辑）［G］．张掖：张掖地区河西印刷厂，1988-1994．

56. 政协甘肃省玉门市委员会文史资料工作委员会．玉门文史资料［G］．玉门：玉门市彩印厂，1992.

57. 中国人民政治协商会议甘肃省金昌市文史资料委员会．金昌文史：第三辑［G］．张掖：张掖市河西印刷厂，1989.

58. 中国人民政治协商会议甘肃省金昌市文史资料委员会．金昌文史：第一辑［G］．武威：武威市印刷厂，1987.

59. 政协甘肃省酒泉市委员会．酒泉文史资料［G］．张掖：酒泉市印刷厂，1994.

特别说明：由于篇幅所限，文中所引文献资料或研究著作与论文在文中已经注明，恕不能在此一一列出，敬请读者谅解。

后　记

　　河西学院是千里河西走廊上唯一一所教育部批准建立的全日制本科院校，学校设有河西史地与文化研究中心，研究河西地区的历史与文化以及民族关系是学校学术研究的特色。最有影响的河西史研究成果当属河西学院高荣教授主编的《河西通史》。为了顺应河西学院"做河西文章，出特色成果，建丝路名校"的办学定位，结合河西学院做河西文章、出特色成果的现实需要，近几年，本人以勤补拙，尝试把河西工业史这个研究的薄弱点作为突破口，为河西史的研究添一块砖，加一片瓦。

　　自从中国共产党第十六次全国代表大会提出中国走新型工业化道路以来，甘肃省政府制定了"工业强省"的发展战略，学术界对工业经济的关注与研究就成为热点。尤其是从2013年起，习近平总书记倡导"一带一路"以来，学术界对丝绸之路以及河西史的关注与研究再次成为热点。在此背景下，面临资源枯竭的河西各工业城市如何抓住"一带一路"倡议的重大机遇，占领对外开放的新高地，通过技术创新，推动产业的转型与升级，以实现河西工业经济的可持续发展成为重要问题。因此，研究河西近现代工业变迁具有很强的现实意义。

　　史学研究的最重要功能是"鉴往知今"。一个国家和地区工业的发展深受国家工业化战略、产业政策与经济体制改革的影响。本书在回顾近现代社会变迁过程的基础上，梳理河西近现代工业的发展历程，分析总结不同历史时期河西工业变迁的特点、局限和成就，从借鉴历史经验、解决现实问题的角度，寻找"一带一路"倡议设想背景下河西工业可持续发展的新路径。

　　本专著是2019年甘肃省社科规划项目的结项成果，项目批准以来历经四年疫情的影响，经过四年的积累，《近现代河西工业发展史》终于完成了。由于笔者的学术研究能力的局限，加上文献资料搜集存在遗漏，本书距离学术研究的要求还有很大差距。但求方家批评斧正，本人不胜欣慰。

王美蓉
2023年6月26日